Guerras europeias, revoluções americanas

Marcelo Raffaelli

Guerras europeias, revoluções americanas

Europa, Estados Unidos e a independência do Brasil e da América Espanhola

TRÊS ESTRELAS

EDITORA Rita Mattar

EDITORA-ASSISTENTE Rita Palmeira

PRODUÇÃO GRÁFICA Iris Polachini

CAPA Ana Luísa Escorel

IMAGEM DA CAPA Mapa de Portugal de Acordo com as Novas Observações (gravura de Pieter van der Aa, 1729) | Acervo da Fundação Biblioteca Nacional

PROJETO GRÁFICO DO MIOLO Mayumi Okuyama

EDITORAÇÃO ELETRÔNICA Jussara Fino

PREPARAÇÃO Carla D. Fortino

REVISÃO Cacilda Guerra e Guilherme Magalhães

ÍNDICE REMISSIVO Probo Poletti

Dados Internacionais de Catalogação na Publicação (CIP)
(Câmara Brasileira do Livro, SP, Brasil)

Raffaelli, Marcelo
Guerras europeias: Europa, Estados Unidos e a independência do Brasil e da América Espanhola / Marcelo Raffaelli. -- São Paulo: Três Estrelas, 2018.

ISBN 978-85-68493-54-0

1. América Espanhola - História - Independência 2. América Latina – Política e governo 3. Brasil – História – Independência 4. Estados Unidos – Política e governo 5. Europa – Guerra – História 6. Europa – Política e governo I. Título.

18-21685 CDD-900

Índice para catálogo sistemático:
1. Guerras europeias: Revoluções americanas: História 900

Este livro segue as regras do Acordo Ortográfico da Língua Portuguesa (1990), em vigor desde 1º de janeiro de 2009.

TRÊS ESTRELAS
Al. Barão de Limeira, 401, 6º andar
CEP 01202-900, São Paulo, SP
Tel.: (11) 3224-2186/2187/2197
editora3estrelas@editora3estrelas.com.br
www.editora3estrelas.com.br

Sumário

Prefácio

"Onde começar é o problema, porque nada começa quando começa e nada termina quando chega ao fim..."

MARGARET ATWOOD, *A NOIVA LADRA*

As palavras de Margaret Atwood, que adotei porque ela disse exatamente o que eu queria dizer, refletem o problema de escrever sobre um período com começo e término fixados. O fato de que princípio e fim devem ser decididos arbitrariamente quando se examinam acontecimentos históricos é a razão pela qual nossa atenção é dirigida sobretudo ao período de 1792 a 1828, já que nosso tema é a transição das colônias ibéricas nas Américas para a independência.

Não é proposta tese alguma; a intenção é narrar o que aconteceu e como, por um lado as políticas das potências europeias e dos Estados Unidos, e por outro lado os anseios e as lutas das colônias ibéricas, influenciaram-se mutuamente naquele período, que começa em 1792, quando a prisão da família real francesa e a proclamação da república na França foram por fim reconhecidas pelo resto da Europa como arautos de mudanças dramáticas. A execução de Luís XVI em 1793 confirmou que estava montado o cenário para o drama que mergulharia o continente europeu em guerra quase ininterrupta pelos 22 anos seguintes.

A seguir, concentramo-nos nos anos de 1808 a 1828, que começam com a chegada da corte portuguesa ao Brasil e a invasão e a tentativa de dominação da Espanha pela França, eventos que contribuíram para levar à independência brasileira e da maioria das colônias espanholas nas Américas. Entre 1808 e 1828, quando nasceu a República Oriental do Uruguai, as colônias espanholas se revoltaram, lutaram contra a metrópole, conseguiram sua independência, passaram por guerras civis, lutaram entre si e tiveram a independência reconhecida pela comunidade internacional – que no século XIX, para elas, se limitava a Europa e Estados Unidos. "Concentramo-nos" não significa, entretanto, que uma referência ao relacionamento entre colônias e metrópoles durante três séculos de domínio e exploração possa ser dispensada, assim como um olhar sobre a Europa do século XVIII, pano de fundo dos acontecimentos que são nosso interesse principal.

Meu intuito não é escrever uma nova História da Independência do Brasil, ou da Independência da Argentina, ou de qualquer um dos países que sacudiram o domínio da Espanha no primeiro quartel do século XIX, e sim examinar como os acontecimentos na Europa repercutiram no continente americano e permitiram à maioria das colônias espanholas nas Américas alcançar a independência, e ao Brasil passar de colônia a reino e, finalmente, separar-se de Portugal. Se o caminho das colônias ibéricas para a independência foi influenciado pelas rivalidades e pelos interesses que ditavam as políticas das potências europeias e dos Estados Unidos, por outro lado ele também influenciou aquelas políticas: tal interação é o foco deste livro.

As políticas de vários países em relação à América Latina durante este período serão examinadas, quer como expressas em pronunciamentos e documentos oficiais, quer como interpretadas por respeitados historiadores. Tais países são: em primeiro lugar, Espanha e Portugal; a seguir, Áustria, França, Grã-Bretanha e Estados Unidos. Os regimes autocráticos da Prússia e da Rússia também participaram, em menor medida, no que poderia ser chamado de "batalha" pela América Latina, mas todos – e outros que tomaram parte em grau ainda menor – deram alguma contribuição à "batalha". A política de muitos era ditada especialmente por interesses comerciais, mas podia também ser influenciada por considerações como medo da expansão da preferência pela forma republicana de governo, que a seu ver trazia a revolução como corolário; prestígio nacional; ou ainda o objetivo de impedir que uma potência rival substituísse a antiga metrópole ou ganhasse maior influência ou uma base militar de relevância nas Américas.

Como nosso tema é a transição das colônias ibéricas da América à independência, o nascimento do Haiti, primeira colônia latino-americana a se tornar independente, não está aqui incluído, mas seu papel na ajuda à luta das colônias espanholas não é esquecido.

O Apêndice 1 apresenta de forma concisa algumas das personalidades que figuraram nesses eventos, junto às quais julguei, em alguns casos, apropriado mencionar episódios que, mesmo sem serem diretamente relacionados ao nosso tema, ajudam a conhecer idiossincrasias, esquisitices, gostos e desgostos influenciam nosso comportamento e nossas decisões – e eventos resultam de decisões, tanto as bem-sucedidas como as fracassadas.

Um ponto levantado em certas ocasiões refere-se ao fato de que uma política é desenvolvida num processo de amadurecimento que, às vezes, dá um ou dois passos atrás antes de voltar a avançar, e que é difícil – e às vezes desnecessário – determinar com exatidão quando e com quem o processo começou. Afinal, como diz o Eclesiastes (1:9), "não há nada novo sob o sol".

A busca da verdade, mesmo a respeito de um período relativamente recente, como o primeiro quartel do século XIX, não é facilitada pela grande quantidade de informações contemporâneas. Memórias são sem dúvida favoráveis ao memorialista, ou, nas palavras de Jonathan Yardley, crítico literário do diário *Washington Post*, "são um gênero literário altamente suscetível de ornamentação"; nelas, o autor tende a valorizar seu papel e a omitir ou atenuar os próprios erros; às vezes o autor mostra mais interesse em acertar contas com inimigos do que em respeitar a verdade histórica; por fim, memórias são sujeitas a mudanças, com o tempo, do julgamento que o autor faz, tanto de pessoas como de acontecimentos. Cartas e discursos dizem apenas o que seu autor deseja que o correspondente leia ou a plateia ouça; e até mesmo fontes honestas podem incorrer em erro. E mais ainda: refiro-me à apropriação desonesta de personalidades nacionais de governos demagógicos (em geral autoritários, quando não abertamente ditatoriais), muitas vezes realçando um vulto nacional em detrimento de outras grandes figuras históricas, sobretudo se estas são de outros países.

Tudo isso não significa que se devam descartar como sem valor as memórias de, por exemplo, Metternich, Talleyrand ou Godoy, por serem vaidosos, ambiciosos ou corruptos. Apenas uma exceção foi feita: Pizarro, que em suas memórias é tão claramente vingativo e cabotino, só é citado uma vez, em nota no capítulo 2, e assim mesmo porque neste caso ele pode estar dizendo a verdade, já que a ganância de Godoy e dos irmãos de Napoleão parece dar-lhe crédito.

°

Títulos de nobreza são com frequência mencionados porque muitas das personalidades citadas são mais conhecidas por seus títulos do que por seus nomes de família. Wellington é mais facilmente identificável do que Arthur Wellesley, ou Palmela, do que Pedro de Sousa Holstein. Por outro lado, Castlereagh é mais conhecido por este nome (também um título nobiliárquico) do que como marquês de Londonderry, título de nobreza mais elevado, mas que ele só recebeu depois de muitos anos, já sendo conhecido como lorde Castlereagh.

O uso de títulos de nobreza serve a outro objetivo: o de ter sempre em mente que estamos tratando de uma época em que, na Europa, o poder político estava concentrado nas mãos da aristocracia, ou melhor, nas mãos de nobres do sexo masculino. No século XVIII, duas notáveis mulheres estiveram à frente de duas grandes nações europeias, mas não chegaram a participar dos acontecimentos aqui narrados: Maria Teresa, imperatriz da Áustria, morreu em 1780, e Catarina, imperatriz da Rússia, morreu em 1796, antes que seu país se visse envolvido nas guerras napoleônicas.

Na Grã-Bretanha, "Temples, Pitts, Lytteltons e Grenvilles formavam uma famosa irmandade: cada membro cuidava dos interesses dos outros".[1] Quando morreu o segundo Pitt, seu primo William Wyndham, lorde Grenville, tornou-se primeiro-ministro, seguindo desse modo os passos de seu pai, George Grenville, e de seu tio, o primeiro Pitt, que era casado com Hester Grenville, irmã de George.[2]

Em carta escrita durante uma viagem à Europa, em 1823, o diplomata norte-americano George W. Erving comentou que a Grã-Bretanha deveria perceber que a única maneira de derrotar os planos da Rússia contra as possessões do Império Otomano seria seguir uma orientação diretamente oposta. Talvez os ministros ingleses o percebessem, disse Erving, mas em sua opinião eles não eram mais que os agentes da aristocracia e, se pretendessem atuar desconsiderando sua influência, estariam perdidos. A aristocracia inglesa, dizia Erving, tinha mais interesse na própria existência do que na preponderância do Estado; a ruína das finanças nacionais e a perda das colônias eram consequências remotas, pouco ou nada levadas a sério.[3]

Talvez Erving estivesse exagerando um tanto nesses comentários, mas não se pode negar que a nobreza sempre cerrava fileiras quando se tratava de defender seus próprios interesses; a nobreza *era* o governo; sua tentativa de manter o *status quo* depois de Waterloo é examinada no Epílogo.

O governo do conde de Liverpool, de 1812, começou com o seguinte gabinete:[4] conde de Westmoreland, conde de Harrowby, barão Eldon, visconde Sidmouth, visconde Castlereagh, conde Bathurst, visconde Melville, conde de Buckinghamshire, barão Mulgrave (meses depois elevado a conde) e três personagens sem título de nobreza: John Jeffreys Pratt (que era tio de Castlereagh e em dezembro do mesmo ano foi agraciado com o título de marquês de Camden), Nicholas Vansittart, que em 1823 foi feito barão Bexley, e Charles Bragge-Bathurst, o único que não chegou a receber título de nobreza.[5]

Personalidades francesas que figurarão nos próximos capítulos, a saber, Chateaubriand, Hyde de Neuville, Montmorency, Richelieu e Villèle, já eram ou vieram a fazer parte da nobreza. O golpe infligido à classe nobre francesa pela Revolução de 1789 foi rapidamente reparado com a restauração da dinastia Bourbon. Idêntico domínio da vida política por uma nobreza dedicada a manter o *status quo* repetia-se na Áustria, Espanha e outros países europeus.

°

Os acontecimentos que sacudiram a América Ibérica no primeiro quartel do século XIX foram facilitados por iniciativas de Napoleão Bonaparte. Ele atuou como o catalisador numa reação química: a invasão de Portugal em 1807, a transferência da corte para o Brasil, a elevação do Brasil de colônia a reino em 1815, a substituição da dinastia Bourbon da Espanha por José Bonaparte, a revolta espanhola contra o domínio francês, o enfraquecimento do vínculo entre as colônias e a metrópole europeia, mais tarde a declaração de Napoleão de que a França não se oporia à independência das colônias espanholas – tudo o que levou ao nascimento de novos países independentes nas Américas foi fortemente influenciado pela política do imperador francês, mesmo se considerarmos a participação da França no processo revolucionário contra as potências coloniais como secundária. É essa a razão pela qual, levando-se em conta o tema central deste livro, a França e Napoleão aparecem com um relevo que de outro modo poderia parecer exagerado.

Inegavelmente, a participação britânica no processo que levou à independência e ao reconhecimento das novas nações foi mais decisiva do que a de qualquer outra potência; na verdade, a Inglaterra fez tudo quanto estava a seu alcance para facilitar o êxito das revoluções contra o domínio da Espanha, ainda que apenas se colocando entre a Espanha e aqueles que desejavam oferecer-lhe algum auxílio, pois o interesse britânico, no final das contas, era – como também no caso do Brasil – abrir para seu comércio os grandes e ricos mercados ainda ciumentamente mantidos como monopólio da respectiva metrópole.

°

Ao considerar sucessos do século XIX, é preciso ter presente o tempo de viagem entre a Europa e o continente americano. Em 1817, a viagem da arquiduquesa e futura imperatriz Leopoldina, de Livorno para o Rio de Janeiro, demorou 86 dias, de 15 de agosto a 5 de novembro. A demora nas comunicações resultava em muitos casos de boatos ou informações inexatas, tomadas como verdadeiras; frequentemente a notícia chegava à América por jornais europeus publicados, no mínimo, várias semanas antes. Um caso ilustrativo é o sentimento do povo de Buenos Aires durante alguns meses de 1808, depois que a Grã-Bretanha, agressora em 1806 e 1807, tornara-se aliada da Espanha; mas era ainda considerada inimiga, enquanto a França, então inimiga, continuava a ser vista como amiga (ver capítulo 9). A correspondência entre governos e seus representantes no exterior ficava à mercê da disponibilidade de navios; um exemplo é mencionado no capítulo 12: Condy Raguet, o encarregado de negócios dos Estados Unidos no Brasil, começa um despacho no dia 8, continua-o no dia 12 e finalmente adiciona um pós-escrito no dia 24, à espera da partida do navio. Demoras inimagináveis em nossa época de comunicação instantânea e constante…

°

Termino com uma observação nada original, e que todo governo procura negar, mas que me foi ensinada por minha experiência de mais de quarenta anos de trabalho na diplomacia: política exterior é essencialmente egoísta. É parte indivisível da vida política de qualquer país e, como tal, não existe política exterior altruísta. Se a opinião doméstica está num ponto em que uma iniciativa de ajuda a outro país encontra apoio popular, tanto melhor, porque então se pode divulgá-la como "prova de que somos uma nação generosa". Mas uma ação "altruísta" pode não ter nada além do desejo de apoiar um país ou governo com o qual "nós" podemos trabalhar em "nosso" proveito, ou então – e raramente – é um gesto que pode ser feito sem nenhum ônus. Em apoio a esta afirmativa, apelarei para duas vozes de reconhecida autoridade: a do historiador britânico Charles Kingsley Webster e a do diplomata austríaco Friedrich von Gentz:

> A necessidade de regularizar o comércio e dar aos Estados sul-americanos uma posição legal e responsável no mundo foi uma das mais importantes razões que levaram a Grã-Bretanha a uma política de reconhecimento. Em tudo isso, os estadistas britânicos foram animados pelo forte motivo de autointeresse, que é o fator determinante na política de todas as nações.[6]

> Os que, por ocasião da reunião do Congresso de Viena, tinham compreendido a natureza e os objetivos do Congresso, não se podiam surpreender com o seu desenrolar, fossem quais fossem suas opiniões sobre os resultados. As frases retumbantes de "reconstrução da ordem social", "regeneração do sistema político europeu", "paz duradoura baseada em uma justa distribuição de forças" etc. etc. foram empregadas para acalmar o povo e emprestar a esta solene reunião um aspecto de dignidade e majestade; mas o verdadeiro objetivo do Congresso *era a divisão, entre os vencedores, dos espólios tomados ao perdedor.*[7]

PARTE I

A Europa e as colônias americanas até o fatídico 1808

1. Um século de guerras

A Europa entrou no século XVIII em guerra e o terminou legando ao século seguinte mais quinze anos de conflito. Foram conflitos longos, brutais, custosos e exaustivos para todos, mesmo quando resultavam em aumento territorial para os vencedores, seja na Europa, seja em outro continente, já que possessões nas Américas, África ou Ásia também eram utilizadas como moeda de troca na solução dos embates.

A Guerra da Sucessão da Espanha durou de 1702 a 1715; a Grande Guerra do Norte, desde o início do século XVIII até 1721, opondo a Suécia à Rússia, Dinamarca, Saxônia e Polônia; o Império Otomano foi à guerra contra Áustria, Rússia e Veneza na segunda década do século; a Guerra da Sucessão da Áustria durou de 1740 a 1748; a Guerra dos Sete Anos de 1756 a 1763; uma guerra que durou três anos, opondo Espanha e França à Grã-Bretanha, ajudou os Estados Unidos a conseguirem sua independência;[1] finalmente, a Rússia e o Império Otomano enfrentaram-se mais duas vezes entre 1768 e 1792. Também trágico foi o desaparecimento da Polônia; parcialmente dividida, em 1772-3, entre Áustria, Prússia e Rússia; em 1793 perdeu mais território, dessa vez para a Prússia e a Rússia, e dois anos mais tarde deixou de existir como país independente, pois foi absorvido por completo pelos três insaciáveis vizinhos.

Rússia e Prússia estavam ocupadas, durante os primeiros anos da Revolução Francesa, com planos de expansão territorial: a primeira, à custa do Império Otomano, e as duas vigiando-se mutuamente quanto aos planos, que ambas tinham, de abocanhar mais um pedaço da Polônia; assim, os acontecimentos na França, embora não ignorados de todo, só começaram a receber a atenção merecida quando a existência da monarquia francesa começou a mostrar-se seriamente ameaçada.

A Áustria, que a princípio ficara indiferente, passou a manifestar seu interesse pela manutenção de Luís XVI no trono, atitude motivada pelo pedido da rainha francesa ao irmão, o imperador austríaco, o qual, entretanto, não tinha a intenção de ir mais uma vez à guerra contra a França. Quanto à Grã-Bretanha, de início mirava com complacência o que ocorria, não muito descontente em ver a constante inimiga de vários séculos – e muito recentemente aliada dos Estados Unidos na guerra que custou à Inglaterra a perda de sua rica colônia – num estado de desorganização e penúria financeira, não sendo, portanto, ameaça à ilha britânica. William Pitt, o primeiro-ministro britânico, desejava a paz de que o país precisava a fim de sanear suas finanças.

Em 1792, a guerra declarada pela França à Áustria, guerra que somente os republicanos mais extremados e os mais inconformados emigrados franceses desejavam, voltou a destruir a paz na Europa; o continente deveria esperar até 1815 pela tranquilidade que lhe faltara por tanto tempo.

°

> O século XVIII inventou a batalha no sentido moderno. [...] Na ausência de vastas perspectivas estratégicas, o choque no campo de batalha sempre se torna a prioridade. [...] Geralmente [as batalhas] opõem a maior parte ou a totalidade das forças disponíveis [...] sendo ainda muito cedo para serem vistos movimentos concertados de divisões autônomas.[2]

Como o resultado de uma guerra podia ser decidido pelo desfecho de uma única batalha, cada beligerante punha em campo o maior número possível de soldados. Durante a Guerra da Sucessão da Espanha, em Ramillies (1706), 62 mil soldados britânicos e holandeses enfrentaram um exército francês de 60 mil homens; Oudenarde (1708) presenciou a luta de 85 mil franceses contra 80 mil austríacos, britânicos e holandeses.

O fato de que o número de soldados em campo era considerado vital para obter a vitória levou ao aumento dos efetivos das grandes potências, de certo modo possibilitado pelo crescimento da população europeia. Segundo John Charles Childs,[3] entre 1690 e 1778 a Áustria aumentou seu exército de 50 mil para 200 mil, a Prússia de 39 mil (em 1710) para 160 mil; de 1690 a 1789 o efetivo da Rússia passou de 90 mil soldados para 500 mil. A França foi a exceção, diminuindo de 250 mil em 1710 para 156 mil em 1789, mas deve-se notar que logo em seguida o efetivo de seu exército aumentou vertiginosamente. Quanto à Grã-Bretanha, em 1778 tinha aumentado em apenas 20 mil os 80 mil que alistava em 1690; evidentemente, como ilha e contando com uma eficiente marinha de guerra, sua força de terra era menos importante do que para os países continentais, mas, com a persistência dos conflitos contra a França, era previsto que a tropa efetiva do exército chegasse a 310 mil homens em abril de 1808.[4]

O número de baixas era enorme, e os deficientes cuidados médicos oferecidos aos feridos contribuíam para aumentar o número de mortes. Durante a Guerra dos Sete Anos, alguns regimentos de infantaria prussianos perderam todos os seus soldados três vezes entre 1756 e 1763.[5] Paul W. Schroeder ilustra a mortandade havida no século XVIII ao ressaltar que a proporção entre as mortes em batalhas e a população total da Europa foi cerca de sete vezes maior no século XVIII do que no século XIX.[6]

Uma grande diferença em relação a épocas mais recentes é que a nacionalidade podia nada ter a ver com o lado pelo qual se lutava. Dois dos mais famosos e bem-sucedidos generais da época foram Maurício da Saxônia e Eugênio de Savoia; o primeiro, alemão, serviu a França, enquanto Eugênio, que nasceu na França, servia a Áustria. Durante a Guerra da Sucessão da Espanha, Portugal foi campo de batalha entre tropas franco-espanholas, comandadas pelo inglês Berwick, e um exército anglo-austríaco-português, estando os portugueses sob o comando do holandês Fagel, enquanto o francês Ruvigny comandava os anglo-austríacos.[7]

Batalhas opondo grandes exércitos continuaram a definir as guerras revolucionárias e napoleônicas. Em Borodino (setembro de 1812), as forças francesas e aliadas[8] somavam cerca de 103 mil, e as da Rússia ao redor de 120 mil; em Leipzig (outubro de 1813), numa batalha que durou quatro dias, 203 mil soldados comandados por Napoleão lutaram contra perto de 362 mil homens da Áustria, Polônia,[9] Prússia, Rússia e Suécia; os aliados sofreram cerca de 53 mil baixas (mortos e feridos), enquanto somente uns 80 mil franceses escaparam sem sofrer ferimentos ou cair prisioneiros. O imenso custo em vidas e dinheiro durante mais de um século de guerras praticamente incessantes levou – a bem dizer, forçou – a Europa a optar pela paz em 1815.

°

O período entre 1792 e o fim do primeiro quartel do século XIX é uma época de lutas e mudanças, antes na Europa e depois no continente americano. As guerras causadas pela transformação da França monarquista em uma França republicana, em 1792, e as guerras do Império Napoleônico tiveram, direta e indiretamente, consequências, como o definitivo fim da hegemonia do exército francês no continente europeu; a relegação da Espanha ao nível das potências de menor influência no cenário continental; o indubitável posicionamento da Grã-Bretanha como a potência mais rica e influente; a independência da maioria das colônias espanholas nas Américas; a independência do Brasil e o consequente empobrecimento de Portugal, que passou do nível de menor potência ao de país praticamente irrelevante; a emergência dos Estados Unidos ao palco universal, com o resultado indeciso de sua guerra contra a Grã-Bretanha em 1812-14, a proclamação da Doutrina Monroe e sua expansão territorial e comercial.

Não obstante, se bem que as mudanças na Europa tivessem sido importantes, em 1815 as grandes potências europeias ainda eram as mesmas do fim do século XVIII: Áustria, França, Grã-Bretanha, Prússia e Rússia. Mais profundas e mais duradouras foram as mudanças ocorridas no continente americano, pois a independência das colônias espanholas e do Brasil resultou em novos países soberanos e na desaparição – com a exceção de Cuba – de grandes e valiosas colônias europeias no hemisfério.

As políticas da Áustria, Prússia e Rússia, que em setembro de 1815 firmaram o tratado da Santa Aliança – na verdade os principais vitoriosos de Waterloo menos a Grã-Bretanha –, eram baseadas na noção de legitimidade, na inviolabilidade do privilégio real, qualquer revolta contra o trono sendo considerada inaceitável; a França, sob a restaurada dinastia Bourbon, acedeu ao tratado naquele mesmo ano, como o fez a Espanha em 1816.[10] A Grã-Bretanha era parte – com a Áustria, Prússia e Rússia – da Quádrupla Aliança, mas se recusou a participar da Santa Aliança, por razões constitucionais e também porque Castlereagh a considerou, em suas palavras, "um exemplo de extremo misticismo e tolice".[11]

Mesmo na Grã-Bretanha, geralmente pragmática, onde o aumento da produção ensejado pela industrialização dava às razões comerciais mais peso do que nos outros países (com a possível exceção dos Estados Unidos), os reis George III e George IV, bem como personagens políticas influentes, opunham-se ao reconhecimento de independências obtidas sem o assentimento do soberano, a seu ver a única autoridade que podia conceder à colônia a possibilidade de separar-se da metrópole.

Para compreender o sentimento das cortes europeias, deve-se ter em mente o choque que tinham sofrido diante dos excessos da Revolução Francesa e de várias iniciativas, ou dos abusos de Napoleão. Reagindo às políticas francesas em relação ao papa e aos Estados da Igreja, a Igreja Católica, influente em grande parte da Europa, tornou-se igualmente inimiga de tudo quanto cheirasse a democracia popular; a defesa de suas propriedades e de seus privilégios, sempre importante, tornou-se ainda mais acerba em face do rude tratamento que lhe tinham infligido a França revolucionária e o Império Napoleônico.

O que se passou depois de 1815 é tratado no Epílogo.

2. Na Península Ibérica, 1792-1808

As cabeças coroadas da Europa ficaram traumatizadas com o tratamento dispensado a Luís XVI e família. Não podiam admitir tal desafio à legitimidade do monarca nem ser insensíveis ao exemplo de um povo erguendo-se contra seu rei, muito menos o depondo e levando a julgamento. A isso a Convenção Nacional francesa, levada a um rompante de demagogia autocongratulatória pelas vitórias dos exércitos revolucionários sobre os prussianos[1] em Valmy e Jemappes, acrescentou o insulto de aprovar, em 19 de novembro de 1792, um decreto em que declarava, "em nome da nação francesa, que concederia fraternidade e socorro a todos os povos que desejem recuperar sua liberdade, e encarrega[va] o poder executivo de dar aos generais as ordens necessárias para poder ajudar àqueles povos e defender os cidadãos que, pela causa da liberdade, tiverem sofrido vexames ou poderiam sofrê-los".[2]

Essa linguagem – que continua a ser repetida, no século XXI, até mesmo por governos democráticos, para justificar intervenções em assuntos internos de outros países – foi interpretada como a decisão de exportar as ideias revolucionárias, que aliás já tinham encorajado levantamentos na Toscana, Piemonte, Savoia e em principados alemães da região renana, vizinhos da França.[3] Um acúmulo de iniciativas da Convenção Nacional francesa – sua já mencionada declaração de novembro, a guerra declarada à Áustria, o fim da monarquia e a proclamação da república, o encarceramento da família real e a condenação à morte de Luís XVI – contribuiu para que os demais soberanos europeus se tornassem inimigos da França. A Inglaterra, que Pitt desejara manter em paz, declarou guerra à França em 1793, porque, como ele afirmou no ano seguinte, não tinha ideia de qualquer paz ser possível, a menos que a França retornasse a um sistema monárquico.[4]

As cortes de Espanha e Portugal reagiram da mesma maneira, a primeira por estar ligada à França pelo Pacto de Família, aliança dos dois reinos regidos pela dinastia Bourbon, e Portugal por seu profundo conservadorismo e o fato de que as famílias reais dos dois países eram ligadas pelo casamento do príncipe regente, o futuro rei João VI, com a princesa espanhola Carlota Joaquina.

A Espanha presenciou impotente a deposição e a execução do rei Bourbon francês, que Carlos IV tinha tentado salvar, chegando a abrir um crédito que podia ser utilizado até mesmo para subornar personagens políticas francesas;[5] a França revolucionária, em guerra ao leste e suspeitando da Espanha dos Bourbon, declarou-lhe guerra em 1793, forçando a Espanha a um conflito que procurara evitar e que duraria dois anos.[6]

Contudo, a Espanha tinha outro inimigo: a Grã-Bretanha, rival tradicional da França, mas sempre ambiciosa das riquezas produzidas pelas colônias espanholas. Procurando uma saída para essa dupla ameaça, a Espanha firmou com a França o Tratado de Basileia, em julho de 1795. A paz custou à Espanha a perda de sua porção na ilha de São Domingos, que foi pedida pelo governo francês como justificativa, perante a opinião pública do país (naquele momento já livre da fase do Terror), da devolução de Guipúzcoa à Espanha. Esta não hesitou muito em ceder, pois, além de a prioridade ser a conservação de seu território intacto, depois da revolta dos escravos na parte francesa da ilha, São Domingos deixara de ser atraente; tanto assim que a França só tomou posse deste "prêmio" quatro anos mais tarde.

O tratado continha cláusulas que mostravam como a diplomacia francesa, agora que Robespierre estava morto e os jacobinos não mais dominavam, se tornara mais tratável. Por dois de seus artigos, a França aceitava a mediação do rei da Espanha em favor da rainha de Portugal, do rei de Nápoles, do rei da Sardenha, do duque de Parma e dos outros estados da Itália e afirmava que acolheria também os bons ofícios do rei da Espanha em favor das outras potências beligerantes que se dirigissem àquele soberano com o objetivo de entrar em negociação com o governo francês.

A Grã-Bretanha não apreciou a cessação de hostilidades entre seu inimigo de então e aquele em potencial, pois preferia vê-los em guerra, exaurindo-se mutuamente. Sua cobiça pelos carregamentos que chegavam da

América à Espanha jamais diminuiu. Para o governo britânico, como foi dito ao ministro espanhol em Londres, a distância entre aliado e neutro é grande, enquanto a distância entre neutro e inimigo é muito pequena.

Também importante para a Grã-Bretanha era o fato de que Portugal, seu antigo aliado e grande mercado, cujos portos estavam sempre abertos à esquadra britânica, não estava mais alinhado com a Espanha, e sim sua possível vítima – como veio a suceder em 1801. Desse modo, os países ibéricos estavam agora sob a pressão de um aliado mais poderoso.

Por seu lado, a Espanha tinha dois motivos de forte ressentimento em relação à Grã-Bretanha. O primeiro dizia respeito à controvérsia sobre o canal de Nootka,[7] terminada em 1790 em detrimento da Espanha, ocasião em que a França, por razões "revolucionárias", tinha decidido não se alinhar aos Bourbons espanhóis contra a Inglaterra.[8] O segundo motivo era o comportamento do vice-almirante Hood em Toulon, em 1793, onde tropas espanholas e contrarrevolucionários franceses estavam sitiados pelas forças revolucionárias. Tendo pedido a ajuda de Hood, que comandava a frota britânica encarregada de bloquear o litoral do Mediterrâneo, este lhes respondeu positivamente, mas quis em troca a entrega da base naval e uma declaração em favor de Luís XVII (o filho de Luís XVI, naquele momento herdeiro do trono). Os sitiados tiveram de aceitar, com relutância, essas condições, a fim de evitar sua iminente derrota e o consequente banho de sangue que o Terror robespierrano fazia prever. No entanto, quando as forças revolucionárias começaram a se impor, Hood simplesmente abandonou seus aliados e retirou-se, tendo antes destruído parte da frota francesa do Mediterrâneo e levando o resto consigo.[9]

Com razões de sobra, portanto, para não confiar na Grã-Bretanha, a Espanha firmou com a França o Tratado de San Ildefonso, em maio de 1796, e assim entrou na guerra da França com a Grã-Bretanha. Esse foi mais um passo na transformação da Espanha de potência ainda relevante no século XVIII a país de menor projeção em 1815. Sua marinha de guerra, que até o início da década de 1790 era uma das maiores do mundo, talvez a terceira, superada apenas pela britânica e pela francesa,[10] foi destruída em três batalhas (São Vicente, 1797; Algeciras, 1801; Trafalgar, 1805); a maioria de suas colônias americanas tornou-se independente; o povo espanhol sofreu muitíssimo; e seu exército deixou de ser um ator de peso na Europa.

Os laços entre as famílias reais não tinham impedido o governo espanhol de permanentemente estudar e rever seus planos para uma eventual invasão de Portugal.[11] Ainda em 1796, a Espanha declarou guerra à Inglaterra. Portugal declarou-se neutro em relação à Espanha, mesmo continuando em guerra com a França; ciente de sua fraqueza, pediu com insistência, mas em vão, que tropas britânicas fossem enviadas para Portugal, como precaução contra um ataque espanhol. Isso se tornou necessário porque seguiam sem trégua as incursões da esquadra inglesa contra barcos espanhóis, usando portos portugueses como bases de operação. Além disso, a arrogância dos comandantes britânicos punha Portugal na posição de criado obediente.

Para provar à Espanha as boas intenções de Portugal, foi comunicado ao duque de Frías, embaixador espanhol em Lisboa, que a esquadra portuguesa se retiraria do Mediterrâneo, mas o almirante inglês Nelson opôs-se terminantemente à partida dos navios portugueses, e quando o marquês de Nisa, almirante português, informou Nelson de suas ordens, este respondeu que as suas, que vinham do governo britânico, eram diferentes, e não autorizou a partida dos portugueses, mostrando assim quem mandava em Portugal.[12]

Em 1801, foram iniciadas entre a França e a Grã-Bretanha as negociações que levariam ao Tratado de Amiens e a um breve intervalo de paz. Contudo, grandes diferenças existiam quanto ao destino do Egito e de muitas terras e colônias que a Grã-Bretanha tinha ocupado. A negociação continuou sem um cessar-fogo e, por tal motivo, sem pressa, cada beligerante esperava ainda obter alguma vantagem antes do fim das hostilidades.

Um objetivo ambicionado pela França era o fechamento dos portos portugueses à esquadra britânica. Para assegurá-lo, Lucien Bonaparte foi a Madri e acordou com Godoy a invasão de Portugal por um exército hispano-francês, cujo comando caberia a Godoy, que em sua imensa vaidade desejava sagrar-se com uma vitória no campo de batalha. Sob o *Generalísimo* Godoy, o exército aliado invadiu Portugal, dando início ao que veio a ser conhecido como a Guerra das Laranjas,[13] na verdade uma campanha muito curta que terminou com a derrota de Portugal, país ao qual a mais antiga aliada não se achou obrigada a oferecer ajuda significativa. Esse breve conflito custou a Portugal pesada indenização paga à França, além da perda para a Espanha do distrito fronteiriço de Olivença (que até hoje, sob o nome de Olivenza, faz parte da Espanha) e a promessa de fechar seus portos aos navios britânicos, algo que Portugal não tinha a força (e talvez nem a intenção) para cumprir.[14]

Poucos meses depois, o Tratado de Amiens (março de 1802) devolveu a paz à Europa, mas não por muito tempo. Em 1803, a guerra recomeçou entre França e Grã-Bretanha, cada qual não desejando entregar ou abandonar território algum, contrariamente aos termos do tratado. Dessa vez a Espanha conseguiu não acompanhar a França, mediante o compromisso de pagar-lhe um subsídio anual de 18 milhões de francos. Melhor dizendo: tentou, mas não conseguiu, pois a Inglaterra considerou que o subsídio era uma ajuda à inimiga, e portanto aliava a Espanha à França. Sem declaração de guerra ou qualquer aviso, a esquadra britânica interceptou e atacou, perto de Cádiz, quatro galeões espanhóis que voltavam da América carregados de ouro e prata, capturando três e afundando um. Assim, a Espanha viu-se mais uma vez em meio a um conflito que procurara evitar.

Quanto a Portugal, novamente foi pressionado pela França a fechar os portos à Grã-Bretanha. Em 1804, o general Lannes, como ministro francês em Lisboa, concluiu um tratado que dava a Portugal o direito de se manter neutro mediante o pagamento de 16 milhões de francos (sobre a extorsão então praticada por Lannes, ver capítulo 3). Isso comprou a segurança de Portugal até novembro de 1806, quando Napoleão, pelo Decreto de Berlim, declarou a Grã-Bretanha sob bloqueio, ou seja, todo e qualquer navio vindo diretamente da ilha britânica ou de uma de suas colônias não estava autorizado a negociar em porto controlado pela França. Como Portugal não tinha meios para manter a marinha de guerra britânica fora de seus portos, e porque a importação de gêneros britânicos era essencial para o comércio e o consumo do país, o cenário estava montado para sua perda. Mas, numa atitude desesperada, o governo português tentou acalmar, talvez iludir, a França.

Em 8 de outubro de 1807, dom Lourenço de Lima, embaixador de Portugal em Paris, foi informado de que o príncipe regente tinha decidido aderir à "causa do Continente" e assim ordenado que os pontos litorâneos mais expostos e o porto de Lisboa fossem guarnecidos com tropas e artilharia, "e vão-se tomando tantas e tão prontas medidas a esse respeito que, no momento da nossa declaração contra a Grã-Bretanha, não teremos que recear irrupção alguma dos ingleses". O despacho instruía Lima a informar Bonaparte dessas medidas, pelo que o príncipe regente esperava que a França não atacasse Portugal, e concluía que ele mostraria a firmeza da sua adesão "à causa que abraçou".[15]

Infelizmente para Portugal, Napoleão não acreditou nos protestos de Lisboa, considerando-os uma tentativa de ganhar tempo, no que estava correto, pois, em 22 do mesmo mês de outubro, Portugal e Grã-Bretanha firmavam o acordo mencionado adiante (ver capítulo 5); ademais, Napoleão precisava usar a invasão de Portugal como justificativa para introduzir tropas na Espanha, sua próxima vítima.

Em dezembro de 1807, o imperador francês expediu um segundo decreto, dessa vez quando estava em Milão, o qual declarava que a França se arrogava o direito de apreender qualquer navio que tocasse em portos britânicos. Os decretos de Berlim e Milão formaram a base do "Sistema Continental"; todavia, em dezembro de 1807 a corte portuguesa já estava a caminho do Brasil.

A fala do trono do soberano britânico em 1808 deixou claro que Londres sabia que a corte portuguesa não tinha pretendido manter-se equidistante dos desejos da França e da Grã-Bretanha:[16]

> [A] oportuna e franca comunicação da corte de Lisboa quanto às exigências e os desígnios da França, se bem que confirmasse a Sua Majestade a autenticidade da informação que tinha sido recebida de outras fontes, assegurou àquela corte a confiança de S. M. na sinceridade das garantias com as quais aquela comunicação era acompanhada. A frota portuguesa estava destinada a ser empregada pela França como instrumento de vingança contra a Grã-Bretanha; aquela frota ficou fora das garras da França e está sendo empregada agora em conduzir para seus domínios americanos as esperanças e os destinos da monarquia portuguesa.

Dessa maneira, o governo britânico apregoava que Portugal tinha mantido uma inabalada decisão de resistir às exigências francesas. Para prova da decisão transmitida a seu representante em Paris, em 8 de outubro, Portugal publicou um edital, com data de 20 do mesmo mês, ordenando que os portos de Portugal fossem "logo fechados à entrada de navios de guerra, assim como mercantes da Grã-Bretanha".[17] Não parece crível que dom João e o governo britânico acreditassem que a França se satisfaria com a mera publicação do edital, sem verificar se estava sendo implementado, pelo que se explica a conclusão, dois dias depois, do acordo sobre a transferência da corte portuguesa para o Brasil, sob a proteção da marinha inglesa.

Depois da invasão de Portugal em fins de 1807, a máquina propagandística de Napoleão tentou apresentar a situação resultante como sendo favorável às relações da França com o Brasil. O *Moniteur* de 5 de janeiro de 1808 publicou comentário, evidentemente de inspiração oficial, em que era dito:[18]

> Para a França é um importantíssimo sucesso ter tirado aos ingleses os excelentes portos de Lisboa e Porto. [...] Se a independência dos Estados Unidos foi útil à França, o estabelecimento da Casa de Bragança em outra parte do novo continente também lhe promete grandes vantagens; as relações entre a corte do Brasil com Portugal, as relações de comércio que [o Brasil] será forçado a manter com a Europa, serão proveitosas à França e seus aliados.
>
> O que produz o Brasil? Algodão e outros produtos básicos, os mesmos que vêm das colônias [britânicas]. O Brasil precisará de mercados, os quais a Inglaterra não oferecerá, porque já tem produtos coloniais em abundância. O Brasil buscará mercados para eles no continente e os encontrará na França, para as necessidades de nossas manufaturas e para nosso consumo, e esse comércio, em vez de ser realizado através de Lisboa, o será em nossos portos e nos dará, além de tantas vantagens, o benefício de comerciar diretamente.

Quem inspirou esse artigo devia saber que a realidade era muito diferente. A Grã-Bretanha, com sua supremacia nos mares, dificilmente deixaria a França gozar sem entraves as vantagens do comércio direto com o Brasil. Ademais, era uma ingenuidade – para não dizer imbecilidade – esperar que a casa de Bragança – privada de seu trono pelo Tratado de Fontainebleau de

1807 (citado adiante) e forçada a fugir para evitar sua captura por Junot – abriria os portos brasileiros aos navios mercantes franceses. E assim a previsão, tão otimista quanto irrealista, do *Moniteur* nunca se concretizou; o comércio normal só seria retomado após a declaração de paz entre Portugal e França.

°

Para a Espanha, esses foram anos de incessante martírio: forçada a aliar-se à França nas guerras continentais e tendo visto sua marinha de guerra destruída nas batalhas de São Vicente, Algeciras e Trafalgar, sofreu também ao ver a tardia tentativa de Godoy de modernizar as forças armadas e a economia ser derrotada pela oposição que lhe fizeram seus inimigos da nobreza e da Igreja Católica.

Em 1806, a Prússia decidiu ir à guerra contra a França, por discordar da Confederação do Reno – obra de Napoleão – e da ascensão da Baviera e da Saxônia a reinos: a influência da França e de seus aliados tão perto de suas fronteiras foi vista pela Prússia como um desafio inaceitável. O envolvimento francês em nova guerra inspirou Godoy a emitir uma proclamação ao povo espanhol, a 3 de outubro de 1806, redigida em linguagem difusa mas apelando ao seu patriotismo, com expressões como "a defesa da pátria", "a salvação da pátria" e a possibilidade de "chocar nossas armas com as do inimigo". Como nenhum inimigo ameaçava a Espanha naquele momento, a proclamação de Godoy só podia ser considerada, e assim o foi por Napoleão, como um sinal de que a Espanha o atacaria, caso as coisas na Prússia corressem mal para a França.

A proclamação de Godoy não poderia ter sido mais inoportuna; onze dias depois, Bonaparte destruiu o exército prussiano nas batalhas simultâneas de Iena e Auerstadt. Segundo De Pradt, o general francês recebeu o texto de Godoy no campo de Iena, interpretou-o corretamente e decidiu que o perigo de uma agressão espanhola, não importava em que momento, deveria desaparecer para sempre.[19] A oportunidade chegou no ano seguinte.

Em 27 de outubro de 1807, Espanha e França assinaram um segundo Tratado de Fontainebleau, o qual permitia que tropas francesas passassem pelo território espanhol a fim de atacar Portugal, e que a França aquartelasse tropa em Badajoz, próxima à fronteira com Portugal. A conclusão do tratado foi facilitada pelo suborno oferecido a Godoy, a saber: Portugal seria dividido em três partes, e a parte meridional seria o Reino do Algarve, sobre o qual Godoy reinaria.

A indignação geral com o aquartelamento de tropas estrangeiras em solo espanhol fez com que a estima do povo pelo primeiro-ministro passasse de pequena a mínima; Fernando, príncipe das Astúrias e herdeiro do trono, que detestava Godoy, decidiu que o momento era propício para forçar Carlos IV a abdicar e demitir Godoy. Com a intenção de garantir a aceitação de seu plano pela França, Fernando escreveu a Napoleão, em 11 de outubro de 1807, uma carta em que, depois de derramado elogio "ao maior herói de quantos o precederam, enviado pela Providência para salvar a Europa do total transtorno que a ameaçava, para consolidar os tronos vacilantes e para dar às nações paz e felicidade", ele se referia aos malévolos que cercavam o rei, colocava-se sob a proteção do imperador francês e pedia a mão de uma princesa da família Bonaparte.[20]

Intencionalmente vazado por Napoleão ou descoberto pelos espiões do primeiro-ministro, o teor da carta chegou a Godoy e foi levado ao conhecimento do casal real. Para além do fato de os "malévolos" serem o próprio *valido* do rei e seus aliados, o casamento do herdeiro ao trono era uma questão de Estado, decidida a partir dos interesses da dinastia e do país, o que tornava o pedido de uma noiva e o apelo à proteção do imperador um desrespeito do filho para com o pai e com seu dever como herdeiro. Infelizmente para o país, o pior ainda estava por vir.

Temendo o que Godoy pudesse fazer no caso da morte do rei – pois circulava um rumor de que o primeiro-ministro planejava fazer-se nomear regente –, Fernando preparou uma proclamação que designava o duque do Infantado comandante supremo de todas as forças militares, o que privaria Godoy do apoio do exército. Fernando copiou a proclamação à mão, deixando a data em branco, e a guardou o momento apropriado, mas novamente seus planos foram frustrados: uma busca nos papéis do príncipe, instigada pelo primeiro-ministro, revelou a existência do documento.

Carlos IV dirigiu-se ao povo espanhol, revelando a traição do filho; em um gesto que parecia peculiar aos Bourbons espanhóis (traço que reapareceria no sobrinho de Fernando, o príncipe português Miguel), Fernando disse arrepender-se de suas ações e pediu perdão ao pai. Erroneamente (erro que João VI repetiria em 1823, depois da primeira tentativa de golpe por Miguel), Carlos perdoou o filho, mas também escreveu a Napoleão, em 29 de outubro, narrando o ocorrido e terminando por pedir que o imperador o ajudasse com suas luzes e conselhos.

Entretanto, a contínua chegada de tropas francesas fez Godoy finalmente suspeitar da verdadeira intenção de Bonaparte, e em março de 1808 aconselhou a família real espanhola a imitar o exemplo da portuguesa e embarcar para uma das colônias americanas. Em Aranjuez, a caminho do litoral, a reação popular ao possível abandono do país pela família real explodiu em um tumulto, "engendrado por um grupo de nobres em aliança com a facção do príncipe das Astúrias, usando oficiais e a populaça como seus instrumentos".[21] Godoy foi espancado pelo povo; sua casa, incendiada e saqueada. A situação permitiu a Fernando obrigar o pai a abdicar, tornando-se Fernando VII – mas só por dois dias, quando Carlos se retratou.

A briga de Fernando com o pai não poderia ser mais propícia aos desígnios franceses, pois Napoleão já tinha o firme intento de incluir a Espanha no império da família Bonaparte.[22] Em preparo para a invasão, Napoleão aconselhara, em despacho ao grão-duque de Berg, isto é, seu cunhado Murat: "Abasteça minhas tropas com alimentos e cartuchos".[23]

Em 29 de março, o imperador tinha escrito a Murat.[24] "No interesse de meu império, posso fazer muito bem à Espanha. [...] Fernando é o inimigo da França, e é por isso que o fizeram rei. Colocá-lo no trono será servir as facções que, há 25 anos, desejam a destruição da França." No mesmo despacho ele dá um puxão de orelhas em Murat, que, na pretensão de ocupar o trono espanhol, foi criticado por Napoleão por "se apoderar de Madri tão precipitadamente. [...] Sua entrada em Madri, inquietando os espanhóis, ajudou fortemente a Fernando".

O imperador convidou, ou talvez se deva dizer convocou, o rei e seu filho para um encontro em Baiona, do lado francês da fronteira. Repetidamente, Napoleão deu três conselhos a Murat: tratar o casal real com as honras de costume; cuidar para que Godoy não sofresse nenhuma injúria; e evitar que

Fernando fosse tratado como o legítimo rei. Mais tarde, já tendo chegado a Baiona e à espera da família real, acrescentou uma quarta instrução:[25]

> Se o príncipe das Astúrias vier a Baiona, bem; se ele voltar para Burgos, mandará que seja preso e trazido a Baiona. [...] Se ele sair de Vitória e for além de Burgos, a caminho de Madri, mande persegui-lo e prenda-o onde quer que ele esteja, porque, se ele recusa a entrevista que proponho, é porque está no campo inglês, e portanto não haverá mais nada a disfarçar.

Realmente, nada havia a disfarçar, porque na véspera, ou seja, em 16 de abril, Napoleão escrevera ao príncipe uma carta que continha clara ameaça:[26]

> Mas o que sei bem é que é perigoso para os reis habituarem seus povos a derramar sangue e fazer justiça por suas próprias mãos [...].
>
> Vossa Alteza Real estava muito errado; não preciso de nenhuma outra prova do que a carta que me escreveu, e que sempre procurei ignorar. Quando rei, V. A. R. saberá quanto são sagrados os direitos ao trono: todo pedido a um soberano estrangeiro, da parte de um príncipe herdeiro, é criminoso. [...]
>
> V. A. R. deve desconfiar das explosões de emoção popular. Alguns de meus soldados poderiam ser assassinados, mas o resultado final seria a ruína da Espanha.

Fernando chegou a Baiona antes dos pais. O juízo que Napoleão fez dele não foi animador: "Muito estúpido, muito malicioso, muito inimigo da França [...] seria preciso uma guerra para me levar a reconhecê-lo como rei da Espanha".[27] Após a chegada do casal real, Napoleão informou Murat de que "o rei havia confirmado tudo o que me tinha escrito". Com o apoio e a intimidação tanto de Bonaparte como do exército francês, o rei escreveu ao filho, em 2 de maio,[28] que "o conselho dos homens pérfidos que vos cercavam levaram a Espanha a uma situação crítica; ela só pode ser salva pelo imperador", e dois dias depois dirigiu uma proclamação ao povo espanhol,[29] culpando os responsáveis pelos eventos dos últimos meses, que tinham posto o país em situação de grave perigo. "Em circunstâncias tão importantes quanto críticas, ocupei-me em chegar a um entendimento com meu aliado, o imperador da França, sobre tudo o que diz respeito à felicidade [do povo espanhol]."

Carlos IV estava errado: seu entendimento com Napoleão traria ao povo da Espanha não felicidade, e sim muitos anos de sofrimento.

°

No nono dos dez volumes das memórias de José Bonaparte, Du Casse, que as organizou, incluiu um "Resumo e conclusão sobre os feitos de Espanha". Vale a pena ler o início desse texto antes de avaliar quanto ele é merecedor de fé.

> Aqui termina nossa tarefa relativamente aos acontecimentos da Espanha: que nos sejam permitidas algumas reflexões sobre o conjunto dos fatos e o papel do rei José de 1808 a 1813.
>
> Quando, chegado a Baiona, Carlos IV encontrou-se com Napoleão, este não mais tinha o poder de fazê-lo voltar ao trono de seus antepassados, pois o imperador o propôs e o rei o recusou obstinadamente.
>
> Nem ele nem a rainha queriam regressar a Madri *sem o Príncipe da Paz*. Napoleão, vencido por tanta fraqueza e cegueira, não se julgou obrigado a ir à guerra a fim de repor a coroa na cabeça do rei, ou melhor, do favorito. Godoy era execrado e desprezado na Espanha; a França não tinha razão para amá-lo depois do alarme tão pérfido e tão desavisado que ele suscitara quando nossos exércitos estavam engajados no norte da Europa.
>
> Sem dúvida é difícil compreender e admitir que um rei prefira, ao trono de seus pais, a retirada a um país estrangeiro, posição bem vizinha ao exílio; e no entanto foi o que se deu com Carlos IV em 1808. É também difícil compreender e aceitar que um pai prefira ter como sucessor um estrangeiro, e não seu filho, e no entanto o fato é bem real. Carlos e sua esposa Maria Luísa diziam "que Carlos III tinha sido rei de Nápoles antes de subir ao trono da Espanha; que, de todos os irmãos do imperador, José, atual rei de Nápoles, parecia o mais apropriado a reinar sobre o país". Eles o preferiam a Fernando. Fernando, por seu lado, preferia esse príncipe a *seu pai com Godoy*.[30]

O relato de Du Casse contradiz de maneira tão frontal as muitas ordens vindas de Napoleão antes de sua chegada a Baiona que só pode ser considerado totalmente inverídico. A invasão da Espanha fora planejada com cuidado bem antes do encontro em Baiona; abundantes provas disso existem no volume 16 da correspondência de Napoleão, cobrindo de setembro de 1807 a abril do ano seguinte.

Em 11 de novembro de 1807, o imperador francês enviou de Tournon um de seus cortesãos à Espanha, com instruções para avaliar a opinião popular, se favorável a Fernando ou a Godoy, e informar sobre o estado das fortificações de Pamplona e Fuentarabia etc. No mês seguinte, ele disse a Clarke, ministro da Guerra, para instruir Dupont a ter um corpo de exército reunido em Vitória pelo fim daquele mês; Dupont daria a entender que seu objetivo era ajudar Junot [em Portugal]. Em 29 de março de 1808, o imperador ordenou que a edição do *Moniteur* com as notícias dos acontecimentos de Aranjuez fosse enviada a Bernadotte, exclusivamente para sua informação. As tropas de Bernadotte, que estavam na Europa setentrional, em via de atacar a Suécia, contavam com as divisões espanholas comandadas pelo marquês De la Romana, cujos 20 mil soldados de elite tinham sido enviados à Dinamarca, portanto afastados da Espanha, a pedido de Napoleão. Bernadotte deveria cuidar para que as tropas espanholas não tivessem conhecimento do que se passara em Aranjuez.

Não seria demais suspeitar que o resumo e a conclusão de Du Casse tencionava apresentar José Bonaparte não como um cúmplice da violação da Espanha, e sim como um ator bem-intencionado na solução de um problema jogado no colo da França, contra a vontade de seu imperador. Acredite quem quiser...

°

Qual foi a recompensa oferecida a Carlos pela entrega de seu país à França? Em carta a Talleyrand, a 6 de maio,[31] o imperador informou que, em conformidade ao tratado que assinara com Carlos, "Dou ao rei Carlos o castelo de Compiègne como sua residência vitalícia e o castelo de Chambord e sua floresta em propriedade irrestrita, com uma pensão de 30 milhões de *réaux*[32] e uma pensão proporcional a cada príncipe da família. Pelo mesmo tratado, ele me cede todos os seus direitos à Coroa da Espanha". Essas generosas verbas (que, de todo modo, deveriam ser pagas com dinheiro obtido na Espanha) ao que parece nunca foram pagas *in toto*; Godoy, em suas memórias, alega que o casal real se viu forçado a levar uma vida frugal (sem dúvida uma frugalidade relativa) pelo resto de seus dias.

o

Ainda em 4 de maio, Carlos IV informou à Junta Suprema do Governo que tinha decidido "nomear tenente-general do reino nosso primo, o grão-duque de Berg, que ao mesmo tempo comanda as forças de nosso aliado, o imperador dos franceses. [...] Nessa qualidade, ele presidirá a junta do governo".[33]

Naquela data, o *Dos de Mayo* já tinha ocorrido (é preciso ter em mente que no dia 4 aquele acontecimento ainda era desconhecido em Baiona); em 2 de maio, uma rebelião popular em Madri foi duramente reprimida pelos soldados de Murat, com a morte de centenas de espanhóis. O *Dos de Mayo*, imortalizado em quadro de Goya, foi seguido pelos fuzilamentos do dia seguinte, tema de outro famoso, talvez o mais célebre, quadro de Goya. O *Dos de Mayo* resultou na organização, por juntas provinciais, da resistência à ocupação francesa, o que por sua vez obrigou a França a deixar cair a máscara e revelar seus reais objetivos.

Assim, quando Napoleão passou a coroa da Espanha ao irmão José (para amargo desapontamento de Murat, que em último caso não se saiu mal, pois foi colocado no trono de Nápoles e Duas Sicílias), o país já estava em revolta. Em setembro, uma Junta Central foi constituída, invocando o nome de Fernando como rei. Finalmente, em janeiro de 1809, a Junta Central decretou que as colônias americanas não mais eram colônias, e sim parte da monarquia espanhola.

> Legalmente, o título das Índias não pertencia ao povo espanhol, porque aquela gloriosa herança era considerada propriedade do monarca espanhol. A Espanha e suas colônias americanas não se vinculavam numa união orgâ-

nica, mas numa união pessoal. Sua Majestade Católica era o vínculo. Com mais razão do que os revoltados súditos da Inglaterra das treze colônias, alguns colonos espanhóis alegariam, mais tarde, que deviam fidelidade somente ao rei.[34]

Como não havia rei, já que José Bonaparte não era aceito como tal, o sentimento dos espanhóis residentes nas colônias era de que não havia a quem oferecer fidelidade. Como disse Carlota Joaquina em sua Proclamação à América Espanhola, "Um sistema de governo colonial sem metrópole, e sem soberano efetivo, a quem recorrer, como centro de unidade, é um absurdo que repugna a toda a sã política"; e numa acertada antevisão do que viria a se passar, acrescentava que tal sistema também era "uma verdadeira anarquia, que exporia as Américas a ser divididas em tantos reis como têm de vice-reis, em tantos régulos como governadores, e em tantos outros facciosos quantos são os homens atrevidos…".[35]

Portanto, 1808 foi o ano em que o Brasil se tornou sede do Império Português e o ano em que a briga da família real espanhola facilitou a invasão do país. O resultado da política bonapartista foi colocar uma corte no Brasil e, na Espanha, um rei que o país rejeitou.

Nos dois casos, as consequências, inimagináveis como podem ter sido em 1808, seriam enormes: um novo mundo nascia.

3. A cornucópia da Europa

> "Quer saber qual era nosso destino? Os campos, para cultivar anil, cochonilha, café, cana-de-açúcar, cacau e algodão; as vastas planícies, para criar gado; os desertos, para caçar animais selvagens; as entranhas da terra, para extrair o ouro que nunca chega a saciar aquela nação avarenta."
>
> SIMÓN BOLÍVAR, CARTA DA JAMAICA

A EUROPA E AS RIQUEZAS DA AMÉRICA LATINA, DE 1500 A 1800

Por "riquezas" não se devem entender apenas os carregamentos de ouro, prata e pedras preciosas.[1] Outras mercadorias da América foram postas à disposição das potências coloniais, tanto para seu consumo como para exportação, como açúcar, carne, couro, madeira, cacau, algodão, fumo, café. Os impostos arrecadados nas colônias, assim como a renda dos monopólios das Coroas de Espanha e Portugal, eram outra forma de transferência de riqueza para as metrópoles. Um benefício adicional para as metrópoles era a preferência dada aos nascidos na Europa para ocupar, nas colônias, os cargos oficiais mais elevados e bem remunerados, preferência que constituía motivo de constante irritação para os colonos, em teoria tão portugueses ou tão espanhóis quanto os vindos da metrópole, mas cidadãos de segunda classe no acesso àqueles cargos.

> A partir de 1764, os intendentes começaram a substituir os *corregidores*; em 1808, nenhum americano, e ainda menos um candidato local, tinha obtido uma colocação permanente como intendente no Rio da Prata ou no Peru, e havia poucos no México. [...] No período 1751-1808, das 266 nomeações

para as *audiencias* americanas, apenas 62 (23%) o foram para nascidos nas colônias, comparadas com 200 (75%) para *peninsulares*.[2]

Idêntica situação prevalecia no Brasil, se bem que de forma um pouco mais moderada.

Finalmente, outra vantagem tomada pela metrópole era a exploração do trabalho dos indígenas, escravizados pelos portugueses no Brasil e sujeitados, nas colônias espanholas, a trabalhos forçados. Pelo sistema da *encomienda*, a Coroa doava a um *peninsular* – e mais tarde também a espanhóis radicados nas colônias – a posse (não a propriedade) de uma extensão de terra, acompanhada de um número de indígenas; a princípio, estes podiam satisfazer sua obrigação para com o *encomendero* mediante pagamento em ouro, produtos ou trabalho. Com o desenvolvimento da agricultura, os indígenas passaram a ser usados sobretudo como lavradores. A *encomienda* baseava-se no pretexto de que o donatário se dedicaria a "civilizar" os indígenas, educando-os na religião católica e no idioma espanhol. As leis a respeito incluíam cláusulas relativas ao tratamento humano a ser dado aos indígenas e à proteção que mereciam, mas é difícil acreditar que a metrópole não estivesse informada dos abusos ocorridos. Assim, pode-se afirmar que a verdadeira razão da *encomienda* era dar a espanhóis terras e, para cultivá-las, braços escravos. O sistema só foi oficialmente extinto aos fins do século XVIII.[3]

No Peru, a exploração dos nativos tomou a forma da *mita*, sistema de trabalho rotativo praticado antes da conquista para fins de produção de alimentos e que os conquistadores transformaram em obrigação de fornecer mão de obra para a mineração.

> De 1740 a 1790, a quantidade de prata exportada por Potosí dobrou. [...] Mas a razão básica do aumento da produção foi a maior exploração dos *mitayos*, os índios forçados, cujas cotas de produção foram dobradas nesses cinquenta anos, e que eram obrigados a trabalhar por mais tempo com os mesmos salários, suplementando seu trabalho com o de suas mulheres e famílias. Para eles, o segundo império foi, realmente, um império de trabalho.[4]

Embora seja difícil calcular o valor do que chegou aos portos europeus no decurso daqueles trezentos anos, não há dúvida de que, não fosse pelas colônias, Espanha e Portugal primeiramente, e a seguir os países que comerciavam com as duas metrópoles, jamais teriam possuído a fortuna que algumas vezes usaram com inteligência e outras – infelizmente a maioria delas – desperdiçaram em guerras ou gastos extravagantes.

O objetivo deste capítulo é ressaltar, com brevidade, a importância, para Espanha e Portugal, de suas colônias americanas.

°

O historiador John H. Elliott assinala que menos de uma quarta parte da renda anual de Filipe II provinha de remessas de prata americana; o resto era tomado de empréstimo, ou suprido por impostos, pagos principalmente por Castela.[5] No entanto, isso não significa que o respeitado historiador esteja minimizando a importância da contribuição das colônias americanas, pois ele também reconhece que a renda recebida da América pela Coroa, se bem que quatro vezes maior na década de 1590 do que na de 1650, representava somente cerca de 20% de sua renda total, ao fim do reinado de Filipe II. Mas estes 20%, acrescenta Elliott, eram cruciais para as grandes iniciativas dos últimos anos do reino de Filipe II, às voltas com a revolta nos Países Baixos, a guerra naval contra a Inglaterra e a intervenção na França.[6]

De fato, durante o reinado de Filipe II, a Espanha esteve em estado de guerra quase contínuo. Uma explicação podia ser a obsessão do rei em lutar contra a Reforma e a Inglaterra, o que teria contribuído para a continuação e o agravamento do sistema de empréstimo contra o de rendimentos futuros. Se tanta riqueza não tivesse sido despendida em guerras, fazendo o orçamento espanhol dependente de empréstimos, pode-se razoavelmente concluir que o que chegava da América teria sido uma parcela bem mais significativa da arrecadação espanhola. A realidade, porém, é que em 1573 os empréstimos tomados de banqueiros montavam a 50 milhões de ducados – 150% mais que o total quando da morte de Carlos V.[7] Nessas condições, Filipe foi obrigado a imitar o pai – que em 1557 tinha decretado a bancarrota do país – e declarou a falência da Espanha duas vezes, em 1575 e 1596.

Outra explicação pode ser o fato de que o poder da Espanha provocava grande medo nas demais nações europeias, e sua riqueza despertava a cobiça dos governos e cidadãos daqueles países. A Espanha se via sob constante ataque de corsários ingleses, holandeses e franceses, e tinha de guerrear sem descanso em terra e mar. Manter um império custava esforço, traduzido em dinheiro, vidas e, ocasionalmente, até mesmo a perda de território. Para Espanha e Portugal, manter seus imensos impérios, que se estendiam pela Ásia, África e América, exigia um estado constante de alerta.

> Em 1617 e 1618, o conselho de finanças da Espanha queixava-se amargamente a respeito da diminuição da parte da Coroa nas remessas de prata das Índias, e atribuía a diminuição à retenção de grandes somas pelos vice-reis do México e do Peru. Grande parte do dinheiro estava sendo usada para melhorar as defesas contra ataques de corsários [...].[8]

As dificuldades financeiras de Filipe II podem ser explicadas pelas políticas de seu pai e dele mesmo – quer fossem tais políticas originadas em Madri, quer respondessem a iniciativas de outras capitais –, pois o efeito dos tesouros da América Latina na Europa pode ser provado pelo fato de que em 160 anos (de 1503 a 1660) cerca de 16 mil toneladas métricas de prata chegaram a Sevilha, o que triplicou a quantidade do metal existente na Europa, e 185 toneladas métricas de ouro, que aumentaram o suprimento europeu em 20%.[9]

A maior parte daquelas 16 mil toneladas de prata chegou à metrópole antes do fim do reinado de Filipe II (1598), porque os comerciantes dos vice-reinados da Nova Espanha (México) e Peru, rebelando-se contra a proibição, imposta por Madri, ao comércio direto entre as colônias e com outros países europeus, começaram a comerciar com o Oriente asiático, importando sedas e outros artigos de luxo; isso chegou ao ponto de, em 1597, "o volume de prata enviado do México às Filipinas excede[r] o valor do comércio transatlântico mexicano naquele mesmo ano".[10]

O que importa, de todo modo, é que a contribuição das colônias espanholas da América foi muitíssimo importante para a riqueza, ainda que não para o bem-estar, da metrópole.

Ridgway calcula a produção de ouro na Bolívia, Chile, Colômbia, México e Peru, de 1493 a 1800, em 52.428.214 onças de ouro fino,[11] praticamente 1.630 toneladas, 45% da produção mundial no período.[12] Certamente a quantidade produzida foi maior, já que boa parte da produção não era comunicada às autoridades, a fim de evitar o pagamento do quinhão real, e ficava escondida nas colônias, ou entrava de contrabando na Europa, ou era remetida à Ásia, para pagamento de importações.

ESPANHA, CARLOS II E A GUERRA DA SUCESSÃO DA ESPANHA

No correr do século XVIII houve um aumento da produção de prata que, ironicamente, beneficiaria não só a Espanha, como também a França. A razão disso é que a Guerra da Sucessão da Espanha (1702-13) colocou no trono espanhol um neto de Luís XIV (um príncipe da dinastia Bourbon nascido e criado na França), e o Rei Sol usou a ligação familiar para obter para seu país uma parcela do comércio com as colônias americanas, até então monopólio da metrópole. A França também ganharia com o pagamento, pela Espanha, da proteção que a marinha francesa daria às frotas espanholas de retorno da América.[13]

Mas a motivação de Luís XIV não era somente colocar um neto em Madri para tirar proveito da Espanha e das riquezas coloniais. Uma forte razão era assegurar-se da paz com um país contra o qual a França tinha guerreado tantas vezes nos dois séculos precedentes, a última delas poucos anos antes, e assim evitar a possibilidade de um cerco da França pela Espanha e algum outro inimigo a leste. Na verdade, Luís XIV não desejava mais uma guerra, e durante a negociação dos dois acordos de partição da herança espanhola tinha mostrado inusitada transigência; sua atitude era devida à exaustão do país após a recém-terminada Guerra da Liga de Augsburgo (também conhecida como Guerra do Palatinado), que tinha durado de 1688 a 1697 e vira a França enfrentar uma aliança que unia Espanha, Inglaterra, Áustria, as Províncias Unidas (Holanda), Savoia e vários principados germânicos.

°

José-Fernando, Eleitor da Baviera, tinha seis anos de idade quando foi escolhido por Carlos II, rei da Espanha, que não tinha filhos, como herdeiro de seu império. As famílias reais de Áustria e França tinham laços com a casa real espanhola e, portanto, abrigavam esperanças de, em caso de algum imprevisto, se tornarem a herdeira. Como França e Inglaterra não aceitavam a eventualidade de a Áustria herdar o trono espanhol e assim reconstituir o império Habsburgo de Carlos V, concluíram um tratado de partição em fins de 1698, deixando a parte principal do Império Espanhol para José-Fernando e dividindo as possessões espanholas na Itália entre Áustria e França, nas pessoas do arquiduque Carlos, segundo filho do imperador Leopoldo I, e o delfim (o herdeiro do trono francês): o Milanês (Lombardia) ficaria com o arquiduque Carlos, enquanto Nápoles, Sicília, alguns portos da Toscana e a província espanhola de Guipúzcoa iriam para o delfim da França.

O imprevisto ocorreu em fevereiro de 1699, quando o menino Eleitor morreu. Um segundo tratado de partição foi acertado no início de 1700 por Inglaterra, França e as Províncias Unidas: o arquiduque Carlos herdaria a Espanha, suas colônias e os Países Baixos Espanhóis (a Bélgica de nossos dias), o delfim receberia Nápoles, Sicília e a Lorena, e o duque da Lorena seria recompensado com o Milanês.

Como seria de esperar, Carlos II e toda a Espanha ficaram indignados, não apenas pela divisão do espólio durante a vida do rei, como também pelo desmembramento do Império Espanhol. O tratado de partição, contudo, tornou-se irrelevante – pelo menos para a França – quando Carlos II fez novo testamento, deixando a totalidade da herança para o duque de Anjou, o neto de Luís XIV que subiu ao trono espanhol como Filipe V.

°

A Inglaterra e as Províncias Unidas – esta última parte interessada porque a vizinha região flamenga pertencia à Espanha – aceitaram o testamento de Carlos II, mas Luís XIV logo cometeu um erro crasso ao reconhecer como rei da Inglaterra o filho do deposto rei James II, voltando atrás em seu recente reconhecimento, no Tratado de Ryswick (que tinha posto fim à Guerra do Palatinado), de Guilherme de Orange como Guilherme III da Grã-Bretanha.

A violação pela França do então recente tratado foi considerada pelo soberano inglês como *casus belli*.

Nova guerra, para manter o neto de Luís no trono espanhol, exigia grande sacrifício financeiro, ainda menos desejado pouco depois do recente término de nove anos de guerra. Em suas cartas a Amelot, embaixador da França em Madri de 1705 a 1709, o soberano francês afirma, repetidamente, a partir de 1707, que a exaustão das finanças francesas fazia necessária a conclusão do conflito. Em 1709 ele chegava ao ponto de tentar convencer o neto a trocar o trono da Espanha pelo de Nápoles, para pôr fim à guerra, que, no entanto, continuou até 1713.

O historiador britânico Henry Kamen cita de uma carta de Luís XIV a Amelot, escrita em fevereiro de 1709, algumas palavras que ele interpreta como prova de que a motivação principal da França era tirar proveito do comércio com as colônias espanholas. Segundo Kamen, Luís teria escrito que "o objetivo principal da presente guerra é o comércio das Índias e a riqueza que ele produz".[14] John Lynch, hispanista, usa a citação feita por Kamen para afirmar que "Luís XIV não escondia o fato de que 'o objetivo principal da presente guerra é o comércio das Índias e a riqueza que ele produz'".[15]

Discordo desses respeitados autores, porque a citação feita por Kamen sofre de um erro na tradução do que o rei teria escrito a Amelot; ademais, foi tomada sem referência à totalidade do parágrafo:

> Como o objetivo principal da atual guerra é o comércio das Índias e as riquezas que elas produzem, o rei da Espanha pode avaliar, pelo interesse de todas as nações, como lhe é importante restabelecer lá [nas Índias] a devida ordem, há muito desconhecida, no governo daqueles longínquos países. Assim, elogio muito as medidas que ele toma para tal fim, mas duvido que tenha êxito. [...] É, no entanto, honroso e do interesse do rei da Espanha pelo menos procurar os meios para restabelecer a ordem nos países submetidos à sua dominação [...].[16]

Isso não foi escrito em 1702, expressando a razão pela qual a França foi à guerra. Ademais, não significa que "o objetivo principal" era só da França; o texto pode ser lido como afirmando que o objetivo era comum a "todas as nações". O fato é que em 1709 o rei francês estava pronto a trocar a Espanha pela paz; seu anseio pelo fim da guerra chegou ao ponto de ele aceitar que o neto deixasse o trono e a Espanha perdesse as Índias para seus inimigos.

Em 10 de dezembro de 1708 o rei já tinha escrito a Amelot:

> [Logo que as negociações de paz comecem] não me esquecerei de todos os benefícios para o rei, meu neto, que considero como meus; mas o estado de meus negócios sendo bastante conhecido, bem podeis compreender que devo pensar, mais do que nunca, a enfim dar paz ao meu reino. Guiai-vos por esse princípio, e sem alarmar inutilmente o rei e a rainha da Espanha, evitai também de lhes dar falsas esperanças de que eles mais tarde poderiam, com justiça, me reprovar.[17]

Em 11 de março de 1709 ele terminava uma carta com as seguintes palavras: "Na verdade, minha intenção é de nada esquecer para mantê-lo no trono da Espanha e de tentar os holandeses pelas vantagens que mais os possam interessar; mas está na hora de concluir a paz e de empregar todos os meios para tanto".[18]

Uma franca revelação do desejo cada vez mais urgente de paz aparece em carta do rei de 3 de junho de 1709, cujos termos contradizem frontalmente os da carta de 11 de março:[19]

> Tardei em responder aos assuntos mais importantes de vossas cartas de 30 de abril, 6 e 13 de maio, à espera de ter certeza do efeito que produziriam as propostas de paz que fiz apresentar a meus inimigos. Elas não podiam permanecer secretas. Nem mesmo eu o pedi, por ser necessário que todas as potências ocupadas em me fazer a guerra se convençam de que não depende de mim terminá-la. Por isso não me espanto de que se tenha logo sabido em Madri que ofereci retirar minhas tropas da Espanha, e que consentirei à cessão que o rei meu neto faria daquela monarquia e das Índias, guardando para si os reinos de Nápoles e Sicília. Acrescentei a essas ofertas as de um grande número de minhas praças, que os holandeses me pediam nos Países Baixos, com o nome de barreira necessária, segundo eles, para a segurança de seus estados. Eu lhes cedi todas as vantagens que me pediam para seu comércio.

Ainda no mesmo mês, o rei-avô reconhecia ser "impossível que [a guerra] termine enquanto [Filipe V] continue no trono da Espanha. A declaração é difícil de fazer, mas ela é verdadeira, e é preciso que ele seja informado dessa verdade".[20]

Portanto, a necessidade de pôr fim à guerra, tantas vezes repetida a partir de 1708, não suporta a interpretação de que em 1709 o objetivo principal da França era apoderar-se do comércio com as colônias espanholas. Sem dúvida a França se aproveitava da conexão de família e controlava o governo da Espanha, o embaixador Amelot mantendo a presidência do conselho de ministros, a princesa Des Ursins, francesa, aconselhando e influenciando a jovem rainha, e ainda mantendo a gestão das finanças do país nas mãos de Orry, outro francês. Por outro lado, o ouro e a prata das colônias ajudavam as exauridas finanças de Luís XIV a custear a guerra.

Mas, se não o objetivo principal, o comércio com as colônias não deixava de ser desejado pelo combalido erário francês. Em 1707, o rei dizia a Amelot, a respeito das queixas de que negociantes franceses estavam tomando o lugar dos espanhóis naquele comércio:

> As queixas que os espanhóis estabelecidos no Peru renovam, a respeito de meus súditos nos Mares do Sul, não vos serão novas; ser-vos-ia fácil responder, se o assunto for mencionado, o quanto seria desejável que meu reino tirasse mais benefícios daquele comércio, os quais serão aplicados em ajudar a Espanha na defesa do direito do rei, meu neto. A necessidade de continuar a guerra deve tornar aceitáveis tais distorções, que serão facilmente corrigidas logo que se chegue a uma paz geral.[21]

Um "benefício" obtido pela França, desde agosto de 1701, foi o *asiento de negros*, o que significava que a Compagnie Française de Guinée era a única empresa não espanhola licenciada para transportar africanos para venda nos mercados de escravos das colônias espanholas. Esse indecente "benefício" não durou muito tempo, pois pelo Tratado de Utrecht, de 1713, que pôs fim à guerra, a Grã-Bretanha, através da East India Company, ganhou o desonroso mas lucrativo privilégio de substituir a França e a Compagnie Française de

Guinée pelo prazo de 30 anos, podendo levar às colônias espanholas 4.800 *peças das Índias* por ano. O tratado tinha sido precedido por acordo, de 26 de março de 1713, pelo qual a East India Company recebera a concessão do *asiento*, justificada no preâmbulo do acordo pelo fato de que "a rainha da Grã-Bretanha" estava "desejosa de entrar nesse comércio".[22]

As duas partes se beneficiavam com o trato: a East India Company vendia os escravos e pagava à Espanha 33⅓ escudos (a que os ingleses se referiam como *pieces of eight*) por *peça das Índias* introduzida nas colônias.

°

De forma involuntária, o Brasil participou daquela guerra eminentemente europeia. Portugal foi forçado pela Inglaterra a participar da liga antifrancesa, decisão ratificada com a conclusão, em dezembro de 1703, do chamado Tratado de Methuen, que, entre outras coisas, estabelecia uma aliança militar entre Portugal e Grã-Bretanha. Desse modo, a colônia de Portugal na distante América ficou exposta à agressão francesa.

Em 1710, Duclerc, corsário francês, atacou o Rio de Janeiro com uma frota de cinco navios e mil homens. Derrotados, os franceses renderam-se, mas o povo enfurecido matou Duclerc e alguns dos prisioneiros. Os sobreviventes continuaram presos, o que serviu de justificativa para nova agressão francesa.

Em 1711, o corsário René Duguay-Trouin obteve autorização real para comandar uma expedição ao Brasil; ele se associou a vários armadores e partiu para o Rio com 17 navios e 6 mil homens, no que era, em verdade, uma empresa comercial. Chegando ao Rio em setembro, Duguay-Trouin tomou a cidade e dela extorquiu um resgate de 610 mil cruzados (equivalentes a 600 quilogramas de ouro). De regresso à França, três navios afundaram durante uma tempestade, mas a aventura teve final feliz para os demais, pois o resgate tinha sido tão grande que ainda sobrou lucro para todos.[23]

A participação de Portugal na guerra saiu-lhe cara:

> Os primeiros anos do reinado de dom João v foram de apuro financeiro e miséria econômica. A guerra da sucessão de Espanha acabou o desbarato, que já vinha do reinado antecedente. Deviam-se grandes somas aos forne-

cedores do Exército, obrigados, após longas esperas, a aceitar padrões de juros. [...] Por outro lado, o atraso dos soldos, durante a guerra e depois dela, não foi incidente raro.[24]

°

Tanto Espanha como Portugal viam suas colônias como filões de abundantes riquezas, seja como produtoras, seja como consumidoras. Quando, no Vice--Reino do México, fábricas que produziam tecidos de algodão estampados ameaçaram causar uma diminuição nas importações provenientes de Barcelona, os produtores espanhóis apelaram para a Coroa, alegando que a solução deveria ser que "se expedissem as mais eficazes ordens para que imediatamente se destruíssem as fábricas de têxteis e estampados estabelecidas naquelas colônias".[25] O governo espanhol respondeu com a emissão de uma Ordem Real em 28 de novembro de 1800, a qual proibia a abertura de manufaturas nas colônias; essa ordem foi ratificada em 1801 por outra, "relativa ao excesso verificado no estabelecimento naquele reino de fábricas e artefatos contrários aos que prosperam na Espanha e têm como objeto principal o suprimento de nossas Américas".[26]

O intento já era suficientemente claro, mas a Ordem Real acrescentava, para não deixar nenhuma dúvida, que a Coroa espanhola não podia permitir que se multiplicassem, nem mesmo que subsistissem até o fim da guerra, porque isso era contrário "ao bem e à felicidade de todos os seus súditos e domínios, e [Sua Majestade] receia que, acostumados seus súditos aos confortos e trabalhos de ditos estabelecimentos, recusarão depois voltar às minas de ouro e prata e ao cultivo dos preciosos frutos e efeitos desses reinos, que têm consumo certo nesta península".

A política da metrópole era deliberada e firmemente seguida:[27]

> Quanto a manufaturas nativas, sua simples existência era condenada. Gálvez afirmava que as indústrias coloniais prejudicavam a Espanha, "cujo interesse consiste em que os habitantes das Índias não se habituem a viver independentemente desta monarquia para o suprimento de suas necessidades". Anos mais tarde, o segundo conde de Revillagigedo, um esclarecido vice-rei,

reiterou essa opinião: "Não se deve esquecer que esta terra é uma colônia que deve depender da sua origem, a Espanha, e render algum lucro em troca dos benefícios da proteção. Requer-se grande prudência para estabelecer a dependência e fazer que o interesse seja mútuo e recíproco, pois essa relação terminaria no momento em que as manufaturas e os produtos europeus não mais fossem necessários aqui".

Era essa mentalidade que Bolívar exprobou na Carta da Jamaica, criticando-a com a descrição citada no início deste capítulo: a colônia devia existir para proveito da metrópole. Essa era a situação das possessões espanholas sob os Habsburgos e continuou a sê-lo sob os Bourbons.

PORTUGAL E AS RIQUEZAS DO BRASIL

Em 1500, quando os portugueses chegaram ao Brasil, sua atenção estava inteiramente voltada para a Ásia, onde Vasco da Gama tinha aportado pouco antes. Suas conquistas naquele continente, o comércio de especiarias, seda e outras mercadorias muito procuradas na Europa, exigiam, com justiça, mais cuidados do que explorar o Brasil. Essa foi a situação durante o século XVI, a qual mudaria radicalmente no século seguinte, com a contribuição da colônia americana ultrapassando a da colônia asiática.

João IV, o primeiro rei da dinastia Bragança, o primeiro a ocupar o trono depois de Portugal retomar sua independência da Espanha a partir de 1640, referia-se ao Brasil como a "vaca leiteira" da metrópole; após a morte do rei em 1656, coube à sua viúva explorar as colônias do país, a fim de assegurar a independência de Portugal, ainda ameaçada pela Espanha. Com tal objetivo, a rainha Luísa comprou o apoio da Inglaterra casando sua filha Catarina com Carlos II. O generoso dote da noiva incluiu a cessão à Inglaterra de uma base no Mediterrâneo (Tânger), outra na Índia (Bombaim), mais 2 milhões de cruzados (cerca de 300 mil libras)[28] em contante (isto é, em ouro); dessa soma, a "vaca leiteira" foi obrigada a fazer uma contribuição "voluntária" de 600 mil cruzados.

João v, neto do primeiro Bragança, ocupou o trono de 1706 a 1750, período que coincidiu com o ápice da extração de ouro no Brasil. Vaidoso, tolo, desejando emular os reis franceses, tomou a sério o gracejo do avô e esbanjou a fortuna que chegava do Brasil. Algumas fontes portuguesas escusam sua extravagância, alegando que, sob a munificência real, o país se beneficiou de muitos investimentos no campo cultural. É verdade, mas isso não desculpa o régio desperdício, a respeito do qual essas fontes preferem não se aprofundar.

Quando o imenso mosteiro de Mafra estava em construção, um grande sino forjado na Alemanha foi mostrado a João v; informado de que o sino custara 400 contos de réis, o gastador teve a seguinte reação: "Não julguei que era tão barato; quero dois".[29] Quatrocentos contos, ou 100 mil moedas de 4 mil-réis, representavam 990 quilogramas de ouro, quantidade próxima da receita total auferida pela Coroa (dízimos e outras contribuições) da produção de ouro em Minas Gerais, a área mais produtiva do Brasil, em qualquer biênio do período de 1721 a 1735.[30]

Em 1749 o soberano ficou muito doente; temendo estar próximo da morte e desejando salvar a alma de seus inúmeros pecados de concupiscência, ele remeteu ao papa grande quantidade de ouro em barra e moeda, diamantes e outras preciosidades, em troca do título de Majestade Fidelíssima, que foi concedido a ele e a seus sucessores pela bula papal de 21 de abril de 1749. Se o título serviu para salvação da alma régia é algo que só nos é permitido especular.

O historiador português Oliveira Martins, de pensamento esquerdista e severo juiz das políticas do país no período, não perdoa o desbarato pelos soberanos portugueses das riquezas chegadas do Brasil:

> Foi sobre o ouro e os diamantes do Brasil que se levantou o novo trono absoluto de dom Pedro II; foi com eles que dom João v e todo o reino puderam entregar-se ao entusiasmo desvairado dessa ópera ao divino, em que desperdiçaram os tesouros americanos. O acaso, pai sem virtudes desse filho pródigo chamado Portugal brigantino, concedeu a um tonto o uso de armas perigosas, abrindo-lhe de par em par as portas dos arsenais; e dom João v, enfatuado, corrompeu e gastou, pervertendo-se também a si e

desbaratando toda a riqueza da nação. [...] O povo, pastoreado pelos jesuítas, beato e devasso, arreava-se agora de pompas para assistir como convinha à festa solene do desbarato dos rendimentos do Brasil. [...] Para que bem se possa avaliar a importância das novas descobertas; para que ninguém se iluda, supondo que os desperdícios faustosos de dom João V traduzem um renascimento da riqueza natural do reino, poremos aqui uma nota das massas de metais e pedras preciosas que dom João V recebeu do Brasil: 130 milhões de cruzados; 100 mil moedas de ouro; 315 marcos de prata; 24.500 marcos de ouro em barra; 700 arrobas de ouro em pó; 392 oitavas de peso e mais 40 milhões de cruzados de valor em diamantes.[31] Além de tudo isso, o produto do imposto dos quintos e o monopólio do pau-brasil rendiam anualmente para o tesouro cerca de 1,5 milhão de cruzados.[32]

Qual foi o maior beneficiado de tanta riqueza? O mesmo país que, sob a capa de "aliado", dominava, explorava e intimidava Portugal:

> O inglês sentava-se com ele à mesa e aplaudia os desperdícios, porque todo o ouro do Brasil passava apenas por Portugal, indo fundear na Inglaterra, em pagamento da farinha e dos gêneros fabris, com que ela nos alimentava e nos vestia. A indústria nacional constava de óperas e devoções. O português só sabia ser lojista: todo o comércio externo estava na mão de ingleses, principalmente, e de italianos.[33]

O próprio dom João VI, homem frugal, até mesmo sovina, era generoso ao distribuir a riqueza colonial. Há aqui, no entanto, uma grande diferença entre ele e João V: este se comportava como um novo-rico, gastando para mostrar que podia gastar, enquanto dom João VI, quando parecia perdulário, o fazia para salvaguardar a independência do país.

°

A esse respeito, é oportuno abrir um parêntese para contar um caso que preludia a política napoleônica de extorsão e rapina consentidas, tratada mais amplamente no Apêndice 2.

Em 1802, o general Lannes chegou a Lisboa devendo uma grande soma ao general Augereau, que a emprestou para Lannes repor as despesas irregulares que fizera enquanto comandante da Guarda Consular. Ao mandar esse rude soldado, totalmente despreparado para uma missão diplomática, como ministro em Portugal, é possível que o Primeiro Cônsul, seu amigo Napoleão Bonaparte, lhe estivesse dando a oportunidade para reaver o que Lannes devia a Augereau.

Após uma curta estada em Lisboa, onde se conduziu com notória falta de civilidade e durante a qual só fez queixas e ameaças, Lannes abandonou o posto e regressou à França sem notificar o governo português ou pedir licença a Paris. Um dos objetos de suas queixas era João de Almeida de Melo e Castro, conde de Galveias, secretário dos Negócios Estrangeiros, cuja demissão Lannes exigia ao príncipe regente, acusando Galveias (mencionado na correspondência oficial francesa como Almeida) de ser totalmente dedicado à aliança com a Grã-Bretanha, no que tinha razão.

Alguns meses depois de sua chegada à França, Napoleão, que a princípio tinha desaprovado o comportamento de Lannes, perdoou-o e, em 1803, o mandou de volta, agora com o grau de embaixador e apoio à campanha para a demissão de Galveias e o afastamento de Rodrigo de Sousa Coutinho da corte. A animosidade em relação a Sousa Coutinho se devia, pelo menos em parte, a este ser favorável a Portugal rejeitar as ameaças de Lannes e da França, e preparar-se para a guerra.

Contando com o respaldo do Primeiro Cônsul, Lannes comportou-se de modo vergonhoso. Estava em negociação um tratado que permitiria a Portugal manter-se neutro e em paz com a França mediante pagamento de um subsídio; em outras palavras, um pagamento parecido com o extorquido por um bandido em troca de "proteção". O problema foi que Lannes se recusou a firmar o tratado se não recebesse de Portugal 1 milhão de libras tornesas (*livres tournoises*) "em dinheiro ou diamantes".[34] No final, Galveias foi demitido, Sousa Coutinho afastado da corte – e Lannes pago...

Quando sua esposa deu à luz um filho, em julho de 1804, Lannes convidou dom João e a princesa Carlota Joaquina para serem padrinhos de batismo; o convite foi aceito e, depois do batizado, ocorreu o episódio relatado abaixo, com toda a aparência de um modo elegante de satisfazer a cobiça do embaixador francês:

> Mme. Lannes tendo dado à luz um filho em Lisboa [...] o príncipe regente quis ser o padrinho da criança, e no dia do batizado, pretextando uma visita a uma das salas do palácio que continha curiosidades enviadas do Brasil, levou o general Lannes à sala onde se guardavam caixas com pedras preciosas. Ele ordenou que uma fosse aberta e, tomando com as duas mãos grandes punhados de diamantes, jogou três deles no chapéu do general, dizendo: "O primeiro é para meu afilhado, o segundo para a mãe e o terceiro para o embaixador". A partir daquele momento, o marechal, de quem eu tenho esses detalhes, ficou realmente rico.[35]

°

Em 1807, quando Lisboa se convenceu de que Napoleão não mais acreditava no jogo de aceitar sua exigência e fechar os portos aos navios britânicos, um plano – ridículo, mas compreensível em face das circunstâncias – foi arquitetado: em 16 de novembro, o marquês de Marialva foi despachado apressadamente, levando diamantes de presente para o imperador e outros figurões, mais a proposta de casamento do infante Pedro, o futuro primeiro imperador do Brasil, que tinha então nove anos, com uma das filhas de Carolina Bonaparte Murat – em outras palavras, com uma das muito pequenas sobrinhas de Napoleão, pois Murat e Carolina tinham se casado em 1800. A proposta não chegou a ser feita, pois Marialva, não podendo entrevistar-se com o imperador, passou os seis ou sete meses seguintes em Madri e só chegou a Baiona em 1808, quando Portugal já estava sob domínio francês, como membro da deputação da nobreza portuguesa que foi declarar fidelidade a Napoleão. Ao que parece, os diamantes permaneceram em mãos portuguesas.[36]

Hyde de Neuville, que apresentara credenciais como embaixador francês em 1823, conta que algumas semanas depois tinha recebido de dom João VI o presente habitualmente oferecido aos embaixadores e ministros (isto é, aos chefes de representações diplomáticas com nível de embaixada ou de legação, respectivamente) depois da apresentação das credenciais: "É uma caixinha muito bonita que contém barras de ouro com um valor entre 20 e 25 mil francos para um embaixador; [o valor] é de 10 a 12 para os ministros".[37]

Portanto, a munificência da corte não tinha diminuído, nem mesmo quando o Brasil se separara de Portugal e não mais contribuía para as finanças do reino. Alguns meses depois da apresentação de credenciais de Hyde de Neuville, Palmela lamentava, em carta particular a seu amigo Antônio de Saldanha da Gama, conde de Porto Santo, que estava como embaixador em Madri:

> Daqui só te direi que, sem irmos tão mal como eu cuido que vão em Espanha, contudo não vamos bem: não temos aprendido com a experiência das desgraças a remover a causa delas; continuamos a gastar do que a Providência nos dá, sem tratarmos de diminuir a despesa nem de ter meios de aumentar a receita, e esse é o principal motivo dos meus receios.[38]

Realmente, não há nada novo sob o sol.

°

O conceito de "vaca leiteira" não se restringia, porém, a reis gastadores: era inseparável da convicção de que a colônia existia, e portanto podia e devia ser explorada, para o bem-estar da metrópole. O marquês de Pombal, esclarecido e poderoso ministro de dom José I, e dois secretários de Estado da Marinha e Domínios Ultramarinos, a saber, Martinho de Mello e Castro (de 1770 a 1795) e Rodrigo de Sousa Coutinho, o futuro conde de Linhares (de 1796 a 1801), acreditavam que o Brasil era de importância vital para a sobrevivência da metrópole e suas políticas eram dirigidas "a assegurar que a economia brasileira se desenvolvesse estritamente dentro do arcabouço do pacto colonial, em outras palavras, para o exclusivo benefício da metrópole".[39]

Rodrigo de Sousa Coutinho, uma das personalidades mais esclarecidas de Portugal, ao apresentar à Academia das Ciências de Lisboa, em 1798, um trabalho intitulado "Sistema político que mais convém que a nossa Coroa abrace para a conservação dos seus vastos domínios, particularmente dos da América, que fazem propriamente a base da grandeza do nosso trono", reconheceu que Portugal tinha pouco valor sem suas colônias, das quais ele considerava o Brasil a mais valiosa:

> Os domínios de Sua Majestade na Europa não formarão senão a capital e o centro das suas vastas possessões. Portugal, reduzido a si só, seria dentro de um breve período uma província de Espanha, enquanto servindo de ponto de reunião e de assento à monarquia, que se estende ao que possui nas ilhas de Europa e África, e ao Brasil, às costas orientais e ocidentais de África, e ao que ainda a nossa real Coroa possui na Ásia, é, sem contradição, uma das potências que têm dentro de si todos os meios de figurar conspícua e brilhantemente entre as primeiras potências da Europa.[40]

As linhas finais do parágrafo citado destinavam-se, evidentemente, a amenizar a crua verdade das primeiras linhas, verdade tão mais inesperada por vir da boca de um secretário de Estado. Mas o fato é que Sousa Coutinho dedicou sua apresentação ao Brasil, insistindo em que a economia brasileira fosse dedicada ao proveito da metrópole:

> Que artes pode o Brasil desejar por muitos séculos, quando as suas minas de ouro, diamantes, as suas matas e arvoredos para madeiras de construção, as culturas já existentes e que muito podem aperfeiçoar-se, quais o açúcar, o cacau, o café, o índigo, o arroz, o linho, as carnes salgadas, e as novas culturas da canela, do cravo-da-índia, da noz-moscada, lhe prometem juntamente com a extensão da sua navegação uma renda muito superior ao que jamais poderiam esperar das manufaturas e artes, que, muito em conta por uma política bem entendida, podem tirar da Metrópole?[41]

Tal como a Espanha em relação a suas colônias, Portugal também cuidou de impedir o desenvolvimento de indústrias e culturas que fizessem concorrência aos produtos da metrópole.

Heinrich Handelmann, autor de uma *História do Brasil*, originalmente publicada em Berlim, em 1860, deu alguns exemplos das políticas de Portugal durante o período colonial:

Um dos principais artigos de importação do comércio de Portugal era o vinho; havia sido então introduzida em São Paulo a videira, e desenvolveu-se tão esplendidamente que essa província, em poucos decênios, não só produzia para o seu próprio gasto, como começava a abastecer as províncias irmãs do Norte. Para pôr termo a essa prejudicial concorrência, houve por bem o governo português, nos fins do século XVI, suprimir de todo o cultivo da videira em São Paulo. [...] Monopólio regular de fabrico reivindicou Portugal somente quando o ministério de Pombal fez de novo reviver as suas indústrias; os representantes da Coroa receberam, nessa época, instruções para suprimir todas as indústrias incipientes no Brasil.

Particularmente a tecelagem à mão, que havia pouco se começava a exercer em Minas Gerais, não devia mais ser tolerada; depois, uma lei de 5 de janeiro de 1785 concedeu, porém, ao menos, a fabricação de um pano grosseiro de algodão para o vestuário dos escravos, ao passo que no mais foi rigorosamente proibido o uso do tear; e, de fato, em cumprimento da lei, foram ainda, no princípio do século XIX, destruídos os teares na praça pública, e os seus donos deportados para Lisboa, a fim de sofrerem o castigo legal.[42]

Essas medidas da metrópole não deixaram de merecer severa crítica, em termos que refletem os da Carta da Jamaica, no "Manifesto aos Governos e Nações Amigas" de 6 de agosto de 1822 (ver capítulo 12):

> Se a indústria de alguns homens mais ativos tentava dar nova forma aos produtos do seu solo, para com eles cobrir a nudez de seus filhos, leis tirânicas o empeciam e castigavam essas nobres tentativas. Sempre quiseram os europeus conservar esse rico país na mais dura e triste dependência da metrópole; porque julgavam ser-lhes necessário estancar, ou pelo menos empobrecer, a fonte perene de suas riquezas. Se a atividade de algum colono oferecia a seus concidadãos, de quando em quando, algum novo ramo de riqueza rural, naturalizando vegetais exóticos, úteis e preciosos, impostos onerosos vinham logo dar cabo de tão felizes começos.[43]

°

Ouro de aluvião foi achado no Brasil no último quartel do século XVI, mas as descobertas de maior vulto tiveram de esperar até o final do século XVII. Que a produção de ouro no Brasil foi de excepcional importância no século XVIII está fora de dúvida. Que uma boa parte do ouro extraído escapou ao controle das autoridades portuguesas, tendo ficado no Brasil ou saído contrabandeada do país, também é fora de disputa. Incerto é quanto ouro foi extraído; a respeito, as estimativas variam significativamente.

Segundo Ridgway, "Durante o século XVIII, o Brasil produziu em média 270 mil onças de ouro anualmente e foi, de longe, o maior produtor mundial, contribuindo com 44% do total".[44] Desse modo, a média anual estimada por Ridgway seria de 8.400 quilogramas. Noya Pinto oferece uma tabela de produção, de 1700 a 1799, com um total de 172.711 quilogramas,[45] cifra que parece mais apropriada para os 20% da produção (o *quinto real*) pagos ao Erário Real. João Dornas Filho, baseado em diversas fontes, aceita uma produção de 720 mil quilogramas entre 1700 e 1801.[46]

Diamantes foram encontrados, ou identificados, no segundo decênio do século XVIII. O ano exato é desconhecido, mas o que se sabe é que algumas pessoas que tinham reconhecido como diamantes as bonitas pedrinhas geralmente usadas como fichas em jogos de cartas guardaram para si a notícia. Mais uma vez, a produção exata é desconhecida, por novamente se fazer segredo às autoridades e parte ter sido contrabandeada. Boxer menciona a produção de 1.666.569 quilates durante os 32 anos do sistema de contratação (1/1/1740-31/12/1771) e de 1.354.770 quilates de 1772 a 1822, período da Real Extração, ou seja, o período de operação direta em benefício da Coroa.[47]

Pelo menos mais um produto brasileiro merece menção especial: o açúcar. A cana-de-açúcar encontrou condições ideais de plantio na costa do Nordeste brasileiro e foi cultivada com sucesso especialmente na Bahia e em Pernambuco. Isso se passou quando Portugal estava unido à Espanha sob Filipe IV. Logo o açúcar brasileiro se tornou um produto de valor no comércio europeu e de grande interesse para as Províncias Unidas, onde o açúcar bruto era importado para refino em Amsterdã e posterior reexportação. Quando novo conflito estourou entre Espanha e Províncias Unidas, a Companhia das Índias Ocidentais, registrada em Amsterdã, decidiu invadir o Brasil, para ficar dona do ciclo completo de produção. O resultado foi a breve ocupação holandesa da Bahia (1624-5) e a ocupação, mais longa, antes de Pernambuco e depois estendida a outras regiões produtoras do Nordeste, de 1630 a 1654.

No século XVIII o açúcar brasileiro, sujeito a pesados impostos (um deles o *dízimo real*), perdeu sua importância no comércio mundial, já que não podia concorrer com o produto caribenho. A situação viria a ser revertida por causa da revolução dos escravos em Saint-Domingue (Haiti), e no começo do século XIX o Brasil já tinha reconquistado sua posição no comércio mundial do açúcar.

O principal beneficiário das riquezas brasileiras era a Grã-Bretanha, como foi acerbamente comentado pelo já citado Oliveira Martins. A balança do comércio anglo-português sempre era largamente desfavorável a Portugal, sendo o déficit pago com ouro do Brasil. Não é de admirar o comentário de Russell-Wood: "O ouro brasileiro pode ter constituído os alicerces da futura revolução industrial na Inglaterra".[48]

Em 1821, com o rei novamente na Europa, as Cortes cometeram a incomensurável asneira de tentar reverter o Brasil, que tinha sido a sede do reino por treze anos, à situação de "vaca leiteira". A previsível consequência da cegueira das Cortes foi apressar a independência do Brasil.

UM MERCADO AMBICIONADO

Mercados para seus produtos, rotas seguras e livres para o desenvolvimento do comércio, ocasionalmente bases para manter a segurança daquelas rotas: tais eram as preocupações maiores das potências europeias e dos Estados Unidos no período coberto neste livro e, *mutatis mutandi*, ainda são os objetivos de hoje.

A comoção causada pelas guerras revolucionárias e napoleônicas trouxe a perda ou o fechamento de mercados; matérias-primas e manufaturas acumulavam-se nos países produtores, numa fase em que a industrialização, se bem que incipiente, já resultava em produção que excedia as necessidades do consumo doméstico.

As grandes nações mercantis sempre sonharam em ter acesso ao grande mercado que permanecia fechado para todos – exceto para Espanha e Portugal, que mantinham seu ciumento monopólio de comércio com as respectivas colônias americanas. Quando o vínculo com as metrópoles europeias foi cortado, o sonho se tornou possível, e feroz a concorrência pelo comércio com aquelas cornucópias de riqueza mineral e agrícola.

4. A Grã-Bretanha e a independência das colônias espanholas

PLANOS INGLESES PARA AS COLÔNIAS ESPANHOLAS

> Entre os documentos nesta seção encontrar-se-ão alguns que provam que a ideia de subtrair as colônias espanholas de sua dependência da metrópole, privando-a assim dos vastos recursos que lhe forneciam quando ela estava em guerra com a Grã-Bretanha, tinha ocorrido a várias pessoas inteligentes muito antes de ser considerada por nosso governo. [...]
>
> O advogado mais zeloso da emancipação política daquelas províncias, porém, foi dom Francisco de Miranda [...] que labutou com inesgotável perseverança para conseguir a liberdade de seus concidadãos [...].
>
> De suas cartas, que são muitas, vemos que, antes de 1789 e 1790 [...] ele havia pedido ajuda a mr. Pitt com vistas à execução [de seu projeto].[1]

A noção de que a França podia ser enfraquecida se sua aliada fosse privada das colônias americanas estava na mente de todos. Em memorando sem data, provavelmente escrito em 1799, *sir* Ralph Abercromby[2] expressou a opinião de que:

> De tudo quanto deveria concentrar nossa atenção, a libertação da América do Sul do domínio espanhol parece ser a prioritária; ela pode ser conseguida enquanto ainda estamos em guerra com a Espanha, e, se fosse efetuada com sucesso, ficaria fora do alcance da negociação da paz.
>
> Deveria ser realizada sem qualquer intuito de conquista, comércio exclusivo ou saque. Todo porto na América do Sul, e todo o comércio com aquele extenso continente, deveria ser declarado livre e aberto a todas as nações do mundo.[3]

Em 1806, Grenville, ao assumir a chefia do governo após a morte de Pitt, pedira a Arthur Wellesley, futuro duque de Wellington, para preparar um plano de campanha contra a Espanha, através de suas colônias nas Américas. Wellesley consultou Miranda e, em novembro daquele, ano produziu vários memorandos, descrevendo os pontos a serem atacados, o número de soldados necessários etc. Como era natural durante os anos que passou na Inglaterra procurando obter apoio para um ataque às colônias espanholas, Miranda sempre tinha presumido que tal ataque se destinaria a ajudar uma revolução popular que levasse à independência; o patriota venezuelano jamais pensaria em substituir o domínio espanhol pelo britânico.

Em 2 de novembro, Wellesley redigiu um memorando no qual expunha "o plano para atacar a Nova Espanha, combinado com um ataque a Manila", e daí "para a costa da América", o México sendo o objetivo.[4] A 20 do mesmo mês, em outro memorando, estudou a possibilidade de atacar a costa oriental do México, o que considerava preferível.[5]

A intenção de Wellesley era que tais ataques às colônias espanholas não mirassem a conquista: a ideia era torná-las independentes da Espanha.

> Noto que todos quantos comunicaram ao governo de Sua Majestade ideias sobre os domínios espanhóis na América recomendaram que deveriam visar a uma revolução em vez de conquista. Os cavalheiros franceses que se debruçaram sobre o problema recomendaram que um dos príncipes franceses deveria ser instalado como rei na Nova Espanha, e os autores ingleses e espanhóis recomendaram um governo independente em geral, sem especificar de que gênero deveria ser. Nenhum deles, porém, aludiu à maneira como o governo recomendado para instalação naquele país deveria ser mantido em existência, governar e ser apoiado depois que a revolução tivesse sido efetivada, em particular contra as tentativas que pudessem ser feitas contra ele pelos Estados Unidos.

Uma preocupação sempre presente na cabeça dos políticos britânicos era a de que os Estados Unidos poderiam usar uma intervenção britânica, qualquer que fosse seu propósito, como desculpa para invadir e apoderar-se do México, ou pelo menos de parte dele – algo que viria a acontecer, embora não antes de algumas décadas.

O memorando de Wellesley continuava:

> A proteção deste governo independente a ser estabelecido sem dúvida caberia à Grã-Bretanha; mas não se vislumbra de que modo, consistente com a existência da independência mexicana, a Grã-Bretanha poderia ser compensada pelas despesas e pela inconveniência que lhe custariam seu apoio e sua proteção.
>
> O primeiro passo a ser tomado é, indubitavelmente, substituir o poder espanhol no México pelo britânico, e depois fixar a natureza do governo a ser estabelecido lá e suas relações com a Grã-Bretanha. Refiro-me a este ponto somente para chamar a atenção do governo de Sua Majestade para o fato de que as previsões das pessoas que têm escrito sobre a Espanha americana, de assistência pelos nativos, são fundadas tanto sobre os desejos e expectativas dos nativos de que um governo independente seja estabelecido em seu país, quanto pelo ódio aos espanhóis, seus atuais governantes.[6]

Políticas não nascem da noite para o dia; são gestadas ao longo do tempo, e no início do século XIX a Grã-Bretanha se movia para a adoção de um critério que evitasse "a despesa e o atrito resultantes do estabelecimento de jurisdição territorial. [...] O ideal era uma cadeia de pontos mercantis, protegidos em locais estratégicos por bases navais".[7] As guerras de Mysore na Índia e a perda dos Estados Unidos puseram em marcha, se bem que lenta, a preferência por uma mudança na política de conquistar e manter colônias, e assegurar mercados para as manufaturas britânicas, sem o ônus do governo e da responsabilidade pelos súditos coloniais, começava a se apresentar como a alternativa preferível.

Essa visão estava refletida tanto no já mencionado memorando de Wellesley, de 1806, como em outro que ele escreveu em fevereiro de 1808, após a segunda tentativa fracassada em Buenos Aires:

> Do que se passou recentemente em Buenos Aires, e de tudo quanto tenho lido sobre aqueles países, estou convencido de que qualquer tentativa de conquistá-los, com a finalidade de futura sujeição à Coroa britânica, certamente fracassaria; e por isso considero que a única maneira de que possam ser tirados da Coroa da Espanha é por uma revolução e pelo estabelecimento de um governo independente. Parece que em todos aqueles países têm sido realizadas frequentes tentativas revolucionárias, especialmente desde a revolução dos Estados Unidos e a Revolução Francesa [...]. Na verdade, o estado abjeto a que o governo da velha Espanha finalmente chegou, e o estabelecimento da monarquia portuguesa no Brasil, deve aumentar esse desejo, pois este último evento deve mostrar que os meios existem naqueles países para estabelecer e manter uma monarquia independente.[8]

Entretanto, as indicações de que a Grã-Bretanha favorecia enfraquecer a aliada da França pelo apoio a movimentos revolucionários que visassem à independência das colônias não eram evidenciadas pelo que ocorreu no Rio da Prata em 1806 e 1807.

INSUCESSO EM BUENOS AIRES

Sir Home Riggs Popham era um reputado oficial da Marinha cujas boas relações com Pitt lhe tinham valido a eleição para a Câmara dos Comuns por Yarmouth (1804-6) e depois a reeleição, até 1812, por outros distritos eleitorais.

Popham tinha conhecido Francisco de Miranda, que viajava sem cessar, mas passava a maior parte do tempo em Londres, buscando obter o apoio do governo britânico do momento.

Em 12 de outubro de 1804, Pitt convidou Popham e Melville (então primeiro lorde do Almirantado) para jantar, com o propósito de conversar sobre a América do Sul. Ao fim da conversa, Pitt pediu a Popham que lhe enviasse um memorando a respeito. Popham e Miranda prepararam um longo memorando, entregue a Melville dois dias depois.[9] Nele, ressaltavam que a conquista de toda a América do Sul estava fora de questão, sendo preferível concentrar-se na posse de vários pontos de importância e usufruir os consequentes benefícios comerciais. Sendo Miranda coautor do memorando, ele advogava que a primeira medida seria o envio de tropas à Venezuela, a qual Miranda afirmava estar pronta a revoltar-se; o segundo passo seria tomar Buenos Aires.

Pitt novamente convidou Melville, Miranda e Popham para um almoço em 16 de outubro, durante o qual o memorando foi discutido, tendo Pitt mostrado entusiasmo por suas recomendações.

Neste capítulo, as duas fracassadas invasões de Buenos Aires pelos ingleses não serão descritas minuciosamente, pois nosso propósito é avaliar se os ataques britânicos a Buenos Aires e Montevidéu, em 1806 e 1807, assim como os planos para a invasão do Chile, México e Venezuela, eram ou não inspirados por uma política de conquista.

Em 1806, Popham chegou ao Rio da Prata, vindo da Cidade do Cabo, na África do Sul, com uma flotilha da qual desembarcou uma pequena tropa (fornecida pelo general David Baird, comandante do exército no Cabo, mais 180 homens fornecidos pelo governador de Santa Helena) comandada pelo general William Carr Beresford (figura que tornaremos a encontrar em Portugal). Atacando Buenos Aires de surpresa, Beresford tomou a cidade sem dificuldade. Menos de dois meses depois, os portenhos se organizaram sob a chefia de Santiago de Liniers, oficial francês a serviço da Espanha, e forçaram Beresford a render-se. Os soldados britânicos foram feitos prisioneiros de guerra, mas Popham manteve o bloqueio do Rio da Prata, à espera dos reforços que tinha pedido a Londres.

Popham tinha se apressado em mandar à Inglaterra a notícia do sucesso inicial, e em carta aberta aos negociantes londrinos "anunciou que todo o continente dourado, do qual a Inglaterra havia sido sempre excluída, estava agora aberto ao comércio: ele queria que os negociantes londrinos se recuperassem das vicissitudes da guerra".[10]

Os reforços chegaram trazendo a ordem para Popham entregar seu comando e voltar para a Inglaterra, a fim de comparecer perante uma corte marcial. Era acusado de: 1) ter retirado seu esquadrão, sem autorização, da Cidade do Cabo, e 2) ter-se lançado em sua aventura no Rio da Prata sem instruções ou autoridade.

A corte marcial de Popham pode-se dizer ter sido uma farsa. Ela concluiu que o almirante era culpado das duas acusações e devia ser "severamente repreendido". A severa repreensão foi pouco mais que um tapinha nas costas e não teve efeito algum na carreira de Popham, que poucos meses depois, em setembro de 1807, assinou, como capitão da frota, juntamente com o futuro duque de Wellington, os termos de rendição da cidade de Copenhague.[11]

O tratamento leniente concedido a Popham pode ter sido influenciado também pela adoração que lhe era votada pelos comerciantes londrinos, que ofereceram a Popham uma preciosa espada como prova de sua gratidão, e pela defesa que lhe fez a buliçosa imprensa londrina, segundo a qual ele merecia promoção, e não punição.

°

Com a chegada dos reforços, novos ataques britânicos ocorreram em 1807. Montevidéu foi tomada, em fevereiro, pelo major-general Auchmuty, e em julho Buenos Aires foi novamente assediada, dessa vez por uma força várias vezes superior à que Beresford tinha comandado. Seu comando foi confiado ao tenente-general John Whitelocke. Essa nova aventura terminou rapidamente e em novo fracasso, com muitas baixas na tropa britânica e nova rendição dos invasores.

Outra corte marcial teve lugar em 1808, o réu sendo agora Whitelocke. A sentença da corte foi muito mais severa do que no caso de Popham: Whitelocke deveria receber baixa e ser declarado totalmente inepto e indigno de servir Sua Majestade em qualquer capacidade militar. O rei ratificou essa dura sentença.

NOS BASTIDORES: OCUPAÇÃO PROVISÓRIA OU CONQUISTA?

Foi a iniciativa de Popham realizada sem a aprovação do governo? Por um lado, é útil levar em conta que Popham era um "Pittite", e possivelmente contava com a proteção de Pitt, caso sua aventura (que teve início após a morte do primeiro-ministro, fato que ainda não tinha chegado ao conhecimento de Popham) tivesse êxito.[12] Por outro lado, não é crível que militares considerados disciplinados, como Baird e Beresford, encarregados da importante missão de tomar aos holandeses o Cabo (importante base para acesso à Índia e à Austrália), tivessem concordado, sem autorização superior de qualquer gênero, em facilitar a aventura de Popham e dela participar.

Em carta ao Almirantado, datada de 13 de abril de 1806, Popham escreveu, da Cidade do Cabo:

> Na tarde [do dia 10] recebi notícias sobre o fraco estado das defesas de Montevidéu e Buenos Aires, por isso desembarquei no dia seguinte, para trazer estas notícias ao general *sir* David Baird.
>
> As notícias corroboravam de tal modo informações que eu já tinha recebido de várias fontes, que sugeri a oportunidade de empregar umas poucas tropas por um curto espaço de tempo a fim de concluir imediatamente uma matéria de tanta importância.
>
> Não hesito em confessar que instei por essa medida com todos os argumentos à minha disposição, porque estou convencido dos grandes e esplêndidos benefícios que [nosso] país obterá de tal conquista neste momento: que [essa medida] traz várias vantagens para nosso país e para aquela colônia que por muitos anos tem sido, intermitentemente, ameaçada de fome, devido a colheitas insuficientes.
>
> O resultado de minhas investigações durante muitos anos, a respeito da América do Sul em geral e de Buenos Aires em particular, foi apresentado ao governo de Sua Majestade; e como ao mesmo tempo foi decidido que eu fosse mandado para cá, dediquei-me a preparar um minucioso plano para uma operação combinada, que tive a honra de entregar [ao governo] e de enviar ao atual primeiro lorde do Almirantado.[13]

É inegável que alguém no governo britânico deve ter tido ciência do plano de Popham, embora isso não prove que ele tenha recebido licença para levá-lo adiante, apesar da asserção de que "foi decidido que eu fosse mandado para cá".

Um ponto contra a aceitação por Popham das informações que tinha sobre o estado das defesas das duas cidades do Prata relaciona-se com suas fontes, que lhe disseram o que ele, evidentemente, queria ouvir. Essas fontes eram: o comandante de um navio mercante americano, um carpinteiro inglês que tinha vivido em Montevidéu por onze meses, segundo Ferns,[14] ou por onze anos, segundo Hugh Popham,[15] e um inglês que tinha trabalhado como intérprete na alfândega de Buenos Aires.

Se a presença britânica na América meridional seria temporária – tendo somente o propósito de beneficiar o comércio – ou permanente, talvez dependesse, por um lado, da reação dos habitantes a uma presença britânica sem data para acabar; por outro, da política adotada pelo governo Grenville. Neste caso, o ministro das Relações Exteriores, Fox, era partidário de pôr fim à guerra com a França, e assim a Espanha provavelmente conservaria suas colônias. Fox não teve sucesso, e com sua morte, em setembro de 1806, a negociação com a França foi abandonada.

O fato é que antes de o esquadrão de Popham zarpar do Cabo, o general Baird instruiu Beresford (promovido por Baird de coronel a general, para que ficasse em pé de igualdade com Popham) "para estabelecer-se como tenente-governador 'dos diversos assentamentos espanhóis no Rio da Prata que possam submeter-se às armas de Sua Majestade, e como tal receber o mesmo salário e verbas que tenham sido recebidos pelo governador espanhol'".[16] Uma vez de posse de Buenos Aires, Beresford deixou a situação muito clara: em 7 de julho exigiu que todos os prefeitos, funcionários, chefes e membros das corporações civis e eclesiásticas jurassem fidelidade ao soberano britânico, no que foi atendido.

Os invasores também recuperaram o tesouro local, que o vice-rei tinha levado consigo ao fugir de Buenos Aires para Luján, e "1.086.208 dólares foram imediatamente postos a bordo do *Narcissus*, como presa de guerra".[17] Segundo Popham, o vice-rei entregou 631.684 dólares, e uma quantia adicional de mais de 1 milhão de dólares foi retida como quinhão de presa (*prize money*).[18] Não admira, assim, que C. K. Webster considere Popham um novo Drake ou Hawkins, isto é, um corsário que escondia sua ganância sob a bandeira nacional.[19] Uma rapina desse gênero dificilmente pode ser interpretada como demonstração de intenções amistosas, honestas e desinteressadas. Quando examinamos o que se passou a seguir, a mão do governo britânico é evidenciada.

Primeiramente, antes de partir da Inglaterra, Whitelocke foi designado governador-geral da América do Sul, com um salário anual de 12 mil libras e amplos poderes sobre as províncias conquistadas. Em segundo lugar, existe a carta, classificada como "muito secreta", escrita em 30 de outubro de 1806 (quando o insucesso da aventura Popham-Beresford ainda era desconhecido em Londres) por William Windham, secretário da Guerra e das Colônias,[20] ao coronel Robert Craufurd:

> À vista do sucesso obtido pelas armas de Sua Majestade na costa leste da América do Sul, e a experiência que os habitantes daquele país tiveram, da diferença entre a opressiva dominação espanhola e o governo benigno e protetor de S. M., fato que deve a esta altura ser conhecido em todo o continente sul-americano, almeja-se obter influência por meio de uma tentativa na costa ocidental daquele continente.
>
> Com esse objetivo, e para abrir e facilitar uma comunicação comercial com o interior do país, S. M. decidiu que uma força com a seguinte composição deveria ser embarcada [segue a enumeração dos batalhões designados, totalizando 4.001 soldados]. E tenho a satisfação de acrescentar que S. M. o escolheu para o comando dessa força. [...]
>
> O propósito dessa expedição é tomar posse dos portos e fortalezas, e obter a rendição da província do Chile; para esse fim, conforme informações positivas recebidas, bem como em face do bom resultado obtido em Buenos Aires, julga-se que as tropas que Vossa Senhoria levará sejam, provavelmente, adequadas. [...]
>
> V. Sª. terá em mente que o objetivo principal de sua ação é estabelecer e manter uma forte posição militar na costa ocidental da América do Sul, de onde operações futuras possam ser iniciadas. [...] S. M. deseja que, ao escolher homens para emprego em seu governo, especialmente nos campos da justiça e das finanças, pessoas nascidas na América do Sul tenham, em todos os casos, preferência sobre espanhóis; e, sempre que um daqueles possa adequadamente ocupar os cargos destes, a substituição deve ser feita. [...] Caso V. Sª. tenha sucesso em ocupar Valparaíso e Santiago, ou em estabelecer qualquer outra base suficiente no Chile, procurará informar o brigadeiro-general Beresford

> logo que possível, concertando com ele os meios para assegurar comunicação ininterrupta, tanto militar como comercial, por uma rede de postos, ou qualquer outro método adequado, entre as províncias do Chile e Buenos Aires.[21]

Mas o que aconteceu foi muito diferente. O exército de Craufurd já deixara a Inglaterra quando um navio foi enviado em seu encalço, levando a ordem de mudar o destino da viagem para o Rio da Prata; a razão foi que no entretempo a notícia da derrota de Beresford tinha chegado à Inglaterra.

As assertivas de Popham, seja em suas comunicações aos lordes do Almirantado, seja em sua carta aos negociantes de Londres; o suposto entusiasmo de Pitt pelo memorando Popham-Miranda; a instrução de Baird a Beresford para instalar-se como tenente-governador em Buenos Aires; a decisão do governo Grenville de enviar reforços para Beresford, decisão baseada na carta de Popham informando sua iniciativa "não autorizada" de partir com destino a Buenos Aires e tomada *antes* que o resultado da aventura Popham-Beresford fosse conhecido em Londres; a decisão, também de Grenville, quando o insucesso de Beresford chegou ao seu conhecimento, de enviar uma segunda força invasora; a designação de Whitelocke como governador-geral das províncias que fossem conquistadas; os termos e o propósito da carta de Windham a Craufurd – tudo nos leva a perguntar: o objetivo da Grã-Bretanha era uma anexação temporária, até a paz definitiva na Europa, ou era a conquista? Manter a ocupação e depois ver, durante a negociação da paz, se havia a possibilidade de guardar as conquistas? Ou simplesmente havia real indefinição da política a adotar?

A parte final da carta "muito secreta" de Windham a Craufurd dizia:

> Mas a parte de sua conduta merecedora da maior atenção [...] será em relação às garantias que forem dadas aos habitantes, em proclamações ou como seja, sobre a proteção com que eles podem contar no caso de uma paz definitiva. A esse respeito, Vossa Senhoria não pode seguir melhor exemplo que aquele dado pelo brigadeiro-general Beresford: abster-se de toda declaração que possa vincular Sua Majestade a qualquer condição que pudesse ser inconveniente ou difícil de cumprir.

> Quando a autoridade de Sua Majestade tiver sido estabelecida, os habitantes testemunharão e julgarão a relutância com que S. M. abandonaria domínios que possam ser de muito benefício para os interesses do reino; e sobre essa base deveriam compreender qual conduta devem observar; mas garantia alguma pode ser dignamente oferecida, exceto a garantia de proteção enquanto as tropas de S. M. permaneçam no país, assim como o veemente desejo de S. M. de negociar as condições de uma futura paz de modo a não lhes dar motivos de temor.[22]

Assim, pareceria que o governo Grenville não era definitivamente avesso à ideia de conquista. Reforços para o que seria uma segunda tentativa em Buenos Aires já tinham sido decididos quando Grenville caiu e foi substituído, em março de 1807, por Portland.[23]

O MEMORANDO DE CASTLEREAGH EM 1807: HONRA MILITAR, ANTECIPAR-SE À FRANÇA, INTERESSE COMERCIAL – OU TUDO ISSO?

Castlereagh, ministro da Guerra do novo governo, submeteu ao gabinete (em sua reconhecidamente tortuosa redação, daí algumas inelegâncias no texto da tradução) um importante memorando, em 1º de maio de 1807, antes da investida de Whitelocke contra Buenos Aires.[24]

Os parágrafos iniciais do memorando esclareciam a motivação do autor:

> Os últimos despachos de Montevidéu, fazendo-se necessário enviar àquele local, com a maior presteza possível, suprimentos de provisões e outros artigos militares, lorde Castlereagh julga importante, antes que sejam dadas aos oficiais comandantes quaisquer instruções sobre a futura direção de sua conduta, que o gabinete deveria reexaminar os princípios sobre os quais essa ação tinha sido empreendida, a fim de que possa decidir se ela deveria ser prosseguida sobre os mesmos ou se com alguma e qual modificação.
>
> Examinando a correspondência [existente] no ministério, não parece que qualquer propósito original preponderasse, nos Conselhos do último

governo, para começar operações na América do Sul, ou que, quando iniciada pela expedição contra Buenos Aires, eles tenham chegado a qualquer determinação bem precisa com respeito aos princípios sobre os quais elas seriam efetuadas.

Em resumo, o secretário da Guerra estava perguntando: por que fizemos o que fizemos? O que se estava tentando fazer? Sua perplexidade segue evidente:

> Na carta de mr. Windham de [data em branco],[25] é negada a intenção de apoiar uma imediata modificação na constituição da colônia; a finalidade da expedição é limitada a uma mera ocupação militar, e as garantias a serem oferecidas aos habitantes limitadas à declaração de que Sua Majestade, com a paz restabelecida, estaria disposta a cuidar de seus interesses, na medida do possível.
>
> Parece que os ministros do último governo estavam tão pouco atentos a esse ponto, e tão pouco preparados para persegui-lo com base em algum sistema de política permanente, que, apesar de terem ordenado que um destacamento fosse preparado para Buenos Aires em 10 de julho, deixaram que mais de três meses decorressem depois de terem recebido, em 24 de junho, a informação de *sir* Home Popham haver seguido contra Buenos Aires, antes de despachar quaisquer reforços para apoiá-lo, ou mandado quaisquer instruções para pautar sua conduta.

Assim, em 10 de julho, 16 dias depois de recebida a carta enviada do Cabo por Popham ao primeiro lorde do Almirantado, o ministério Grenville ordenou que um destacamento fosse preparado para ir a Buenos Aires. A única interpretação possível é que o governo Grenville tenha decidido apoiar a iniciativa de Popham.

Quando a notícia da conquista de Buenos Aires foi recebida, em setembro, o entusiasmo despertado nos meios comerciais parece ter levado o governo seguir com o que tinha começado; em consequência, o brigadeiro Auchmuty partiu em 13 de outubro para o Prata, com 2.900 homens, mas com instruções para não dar esperança alguma aos habitantes e não visar a mais do que um intercâmbio comercial protegido por uma ocupação militar. Em novembro, o brigadeiro Craufurd seguiu, com 4 mil homens, para estabelecer idêntica ocupação militar no Chile, "sem, contudo, nenhum objetivo preciso de ataque em vista".

> *Sir* Home Popham e outros oficiais informaram que o povo [de Buenos Aires] logo se mostrou curioso em saber se as tropas inglesas tinham ido para ajudá-los a livrar-se do jugo espanhol. O pequeno tamanho da tropa a princípio persuadiu-os de que nosso único propósito em estar lá devia ser o de apoiar os objetivos dos habitantes, e não o de tentar uma conquista para nós, com meios aparentemente tão inadequados. Esse ponto foi empregado para pedir uma clara explicação: mas o general Beresford e *sir* Home Popham apenas se julgaram autorizados a declarar que tomavam posse em nome do rei, até que a decisão deste fosse conhecida.

O memorando continua informando que, após a rendição de Beresford, cerca de 1.900 soldados chegaram do Cabo, mas não a tempo de ajudar Beresford, e que tinham sido enviadas ordens a Craufurd, mudando seu destino do Chile para Buenos Aires; finalmente, Castlereagh chega ao âmago da questão:

> Assim, a tropa que será colocada sob o general Whitelocke pode ser estimada em perto de 10 mil homens, excluída a tropa do general Beresford, de 1.100 homens, no momento prisioneiros que podem provavelmente ser recuperados.
>
> Com uma tropa tão considerável, há pouca dúvida de que Buenos Aires deve cair em nossas mãos novamente [...] que a milícia do inimigo pode ser dispersada e a tranquilidade restaurada de modo a proporcionar-nos as vantagens que podem ser fruídas daquele país por uma ocupação militar mantida pelas armas.

A tranquilidade, do ponto de vista da população local, estava restaurada após a derrota dos invasores; para Castlereagh, restauração da tranquilidade significava a ocupação incontestada de Buenos Aires.

> A questão para o gabinete decidir [...] é se o valor de tal ocupação e tal relacionamento, seja durante a guerra, seja quando voltar a paz, é de modo a compensar o dispêndio e a inconveniência que possa ter em relação a outras de nossas operações militares e ao nosso povo; e, em caso contrário, se algum modo de agir mais em conformidade com os sentimentos e interesses do povo sul-americano não pode ser adotado, o qual [...] possa isentar-nos da impraticável tarefa de conquistar aquela extensa nação, contra a vontade de sua população. [...]
>
> Considerando um esquema para libertar a América do Sul, parece indispensável que não nos apresentemos sob qualquer outro aspecto que o de auxiliares e protetores [...] e deve ser entendido que nosso único interesse é privar nosso inimigo de seus principais recursos e abrir para nossas manufaturas os mercados daquele grande continente.

Entretanto, uma grave preocupação foi expressa, refletindo o pensamento geral na Grã-Bretanha: que, ao ajudar a colônia a obter sua independência, o governo britânico deveria evitar "assumir a responsabilidade de ter mergulhado aquele país na anarquia e confusão" e também evitar que "todo governo local que se estabeleça seja democrático e revolucionário"; essa era uma séria ressalva, já que "democrático" e "revolucionário" eram palavrões excluídos da linguagem do estamento político inglês.

Acenando com uma ideia já popular em alguns círculos, Castlereagh perguntava se não seria possível manter o sistema monárquico em Buenos Aires, confiando-o a um membro da família Bourbon – por exemplo, o duque de Orleãs.[26]

> A decisão sobre se deveríamos perseguir o objetivo na América do Sul seriamente [...] pode talvez [...] depender do que acontecer no continente [europeu] nos próximos três meses. [...]
>
> [Lorde Castlereagh] tem uma *forte suspeita* de que a política que estamos seguindo agora produzirá pequeno benefício comercial ou político, e que deve ser vista como um grande desperdício de nossos recursos militares.

Apesar dessas últimas palavras, a segunda expedição para o Rio da Prata foi mantida. Foi principalmente por razões de comércio? Uma instrução de Castlereagh a Whitelocke, datada de 8 de junho de 1807 (um mês após a apresentação de seu memorando ao gabinete), recomendou que, embora Auchmuty tivesse aberto o porto de Montevidéu aos neutros por um prazo de oito meses, Whitelocke não fizesse o mesmo quando de posse de Buenos Aires, porque "Como as especulações dos negociantes britânicos merecem todo o encorajamento, desejo que Vossa Excelência vele por seus interesses, tanto quanto esteja em seu poder e em consonância com as instruções e ordens recebidas", o que levou Ferns a concluir que "conquista por liberais parece, assim, não ser de todo diferente de conquista".[27]

Ou era a honra militar que estava em jogo e precisava ser redimida? Em 11 de setembro de 1807, Castlereagh teve de levar a George III a notícia de que, ao que parecia, o ataque de Whitelocke a Buenos Aires tinha fracassado, e um acordo para evacuar o território em dois meses havia sido negociado.[28]

Tendo tentado pela segunda vez o que tinha fracassado na primeira, o novo governo sofreu sério contratempo e perdeu o direito de criticar o ministério Grenville.

> Nosso sucesso em Copenhague torna as notícias da América do Sul um pouco mais suportáveis. Mas ainda são muito intoleráveis [...] tornando duplamente difíceis todas as nossas iniciativas de idêntica natureza e privando-nos de toda opção a respeito da grande questão a que você aludiu. Talvez não divirjamos muito sobre a falta de proveito do princípio de simples conquista tal como aplicado por nós a qualquer maior parte do mundo continental.[29]

A perda de prestígio causada pelo duplo insucesso era agravada pelo fato de que o inimigo francês até então só colhera vitórias e exigia que a reputação do exército fosse reparada (Whitelocke, como bode expiatório, não bastava), levando Castlereagh a preparar outro memorando em que sugeria ao ministério medidas relativas à América do Sul. Datado de 21 de dezembro de 1807, o memorando foi antes apresentado a Portland, o chefe do governo, e, a seu conselho, a outros membros do gabinete.[30]

Castlereagh começava por mencionar o número de soldados estacionados no Mediterrâneo, que considerava excessivo para a defesa dos pontos ocupados pela Grã-Bretanha:

> Se o gabinete mantiver sua opinião de que não é vantajoso trazer de volta à Inglaterra a tropa do general Spenser, lorde Castlereagh deseja apresentar a sua consideração o quanto poderia ser preferível, nas atuais circunstâncias, dar um diferente destino àquela força.
>
> Caso estivermos considerando novamente alguma operação contra os domínios da Espanha na América do Sul, particularmente no Rio da Prata, o presente momento parece ser especialmente favorável a um tal ataque. Uma força procedendo imediatamente para lá pegaria os espanhóis completamente de surpresa, e deveríamos ter a vantagem [...] de estar a Espanha agora, pela primeira vez, não somente sob a influência, mas, na realidade, sob a ocupação militar da França.
>
> Se tal ataque for retardado e o inimigo, determinado a não mais limitar suas medidas em relação à Espanha, mandasse uma pequena força ao Prata [...] e oferecesse independência ao povo da região, lorde Castlereagh receia [...] que a França possa estabelecer a base não só de seu próprio poder nas colônias espanholas, mas tornar o Brasil indefensável, mesmo com nossa ajuda militar ao governo português.
>
> Ele pergunta, assim, se não seria mais expediente instruir o general Spenser [...] a seguir [...] para a ilha da Madeira, para ali aguardar ordens suplementares. Lorde Castlereagh ouviu de *sir* Samuel Achmuty (*sic*) que este considera 8 mil homens perfeitamente capazes de tomar Montevidéu. A tropa do general Spenser monta a 6.800 soldados. Esse corpo, com a adição de 2 mil homens daqui e alguma preparação adicional de artilharia, seria, julga-se, de todo suficiente para retomar a posse daquele importante posto militar [...].
>
> Caso se julgue imprudente que nos comprometamos em relação a qualquer mudança no governo das possessões espanholas, até nos satisfazermos quanto à natureza da mudança e à influência que pudesse ter sobre o Brasil e o poder português naquele país, poderíamos declarar que não fomos ten-

tar a conquista da província pela força das armas, mas para estabelecer um intercâmbio comercial com a região, sob a proteção da ocupação militar de um posto armado, e para protegê-los dos franceses, que agora se apossaram da Espanha e de Portugal – isto é, se os habitantes se comportarem amistosamente conosco e mostrarem a disposição de cultivar pacificamente aquele intercâmbio, não seria nossa intenção levar adiante novas operações de natureza hostil.

Nessa situação, provavelmente conseguiríamos estabelecer nosso comércio naquela região. Qualquer tentativa da parte da França, pela introdução de uma pequena força com a finalidade de aproveitar a disposição do povo para se tornar independente, seria derrotada. Cobriríamos eficazmente o flanco mais fraco e mais exposto dos domínios portugueses. Nossa influência sobre o governo português seria assim aumentada da maneira menos ofensiva [...].

Nossa reputação militar na região seria sanada por uma tão rápida reparação do último desastre; e, independentemente de qualquer sentimento de triunfo partidário, teríamos mostrado que a política do governo não se limitava a obter para o país os benefícios comerciais resultantes do intercâmbio com 4 milhões de habitantes portugueses, mas visava ao objetivo maior, de 10 milhões de súditos espanhóis; e, sobretudo, a negar à França os imensos recursos daquele vasto continente.

Portland escreveu a Castlereagh, no mesmo dia em que recebeu o memorando, concordando com seus termos e com a sugestão de Castlereagh de que pretendia "ter uma conversa com alguns de nossos colegas antes que você [Portland] lhes comunique o texto", e acrescentando que estava "muito interessado no êxito de sua iniciativa. Ela deve produzir as maiores vantagens possíveis, sob qualquer ponto de vista, e certamente é tão compatível com os princípios éticos como com a política da nação".[31]

O projeto foi também enviado ao lorde Camden,[32] o veterano tory que ocupava o cargo, essencialmente decorativo, de lorde presidente do Conselho, o qual respondeu a Castlereagh aprovando o texto e prometendo falar a respeito com Canning e Mulgrave.[33]

A ideia de fazer uma terceira tentativa no Rio da Prata estava ainda viva no começo de 1808. Um documento que Castlereagh apresentou ao gabinete em 1º de fevereiro de 1808, intitulado "Efetivo do Exército: comparação do efetivo quando da formação do governo e atualmente", depois de assinalar que o total da tropa naquele momento excedia o que o país tivera em qualquer ocasião anterior, afirmava que, caso os eventos levassem a precisar formar um destacamento de 10 mil soldados para "operações distantes", a defesa do território nacional ainda ficaria suficientemente provida.[34]

CALENDÁRIO DE CONTRADIÇÕES: INTENÇÕES DO GOVERNO BRITÂNICO NA AMÉRICA DO SUL

Do que precede, é lícito concluir que o governo britânico hesitava quanto à política a adotar, conclusão que o calendário das ações do governo britânico durante o triênio 1806-8 parece corroborar.

Em 1806:

13/4	Do Cabo, Popham escreve para o Almirantado e, com o apoio de Baird, parte com Beresford para Buenos Aires;
24/6	A carta de Popham é recebida pelo Almirantado;
27/6	Beresford toma Buenos Aires;
7/7	Beresford recebe a promessa de fidelidade dos habitantes de Buenos Aires;
10/7	Londres, antes de saber o que ocorrera no Prata, decide enviar reforços;
14/8	Beresford rende-se;
?/9	Notícia da captura de Buenos Aires e carta de Popham aos negociantes ingleses chegam a Londres;
?/10	Chegam ao Prata reforços (1.900 homens) vindos do Cabo;
13/10	Londres envia reforços sob Auchmuty, que parte para o Prata com 2.900 homens;
30/10	Carta de Windham a Craufurd sobre invasão do Chile;
?/11	Craufurd parte para o Chile com 4 mil soldados;
?/12	Chega a Londres a notícia da rendição de Beresford.

Em 1807:

3/2 Auchmuty toma Montevidéu;

?/3 Whitelocke parte com tropas para o Prata;

1º/5 Memorando de Castlereagh ao gabinete. Confia que Whitelocke tome Buenos Aires;

10/5 Whitelocke chega ao Prata;

8/6 Whitelocke instruído a reservar o comércio de Buenos Aires para os ingleses;

5/7 Whitelocke ataca Buenos Aires e é derrotado;

?/8 Whitelocke assina armistício e se prepara para partir;

11/9 Castlereagh informa o rei do fracasso de Whitelocke;

21/12 Memorando de Castlereagh sobre uma terceira expedição, comandada por Spenser.

Em 1808:

1º/2 Efetivo do Exército: possibilidade de fornecer 10 mil homens para "operações distantes".

Tem-se assim uma estranha mistura de iniciativas e incertezas: o envio de vários reforços para o Rio da Prata e de Craufurd para o Chile, a possibilidade de empregar 10 mil soldados adicionais para operações distantes, o objetivo de redimir a reputação britânica por um ataque com um forte exército para depois suspender as operações militares sob a condição do estabelecimento de intercâmbio comercial amistoso, a incerteza sobre como proceder ao fim da guerra europeia e quanto ao anseio de independência já manifestado em Buenos Aires. Em face dessa indefinição da política a seguir, não se pode descartar a possibilidade de que, em determinadas circunstâncias, a Grã-Bretanha decidisse guardar para si as conquistas que fizesse na América do Sul.

Portanto, foi bom para as relações da Grã-Bretanha com as futuras Províncias Unidas do Rio da Prata que a terceira expedição não tivesse chegado à América do Sul.[35] E essa mudança dos planos ingleses não foi devida a uma decisão tomada independentemente pelo gabinete de Londres, mas a uma decisão que lhe foi forçada pela revolta na Espanha contra a ascensão de José Bonaparte ao trono. A Espanha (ou melhor, o povo espanhol, representado pelas *juntas*) passou a ser "o inimigo de meu inimigo", e a tropa para o que teria sido a terceira expedição ao Prata tornou-se parte do exército empenhado na Guerra Peninsular. Agora que a Espanha era aliada da Grã-Bretanha, seria uma abominável traição privá-la de suas colônias; mas se isso estava fora de questão, pelo menos um objetivo de Popham, de abrir o Rio da Prata para as exportações britânicas, logo foi realizado, pois em 1809 o porto de Buenos Aires foi franqueado aos navios e ao comércio do novo aliado da Espanha.

A mudança de orientação em relação às colônias espanholas nas Américas foi anunciada por Canning em discurso à Câmara dos Comuns, em 15 de junho de 1808.[36] Nele, o secretário das relações exteriores manifestou o vivo desejo do governo britânico em ajudar a luta do povo espanhol, ressaltando que não existia um estado de guerra entre Grã-Bretanha e Espanha. Canning acrescentou que seu governo se guiaria pelo princípio de que qualquer país europeu que fosse movido pela determinação de se opor à França, quaisquer que fossem as relações políticas daquele país com a Grã-Bretanha, se tornaria imediatamente aliado essencial. Em tal eventualidade, disse Canning, o governo britânico teria em vista três objetivos: 1) dirigir os esforços unidos dos dois países contra o inimigo comum; 2) dirigir aqueles esforços da maneira que fossem os mais benéficos ao novo aliado; 3) dirigi-los de modo compatível com interesses peculiares da Grã-Bretanha. Mas, concluiu Canning, o terceiro objetivo nunca se sobreporia aos outros dois.

°

As palavras de Canning referiam-se à situação criada pela revolta popular na Espanha e ao novo objetivo comum de Espanha e Grã-Bretanha, mas também poderiam ter sido interpretadas como renúncia à política de conquista. De qualquer maneira, os insucessos sofridos em Buenos Aires em 1806 e 1807 contribuíram para levar pelo menos parte do corpo político britânico a pensar em quanto seria errado persistir na mesma orientação.

Whitelocke tinha escrito ao contra-almirante Murray, no dia seguinte a sua rendição, que "de uma coisa você pode ficar certo, e é que a América do

Sul jamais pode ser inglesa; é inacreditável o apego aos hábitos arraigados por parte de todas as classes de habitantes".[37]

Ao terminar sua defesa perante a corte marcial, Whitelocke leu um despacho privado que o major-general Auchmuty enviara, de Montevidéu, a Windham, em fevereiro de 1807, opinando que os britânicos, devido à disposição hostil dos habitantes, seriam incapazes de reter qualquer território na América do Sul com uma força de menos de 15 mil homens.[38]

Livro publicado em Londres em 1808, por autor anônimo que se apresentava como um oficial britânico da expedição ao Rio da Prata, provavelmente refletia a opinião a que em geral tinham chegado seus companheiros de armas. O autor ia além de rejeitar a ideia de conquista pela Grã-Bretanha: ele previa que a independência logo se tornaria o objetivo da América do Sul:

> O encontro dos ingleses com os espanhóis da América teve na mente destes o efeito mais surpreendente. Ele foi como um relâmpago, e homens sensatos e bem informados declaram que o encontro fez avançar suas ideias em mais de um século, seu conhecimento da situação da Europa, e de sua própria situação, tal como ligada à da Europa, sendo muito distante da realidade [...]. Eles começam a reconhecer seu poderio, e, com ele, uma forte inclinação para empregá-lo de modo mais imediatamente ligado a seus interesses [...]. Deve também ser reconhecido que muitos dos habitantes preclaros estão persuadidos de que um estado de independência teria maiores vantagens para a população e o comércio das colônias [do que continuando sob o domínio espanhol].[39]

O autor terminava perguntando se o desfecho (isto é, o fracasso) da invasão britânica não concorreria em maior grau para a perda das colônias pela Espanha do que se as colônias tivessem caído sob o jugo britânico.

Apesar da declaração de Canning à Câmara dos Comuns, o pragmatismo com que Londres conduzia sua política continuava a prevalecer. Em 1810, por exemplo, quando a Espanha continuava a ser íntima e importante aliada, lorde Harrowby, que nem de longe podia ser considerado um liberal, opinou que a Grã-Bretanha nem deveria encorajar a independência imediata, nem desencorajar a eventual independência de toda e qualquer parte da América Espanhola.[40]

Não se deve concluir, no entanto, que a adoção de uma atitude de não ingerência estivesse tomando pé no ideário político britânico. O pragmatismo sempre regeu a política britânica, e Londres sempre reservou a si a opção de intervir em outras terras quando seus interesses o aconselhassem; foi, por exemplo, o que fez em Portugal em 1826, como relatado no capítulo 14.

5. Canning e a fuga da corte portuguesa para o Brasil

O DILEMA DE PORTUGAL

Pobre Portugal! Pobre, apesar das riquezas produzidas pelo Brasil: desde 1703, com o Tratado de Methuen, o sufocante abraço britânico tinha reduzido o país pioneiro das navegações e descobertas dos séculos XV e XVI a uma colônia econômica da Grã-Bretanha. Para piorar as coisas, Portugal era periodicamente ameaçado de invasão, ou sujeito a invasão, pela Espanha, e viu-se num verdadeiro beco sem saída em 1807, espremido entre a exigência francesa de fechar os portos aos navios britânicos e prender todos os cidadãos britânicos, expropriando seus bens, e a natural oposição britânica à exigência francesa. Finalmente, em setembro daquele ano foi assinado em Fontainebleau por França e Espanha o tratado, já mencionado no capítulo 2, que dividia Portugal em três partes: a setentrional caberia à rainha da Etrúria, em troca da cessão da Toscana à França, a meridional seria o reino do Algarve, reservado para o primeiro-ministro Godoy, e a parte central – considerada a mais valiosa – ficava reservada para a França. Além do mais, um boato espúrio, segundo o qual Napoleão tinha anunciado que o trono de Portugal estava perdido para sempre para a Casa de Bragança, aumentou o já grande pânico que reinava em Lisboa.

E, como para confirmar o refrão popular de que desgraça pouca é bobagem, o país tinha uma rainha louca e, como regente, o tímido dom João.

°

É apropriado citar a esta altura uma longa nota da monumental *História do consulado e do império*, de Thiers, a qual corrige um erro geralmente tido como fato e frequentemente mencionado em livros de história:

> Vários historiadores, portugueses, espanhóis e franceses, têm sugerido que lorde Strangford convenceu o príncipe regente a deixar Portugal ao mostrar-lhe um exemplar do *Moniteur* de 11 de novembro, chegado via Londres, contendo um decreto imperial, semelhante ao que tinha anunciado a queda da Casa de Nápoles, que declarava que *a Casa de Bragança tinha cessado de reinar*. Essa asserção, se bem não totalmente inexata, não deixa de conter erro. O *Moniteur* não publicou, nem a 11, nem em datas anteriores ou posteriores, decreto que declarava que a Casa de Bragança *tinha cessado de reinar*. Essa expressão, usada em 1806 contra a Casa de Nápoles, após imperdoável traição, não podia ser empregada contra famílias reinantes que não tinham oferecido qualquer pretexto para serem tratadas de tal maneira. [...] Mas o *Moniteur* de 13 de novembro publicou [...] um artigo, datado de 12, sobre as diversas expedições inglesas contra Copenhague, Alexandria, Constantinopla e Buenos Aires. Naquele artigo, evidentemente ditado por Napoleão e destinado a mostrar as consequências a que se arriscavam todos os governos que se sacrificavam à política da Inglaterra, lê-se o seguinte:
>
> "Depois destas quatro expedições que bem provam a decadência moral e militar da Inglaterra, falaremos da situação em que hoje deixa Portugal. O príncipe regente de Portugal perde seu trono; ele o perde, influenciado pelas intrigas inglesas; ele o perde porque não quis expropriar as mercadorias inglesas que estão em Lisboa; o que faz então a Inglaterra, seu tão poderoso aliado? Olha com indiferença o que acontece em Portugal. O que fará quando Portugal tiver sido invadido? Apoderar-se-á do Brasil? Não: se os ingleses tentarem isso, os católicos os repelirão. A queda da Casa de Bragança constituirá nova prova de que a perda é inevitável para quem quer se ligue aos ingleses."
>
> Provavelmente é isso que foi interpretado como um decreto que declarava que a Casa de Bragança tinha cessado de reinar.[1]

Todavia, Napoleão, que fizera uma declaração de guerra a Portugal no dia 14, com a possibilidade de retirá-la, caso Portugal aceitasse suas exigências, disse ao embaixador português, durante recepção ao corpo diplomático no dia seguinte, palavras que lembram as que o *Moniteur* havia, supostamente, publicado: “Se Portugal não fizer o que quero, a Casa de Bragança não mais reinará na Europa dentro de dois meses”.[2]

°

Tentando, sem sucesso, safar-se das exigências do imperador francês, seja imaginando o plano de oferecer a Napoleão diamantes e a mão de Pedro para uma filha de Carolina Bonaparte (ver capítulo 3), seja sugerindo a Londres uma declaração de guerra “para francês ver”, seja, ainda, informando Paris de que estava pronto a declarar guerra à Grã-Bretanha e publicando o edital de 20 de outubro, pelo qual fechava os portos à marinha inglesa, o príncipe regente tinha acabado por aceitar o plano que diversos portugueses, bem como o governo britânico, vinham propondo há algum tempo, ou seja: que a corte se refugiasse no Brasil. Transferir a sede do Império Português para a América não era uma ideia nova; já tinha sido aventada várias vezes.

O BRASIL COMO SEDE DO IMPÉRIO PORTUGUÊS

Ao ser nomeado secretário para os Negócios Estrangeiros, em 1736, Marco Antônio de Azevedo Coutinho pediu o conselho de Luís da Cunha,[3] seu velho amigo e antigo chefe, mas nunca chegou a recebê-lo, porque apenas dez anos mais tarde Cunha entregou suas “Instruções”, não a Azevedo Coutinho e sim a seu sobrinho Luís da Cunha Manoel, pedindo-lhe que as mantivesse em segredo por causa da severa crítica que fazia, *inter alia*, à preponderância da Igreja Católica em Portugal, a seu ver uma das razões do atraso, ignorância e fraqueza do país.

O longo texto de Cunha punha ênfase no desequilíbrio existente entre os poderes de Espanha e Portugal. Ao se referir a uma possível invasão pela Espanha, relatava o conselho dado por seu bisavô Pedro da Cunha ao Prior do Crato, quando, em 1580, o exército espanhol comandado pelo duque de Alba marchava para adicionar Portugal aos domínios de Filipe II:

> O conselho foi que, não tendo Sua Alteza para defender a sua justiça mais que os aguadeiros de Lisboa [...], ele, dom Pedro [Cunha], o faria maior

> monarca que qualquer dos de Europa [...] [se o fizesse embarcar] com os que o quisessem seguir e passando ao Brasil, cuja vastidão e cujas riquezas eram as que naquele tempo se sabiam; ali não só conservaria o título de rei de Portugal, mas todas as potências da Europa folgariam muito em entreter com ele boa correspondência em favor do seu comércio, por ser também da sua conveniência que Filipe II não possuísse aquele estado, que junto ao da Nova Espanha ficaria muito mais formidável do que já era.[4]

Mesmo no século XVIII, prosseguia Luís da Cunha, o Brasil seria uma sede mais segura para a monarquia:[5]

> Seria, pois, o Brasil um entreposto de todas as mercadorias das outras três partes do mundo, e ali as viriam buscar e trocar as nações da Europa, pelo ouro, prata e diamantes, que tais, como já disse, se devem supor os ricos e preciosos frutos daquele país. Não é verossímil que alguma nação da Europa, tendo abertos os portos do Brasil para fazerem o seu comércio, intentasse a sua conquista, porque a primeira e natural dificuldade que para isso se encontraria seria a da grande distância, a que se seguiriam outras muitas quase invencíveis.

Cunha reconhecia que os holandeses se tinham estabelecido no Brasil por alguns anos, mas isso se deu como alternativa, em razão de ter-lhes a Espanha fechado o comércio com a Índia; e não terem sido imediatamente expulsos do Brasil se deveu a que na época a Espanha estava em guerra com França e Inglaterra. Quanto ao perigo em deixar Portugal sem proteção no caso de invasão espanhola, Cunha arguia que nesse caso "poderia Sua Majestade estender na América o seu império, fazendo-se senhor do continente da outra parte do Rio da Prata e da província do Paraguai".

O veterano diplomata tocava, mais adiante, na questão de qual seria o local preferível para a sede do trono:

> Mas a questão [é] qual residência para um príncipe será mais vantajosa, se aquela em que há de viver precariamente, esperando e temendo que cada dia

> o queiram despojar do seu diadema, ou aquela em que pode dormir o seu sono descansado e sem receio algum de que o venham inquietar? Problema que em duas palavras resolvo dizendo: que o dito príncipe para poder conservar Portugal necessita totalmente das riquezas do Brasil e de nenhuma maneira das de Portugal, que não tem para sustentar o Brasil, de que se segue que é mais cômodo e mais seguro estar onde se tem o que sobeja, onde se espera o de que se carece.[6]

Chegando ao fim das "Instruções", Cunha toca num ponto que era causa de revolta para tantos patriotas portugueses:

> É, porém, certo que, enquanto não se recorrer aos remédios que deixo dito, ou a outros equivalentes, nunca melhoraremos o nosso Estado, tanto a respeito da força quanto do comércio; e que sempre estaremos dependentes de Inglaterra, que tem a Portugal pela melhor das suas colônias, pois lhe dá o ouro e os diamantes que lhes não produzem as que ela possui.[7]

Diversos pontos abordados por Luís da Cunha foram retomados por Rodrigo de Sousa Coutinho em seu discurso na Academia das Ciências de Lisboa, mencionado no capítulo 3, se bem que naquela ocasião não tinha por que sugerir a transladação da família real ao Brasil. Isso ele sugeriria no memorando sobre a situação política na Europa, apresentado ao príncipe regente em 16 de agosto de 1803, quando Portugal se achava num perigo que inexistia em 1798.

O primeiro comentário chocante do memorando é a severa crítica ao comportamento da Grã-Bretanha na negociação com a França que levara à conclusão da Paz de Amiens, em 1802.[8] Chocante porque dom Rodrigo era geralmente considerado um dos partidários da Inglaterra na corte portuguesa.

No entender de Sousa Coutinho, o Tratado de Amiens servira para consolidar a grandeza da França e o governo de Bonaparte e deixara um livre e vasto campo à indefinida ambição de Bonaparte e seus ministros. A única potência que quase constantemente tivera sucessos felizes contra a França, e que conservara nos mares a superioridade conseguida desde o início do século anterior, havia, por aquele tratado, abandonado conquistas que fizera, nada conseguira em troca para os seus aliados e as poucas conquistas que conservou, ainda que úteis, eram despojos de alguns de seus antigos aliados. A Paz de Amiens trouxera descrédito à Grã-Bretanha, "que depois de tão grandes esforços só tomou em consideração vistas comerciais e mercantis pouco atendíveis quando não existe a independência política". A desilusão de Sousa Coutinho com "a mais antiga aliada" é patente; aparentemente convencido de que a Inglaterra, como, aliás, era de esperar, não só colocaria seus interesses em primeiro lugar, como também desconheceria, se lhe fosse conveniente, os de Portugal, entrava em longa divagação, para finalmente chegar à conclusão planejada:

> Se os domínios de Vossa Alteza Real se concentrassem só na Europa, ainda então os seus interesses bem entendidos exigiriam que se arriscasse tudo para defender a coroa de V. A. R. [...], mas esta mesma resolução se funda e justifica mais quando se considera que Portugal, por si mesmo muito defensável, não é a melhor e mais essencial parte da monarquia; que depois de devastado por uma longa sanguinolenta guerra, ainda resta ao seu soberano e aos seus povos o irem criar um poderoso império no Brasil.[9]

Pode ser que, do ponto de vista intelectual, o futuro conde de Linhares tivesse convencido dom João, mas havia ainda a resistência do príncipe regente a uma longa viagem oceânica. "Era claro para o embaixador britânico que ele 'encarava com horror' a possibilidade de ir para o Brasil. A inconveniência e a fadiga de viajar, comentou Strangford acerbamente, ficavam muito mais nos limites de sua compreensão do que a importância e as vantagens."[10]

°

Todas as loas ao Brasil e todas as declarações sobre seu valor no Império Português não se tinham traduzido em nenhuma iniciativa para oferecer a seus habitantes a possibilidade de educação pelo menos compatível com a que era oferecida em Portugal. Os brasileiros só podiam adquirir educação universitária no exterior. Isso acontecia ao tempo em que as colônias espanholas contavam com universidades em Caracas, Havana, Lima e Cidade do México, duas delas (México e Lima) em atividade desde 1551 e as outras duas quase centenárias.

Livros eram publicados em Lima e no México, mas não no Brasil, que esperou até 1808 para receber a necessária autorização real. Portanto, no que se refere à vida cultural, as colônias espanholas estavam muito à frente de sua vizinha portuguesa.

Assim, mudando-se para o Brasil a corte portuguesa estaria indo para uma típica colônia – explorada sob todos os aspectos e mantida em situação de inferioridade em relação à metrópole, pelo que não é surpreendente que, para os europeus, morar no Brasil fosse considerado um sacrifício. Metternich, que acompanhou a princesa Leopoldina até Livorno, na Itália, de onde ela e suas damas de companhia embarcaram para o Brasil, concluiu suas notas com palavras de desânimo: "Eis, pois, as nossas pobres damas entregues ao seu destino".[11] Palmela, em carta particular ao amigo Saldanha da Gama, futuro conde de Porto Santo, fala sobre o receio de "ser chamado para as galés do Rio de Janeiro. Nada me poderá consolar, se isso acontecer; porém minorar-se-ia o meu susto e o meu pesar, se me dessem colegas como tu. Não posso, porém, como teu amigo, desejar-te tal praga".[12] Essa lamentação de Palmela data de 19 de agosto de 1817, quando a corte já havia passado nove anos "nas galés". Evidentemente, as notícias de lá recebidas em Portugal não deviam pintar o Brasil como um lugar atraente...

FRANÇA E INGLATERRA PRESSIONAM PORTUGAL

Canning teve importante participação na fuga da corte portuguesa para o Brasil, em 1807. Portugal, sob a dinastia Bragança, que ocupava o trono desde 1640, era o mais antigo aliado da Grã-Bretanha, pelo que era imperativo evitar duas coisas: que a família real portuguesa caísse nas mãos de Napoleão e que a frota portuguesa passasse para o controle da França; a primeira seria um golpe no prestígio britânico, provando que alianças com a Inglaterra de nada adiantavam perante o poderio francês, e a segunda fortaleceria militarmente a França.

A transferência da corte para o Brasil permitiria à colônia gozar do prestígio e dos benefícios de ser a sede imperial. Quando a paz voltasse a reinar na Europa e a corte pudesse regressar a Lisboa, era previsível que os brasileiros ficariam infelizes em deixar de ser a capital do Império Português. Havia uma expectativa do governo britânico de que tal acontecimento pudesse levar o Brasil a escolher a independência?

Em 1807, a insistência britânica na mudança para o Brasil era, sem dúvida alguma, inteiramente justificável, além de oferecer a promessa de benefício comercial imediato, era inegável que, sem o monopólio do comércio mantido pela metrópole, o Brasil seria um parceiro comercial mais rico e mais interessante do que Portugal. Há um forte indício em apoio dessa especulação: entre os papéis de Castlereagh existe um, se bem que sem data e sem indicação de autoria, tratando da transladação da corte para "os Brasis" (*the Brazils*, no original):

> Caso o governo português pudesse sensibilizar-se quanto à degradação e provável destruição que o aguarda, ou, se um suficiente grau de energia pudesse ser inspirado nele, ainda haveria tempo bastante para livrá-lo do destino que pesa sobre ele e deitar a base de um império poderoso e magnífico, que rapidamente compensaria a perda de Portugal e preservaria (se for considerado digno de preservar) o nome português.
>
> Isso poderia ser efetuado pelo transporte para o Brasil da corte e todos os seus efeitos (como certa vez já se pensou em fazer) e uma seleção das melhores tropas, com todos os navios de guerra. Com a ajuda da Grã-Bretanha, todo o preparo para tal medida pode ser completado nuns poucos dias [...].
>
> Os portugueses sendo firmemente ligados ao seu nome e à família real, não há dúvida de que grande número deles estaria disposto a aproveitar para deixar o país em troca de outro, onde nada falta, a não ser uma população adequada, para fornecer todo gênero de mercadoria para comércio e consumo.
>
> Se bem que o espanhol da Europa mostre desprezar os portugueses, não é improvável que as classes heterogêneas de que a população da América do Sul é composta possam ser gradualmente colocadas sob um só go-

verno e mais facilmente, já que existe alguma semelhança em seus idiomas e que sua religião é a mesma. A demanda desse grande império pelas manufaturas europeias e a valiosa produção que por sua vez ofereceria, especialmente de suprimentos navais, é uma consideração de não pequena importância para a Grã-Bretanha.[13]

INVASÃO FRANCESA, RECOMPENSA BRITÂNICA

Embora sem usufruir do benefício que lhe traria um grande país hispano-português, a Grã-Bretanha recebeu seu pagamento pela proteção oferecida à família real portuguesa. A 22 de outubro de 1807, dois dias depois da publicação do edital que dispunha sobre o fechamento dos portos aos barcos ingleses, Canning e Domingos de Sousa Coutinho, ministro de Portugal em Londres, assinaram uma convenção secreta.[14] Seu longo preâmbulo deixa entender que dom João já tomara a decisão de partir para o Brasil; aí se lê que "Tendo Sua Alteza Real o Príncipe Regente de Portugal feito comunicar a Sua Majestade Britânica as dificuldades em que se acha em consequência das exigências injustas do governo francês, e a sua determinação de transferir para o Brasil a sede e a fortuna da monarquia portuguesa, antes do que aceder à totalidade das ditas exigências [...]". O preâmbulo também continha referências à preocupação portuguesa de vir a perder qualquer uma de suas colônias, quer para a França, quer para a Grã-Bretanha, em reação ao fato de ter Portugal cedido a exigências da França. O que fica evidente é que Portugal e Grã-Bretanha continuavam agindo como aliados. A Inglaterra se comprometia a proteger o embarque da família real e escoltá-la à América, e Portugal prometia não ceder em caso algum, seja no todo, seja em parte, a sua marinha, militar ou mercante, à França, à Espanha ou a qualquer país. Outro artigo previa que "quando o governo português estiver estabelecido no Brasil, proceder-se-á à negociação de um tratado de auxílio e de comércio entre o governo português e a Grã-Bretanha".

°

O relatório da reunião do Conselho de Estado português de 30 de agosto de 1807 inclui um mexerico divertido, mas do qual talvez só metade seja verdadeira: quando um dos conselheiros perguntou se havia tropas francesas prontas para atacar Portugal, a resposta foi negativa, não as havia na Espanha, e na França apenas tropa reunida em Baiona, cujo comando tinha sido dado a Junot, que Napoleão fizera sair de Paris por estar furioso com ele, que tinha engravidado a princesa de Cleves, ou seja, Carolina Bonaparte Murat, durante a ausência do marido.[15]

Realmente, era certo que Junot havia recebido o comando do exército invasor, como também era verdade que ele e Carolina eram amantes. Quanto à gravidez dela, porém, talvez o boato fosse falso; o fato é que seu último filho nasceu em 1805.

SAINDO DE LISBOA, CHEGANDO AO BRASIL

"Napoleão, desejando que se entrasse em Lisboa prontamente, para lá surpreender não a família real, com a qual ele pouco se importava, mas a frota portuguesa e as imensas riquezas pertencentes aos negociantes ingleses, tinha ordenado a Junot que dobrasse sua velocidade e não poupasse seus soldados de cansaço ou privações, a fim de chegar a tempo."[16] Foi o que Junot fez; cruzando a fronteira espanhola em 17 de outubro e atravessando Espanha e Portugal numa corrida desenfreada, chegou aos arredores de Lisboa em 29 de novembro e entrou na cidade no dia seguinte, com apenas uns 1.500 homens de seu exército de 25 mil.

Suas tropas, constituídas em maioria por inexperientes recrutas das classes de 1806 e 1807, tinham sofrido muito: era um outono frio, a promessa espanhola de fornecer alimentação e hospedagem às tropas não se realizou, e rios transformados em torrentes pelas chuvas constantes causaram vários afogamentos. As testemunhas dos acontecimentos daqueles dias concordam que as primeiras tropas que entraram em Lisboa estavam famintas, enfraquecidas pela corrida que tinham feito nas últimas semanas, com os uniformes esfarrapados. Segundo Palmela, que estava em Lisboa, eles se apresentaram aos lisboetas mais como objetos de piedade que de terror.[17] Ainda assim, não foi oferecida resistência por parte de Portugal, provavelmente porque a invasão era considerada inevitável, pois era sabido que o resto do exército francês não estava longe, e também para evitar represálias, caso houvesse morte de soldados franceses.

Uma vez de posse de Lisboa, Junot fez o que o exército francês geralmente fazia: dispensou os soldados portugueses com menos de seis meses nas fileiras e os que, tendo servido mais de oito anos, desejassem dar baixa. Com os que preferiram continuar alistados ele formou a Legião Lusitana e a mandou para a França. Essa divisão participou com distinção em várias campanhas napoleônicas e tomou parte na invasão da Rússia em 1812.[18] Cedo, porém, outros portugueses estariam lutando contra a França, aliados à Espanha e à Grã-Bretanha.

A seguir, Junot tomou outra medida, também conforme os costumes do exército francês, descrita no Apêndice 2.

O embarque da corte e de alguns milhares de seguidores ocorreu no meio da indignação e do terror dos lisboetas, que se sentiam abandonados pela família real, condenados a enfrentar sem defesa os invasores, que entraram em Lisboa a tempo de ver a esquadra fugitiva saindo do estuário do rio Tejo. Percebendo o ânimo reinante na capital e ansioso em evitar qualquer demora na partida, Strangford escrevera a Sidney Smith:

> É totalmente desaconselhável criar qualquer dificuldade desnecessária à partida de Sua Alteza Real, ou levantar toda questão que possa ser evitada; porque estou convencido de que é tão grande o descontentamento popular e tão forte o alarme de Sua Alteza Real, que tudo depende do apoio e do encorajamento que Sua Alteza Real possa receber de nós, e do qual eu lhe dei a mais franca e inequívoca garantia.[19]

O povo de Lisboa não estava só em sua oposição à fuga da corte; parte da nobreza também não a aprovava. A sensação de abandono deve ter sido angustiosa, ao ver o tesouro, os arquivos e a biblioteca nacionais embalados e embarcados para a distante colônia. A animosidade das cortes em relação ao

Brasil, revelada anos mais tarde, pode ter tido sua origem na angústia sentida pelo povo português naquele dia.

°

A viagem para o Brasil durou até janeiro de 1808, quando a frota, que tinha sido dispersada por uma tempestade no Atlântico, chegou à colônia; parte, inclusive o navio que transportava o príncipe regente, a Salvador, e parte ao Rio de Janeiro. Além de ter evitado que a família real portuguesa caísse nas mãos de Junot, a fuga para o Brasil evitou que um grande número de navios de guerra portugueses passasse às mãos de Napoleão; oito navios de linha, quatro fragatas, três brigues e uma escuna chegaram ao Brasil, negando assim à França a captura do que seria importante reforço à sua marinha.[20]

O primeiro ato oficial de dom João no Brasil foi decretar a abertura dos portos brasileiros a todas as nações amigas; essa foi a primeira prestação do pagamento à Grã-Bretanha pela ajuda oferecida. A segunda prestação veio quando da conclusão do acordo de comércio de 1810, com vigência até 1825, pelo qual a tarifa cobrada a produtos britânicos (15%) ficou abaixo daquela cobrada a mercadorias portuguesas ou transportadas em barcos portugueses (16%); quanto aos demais países, a tarifa era de 25%. Não pode haver melhor exemplo de quanto Portugal dependia da Grã-Bretanha e a ela estava subordinado; por outro lado, dar tratamento preferencial às importações britânicas era um modo de ajudar a Grã-Bretanha a financiar a guerra que estava lutando em benefício de Portugal.

PARTE II

Revolução e independência

6. Espanha, o pesadelo da França. A volta de Fernando VII

"Aquela guerra infeliz foi a minha perda; ela dividiu minhas forças, multiplicou meus esforços, prejudicou minha autoridade moral; mas não era possível abandonar a Península às maquinações dos ingleses; às intrigas, à esperança, à motivação dos Bourbons. [...] Todas as circunstâncias de meus desastres vêm ligar-se a este nó fatal; ela destruiu minha autoridade moral na Europa, complicou minhas dificuldades, abriu uma escola para os soldados ingleses. Fui eu quem formou o exército inglês na Península."

NAPOLEÃO BONAPARTE, *APUD* LAS CASES, *MÉMORIAL DE SAINTE-HÉLÈNE*, 6 DE MAIO DE 1816

Em novembro de 1808, Bonaparte entrou na Espanha com um grande exército a fim de debelar a revolução que se tinha espalhado rapidamente depois do *Dos de Mayo*, data dos distúrbios em Madri suprimidos brutalmente pelos soldados de Murat (ver capítulo 2). Em três meses o imperador conseguiu derrotar os revoltosos e assumir o controle de quase todo o país, mas não pôde ficar para completar seu objetivo (se isso houvesse sido possível), pois lhe chegaram notícias da preparação pela Áustria de mais uma coalizão antifrancesa; isso motivou Napoleão a partir da Espanha para enfrentar a nova ameaça.

Como o próprio Napoleão reconheceu, ele, o maior gênio militar da época, tinha cometido um grave erro ao invadir a Espanha. A ocupação do país tinha sido cuidadosamente preparada; a seu pedido, 20 mil dos melhores soldados do exército espanhol já haviam partido para a Dinamarca, sob o comando de seus mais competentes generais (ver capítulo 2). Mas o projeto dependia de paz com o resto da Europa; a nova coalizão significava que a

França teria de lutar em duas frentes. Ademais, ao sair da Espanha em direção ao leste, o imperador levou consigo a maioria de seus veteranos, que foram em parte substituídos por recrutas inexperientes.

Outro motivo de preocupação para o imperador era a insatisfação do povo francês com a infindável sucessão de guerras. O ardor dos exércitos revolucionários e a onda de entusiasmo despertada por suas primeiras vitórias começavam a dissipar-se. Com a França tão poderosa, sempre vitoriosa sobre seus inimigos, por que ter sempre uma nova guerra, mais mortes, mais mutilados? As deserções aumentavam; agora não se viam voluntários acorrendo em massa para alistar-se, mas convocados tentando evitar o serviço militar. "De 747 convocados de Aube, 485 tinham desertado", consta de relatório enviado a Clarke, ministro da Guerra, em 1808.[1]

Em 1813, depois da desastrosa campanha da Rússia, uma França enfraquecida teve de enfrentar os exércitos aliados de Áustria, Prússia e Rússia, que sem cessar faziam recuar as tropas francesas, empurrando-as de volta à França. Napoleão precisava agora das forças de que dispunha na Espanha, onde os exércitos inimigos se alternavam em vitórias e derrotas. Ele decidiu que o melhor expediente seria mandar Fernando de volta. José já não era mais rei da Espanha; a precária situação do exército francês, obrigado a recuar pelas tropas aliadas comandadas por Wellington, o havia forçado a retirar-se para a França em fins de junho.

O conde de La Forest, que tinha sido embaixador junto à corte de José desde 1808 até o rei ser forçado a abandonar Madri, foi designado pelo imperador para ir a Valençay e sondar Fernando e seu irmão Carlos. As instruções para La Forest rezavam que Napoleão "tinha julgado aconselhável tomar medidas para pôr fim aos problemas da Espanha. Ele estaria disposto a colocar o príncipe Fernando no trono espanhol, em cujo nome, até hoje, a península tem sido governada e guerreada. O primeiro passo no andamento desse projeto foi procurar conhecer o pensamento do príncipe Fernando e dos príncipes seus irmãos".[2] As instruções acrescentavam que devia ser mantido segredo, para que a negociação não chegasse ao conhecimento da Inglaterra.

La Forest foi também informado das condições que um acordo sobre o retorno de Fernando deveria conter: 1) paz entre França e Espanha; 2) a

França reconheceria Fernando como rei; 3) a França garantiria a integridade do território espanhol; 4) a França se comprometeria a restituir as províncias e praças-fortes ocupadas logo que as tropas inglesas tivessem sido evacuadas; 5) estipular-se-iam os interesses dos cidadãos franceses estabelecidos na Espanha e dos espanhóis que tivessem participado nos acontecimentos dos seis anos anteriores; 6) tão logo o acordo tivesse sido ratificado pela regência da Espanha, Fernando e seus irmãos (*sic*) retornariam.

La Forest foi portador de uma carta de Napoleão a Fernando, exemplar do estilo hipócrita frequentemente adotado na correspondência entre cabeças coroadas:

> Meu primo,
> As atuais circunstâncias da política de meu império me levam a desejar o fim dos problemas da Espanha. A Inglaterra fomenta a anarquia, o jacobinismo e o desbarato da monarquia e da nobreza, para lá estabelecer uma república. Eu não posso deixar de ser sensível à destruição de uma nação tão vizinha de meus estados e com a qual tenho tantos interesses marítimos comuns. Desejo, portanto, tirar todo pretexto à influência inglesa e restabelecer os laços de amizade e boa vizinhança que por tanto tempo existiram entre as duas nações.[3]

A carta pedia que Fernando desse fé ao que La Forest lhe comunicaria e terminava com estas palavras: "Esta carta não tendo outro propósito, peço a Deus que vos tenha, meu primo, em sua santa e digna guarda". E ia assinada por "Vosso bom primo, Napoleão".

São chocantes o cinismo e a mendacidade dessa carta, que menciona a destruição sofrida pela Espanha como se sua causa não fosse a política de conquista que Napoleão adotara, e acusa a Grã-Bretanha – cujos governantes detestavam ideias republicanas – de planejar substituir a monarquia por um governo republicano; mas, ao lê-la, Fernando compreendeu que a situação tinha se invertido, que naquele momento era ele quem tinha os trunfos na mão. Porém, igualmente cínico, respondeu que se considerava sob a proteção de Napoleão e que mantinha para com o responsável pela destruição de seu país o mesmo amor e respeito de que o imperador já tivera muitas provas, e assinou-se "seu humilde obediente servidor".[4]

°

Fernando e o irmão estavam se divertindo em Valençay. Tudo parece indicar que gozavam de liberdade para fazer o que bem entendessem. Uma coisa, porém, não queriam fazer: instruir-se.

Talleyrand, proprietário do castelo reservado para os príncipes, recebeu-os e por algum tempo foi encarregado de proporcionar-lhes a mais agradável estada; eis como ele descreveu seus esforços para interessar os príncipes em leituras sérias:

> Eu tinha tentado fazê-los passar algumas horas na biblioteca; não tive muito sucesso, se bem que o bibliotecário, M. Fercoc, e eu tentássemos retê-los por todos os meios que podíamos imaginar. Tendo fracassado pelo simples interesse em livros, recorremos à beleza das edições e depois aos livros com gravuras; descemos mesmo até as imagens; nem tento dizer quão inútil foi tudo isso. Dom Antônio, seu tio, que por causa deles temia grande parte dos livros que compõem uma boa biblioteca, logo imaginava alguma razão para decidi-los a voltar para casa; e isso encontrava menos resistência do que quando ele queria que abandonassem os exercícios e as diversões que fazem, no campo, o encanto das noites de verão.[5]

°

Segundo os relatórios de La Forest sobre suas negociações com os príncipes, estes mostravam muito respeito por Napoleão, gratidão por sua iniciativa e repetidamente afirmavam confiar nas decisões que tomasse sobre o futuro deles.

Durante as negociações, o tratamento de espanhóis que haviam colaborado com a França durante o domínio francês deu a Fernando a ocasião de fazer uma das várias promessas que trairia, que talvez fizesse já com tal intenção: "Fernando professou sinceramente que não só publicará uma anistia total, como também se dedicará à clemência, que a equidade e a política recomendam, para com todos os espanhóis de todos os partidos".[6]

Um tratado foi logo concluído e levado à Espanha pelo duque de San Carlos, para ser submetido à regência; esta o rechaçou porque não quis renunciar à aliança britânica enquanto a Europa estivesse em armas e Fernando permanecesse na França. Além do mais, estava em vigor um acordo que unia Espanha e Grã-Bretanha contra a França, e só podia ser anulado por mútuo consenso.

Os fatos se ocuparam de resolver o impasse. Em janeiro de 1814, os exércitos austríaco, prussiano e russo tinham cruzado a fronteira oriental da França, e em fevereiro as forças britânicas, espanholas e portuguesas entraram no território francês pela fronteira sudoeste. Mesmo sem a ratificação do tratado, e a Espanha já tendo sido perdida, Fernando agora era a menor das preocupações de Napoleão, que permitiu seu retorno à Espanha. O que se passou a seguir é objeto do capítulo 10.

7. Espanha e suas colônias; Portugal e o Brasil, de 1808 a 1828

"Espanha e Portugal, lindeiros nos dois hemisférios e alternadamente em guerra ou em aliança nos dois, não foram capazes de chegar a um entendimento definitivo durante três séculos (1515-1815), seja com relação a seus interesses na Europa, seja com relação às fronteiras de suas colônias no Novo Mundo."

MITRE, *HISTÓRIA DE BELGRANO*

UMA QUESTÃO DE FAMÍLIA

No mesmo ano de sua chegada ao Brasil, o príncipe regente infligiu à França uma derrota, pequena mas satisfatória, ao invadir a Guiana Francesa e forçar a rendição de Caiena, que ficou em mãos portuguesas até a definitiva solução dos problemas gerados pelas guerras napoleônicas.

Ao mesmo tempo, Carlota Joaquina continuou a tentar obter para si um trono. Sua primeira tentativa tinha ocorrido ainda em Portugal, em 1805, quando dom João passou por um período de depressão e Carlota, com o apoio de alguns membros da nobreza, espalhou o boato de que o marido estava dando sinais de insanidade mental, a exemplo de sua mãe, a pobre Rainha Louca. Quando ciente da manobra da esposa, João voltou logo a Lisboa e com inusitada energia exilou vários nobres envolvidos no complô e despediu muitos membros da casa real igualmente implicados.

Uma vez no Brasil, Carlota dedicou-se a dois objetivos: a regência da Espanha e ser a rainha, ou pelo menos a regente, das colônias espanholas na América.

Em 1809, com o pai e o irmão virtualmente prisioneiros na França, a princesa fez com que Palmela fosse mandado como embaixador junto à regência espanhola (que rejeitava José Bonaparte e governava em nome de Fernando durante sua ausência), com instruções para obter a revogação da Lei Sálica, que excluía mulheres da linha de sucessão ao trono. Assim procurava conseguir o reconhecimento de seus eventuais direitos ao trono e sua nomeação como regente, enquanto durasse a ocupação pela França. Tudo isso o hábil Palmela obteve, em tratativas com a regência espanhola em 1810. Segundo a Proclamação que Carlota então dirigiu à América Espanhola, havia sido concordado que, como "Sua Majestade não podia variar o estabelecimento espanhol, cuja observância tinha jurado guardar, é por conseguinte que a Senhora Dona Carlota, Princesa do Brasil, devia ser admitida à Coroa na falta de seus irmãos varões".[1] Outros pontos acordados foram a restituição de Olivença pela Espanha contra a retirada de Portugal da margem oriental do Rio da Prata (assunto tratado adiante) e a obrigação de Portugal fornecer 12 mil soldados para lutar pela Espanha contra a invasão francesa. O inteiro tratado estava, porém, sujeito à aprovação do governo britânico, que nunca a deu.

A Inglaterra opunha-se a Carlota Joaquina ocupar a regência da Espanha porque isso criaria a possibilidade, se bem que remota, da união de Portugal e Espanha sob o comando dela, rainha da Espanha, e de João, rei de Portugal. Dividir, ou, nesse caso, manter a divisão e reinar, era a política sempre adotada pela Grã-Bretanha, e por isso ela manteve em suspenso sua aprovação do tratado. Um "basta" definitivo foi dado à ambição da princesa em 1813, quando Henry Wellesley, que representava Londres junto ao governo da regência, escreveu ao irmão, então marquês de Wellington, contando ter recebido despachos da Inglaterra que tornavam de todo impossível apoiar as pretensões de Carlota Joaquina. Em primeiro lugar, por parecer que dom João, caso ela fosse nomeada regente de Espanha, não a autorizaria a deixar o Brasil; e também porque uma carta de um agente de Carlota, que Strangford tinha visto, deixava entender que ela estava em comunicação com "agentes da França" que lhe haviam dito que as pretensões da princesa muito provavelmente poderiam ser reconhecidas por Bonaparte. Nessas circunstâncias, Castlereagh instruiu Henry Wellesley a expressar que o príncipe regente [da Inglaterra] desaprovava a nomeação de Carlota para a regência, se houvesse qualquer probabilidade de isso ocorrer.[2]

No ano seguinte, Wellington ofereceria a Palmela outra desculpa, durante uma entrevista que os dois tiveram em Paris e foi descrita pelo diplomata português num despacho de 14 de setembro de 1814:

> Disse eu então que, no tratado que em 1810 eu ajustara com a regência de Espanha, se tinha estipulado a restituição de Olivença e que, não se tendo levado a efeito esse tratado, só por falta da acepção do governo britânico, me parecia este um estímulo a mais para o interessar agora em nosso favor. "A falta da nossa acepção", me respondeu o duque, "não foi causada como Vossa Excelência julga pelo artigo daquele tratado que dizia respeito à união eventual das duas monarquias. *Essa união seria infalível e nada a poderia estorvar,* se o ramo masculino da família real de Espanha se extinguisse. Porém eu aconselhei", acrescentou ele, "que se não acedesse então ao tratado porque o seu resultado poderia ter sido o ligar demasiadamente as operações do exército português com as dos espanhóis, e eu não queria que, depois de terem deitado a perder todos os seus exércitos, perdessem também o português". A isto não pude deixar de observar que o dito tratado não continha uma só estipulação que ligasse o nosso exército com o deles.
>
> "É incrível, continuou o duque, o estado de atraso militar em que se acham ainda os espanhóis. Depois de cinco anos de guerra não têm um exército que mereça esse nome." "Julgava", disse eu, "o exército espanhol que entrou em França mais bem organizado que os outros". A isso levantou ele os ombros dizendo que não era nada, e que na Batalha de Toulouse se tinham comportado pessimamente, de tal modo que por pouco se não perdeu a ação por culpa deles.[3]

Em face da preferência britânica de tratar com duas monarquias fracas, em vez de com apenas uma um pouco menos fraca, e em face da desconfiança que a Grã-Bretanha votava a Carlota, a explicação de Wellington não convence.[4]

O RIO DA PRATA COMO FRONTEIRA SUL DO BRASIL, PERENE ASPIRAÇÃO PORTUGUESA

Portugal sempre cobiçou estender o território do Brasil até a margem esquerda, ou leste, do Rio da Prata – a Banda Oriental, objeto de um longo jogo de "toma-e-devolve".

Em resumo, a briga começou quando Portugal fundou no Rio da Prata, no primeiro dia de 1680, Colônia do Sacramento, acintosamente localizada na margem oposta a Buenos Aires. A reação das autoridades espanholas foi imediata e contou com a ajuda dos índios guaranis que viviam nas missões jesuíticas. O assentamento português foi arrasado, mas Portugal protestou e pediu reparação à Espanha; esta, ocupada em conflitos mais urgentes na Europa, concordou, e Colônia foi reconstruída, nos termos de um tratado assinado em 1681. Pouco mais de vinte anos depois, com a participação de Portugal na Guerra da Sucessão da Espanha (ver capítulo 3) como inimigo de Espanha e França, Colônia foi de novo destruída. Em 1715, contudo, com o fim da guerra, Portugal obteve no Tratado de Utrecht a restituição de Colônia.

Nos anos que se seguiram, os portugueses, buscando reforçar sua posse da região, expandiram o território que ocupavam, o que resultou em novo conflito e no Tratado de Madri (1750), sob cujos termos Portugal renunciou ao desígnio de ter o Prata como fronteira, recebendo em compensação o território das Missões, prósperos assentamentos governados pelos jesuítas e habitados por dezenas de milhares de nativos da nação guarani. Estes, sumariamente expulsos de suas terras, revoltaram-se e foram derrotados por um exército de espanhóis e portugueses, agora atuando como aliados.

Não obstante, a discórdia continuou a prevalecer, e o jogo de "toma-e-devolve" prosseguiu: em 1762, o governador de Buenos Aires atacou e destruiu Colônia, que, no entanto, foi novamente devolvida a Portugal. Em 1777, os dois países concluíram o Tratado de San Ildefonso, desastroso para Portugal, que perdeu Colônia do Sacramento para sempre e ainda boa parte, no Brasil, do território do Rio Grande. Mas ainda não se tinha chegado ao último ato: o Rio Grande foi reconquistado em 1801, quando a curta Guerra das Laranjas (ver capítulo 2), perdida para a Espanha na Europa, permitiu a Portugal essa vitória na América do Sul.

°

Em março de 1808, dias depois de desembarcar no Rio de Janeiro, o príncipe regente instruiu Rodrigo de Sousa Coutinho, ministro da Guerra e dos Negócios Estrangeiros, a endereçar ao Cabildo de Buenos Aires uma nota afirmando que, como a total sujeição da monarquia espanhola era fato incontroverso, e como as províncias do Rio da Prata estavam ameaçadas pela Grã-Bretanha, Portugal oferecia tomá-las sob sua proteção, garantindo a manutenção de seus direitos e seu comércio, bem como o esquecimento do passado pelos aliados de Portugal – ou seja, os ingleses –, essas amistosas propostas objetivando evitar derramamento de sangue. O veneno vinha na cauda: ficava entendido que, se essa oferta não fosse aceita, Portugal faria causa comum com seu poderoso aliado contra Buenos Aires e todo o Vice-Reino do Rio da Prata.[5]

Chama a atenção o fato de que, dois meses antes do *Dos de Mayo* e da entrevista de Carlos IV e Napoleão em Baiona, Portugal já usasse como argumento a "total sujeição da monarquia espanhola", argumento insultante para os representantes do soberano espanhol na América. O mal disfarçado ultimato só podia ser rejeitado por Buenos Aires, cuja resposta protestou sua fidelidade a Fernando VII.

Se o príncipe regente tinha o objetivo de expandir o território da sua mais valiosa colônia, sua esposa visava a algo diferente: ser aceita como protetora da América Espanhola; para tal finalidade ela contava com a ajuda do almirante *sir* Sidney Smith, o qual, como comandante do esquadrão britânico no Atlântico Sul, estava agora sediado no Rio de Janeiro.

Carlota Joaquina também contava com o apoio de patriotas portenhos, como Belgrano, Pueyrredón e outros, que favoreciam dar-lhe o papel que ela desejava, por considerar que esse seria o meio de obter a independência sem derramamento de sangue. "A situação social do país não podia sugerir outra ideia que não a de uma monarquia constitucional em substituição a uma absolutista e a coroação de uma nova dinastia no Rio da Prata, tal era o primeiro plano político imaginado por Belgrano. Para realizá-lo, ele decidiu por [...] Carlota Joaquina de Bourbon."[6] Em 1809, Saturnino Rodríguez Peña, agente no Rio dos patriotas de Buenos Aires, escreveu a seus amigos que, se a princesa se deslocasse para o Rio da Prata, "ela será aclamada como regente em termos compatíveis com sua dignidade e a liberdade dos americanos, convocando Cortes".[7]

Carlota fez distribuir a Proclamação já citada, na qual defendia seu direito de governar a América Espanhola em nome do irmão:

> Um sistema de governo colonial sem uma metrópole e [sem] um soberano ao qual recorrer [...] é um absurdo rejeitado por toda política sã; é uma verdadeira anarquia que exporia as Américas a se dividirem em tantos reis quantos vice-reis existem agora [...]. Para finalmente ter os anseios da América satisfeitos, a lealdade não encontra meio mais eficiente, virtuoso e honroso do que aceitar [...] o precioso presente [...] de se colocar sob a imediata proteção e governo da augusta irmã de nosso muito amado soberano Fernando VII, a infanta Carlota Joaquina de Bourbon, aclamando-a para a regência soberana deste império [...] para assim preservá-lo intacto a fim de devolvê-lo [...] a seu nobre irmão, nosso rei dom Fernando.[8]

Os planos dela terminaram quando dom João não lhe deu permissão para deixar o Brasil, mas os planos dele continuaram vivos. O general Joaquim Xavier Curado, encarregado de propor a Buenos Aires que a margem oriental do rio fosse colocada sob a proteção de Portugal, recebeu resposta negativa e o pedido de retirar-se, mas logo depois a declaração de independência pelo Cabildo, em 1810, e a guerra civil entre Buenos Aires e Montevidéu, na qual Montevidéu se manteve fiel a Fernando VII, ocasionaram o envolvimento de Portugal. Quando as tropas de Buenos Aires assediaram Montevidéu, a Espanha aceitou – relutantemente, é verdade – a ajuda oferecida por dom João. Quatro mil soldados foram enviados do Brasil, o cerco tornou-se insustentável e foi levantado, mas a seguir os espanhóis, temerosos das intenções portuguesas, concluíram com Buenos Aires, em 1812, um armistício que asseguraria a retirada das tropas portuguesas.

Contudo, a retirada não aconteceu de imediato, devido a Diogo Sousa,[9] general comandante das forças portuguesas, que julgou necessário manter suas tropas na região, a fim de lutar contra as depredações pelos bandos de

Artigas.[10] Não tendo sido concretizada a promessa de apoio de seus aliados locais, Sousa teve de retirar seu exército para o Brasil.[11]

Essas peripécias deram ocasião a novo exemplo da submissão de Portugal à Grã-Bretanha. Strangford, embaixador britânico no Rio, escreveu a Castlereagh, em 7 de julho de 1812:

> [...] fiz saber ao príncipe do Brasil o ponto de vista sob o qual [...] o príncipe regente [da Grã-Bretanha] estava disposto a considerar não só a mediação proposta desta corte entre a Espanha e suas colônias, como também o projeto de apresentar a princesa Carlota como candidata à regência da Espanha. Sobre esses dois assuntos [dom João] expressou a aquiescência mais completa e sem reservas com os desejos e opiniões de seu aliado [isto é, o regente britânico], pedindo-me ao mesmo tempo para informar confidencialmente Vossa Excelência, para conhecimento [...] do príncipe regente, que em qualquer ocasião ele [dom João] nada mais pedirá do que ser informado dos sentimentos do governo britânico quanto à linha de conduta que lhe seria mais conveniente seguir, quer na administração política de seu próprio reino, quer em suas relações com outras cortes, para ele imediata e implicitamente adotá-la.[12]

INVASÃO DA BANDA ORIENTAL

Em 1816, dom João, agora João VI, rei de Portugal, Brasil e Algarve, ordenou a invasão da Banda Oriental. Os antecedentes dessa ação são um comunicado da corte de Madri à do Rio de Janeiro, informando que uma expedição militar estava sendo preparada com a finalidade de submeter as províncias do Rio da Prata, e a resposta de Portugal, entregue em 25 de maio de 1815 pelo ministro português em Madri ao governo espanhol.[13]

A resposta portuguesa informava que dom João tinha decidido chamar ao Brasil uma divisão de seu exército de Portugal, a fim de defender a fronteira sul contra a ameaça representada pelos insurgentes, e afirmava que ele ficara vivamente satisfeito com a notícia de que Fernando VII se dispunha a enviar tropas ao Rio da Prata; aquelas tropas seriam admitidas nos portos do Brasil e receberiam todo o auxílio necessário. Assim, Portugal propunha que o comando da expedição espanhola se detivesse no Rio de Janeiro para concertar um plano segundo o qual as forças portuguesas avançariam simultaneamente, facilitando desse modo a entrada do exército espanhol pelo Rio da Prata. A nota do ministro português acrescentava que, como a expedição espanhola havia, no momento, tomado outro destino (tinha sido enviada à Venezuela, sob as ordens do general Morillo), ele tinha julgado conveniente informar a corte de Madri das instruções que recebera, como prova da inequívoca lealdade mantida pelo príncipe regente "em tudo o que tem relação com esse importante negócio".

Ora, em maio de 1815, o Congresso de Viena estava em reunião; um ano mais tarde, a situação era diferente: agora não havia como disfarçar a intenção de Portugal.[14] A tomada da Banda Oriental era apresentada tanto como uma desforra pela ocupação de Olivença, que a Espanha – em violação do que tinha sido negociado em Viena – recusou devolver a Portugal, quanto uma defesa contra a infecção do republicanismo das revoluções sul-americanas. Com esse objetivo, a divisão anunciada por Portugal em 1815, somando 4.600 veteranos da guerra peninsular, viajou para o Brasil. O marechal Beresford, que desde 1808 tinha sido o reformador e organizador do exército português, estava presente quando do embarque das tropas, no Rio de Janeiro, com destino ao sul, em 1816.[15]

A Europa estando finalmente em paz, e a Quádrupla Aliança determinada a mantê-la, a invasão por Portugal do que ainda era considerado território espanhol foi vista como uma ameaça à paz continental; quando a Espanha pediu os bons ofícios e a mediação das cinco grandes potências europeias, estas – sem consultar Portugal – aceitaram o pedido. Como sempre, contudo, havia diversos graus de interesse quanto ao resultado de sua atuação, como Palmela, de Paris, descreveu em carta a Saldanha da Gama:

> As diligências do conde de Fernão Nunes, em Paris, para persuadir as potências a intervirem como mediadoras nos negócios da América, têm sido até agora infrutíferas. Ele lisonjeia-se, porém, de que será finalmente bem-

-sucedido, mediante o apoio da Rússia e talvez da Prússia. Esse governo [o francês], como bem podes pensar, é totalmente contrário a tal medida, e a Áustria já declarou que seguiria a esse respeito o parecer da Inglaterra.[16]

E o parecer da Inglaterra sem dúvida seria contrário; Castlereagh cogitou levar a questão a um congresso, porém mais como um meio de pressionar a Espanha a agir mais sensatamente em relação a suas colônias do que para convencer Portugal a abandonar a Banda Oriental:

> Talvez seja uma razão adicional para fazer disso um tema de um congresso, para que fiquemos habilitados, com o respaldo da Europa, a forçar a Espanha a adotar um sistema para a América do Sul mais liberal e praticável. A conduta de Portugal não pode ser defendida, e no entanto ele pode dizer que a Espanha, levando suas colônias a revoltar-se, estava, de fato, republicanizando todo o continente, e em última instância subvertendo a monarquia portuguesa no Brasil. [...] A conduta de Portugal é odiosa e indefensável; e no entanto a da Espanha para com Portugal, a respeito de Olivença, não é muito melhor. Os dois governos são bem parecidos em desonestidade e baixeza.[17]

°

Como relatado no capítulo 10, as instruções da delegação francesa ao Congresso de Aix-la-Chapelle favoreciam a vinda de um representante do Brasil para quando se discutisse a questão das colônias espanholas, e a nota franco-russa apresentada ao Congresso sobre o mesmo problema opinava que "um sincero entendimento entre as cortes de Madri e do Rio de Janeiro não é menos desejável, e a necessidade de tratar dos assuntos da América deve levar as potências a nada descurar para o êxito final da mediação".[18] Não obstante, nem Espanha nem Portugal foram convidados para o Congresso.

O exército português subjugou a Banda Oriental, e em 1821 o governo português propôs que representantes de todas as regiões da Banda Oriental se reunissem num congresso para decidir se desejavam ou não se incorporar ao Reino Unido de Portugal, Brasil e Algarve. Em julho daquele ano uma assembleia cujos membros foram escolhidos pelo general Lecor, comandante da tropa portuguesa, decidiu – poderia ser de outro modo? – em favor de unir-se ao Brasil, tomando o nome de Província Cisplatina.

Mas a questão não terminou aí: em 1825, a Província Cisplatina optou por sua independência, tanto do Brasil como de Portugal, e pela reunião com as Províncias Unidas do Rio da Prata, com o que se recomporia o território do antigo Vice-Reino do Rio da Prata. O governo de Buenos Aires aceitou a reincorporação da Banda Oriental e declarou guerra ao Brasil, que reagiu estabelecendo o bloqueio de Buenos Aires, o qual, sem ser de todo eficaz, causava suficientes prejuízos aos navios mercantes de terceiros países que comerciavam com Buenos Aires. Para a Grã-Bretanha, país com o maior volume de comércio na região, um problema adicional existia e lhe fortalecia o interesse em ver o conflito resolvido pacificamente, como foi relatado pelo diplomata inglês Woodbine Parish a Canning, em 10 de julho de 1825, quando o bloqueio ainda não tinha sido declarado, mas era esperado:

> Outra consideração gerada por tal probabilidade parece-me importante, que é o fato de que muitos súditos de Sua Majestade se encontram a serviço de [ou Brasil ou Províncias Unidas]. A marinha brasileira, acredito, só é formidável para os *bonaerenses* por ser comandada e tripulada principalmente por ingleses. Se o esquadrão agora diante desta praça viesse a declarar um bloqueio, a totalidade do valioso comércio britânico com as Províncias seria terminada por uma força considerável, parte da qual é composta por súditos do rei [da Grã-Bretanha].[19]

Assim, prosseguia Parish, o governo britânico deveria considerar se esse estado de coisas deveria ser tolerado, porque, se o esquadrão da marinha inglesa sediado no Chile viesse para o Prata, ter-se-ia uma guerra naval levada a efeito por cidadãos britânicos engajados nos dois lados, "irmãos oficiais e patrícios lutando entre si e [todos] agindo contrariamente aos melhores interesses de seu país".

°

A preocupação de Parish era muito bem fundada. Durante a guerra naval entre o Brasil e as Províncias Unidas, a Marinha destas era comandada por William Brown, enquanto a Marinha brasileira contava com John Pascoe Grenfell, James Norton e outros britânicos.

A participação de soldados e marujos britânicos, dos quais uma grande proporção era de irlandeses, nas guerras de independência das colônias ibero-americanas foi crucial.[20] Milhares deles, tendo sido dispensados em grande número, ou mantidos a meio-soldo depois de Waterloo, tomaram o caminho da América sem oposição de seu governo até 1819, quando a Lei de Alistamento no Exterior (Foreign Enlistment Bill) foi aprovada, visando a evitar o inevitável, pois, de soldados rasos ao almirante Cochrane, eles continuaram a procurar emprego nos países insurretos.

Em carta escrita a seu amigo Granville, então embaixador na França, em 2 de janeiro de 1827, Canning rememorou o exame do problema das colônias espanholas em Aix-la-Chapelle e alegou que a passagem da Lei de Alistamento no Exterior tinha sido uma forma de ajudar os esforços da Espanha para derrotar os revolucionários.[21] Mas a verdade é que Londres mais fechava os olhos do que se desdobrava em esforços para vigiar a implementação da lei.

A REAÇÃO DAS EX-COLÔNIAS ESPANHOLAS; O PENSAMENTO DE BOLÍVAR

Tendo substituído as respectivas ex-metrópoles na Banda Oriental, as Províncias Unidas e o Brasil herdaram um problema oriundo da ocupação de Montevidéu por Portugal, a saber, o pagamento pela Espanha das despesas incorridas com a ocupação, que Portugal reclamava da Espanha. Quando o Brasil ficou independente, Portugal tentou agregar ao pagamento a ser recebido do Brasil o montante que vinha cobrando da Espanha; Portugal achava que o Brasil se ressarciria cobrando a mesma quantia às Províncias Unidas.

A guerra brasileira com um país que tinha feito tanto pela independência de outras colônias sul-americanas era considerada em algumas delas como um *casus belli* contra o império. Em 22 de abril de 1826, Henry Chamberlain, do Rio de Janeiro, descreveu a Canning[22] uma conversa que tivera com o general William Miller,[23] que participou das guerras de independência. Miller tinha ocupado recentemente o cargo de governador de Potosí, e como era intimamente informado "dos sentimentos e inclinações do Libertador Bolívar, do general Sucre e do povo e exército em relação ao Brasil", Chamberlain procurou informar-se quanto à possibilidade de outros países sul-americanos se envolverem na guerra pela Banda Oriental.

Miller disse a Chamberlain que Bolívar não estava "bem disposto com o imperador do Brasil, de cujo caráter ele não gosta e de cujos atos desgosta ainda mais. As palavras do general foram: 'Ele guarda ódio pessoal do imperador'". Se Brasil e Buenos Aires não chegassem a um entendimento, "o Libertador, cuja visão do caso coincide com a do governo de Buenos Aires, prometeu e certamente tomará uma parte ativa em favor deste e contra o Brasil". Miller a seguir descreveu como o exército de Sucre, reforçado com soldados do Peru e da Colômbia, entraria no Brasil por Mato Grosso e, além de ação militar, também agiria encorajando revoluções republicanas do norte e nordeste do país.

Chamberlain terminou esse despacho afirmando que, se tinha hesitado em acreditar piamente em Miller, outras informações, recebidas de um oficial francês que estivera no Chile e passara pelo Rio de retorno à França, confirmaram o que o general dissera: ele tinha descrito o sentimento popular em toda parte precisamente como o fizera Miller.

O relato de Miller sobre a opinião de Bolívar contrastava com o que tinha sido informado pelo diplomata inglês C. M. Ricketts dois meses antes. Ricketts estava em Lima quando o Libertador entrou na cidade, e teve a oportunidade, por iniciativa de Bolívar, de ter com ele muitas horas de conversa franca. Ricketts preparou um longo despacho e, para estar seguro de que tinha refletido fielmente o pensamento de Bolívar, mostrou-lhe sua minuta, que Bolívar, depois de algumas mudanças, considerou um relato fiel. Bolívar

> lamentava extremamente ver [Buenos Aires] engajada com o Brasil no que ele temia ser uma guerra injudiciosa e injustificável. Injudiciosa porque, não importa quão justos seus direitos para a anexação da província da Banda Oriental a seu território, a paz deveria ter sido sua maior consideração;

ademais, seus recursos financeiros eram muito limitados, o país estava instável, suas forças eram insignificantes, ela não tinha marinha, e nada, a não ser necessidade, deveria tê-la engajado numa guerra, especialmente com um país irmão. Injustificável, porque o imperador aparentemente nada tinha feito para ofendê-la; o Brasil tinha, por todos os títulos, direito a manter a província até que seus créditos em relação a ela houvessem sido atendidos; a mediação da Grã-Bretanha foi pedida e sua decisão não é conhecida; mas Buenos Aires provocou o imperador numa declaração de guerra. [...] Como pode Buenos Aires esperar a ajuda de seus aliados, exceto numa causa justa?[24]

Não se pode esquecer que Bolívar estava falando a um diplomata estrangeiro e assim pode ter moderado sua crítica ao Brasil. Ele reconheceu, por exemplo,

que para os propósitos atuais, o governo monárquico do Brasil era melhor, por ser mais eficiente e mais administrável, do que o sistema federal de Buenos Aires. A América do Sul ainda não se recuperou dos tristes efeitos da anarquia e de guerras destrutivas [...] se [Buenos Aires] entrou em guerra com a esperança de encontrar apoio de um partido no Brasil oposto ao imperador por ter ideias republicanas, em vez de essa ser uma razão legítima para iniciar hostilidades, deveria ter sido uma razão adicional para controlar-se.

O que fica claro é que, na conversa com Ricketts, Bolívar não mostrou nem "ódio ao imperador" nem a intenção de promover uma guerra contra o Brasil.

°

A lentidão das comunicações, como já se disse, causava suspeitas desnecessárias e esperanças infundadas; notícias e boatos que chegavam à América deram a Bolívar a impressão de que Pedro I estava pronto a agir em concerto com a Santa Aliança. O Libertador o afirmou em diversas ocasiões; um exemplo é a carta que escreveu a Sucre em 20 de janeiro de 1825:

> Ademais, por notícias que vêm da Europa e do Brasil, sabemos que a Santa Aliança procura tratar de favorecer o imperador do Brasil com tropas, para subjugar a América Espanhola, por consagrar o princípio da legitimidade e destruir a revolução. Ainda mais, começarão por Buenos Aires, e quem sabe onde essa iniciativa terminará. Soube também que os espanhóis do Peru estabeleceram relações com o imperador do Brasil, com o objetivo de participar do grande projeto de subjugação geral, aderindo entre si aos princípios monárquicos.[25]

Três dias mais tarde, Bolívar escreveu ao general Santander confirmando suas suspeitas e acrescentando saber que 2 mil alemães tinham chegado ao Brasil e 6 mil russos estavam a caminho para apoiar o "partido monárquico". "Por desgraça o Brasil linda com todos os nossos estados; em consequência, tem muitas facilidades para fazer-nos a guerra com sucesso. De fato eu concebo que será muito agradável a toda a aristocracia europeia que o poder do príncipe do Brasil se amplie até destruir o gérmen da revolução."

Com pessimismo, o Libertador acrescentava que

> cada dia o sul da América fica pior; o dia em que eu me vá do Peru, ele voltará a ser perdido; porque não tem homens capazes de sustentar o Estado; ainda mais, se eu não destruo Olañeta, este cavalheiro destrói todos os Estados americanos, ajudado pelo príncipe brasileiro e todos os godos do mundo.[26]

Isso foi escrito pelo Libertador três meses antes que o governo provisório de Mato Grosso tomasse uma desastrada decisão que parecia confirmar suas suspeitas. Em dezembro de 1824, Sucre tinha vencido a decisiva Batalha de Ayacucho, com o resultado de que os espanhóis tiveram de concordar em retirar-se da América do Sul. Em abril do ano seguinte, o governador espanhol de Chiquitos, uma província do Alto Peru, mandou o capitão José Maria de Velasco a Cuiabá para pedir, em nome do governador e demais autoridades de Chiquitos, que a província fosse colocada sob a proteção do Brasil, até que fosse "reconquistada pelas armas de Sua Majestade Católica e reclamada pelo dito soberano ou por algum general em seu real nome". Os habitantes de Chiquitos ficariam "assim livres do jugo dos demagogos e revolucionários, que só se dirigem a derribar o trono do seu soberano". As autoridades de Cuiabá reuniram-se a 13 de abril e decidiram que o pedido deveria ser atendido imediatamente, já que não havia tempo para consulta prévia ao Rio de Janeiro e "as circunstâncias exigiam muito pronta decisão". Portanto, o comandante da guarnição local marchou para tomar posse da província em 24 de abril.

O comandante brasileiro entrou em Chiquitos com uma pequena força de algumas dezenas de soldados; ele deve ter sido um total idiota, porque escreveu a Sucre informando o mais competente dos generais de Bolívar de sua ação e ameaçando funestas consequências se lhe fosse feita qualquer oposição; sua linguagem foi tão feroz que Bolívar chegou a se referir a ela na carta a Gregório Funes, citada mais adiante. Sucre respondeu em 11 de maio: a entrega da província ao Brasil era "uma traição e uma perfídia; e Vossa Senhoria cometeu uma agressão injusta ao ocupá-la". Sucre avisou o comandante brasileiro de que estava instruindo o general comandante em Santa Cruz [de la Sierra], a que, se a tropa cuiabana não saísse imediatamente de Chiquitos, "marche contra V. S^{a}. e não se contente em libertar nossas fronteiras, mas que entre no território que se declara nosso inimigo, levando a desolação, a morte e o terror, para vingar nossa pátria e responder à insolente nota e à atroz guerra com que V. S^{a}. nos ameaçou". A respeito desse arroubo de indignação de Sucre, Bolívar, em carta a Santander, com data de 30 de maio, dizia que Sucre tinha respondido sem dúvida indignado com

> atrocidade tão abominável. Entretanto, não aprovo que se use de tais represálias; porque o rompimento de uma nova guerra não pode ser útil a ninguém e arruinará as relíquias de nossas pobres fortunas. Calculo que esse oficial pode ter agido sem consulta a seu governo, e, se o imperador lhe deu semelhante ordem, pode ser uma das tantas loucuras que faz todos os dias.[27]

A iniciativa das autoridades do Mato Grosso foi totalmente desautorizada por Pedro I; a resposta enviada em nome do imperador (datada de 5 de agosto) reprovava em termos severos a decisão tomada e acrescentava que o imperador jamais aprovaria tal medida, "por ser oposta aos generosos e liberais princípios em que o mesmo augusto senhor o imperador firma a política de seu gabinete e a sua intenção de não intervir na contenda atual dos habitantes da América Espanhola, entre si, com a metrópole, como, aliás, é conforme ao direito público das nações civilizadas".[28]

Bolívar, mesmo se suspeitasse dos propósitos brasileiros, tentava manter a mente aberta, como consignou em várias cartas escritas durante os últimos dias de maio de 1825. A Santander, na carta de 30 de maio, disse que, se a invasão tivesse sido ideia do imperador, não teria consequências, mas se tivesse sido feita por conselho da Santa Aliança, então o evento era de muita importância, "porque os aliados são muito fortes e têm grande interesse em destruir as novas repúblicas americanas".

Em carta a J. Hipólito Unanúe, então presidente do Peru, Bolívar disse pensar que

> a primeira coisa que devemos fazer, se a Santa Aliança se meter em nossos assuntos, é para o Peru e Buenos Aires imediatamente ocuparem o Brasil; Colômbia,[29] Guatemala e México devem cuidar de sua própria proteção, defendendo juntos todos os pontos atacados ou ameaçados. Para formar essa liga e esse pacto é mais urgente que nunca a reunião dos países federados no Istmo.[30]

A Gregório Funes, que estava no Rio, Bolívar por um lado não se permitia concluir que a aventura de Chiquitos fosse responsabilidade de Pedro I, mas por outro lado não descartava a possibilidade de intervenção no Prata:

> Não posso crer que essa medida tão injusta quanto impolítica tenha sido tomada por ordem do imperador do Brasil; porque isso seria envolver-se numa imensidade de males que apenas chegamos a imaginar. [...] Parece-me muito importante consultar a opinião do agente britânico nessa capital sobre o modo com que receberia a Inglaterra uma guerra do Brasil contra nós. [...] Sei muito bem que não existe boa guerra e que a Inglaterra, que vive do comércio, não pode desejar senão a paz dos seus mercados; mas

também sei que precisamos defender-nos das atrozes agressões de governo tão imoral, que despreza totalmente os direitos do homem ao invadir um território amigo e ameaçar de extermínio absoluto os que o resistam.[31]

Meses depois, os invasores brasileiros já se tendo retirado do Alto Peru, a irritação de Bolívar diminuiu. Em novembro, Hurtado, o primeiro representante diplomático da Grã-Colômbia em Londres, foi recebido por George IV; Canning teve então a ocasião de dizer ao rei, na presença de Hurtado, que

> tinha recebido de Hurtado as mais positivas garantias da disposição e do desejo de seu governo no sentido de cultivar relações pacíficas com todo o mundo, e especialmente com os novos países da América e, entre eles, com o país mais imediatamente sob a proteção de Sua Majestade, o Brasil. A isso, Hurtado inclinou-se e murmurou sua concordância.[32]

A menção ao Brasil como o país mais imediatamente sob a proteção britânica era uma clara mensagem a Bolívar para desencorajar qualquer ação hostil.

Outro fator a considerar na diminuição da hostilidade para com o Brasil é que o Libertador não concordava com a atitude de Buenos Aires em relação a Tarija, província que fizera parte do Vice-Reino do Prata, mas cujos habitantes preferiam fazer parte da Bolívia, contrariamente à pretensão de Buenos Aires, que desejava manter Tarija nas Províncias Unidas do Rio da Prata. Provavelmente foi essa a razão que levou o Libertador a olhar desfavoravelmente a missão, enviada de Buenos Aires em agosto de 1825, encabeçada por Alvear e Díaz Vélez.

> Sei claramente que a missão do general Alvear e do doutor Díaz Vélez traz, entre outros propósitos, o convite formal para fazer guerra ao Brasil a fim de retomar a Banda Oriental e Montevidéu. Como esse assunto é gravíssimo, não me deixarei atrair nem pela glória nem pela lisonja. À primeira vista, esse projeto parece ser apenas para dar ajuda contra o Brasil, mas, como a Santa Aliança pode com o tempo utilizar-se do Brasil para nos pre-

judicar, seria muito útil consultar antes a Grã-Bretanha. Creio que conviria assegurar-nos da opinião da Grã-Bretanha, a fim de agir em consequência. O imperador do Brasil é jovem e legítimo, e pode estar sendo manejado secretamente pela Santa Aliança e abertamente fazer-nos guerra, como herdeiro de todos os direitos perdidos pelos Bourbons.[33]

A ajuda militar solicitada por Buenos Aires foi finalmente negada; a irritação de Bolívar com as Províncias Unidas atingiu o máximo em 1826, como expressado em carta de 7 de abril a Santander: "Concordo com tudo quanto você diz sobre o Brasil e Buenos Aires [...] [Rivadávia] é um mau inimigo nosso, que deseja que batamos o imperador sem nem mesmo nos dizer 'obrigado'".[34]

Naquele momento, diversos fatos ajudaram a diminuir a animosidade de Bolívar para com o Império Brasileiro. A morte de dom João VI em 1826 e a possibilidade (não efetivada) de Pedro I ocupar a regência de Portugal durante a minoridade da filha Maria da Glória, em favor da qual Pedro tinha abdicado, fez Bolívar expressar a esperança de que a presença do imperador em Lisboa teria, por fortalecer o partido constitucional de Portugal, igual efeito na Espanha, e por isso facilitar a aceitação espanhola da independência das ex-colônias. A mesma tendência pode ter sido encorajada por uma carta particular de Canning a Bolívar,[35] levada ao Panamá por Dawkins (ver capítulo 8), que expressava o interesse de Canning pela felicidade e pela prosperidade dos novos países, além de sua confiança de que os eminentes talentos do Libertador continuariam a ser empregados na promoção não apenas do bem-estar da Colômbia como no de todos os novos países que a cercavam.

Em 14 de outubro de 1827, Bolívar escreveu que a Colômbia

nunca teve nenhum propósito hostil para com o imperador; ao contrário, procurou manter as relações mais amistosas com aquela corte, onde atualmente reside um agente nosso. De minha parte, digo também que desejo manter essa mesma harmonia e que, enquanto estiver à frente deste governo, nada será feito contra o Brasil.[36]

E à medida que a possibilidade de paz no Rio da Prata aumentava, Bolívar se mostrava mais bem disposto para com o imperador: "Creio que uma vez que nossos interesses permitam dirigir nossa atenção para o sul, devemos ser gratos ao imperador do Brasil, que não deixou de se mostrar muito favorável a nós".[37]

Uma vez o Brasil e as Províncias Unidas tendo aceitado a mediação da Grã-Bretanha, foram entabuladas negociações no Rio; Robert Gordon atuou como mediador, e seus esforços foram bem-sucedidos, pois os beligerantes concluíram um acordo que resultou na criação da República Oriental do Uruguai, com o que o risco de uma guerra mais ampla entre o império e as ex-colônias espanholas ficou definitivamente afastado.

O CONGRESSO DO PANAMÁ

A suspeita que Bolívar guardava da Santa Aliança e do Brasil era a causa de sua pressa em reunir o Congresso, ou, como ele dizia, o Congresso Anfictiônico, no istmo do Panamá, como na Antiguidade a Liga Anfictiônica grega se reunia no istmo de Corinto. Nas cartas acima citadas a Santander e Unanúe, ambas escritas em fins de maio de 1825, Bolívar fala na urgência da reunião, em vista de sua suspeita de uma possível agressão pela Santa Aliança; na carta a Unanúe, ele acrescenta que "Se este Congresso não fosse mais que um quartel da sagrada liga, sua utilidade e sua importância seriam imensas. Por isso, devemos apressar-nos para que se realize".

Ele planejava que o Congresso chegasse a um acordo para criar um exército de 100 mil homens, fornecidos por todas as novas repúblicas, que seria mantido pronto a lutar contra qualquer invasão que a Espanha e seus aliados europeus pudessem tentar; se bem que Bolívar não nomeasse o Brasil como um dos possíveis inimigos, para ele era claro – naquele momento, pois os convites para participação no Congresso foram feitos em 1825 – que o império poderia ser alvo do exército multinacional.

Como dava grande valor ao apoio britânico à causa das ex-colônias, Bolívar convidou a Grã-Bretanha a se representar. Também convidados foram o Brasil (não obstante o fato de que o resultado do Congresso pudesse ser utilizado contra ele), Chile, Colômbia, Guatemala, México, Peru, as Províncias Unidas do Rio da Prata e os Estados Unidos. O Congresso, realizado em 1826, começou com uma fase preliminar a que compareceram apenas Colômbia e Peru; uma reunião mais ampla seguiu-se, com representantes do México e da América Central, e mais o observador britânico. Brasil, Chile e as Províncias Unidas não se fizeram representar, e os delegados dos Estados Unidos não chegaram ao Panamá a tempo. O calor do verão panamenho levou o Congresso a decidir sua transferência para Tacubaya, no México; entretanto, o Congresso não voltou a reunir-se. O tratado para a criação do grande exército imaginado por Bolívar foi assinado, mas ratificado somente pela Colômbia.

Para os que visavam ao estabelecimento de uma entidade pan-americana, ou pelo menos à criação de um exército multinacional, o fracasso da iniciativa do Libertador foi decepcionante. Mas o pior ainda estava por vir: em 1828, isto é, apenas dois anos depois da reunião no Panamá, uma disputa territorial entre o Peru e a Colômbia, duas repúblicas por cuja independência Bolívar havia tanto batalhado, terminou em guerra, trágico prenúncio do difícil caminho que as ex-colônias deveriam percorrer.

8. Grã-Bretanha e Estados Unidos no Congresso do Panamá

Durante a primeira gestão do Foreign Office por Canning (1807-9), a Inglaterra não conseguiu chegar a um entendimento com os Estados Unidos (país que Canning, seja dito, detestava), seja com relação ao incidente entre os navios Leopard e Chesapeake, seja com relação ao recrutamento forçado, pela marinha inglesa, de tripulantes de barcos mercantes norte-americanos, sob a alegação (nem sempre infundada) de serem cidadãos britânicos. As ações da marinha britânica em casos de recrutamento forçado e sua interferência com navios mercantes norte-americanos em consequência das Orders in Council,[1] aprovadas pelo governo britânico em retaliação aos decretos de Berlim e Milão (ver capítulo 2), foram as causas da declaração de guerra pelos Estados Unidos contra a Inglaterra em 1812.

O choque dessas políticas foi explicado por A. T. Mahan:

> Por muito tempo [a interferência do poder naval da Grã-Bretanha no transporte do comércio dos Estados Unidos] foi confinada pelo ministério britânico a métodos que eles mesmos julgavam poder defender – como fizeram com a prática do recrutamento forçado – invocando direitos, prescritivos e estabelecidos, naturais ou de beligerantes, embora o governo dos Estados Unidos declarasse que tal direito não existia em diversas medidas específicas e que a ação era tanto ilegal quanto opressiva. À medida que a guerra com Napoleão cresceu em intensidade, contudo, as necessidades do conflito induziram o gabinete britânico a formular e executar contra países neutros uma restrição do comércio que confessou não ser sancionada pela lei e justificada somente pela invocação de necessário desagravo, imposto pela indefensável política do imperador francês. Essas últimas medidas, conhecidas historicamente como Orders in Council, minimizaram, por sua enormidade,

> as anteriores razões de queixa, e com a questão do recrutamento forçado constituíram o âmago da dissensão, vital e irreconciliável, que arrastou os dois países a um conflito armado. [...] Partindo de uma premissa admitida, que o alto-mar é comum a todas as nações, [a Inglaterra] deduziu existir uma jurisdição comum, em virtude da qual ela prendia seus marinheiros errantes. [...] Os Estados Unidos mantinham que no alto-mar a única jurisdição sobre um navio era a de seu próprio país. Eles não podiam admitir que navios americanos ali fossem inspecionados por motivos outros que não aqueles concedidos ao beligerante pelo direito internacional; isto é, para verificar a natureza da viagem, assegurar-se se, pelo destino, pela carga, ou pelas pessoas embarcadas, as obrigações de neutralidade estavam sendo violadas.[2]

Portanto, as instruções para os representantes anglo-saxões ao Congresso do Panamá indicavam grande interesse em, no caso da Grã-Bretanha, validar a política que tinha seguido em alto-mar e provocado a guerra de 1812; no caso dos Estados Unidos, rejeitar a política inglesa por meio de um acordo geral sobre o ponto de vista oposto.

A Grã-Bretanha designou como seu delegado Edward J. Dawkins, o qual recebeu de Canning suas instruções em vários despachos de março de 1826.[3]

As instruções começavam por assinalar que o envio de Dawkins ao Congresso não tinha outro objetivo a não ser o de colher as mais corretas informações sobre seus trabalhos e assegurar coletivamente os Estados Americanos dos sentimentos amistosos e do vivo interesse, em seu bem-estar e tranquilidade, que o governo britânico tinha repetidamente expressado aos responsáveis pelo governo dos países com os quais o governo britânico estivera em comunicação. Dawkins não deveria perder nenhuma oportunidade de transmitir a Londres toda informação sobre as opiniões e a política dos governos americanos, seus sentimentos em relação aos demais, e o grau de influência que pareciam inclinados a permitir aos Estados Unidos.

O ciúme dos Estados Unidos, talvez ainda mais forte em Canning do que em geral nos governos britânicos (ver capítulo 10, sobre Canning e a doutrina Monroe), prosseguia vivo nas instruções: a Grã-Bretanha não objetaria a uma liga das ex-colônias espanholas, limitada a assuntos vinculados à relação comum delas com a Espanha; mas qualquer projeto que pusesse os Estados Unidos à testa de uma confederação americana oposta à Europa seria muito desagradável ao governo britânico. Isso seria considerado uma ingratidão (*an ill return*, no texto original), pelo serviço que vinha sendo dado àqueles países e pelos perigos que lhes tinham sido evitados pelo comportamento, amizade e declarações públicas da Grã-Bretanha, e muito provavelmente faria perigar, em dia não muito distante, a paz tanto da América como da Europa.

As instruções tratavam, como era lógico, do alto-mar no direito internacional: Dawkins também daria a conhecer – mas igualmente sem nenhuma representação oficial – o desejo do governo britânico de que os princípios de direito marítimo a serem adotados pelos novos Estados pudessem ser aqueles que a Grã-Bretanha sempre alegara serem os verdadeiros princípios do direito das nações, "princípios enraizados em uso longamente estabelecido e na autoridade consagrada pelo uso no Velho Mundo, em concordância com os quais a Grã-Bretanha sempre tinha agido e cujo exercício por outrem ela tem uniformemente respeitado [...]". A Inglaterra também aceitava aqueles princípios quando exercidos pelos novos países americanos; mas Dawkins era instruído a deixar bem entendida a determinação britânica de agir com base neles, determinação que, assim como não fora abalada pelas confederações europeias, também não seria alterada por nenhuma resolução ou combinação dos Estados do Novo Mundo.

Em outro despacho de instruções, Canning se referia à preocupação britânica de ver Cuba cair sob o domínio de qualquer outro país.

°

A localização de Cuba era fonte de cobiça para alguns e de medo para outros.[4] Os insurgentes das colônias espanholas temiam que Cuba e também Porto Rico fossem utilizadas como a base onde a Espanha reunisse tropas para atacá-los. A situação das duas ilhas possibilitava usá-las para atacar tanto o México e a América Central como a parte setentrional da América do Sul.

Em 1826, quando os partidários do príncipe Miguel tentaram derrubar o governo constitucional português e a Grã-Bretanha mandou soldados a Portugal, a pedido da princesa regente (ver capítulo 14), a notícia chegou distorcida a Bolívar, como frequentemente acontecia. A Espanha dava auxílio e refúgio aos revolucionários portugueses, mas a Inglaterra não tinha a intenção de fazer guerra à Espanha. O que chegou ao Libertador foi a notícia de que Espanha e Inglaterra estavam em guerra; ele imediatamente pôs em movimento um plano para invadir Porto Rico e Cuba. Pareceria que, se Dawkins chegou a expressar no Panamá o desfavor com que seu país veria uma expedição contra Cuba, o Libertador não tinha prestado atenção.

A primeira instrução de Bolívar foi dirigida ao general Briceño Méndez em 25 de janeiro de 1827: "A notícia que acabo de receber, da guerra entre Grã-Bretanha e Portugal [*sic*, evidentemente queria dizer Espanha], decidiu-me a levar adiante a resolução de fazer uma expedição a Porto Rico e já comecei a tomar providências para levar a cabo essa empresa, útil ao país e gloriosa para nossas armas".[5] A mesma resolução foi repetida em cartas aos generais Santa Cruz, Montilla e Padilla. A Santa Cruz ele acrescentou, em total desacordo com a realidade, que "a Inglaterra nos dará navios e dinheiro". Para Sucre e novamente Santa Cruz ele escreveu em 5 de fevereiro, confiando que, depois de tomar Porto Rico, "veremos o que é possível em relação a Havana", algo repetido em várias outras cartas, até que, notícias corretas tendo chegado, Bolívar teve de reconhecer, penalizado, que a Espanha não estava em guerra com a Grã-Bretanha e que o plano devia ser abandonado.

°

Bolívar não poderia esperar ajuda britânica, e a razão aparece claramente nas instruções recebidas por Dawkins, as quais afirmavam que, como um elemento de cálculo dos meios das ex-colônias para continuar a guerra contra a Espanha, elas deveriam levar em consideração a situação peculiar de Cuba. "Vê-se quão sinceramente é desejado pelos Estados Unidos, pela França e por este país que Cuba siga sendo uma colônia da Espanha." O governo britânico, diziam as instruções de Dawkins, estava tão longe de negar o direito dos novos Estados da América de levar a cabo um ataque contra Cuba que tinha sempre se recusado a unir-se aos Estados Unidos em manifestar ao México e à Colômbia uma oposição àquela suposta intenção, ou em fazer-lhes saber que a execução de tal intento desagradaria a Londres. O governo britânico o lamentaria, mas não se arrogava direito algum de controlar as operações militares de um beligerante contra o outro.

> O governo dos Estados Unidos, entretanto [...] concebe que os direitos dos Estados Unidos seriam afetados tão diretamente, seja pela ocupação de Havana por uma força invasora, seja pelas consequências que um ataque a Cuba, mesmo se fracassado, possa produzir no interior da ilha, que o gabinete de Washington mal disfarça sua intenção de interferir diretamente, e pela força, para impedir ou reprimir uma operação do gênero.
>
> Nem a Inglaterra nem a França poderiam ver com indiferença a ocupação de Cuba pelos Estados Unidos. Observe, portanto, as complicadas consequências que poderiam resultar de uma expedição contra Cuba por México ou Colômbia, e faça os países reunidos no Panamá ponderar se vale a pena continuar uma guerra cuja única operação restante (que seria gravemente sentida pelo adversário) lhes é moralmente interdita em face das consequências a que levaria.

Pelas consequências de um ataque a Cuba, Canning referia-se ao temor de que um ataque vindo do exterior resultaria no colapso da autoridade colonial e assim facilitaria, até mesmo encorajaria, uma revolta dos escravos, como tinha ocorrido em Saint-Domingue (Haiti) ao fim do século XVIII. O temor de tal possibilidade era aumentado pelo fato de que a notícia da revolta no Haiti tinha encorajado, quando chegou à Venezuela, um levante de escravos em Coro; o perigo de uma revolta em Cuba era, assim, motivo de grande preocupação para os Estados Unidos.

O CONVITE AOS ESTADOS UNIDOS E A POLÍTICA PARTIDÁRIA

A decisão de mandar uma delegação norte-americana tornou-se vítima da política partidária. Adams e Clay queriam que o país se fizesse representar; em novembro de 1825, mesmo antes que o Congresso tomasse conhecimento do assunto, Albert Gallatin, que no momento era, provavelmente, o mais prestigioso diplomata do país, foi convidado para ir ao Panamá; ele recusou; Clay insistiu e Gallatin persistiu em sua recusa. Alguns dias depois, John Sergeant aceitou ser um dos dois representantes; o segundo delegado seria Richard Anderson, ministro em Bogotá.[6]

Adams enviou mensagem ao Congresso em dezembro, informando do convite que já aceitara. A oposição começou uma campanha vergonhosa contra o governo, criticando a aceitação do convite sem prévia aprovação do Senado, levantando objeções absurdas baseadas no receio de que os Estados Unidos seriam forçados a assumir compromissos etc. O tom de muitas das objeções era preconceituoso, insultante para as novas nações americanas.

Em maio de 1826, Clay expediu as instruções a Sergeant e Anderson.[7] Elas deixavam claro que nenhum dos países representados no Congresso ficaria obrigado por nenhum acordo ao qual não aderisse, e que era rejeitada toda noção de um conselho anfictiônico investido do poder para decidir em última instância controvérsias entre Estados americanos ou regular, sob qualquer aspecto, suas condutas. Essa diretiva certamente foi acrescentada para alienar qualquer possibilidade de crítica pela oposição. Quanto à política marítima, as instruções, sem nunca se referir à Grã-Bretanha – o que evidentemente era desnecessário –, diziam:

> Poder sem controle, em qualquer elemento em que seja exercido, é sujeito a grande abuso. Porém, é ainda mais passível de abuso no mar do que em terra, talvez porque lá seja exercido longe da presença de espectadores imparciais e, portanto, com pouco da contenção moral que resulta da salutar influência da opinião pública, que, se de todo manifestada, tem sempre de sê-lo mais tarde, e consequentemente com menos eficácia. [...] [Depois de referir-se ao domínio do mar pela Grã-Bretanha, acrescentava:] É sob a influência destas e de similares considerações que Vossa Senhoria apresentará [...] a proposta de abolir a guerra no oceano contra a propriedade privada e os não combatentes. A propriedade privada de um inimigo quando em terra é protegida de desapropriação e confisco. [...] Por que não devem as mesmas exceções humanitárias serem estendidas ao mar? [...] [Mas se isto não for possível,] Vossa Senhoria proporá a adoção da regra de que navios livres fazem as mercadorias livres e, ao contrário, que navios inimigos fazem

> as mercadorias inimigas. Uma parece necessariamente derivar da outra. [...] As duas operam em favor da neutralidade e assim oferecem um novo desincentivo para países se lançarem à guerra temerariamente.

Com relação a Cuba, as instruções não concordavam com o que Canning dissera a Dawkins. No final de 1825, os Estados Unidos tinham se dirigido a Colômbia e México "para convencê-los a adiar qualquer expedição que possam estar projetando contra as ilhas de Cuba e Porto Rico, a fim de dar tempo ao imperador da Rússia para usar, em conjunção com seus aliados, sua influência sobre a Espanha, com o objetivo de induzi-la a salvar aquelas ilhas através do reconhecimento da independência dos novos governos nos países americanos".[8]

A preocupação dos Estados Unidos, naquele momento, estava dirigida a evitar uma comoção em Cuba, pelas possíveis consequências referidas acima. Os Estados Unidos, com sua população escrava, queriam evitar a possibilidade de contágio; assim, as instruções para seus delegados diziam:

> Nenhuma potência, nem mesmo a própria Espanha, tem [...] um interesse tão profundo no futuro [de Cuba], qualquer que ele possa ser, como os Estados Unidos. [...] Não desejamos mudança na posse ou na condição política daquela ilha, e [...] não poderíamos, com indiferença, vê-la transferida da Espanha para qualquer outra potência europeia. Não desejamos ver sua transferência para, ou anexação por, qualquer um dos novos Estados americanos.

Caso Cuba obtivesse independência por si mesma e a mantivesse sem auxílio externo,

> uma parte dos habitantes da ilha, assim como seus vizinhos nos Estados Unidos e outros, viveriam em permanente medo das trágicas cenas que se passaram anteriormente numa ilha vizinha, cuja população seria tentada [...] a empregar todos os meios que a proximidade, similaridade de origem e simpatia poderiam fornecer para fomentar e estimular insurreição, com o propósito de ganhar maior força para sua própria causa.

Em outras e menos contorcidas palavras, se Cuba se tornasse um campo de batalha, quer em luta contra uma invasão, quer por motivo de uma revolução pró-independência, o povo do Haiti – a "ilha vizinha" – poderia ser tentado a ajudar os escravos em Cuba a se revoltar, e tal exemplo poderia encorajar escravos em outros países – aí incluídos os Estados Unidos – a se insurgir. Provavelmente essa foi a única vez na história que os Estados Unidos tiveram medo do Haiti!

> Na eventualidade de uma iniciativa militar [por México ou Colômbia] dirigida contra Cuba, isso seria uma guerra de conquista. Em tal guerra, qualquer que seja o resultado da empresa, os interesses de outras potências, agora neutras, poderiam ser seriamente afetados, e elas poderiam se ver obrigadas a tomar importantes medidas que não teriam a possibilidade de descurar. [...] Se [países europeus] limitassem sua interposição ao objetivo de impedir qualquer mudança no estado de coisas atual com respeito às ilhas, os Estados Unidos [...] poderiam relutantemente ver-se, pela força dos acontecimentos e contrariamente a sua inclinação, alinhados a eles.

Essa observação significava a aceitação de uma brecha na doutrina Monroe, um caso em que a intervenção de potências europeias no continente americano seria considerada justificável pelos Estados Unidos, pois elas estariam agindo pelas mesmas razões que também forçariam os Estados Unidos a intervir.

A receptividade dos países ibero-americanos a tais argumentos não chegou a ser testada, porque os Estados Unidos não estiveram presentes no Panamá: Anderson morreu a caminho do Congresso e Sergeant, que retardara sua partida por motivo de doença, só pôde chegar depois que a reunião fora adiada para Tacubaya. No México, Sergeant não passou da capital do país, pois o Congresso não voltou a reunir-se; esse fato tornou irrelevantes as instruções suplementares que Clay expediu em março de 1827 para Sergeant e Joel Roberts Poinsett,[9] que substituiu Anderson como "enviado extraordinário e ministro plenipotenciário a Tacubaya".

9. Independência das colônias espanholas – 1

"Não há país na Europa em cujos assuntos os estrangeiros possam interferir com menos proveito do que a Espanha. [...] O orgulho e o preconceito dos espanhóis, suas virtudes, como suas faltas, são trazidos à tona a cada momento e em cada oportunidade, e tudo tende a lhes dar uma ideia exagerada de seus poderes e a depreciar os estrangeiros."

WELLINGTON, MEMORANDO PARA CASTLEREAGH, 16 DE ABRIL DE 1820

"[...] não há nada mais marcante no caráter espanhol do que sua impaciência ao conselho estrangeiro e sua suspeita de ajuda desinteressada."

CANNING A PONSONBY, 27 DE NOVEMBRO DE 1826

Neste capítulo não se pretende descrever nem as batalhas que resultaram em transformar os vice-reinados espanhóis em países independentes, nem os problemas domésticos daqueles países após sua independência, e sim examinar como as potências europeias e os Estados Unidos tentaram exercer influência tanto durante o processo de luta pela liberdade como depois.

Os Estados Unidos, a Grã-Bretanha e a França não queriam a reafirmação do domínio espanhol. Áustria e Prússia aparentavam apoiar os esforços da Espanha para não perder as colônias, mas estavam cientes de que, na situação de exaustão e empobrecimento em que se achava, a Espanha não tinha recursos para impor outra vez seu domínio sobre a totalidade de seu antigo império. Como os três países que não desejavam a volta do domínio espanhol, Prússia e Áustria sabiam das oportunidades para seus comércios, uma vez que se extinguisse o monopólio da metrópole. Portugal, por seu lado, aproveitou-se das desditas de seu vizinho ibérico para aumentar o território do Brasil, como se viu no capítulo 7. Apenas a Rússia, sem interesses comerciais a proteger, mantinha seu apoio à Espanha.

Outro aspecto da reação europeia às revoluções na América era o medo de que a adoção da forma republicana tivesse um resultado duplamente indesejável: por um lado, encorajar os republicanos europeus e, por outro, criar um continente hostil a governos monárquicos.

A convicção de Canning a esse respeito foi expressa em carta a A'Court no último dia de 1823: "Monarquia no México e monarquia no Brasil curariam os males de democracia universal e impediriam o traçado da linha de demarcação que eu mais receio – América *versus* Europa".[1] Daí o encorajamento por várias cortes europeias para a colocação de príncipes europeus como soberanos das ex-colônias espanholas.

A INFLUÊNCIA DE NAPOLEÃO; A METRÓPOLE AUSENTE

A renúncia ao trono pelos Bourbons espanhóis em 1808 e sua substituição por José Bonaparte constituiu o que as colônias na América consideraram um vazio de autoridade governante, já que não reconheciam o rei imposto pelo imperador francês.

Não há dúvida de que Napoleão foi o catalisador no processo que acelerou o divórcio entre colônias e metrópole, pois entre muitos colonos já havia o anseio pela independência. Um fator adicional foi a progressiva destruição da marinha espanhola, iniciada em 1797 e completada em 1805, com a crescente dificuldade de comunicação entre a Espanha e as Américas.

Depois do afastamento dos Bourbons, de início Napoleão seguiu uma política que visava a simplesmente trocar a soberania espanhola pela francesa. Logo após a cessão dos direitos ao trono por Carlos IV, o imperador francês acreditava, com otimismo equivocado, na aceitação da nova situação por todos os espanhóis. Em 22 de maio (vinte dias depois do trágico *Dos de Mayo*) ele ordenou Murat, agora presidente da Junta de Governo, a fazer as corporações comerciais, bancos e consulados na Espanha escreverem às colônias informando que nada havia mudado; que, ao contrário, agora que a Espanha nada tinha a temer da França, tudo tenderia em benefício de sua marinha, e que as operações marítimas resultariam em favor das colônias. Em suma, concluía ele, inspirem confiança na nova dinastia.[2]

Na mesma carta, Napoleão referia-se a alguns despachos recebidos de Liniers e instruía Murat a enviar para Buenos Aires tudo quanto Liniers pedira e também algumas condecorações, para agraciar os mais eminentes cidadãos locais.

A lentidão dos meios de transporte levava a tais desentendimentos. Quando o imperador ordenou que Murat suprisse Liniers, a guerra já estourara entre o povo espanhol e os invasores; a França, não mais a Grã-Bretanha, era agora o inimigo da Espanha e, portanto, também de Buenos Aires e dos demais vice-reinos americanos, onde o povo tinha reagido como na Europa: recusando-se a reconhecer José Bonaparte como rei e declarando fidelidade a Fernando VII, que foi aclamado rei em Bogotá, Caracas, Santiago e Buenos Aires.[3]

Outro caso da demora nas comunicações confundindo a quem se devia lealdade aconteceu quando um navio de guerra francês aportou em Buenos Aires, com grande júbilo da população, trazendo um emissário de Napoleão e armas para ajudar contra uma ameaça, agora inexistente, de invasão britânica: oitocentos mosquetes e munição para mosquete e canhão.[4]

Quando de posse de toda a informação sobre os acontecimentos na metrópole, os colonos se voltaram contra a França, e sua reação chegou ao ponto de matarem alguns dos emissários enviados pela França para convencer as colônias de que, mesmo que a dinastia tivesse mudado, a monarquia espanhola ainda existia.

Em novembro de 1808, a revolução espanhola contra a dominação francesa já adquirira tal gravidade que o imperador se viu obrigado a comandar, em pessoa, um forte exército e invadir o reino de seu irmão. A situação tornou-se francamente surrealista quando o imperador nomeou o rei José como seu subordinado e não hesitou em declarar que estava na Espanha como conquistador. Em 9 de dezembro, os cidadãos de Madri enviaram mensagem a Napoleão, agradecendo pela clemência com que haviam sido tratados; a resposta do imperador foi conciliatória, mas continha a revelatória afirmativa de que ele não se recusaria a ceder seus direitos de conquista ao rei e instalá-lo em Madri, desde que os *madrileños* antes manifestassem sua fidelidade. Uma vez isso feito, concluía a resposta do imperador, ele renunciaria ao direito de conquista e poria o rei no trono.[5]

Essas palavras não deixavam dúvida de que José, não importava quão sincero fosse seu desejo de governar em benefício do país, jamais reinaria independentemente e não seria mais do que um instrumento do irmão, portanto incapaz de merecer a confiança do povo espanhol. A prova não se fez esperar: já no mês seguinte a correspondência entre o rei e o imperador começou a revelar a divergência das respectivas políticas.

Em 25 de janeiro de 1809, José escrevia: "Há aqui 10 mil famílias que não recebem seus salários, eles esperam [recebê-lo] de mim: um ano lhes é devido".[6] Essa era uma referência ao pessoal que costumava trabalhar na corte, e José voltou ao assunto em 2 de fevereiro: "O estado das finanças é deplorável. Toda Madri vivia dos pagamentos da corte".[7]

O desânimo de José, em face de sua falta de autonomia, da hostilidade que lhe dedicava o povo espanhol e da desonestidade de diversos burocratas vindos da França, é evidente em sua carta ao irmão em 19 de fevereiro: "Meu verdadeiro poder não vai além de Madri, e mesmo em Madri sou diariamente contrariado por pessoas que estão zangadas porque seu sistema não está mais em vigor. *Sou acusado de ser muito frouxo. No momento, eles ficariam desonrados se eu fosse mais rigoroso e quisesse entregá-los aos tribunais*".[8] A carta terminava com a primeira menção de José a ou ser livre para governar como queria, ou voltar para a França.

Um dos funcionários objeto de várias queixas de José era um certo Fréville, que o rei acusava de "incomodar todo mundo aqui"; Napoleão só o dignou com uma resposta, e esta para fazer pouco caso de José: "Meu irmão, não sei o que você quer dizer sobre o senhor Fréville. Você pensa que dou muita importância a tudo isso".[9] E, assim, o pobre rei não conseguiu se livrar nem mesmo de um burocrata!

O mesmo desrespeito a José continuou por todo o seu reinado. Em 17 de janeiro de 1811, o imperador instruiu Berthier a:

informar o rei da Espanha de que, tendo eu dado o governo de Madri ao general Belliard, que não cessou de me prestar bons serviços, eu não entendo por que sua governança lhe foi tirada [...]. [S]e o rei tirou do general Belliard o governo de Madri, deve dá-lo de volta sem demora; essa é minha ordem formal; que, em geral, desejo que nenhum militar francês seja posto sob o comando de oficiais a serviço da Espanha.[10]

Desse modo, Napoleão tirava de José até o poder de nomear o governador da capital do seu reino. Poucos meses depois, José foi a Paris, para o batizado do filho de Napoleão e Marie Louise, e novamente perguntou ao imperador: quer que eu saia da Espanha? A resposta foi negativa, mas a posição de José continuou a ser solapada pelo irmão e seus marechais.

°

Apesar das vitórias rapidamente obtidas por Napoleão, os patriotas espanhóis continuaram sua luta depois do regresso do imperador à França, e José foi obrigado a depender de soldados franceses para debelar a insurreição. A incapacidade de Napoleão, ou sua consciente recusa, para delegar significava que, se bem José tivesse o comando nominal das forças francesas, Napoleão às vezes mandava diretamente a seus generais ordens que conflitavam com as de José. Em agosto de 1808, por exemplo, José já sentira a necessidade de escrever ao irmão, queixando-se:

> Escrever ao general Belliard, ao marechal Bessières, ao general Monthion, que Vossa Majestade desaprova minhas iniciativas anteriores priva-me da confiança de que preciso para minhas futuras operações. Escrever a todo mundo o que deve ser dito somente ao comandante-chefe é tirar de sua autoridade a confiança necessária tanto com o exército como com o governo.[11]

Depois que o imperador voltou à França, José continuou a enfrentar casos de relutância por parte de marechais e generais supostamente sob seu comando. Du Casse explica uma das razões de tal comportamento:[12]

> O marechal Jourdan, chefe do estado-maior de José, posto ao lado deste príncipe para assisti-lo e aconselhá-lo, também estava numa posição falsa, porque se achava em situação de inferioridade moral diante dos outros marechais, seus colegas.
>
> De fato, todos tinham recebido o título de duque e ricas dotações: só o marechal Jourdan mantinha seu nome e modesta fortuna. [...] Assim, ficava anulada a influência que deveria ter sobre [os demais marechais] como representante dos desejos do rei; e, não obstante, era ele quem Napoleão responsabilizava pelos eventos que não saíam conforme seus desejos.[13]

Houve ações que terminaram em derrotas francesas porque a vaidade de um marechal o levou a agir sozinho, sem esperar reforços anunciados, ou porque inimizades ou ciumeiras fizeram com que um deles demorasse a dar a um colega a ajuda solicitada.

Depois dos decretos de 8 de fevereiro de 1810 e da nomeação de marechais como governadores das províncias espanholas, alguns se comportaram com desabrida ganância. Apesar de saber o quanto Napoleão protegia seus antigos companheiros de armas e lhes desculpava as faltas, o rei José escreveu ao irmão, acusando Kellermann, Ney e Thiébaud, "que arruinarão o país que devem administrar", e novamente Ney e Kellermann: "Não há um dobrão exportado por Ney ou por Kellermann que não tenha custado uma cabeça francesa".[14] Em carta à esposa, José lamentava ser preciso que Napoleão acreditasse "mais em minha probidade do que na de Ney ou de Kellermann".[15] O direito de conquista era tomado literalmente; a Espanha e os cidadãos espanhóis eram saqueados sem piedade.

°

A resistência das colônias, o domínio dos mares pela Grã-Bretanha e mais tarde a decisiva reviravolta na guerra peninsular contra a França levaram à mudança da política francesa. Napoleão decidiu que, a fim de evitar que a Inglaterra impusesse sua influência na América Espanhola, ou lá estabelecesse uma cabeça de ponte, a política adequada aconselhava deixar as colônias ganharem sua independência ou cair sob o controle de um país neutro, ou seja, os Estados Unidos. Essa mudança de orientação foi decidida aparentemente sem consulta a José, para quem a perda das colônias seria um grave prejuízo. É surpreendente que na correspondência publicada entre os dois irmãos, mesmo na muito recente e mais completa compilação,[16] não se encontre uma referência ao futuro das colônias americanas. Era, além do mais, uma violação do tratado assinado por Carlos IV e o imperador em Baiona, em 5 de maio de 1808, cujo primeiro parágrafo do artigo 1º rezava: "A integridade do reino será mantida":

> Em mensagem ao Corpo Legislativo em 12 de dezembro de 1809, [Napoleão] [...] reformulou a política que desejava adotar em relação às Índias: "O imperador jamais se oporá à independência das nações do continente americano. A independência está no curso natural dos acontecimentos: isso é justo e é no interesse reconhecido de todas as nações. [...] Se o povo do México e o do Peru desejarem continuar unidos à metrópole, ou se desejarem elevar-se a uma nobre independência, a França nunca se oporá a seus desejos – desde que estes povos não formem vínculo algum com a Inglaterra".[17]

Baseando a ocupação da Espanha no lema de que "a guerra deve pagar pela guerra", Napoleão, como ficou dito acima, reorganizou a administração do país; os decretos de fevereiro de 1810 criaram governos nas províncias de Aragão, Catalunha, Navarra e Biscaia, pondo assim em marcha seu plano de anexar à França as províncias espanholas limítrofes.[18] Em 29 de maio, dois outros governos foram criados: Burgos e Valladolid. Os seis governos, descritos nos decretos napoleônicos como "governos particulares", seriam administrados por generais franceses. Outro decreto da mesma data estatuía que haveria "cobradores de impostos nomeados por nosso [isto é, da França] ministro do Tesouro Público em cada um dos seis governos da Espanha; eles terão responsabilidade exclusiva por todas as receitas provenientes das contribuições, seja ordinárias, seja extraordinárias".[19] O artigo 2º do decreto determinava que "Nas outras partes da Espanha, as contribuições ordinárias e extraordinárias destinadas ao exército serão pagas às caixas dos pagadores dos corpos de exército". E o artigo 3º dizia que o recebedor geral das contribuições da Espanha residiria em Baiona. Assim, o saque da Espanha ficava legalizado e era administrado pela França, na França.

Em 13 de dezembro de 1810, Napoleão instruiu Champagny, ministro das Relações Exteriores, a informar o embaixador da França em Washington de que

> nada tenho a opor a que as Flóridas se tornem uma possessão americana; que em geral desejo tudo quanto possa favorecer a independência da América Espanhola. Vossa Excelência fará a mesma comunicação ao encarregado de negócios dos Estados Unidos, o qual escreverá em código a seu governo que sou favorável à causa da independência das Américas; que nós não tivemos senão que nos louvar da independência dos Estados Unidos, e que, como não baseamos nosso comércio em pretensões exclusivas, verei com prazer a independência de uma grande nação, desde que ela não caia sob a influência da Inglaterra.[20]

Em 23 de agosto do ano seguinte, Maret, que tinha substituído Champagny, teve ordem de dizer ao representante da França nos Estados Unidos que

> é minha intenção encorajar a independência de todas as Américas; que ele deve expor isso não apenas ao presidente mas também aos deputados ou agentes que essas diversas colônias possam ter nos Estados Unidos; que ele deve procurar estabelecer relações com eles; que está autorizado a mandar agentes àquelas colônias; que nós prazerosamente enviaremos armas e toda ajuda que nos seja possível, desde que a independência dessas colônias seja pura e simples, e que não criem nenhum vínculo especial com os ingleses.[21]

Cinco dias depois, Napoleão deu outro recado a Maret, para passá-lo ao encarregado de negócios norte-americano:

> Vossa Excelência insinuará a seguinte ideia: que por meio de um pagamento de uns poucos milhões de piastras, a Espanha, na situação de penúria em que se encontra, venderia a Flórida. Insinue isso, acrescentando que, embora

não ache nada mau que a América possua a Flórida, eu não posso intervir, já que [a Flórida] não me pertence.[22]

Desse modo, a política anunciada em fins de 1809 continuava a ser seguida, provavelmente reforçada pelas declarações de independência feitas, desde 1810, em várias colônias, mais o fato de que a situação do exército francês na Espanha era cada vez mais incerta. Em 25 de novembro de 1811, o imperador escreveu a Ducrès, ministro da Marinha: "Gostaria de mandar duas fragatas cruzarem ao longo dos Estados Unidos da América, e seu propósito seria ir ao [à parte do] continente americano insurreto[a], a fim de estabelecer relações e entregar mosquetes. Poderíamos mandar outras fragatas navegar pelas costas da América, onde me parece haver muitas coisas a fazer".[23]

Tudo mudou em face da desastrosa campanha russa de 1812. Enfraquecida em pessoal e armamentos, a França teve de recusar o pedido de grande quantidade de armas e pessoal militar apresentado conjuntamente, em abril de 1813, por Palacio Fajardo, um venezuelano que representava a junta de Cartagena, e Delpech, francês que agia em nome da Venezuela.[24] Em 1813, as necessidades de Napoleão nada deixavam para repartir com os revolucionários hispano-americanos; suas preocupações agora se concentravam na Europa.

Se por um lado o irmão punha as colônias da Espanha à venda, violando assim o tratado assinado com Carlos IV, José, pelo outro, tentava assegurar-se de que as colônias o aceitavam e, portanto, mantinham sua lealdade para com a metrópole. Com esse fim, em 1809 ele tinha enviado Juan Antonio Suárez para Filadélfia, e de lá para Cuba. Suárez levava cartas para o encarregado de negócios e cônsul-geral da Espanha nos Estados Unidos, mas fora instruído a ser reservado quanto à sua fidelidade a José até estar seguro de que o destinatário "não tinha cedido a nenhuma influência contrária a seus deveres para com o rei José Bonaparte".[25]

A política de José tinha de enfrentar outra complicação: em 1810, o Conselho de Regência que pretendia governar em nome de Fernando VII, sendo informado dos acontecimentos de Caracas e Buenos Aires, adiante mencionados, mandou à Venezuela dom Antonio Cortavaria, um respeitado magistrado, para aconselhar prudência, e nomeou Francisco Xavier Elío vice-rei no Rio da Prata, em substituição ao vice-rei Cisneros.[26] No mesmo ano, o Conselho de Regência convocou as Cortes para se reunirem em Cádiz, naquele momento um dos poucos locais do país não ocupados pelos franceses, protegido como estava pela esquadra inglesa e pelo exército britânico da vizinha Gibraltar. As Cortes incluíam representantes das colônias americanas; se bem que essas iniciativas não dessem grandes resultados, elas serviram para anuviar o ambiente.

°

No Vice-Reino do Prata, os acontecimentos de 1806 e 1807 tinham mostrado aos bonaerenses, duas vezes triunfadores sobre tropas britânicas, e sem ajuda da Espanha, que eles se bastavam. Outros incentivos para desejar livrar-se do jugo da metrópole já foram mencionados: seu monopólio comercial, a discriminação em favor de peninsulares nos serviços civil e militar, a ineficiência e a corrupção da administração colonial, e a insensibilidade de Madri em relação a essas causas de irritação.

O venezuelano Francisco de Miranda agitava na Europa e nos Estados Unidos por ajuda militar, com o objetivo de libertar as colônias do domínio espanhol. Nas Américas do Norte e do Sul os colonos começaram a tomar medidas sem esperar por ajuda estrangeira.

Em 25 de maio de 1810, o povo de Buenos Aires, reunido em *cabildo abierto*, ou seja, uma reunião do conselho da cidade aberta a toda a cidadania, nomeou uma junta política para governar em nome de Fernando VII. No mesmo ano, o conselho de Santiago do Chile rejeitou ser governado por uma metrópole sob José Bonaparte. Ainda em 1810, o México começou sua guerra de independência, enquanto na Venezuela e na Nova Granada foram aprovadas declarações pela independência. O ano de 1811 viu a derrubada da autoridade espanhola no Paraguai e também insurreições na América Central.

10. Independência das colônias espanholas – 2

"A luta foi dura, mas foi ganha. O feito está consumado. O prego foi cravado. A América Espanhola é livre; e, se não administrarmos tragicamente mal nossos interesses, ela é inglesa, e *Novus sæculorum nascitur ordo*."

CANNING A GRANVILLE, 17 DE DEZEMBRO DE 1824

"O ministério de mr. Canning [...] é o acontecimento mais propício para a América: faça-lhe chegarem meus mais cordiais sentimentos de respeito, admiração e gratidão. Sem seus serviços para a América, estaríamos ainda lutando e não teríamos esperança de paz; essas ideias não me saem da cabeça."

BOLÍVAR PARA JOSÉ FERNÁNDEZ MADRID, 26 DE MAIO DE 1827

FERNANDO VII: REAÇÃO; A CONEXÃO RUSSA; REVOLUÇÃO

"Eles nada esqueceram e nada aprenderam." Essa observação, atribuída ao general Dumouriez em relação aos cortesãos que rodeavam Luís XVIII e depois aplicada tanto aos Bourbons franceses como aos emigrados após seu regresso à França, também se aplica ao Bourbon Fernando VII.[1]

Em março de 1814, livre de seu confinamento em Valençay, Fernando pôde voltar a seu país, sendo recebido com delirante entusiasmo pelo povo, incerteza pelos membros da regência que governara o país durante sua ausência e feroz desejo de vingança por seus partidários. Contrariamente aos conselhos oferecidos, entre outros, por Luís XVIII e Alexandre I, o absolutista Fernando, enfatuado com a adoração do povo e encorajado pela Junta Apostólica, partido ultrarreacionário, optou pela vingança. Menos de dois meses após seu regresso, expediu decreto que cancelava a validade da Constituição de 1812, e em julho trouxe de volta a Inquisição e os tribunais do Santo Ofício.

O que se passou a seguir, com base em denúncias aceitas sem apresentação de provas, foi uma sucessão de injustiças e crueldades tão extremas que, em janeiro de 1816, o próprio rei expediu novo decreto no qual, em suma, reconhecia que as coisas tinham ido longe demais. Os Conselhos da nação, as audiências, intendentes, capitães-gerais e bispos foram consultados sobre se deveria haver uma anistia, e, em caso afirmativo, para quais casos.

A historiadora espanhola Maria del Cármen Pintos Vieites, em livro publicado em 1958,[2] quando a Espanha vivia sob a ditadura franquista, que tinha na Igreja Católica um de seus pilares, defende Fernando VII de acusações de arbitrariedade; ela insiste que o cancelamento da Constituição respondeu ao desejo do povo, e em geral tenta apresentar Fernando sob uma luz favorável. Os resultados da consulta sobre anistia mostram que a Igreja Católica foi das corporações menos inclinadas a votar em favor de algum tipo de anistia, essa política reacionária refletindo seus vínculos com o partido apostólico.

Pintos Vieites apresenta uma tabela com o resultado da consulta,[3] em que os números a seguir se referem às seguintes possibilidades: nenhuma anistia, uns poucos casos de perdão, anistia com limitações, anistia com poucas exceções e anistia total:

Conselhos (de Estado, do Almirantado, das Índias, das Finanças etc.) – 0, 1, 2, 4, 0;
Audiências – 1, 0, 4, 3, 3;
Capitães-gerais – 2, 2, 1, 6, 1;
Intendentes – 1, 2, 8, 4, 4;
Bispos – 17, 9, 17, 5, 5.

°

A luta entre a metrópole e as colônias insurretas já havia principiado antes do retorno de Fernando a seu país. Algumas vezes a Espanha conseguiu o que parecia ser a definitiva derrota dos revolucionários, como ocorreu na Venezuela, após a devastação provocada pelo terremoto de 1812, ou no México, após as derrotas sofridas por Hidalgo em 1811 e Morelos em 1815.

Um ano depois de reaver seu trono, Fernando despachou à Venezuela uma expedição de 10 mil soldados, comandados pelo general Morillo, para iniciar uma série de vitórias e derrotas até a decisiva derrota dos espanhóis na Batalha de Carabobo (1821). Em maio de 1818, um exército de 2.800 homens partiu da Espanha para Lima, onde a metrópole tinha bastante apoio; a frota que os transportava foi sendo apreendida, navio por navio, pela esquadra chilena.[4] A falta de resultado positivo não bastou, porém, para mudar a política da Espanha.

Depois dos eventos de 1812, Bolívar foi para a Jamaica; ele tentou e não conseguiu obter apoio para a invasão de seu país natal. Foi Pétion, presidente do Haiti, quem forneceu a Bolívar ajuda para essa nova tentativa. Generosamente, em janeiro de 1816 o presidente haitiano deu ordem ao general Marion, comandante de Cayes, de fornecer a Bolívar 2 mil mosquetes com baionetas, assim como a maioria dos cartuchos e pederneiras disponíveis, deixando em Cayes "uma pequena quantidade". Dois meses depois ele escreveu novamente a Marion, explicando que, caso não houvesse cartuchos disponíveis, fornecesse 10 mil *livres* de pólvora e 15 mil *livres* de chumbo. Um navio haitiano encontraria o de Bolívar em alto-mar, para entrega desses suprimentos.[5] Pétion precaveu-se em preservar ante a Espanha a ficção de sua neutralidade, postura necessária devido à presença espanhola na outra parte de Santo Domingo e em Cuba.

°

O Haiti foi a segunda colônia nas Américas a conseguir sua independência; em 1791, os escravos se levantaram contra seus proprietários, e muitos franceses, metropolitanos ou nascidos na ilha, foram mortos. Quando Primeiro Cônsul, Napoleão decidiu enviar uma forte expedição para retomar o controle da colônia. Uma esquadra de 35 navios de linha e 23 fragatas, mais um exército de 34 mil homens sob o comando do general Leclerc (cunhado do Primeiro Cônsul, pois era casado com Paulina Bonaparte) chegaram ao Haiti em 1801 e, a princípio, tiveram sucesso, mas a febre amarela logo matou dois terços do exército, entre os quais Leclerc. O reinício da guerra com a Grã-Bretanha em 1803 deixou os franceses sem apoio naval, cercados pelas forças haitianas e pela esquadra inglesa. Praticamente todos os franceses ainda vivos caíram prisioneiros dos britânicos.[6] A independência do Haiti ficou completa e incontestada em 1805.

°

As vitórias sobre os insurgentes nas Américas não sendo decisivas, a luta prosseguia, com a perda das receitas que as colônias poderiam fornecer à Espanha. Esta, exausta depois das guerras dos vinte anos anteriores e devastada pela luta contra a ocupação francesa, precisava urgentemente retomar seus domínios de além-mar, e com tal finalidade mais outro exército, que poderia ter feito a balança se inclinar em favor da Espanha, ainda que apenas temporariamente, foi reunido e, contrariamente à oposição de diversos membros do governo, concentrado em Cádiz. A partida das tropas para a América foi retardada em vista da falta de transporte.

Os que desaconselhavam a concentração de milhares de soldados, mantidos em inatividade enquanto seu embarque era providenciado, tinham razão. Muitos militares estavam desgostosos com o rei, pela quebra da promessa de reinstituir a Constituição de 1812; ademais, a soldadesca espanhola não era das mais disciplinadas. O diplomata espanhol Pedro Gómez Labrador teve o seguinte a dizer, quando os países aliados se preparavam, em 1814, para invadir a França:[7]

> Wellington recomendou muito que eu escreva, com a maior ênfase, que, se por acaso nossas tropas entrarem na França, dever-se-ia cuidar de sua honra e que severa disciplina seja imposta [...]. Seria muito desejável que não fosse necessário nossas tropas entrarem na França, por motivo da bem fundada preocupação de que elas contribuiriam para confirmar a má opinião que se tem de nós; porque, assim como ninguém duvida de nossa perseverança e coragem pessoal, quase todos acreditam sermos incapazes de ordem e bom comportamento, sem o que não existe exército merecedor de tal nome.

Não está exatamente claro quando Wellington disse isso a Gómez Labrador, mas os soldados espanhóis participaram da tomada da França, provocando o tenente-general Hope a escrever a Wellington, em março de 1814, que "lamento dizer que os espanhóis causam consternação por onde passam".[8]

No capítulo 7 foi citado o comentário que Wellington fez, durante sua entrevista com Palmela em 1814, sobre a qualidade do exército espanhol.

°

Depois de seu encontro com o então príncipe das Astúrias, em Baiona, Napoleão o achou "muito estúpido" (ver capítulo 2), e tudo indica que estava certo. Ao regressar em 1814, Fernando cercou-se de um grupo de sicofantas que ficou conhecido como "*la camarilla*", porque geralmente se reunia numa saleta vizinha ao gabinete do rei.

Tatischeff, o ministro da Rússia em Madri, fazia parte da "camarilha". Ele gozava de influência e intimidade com Fernando VII. Gentz consignou que o rei e o diplomata russo trabalhavam juntos no gabinete real, e o próprio czar disse a Castlereagh que tinha mais de uma vez tentado remover Tatischeff, mas o rei da Espanha tinha se afeiçoado a ele, o que tinha induzido a deixá-lo lá.[9]

> Como um exemplo do nocivo tipo de mistério que tem envolvido todas as ações de M. Tatischeff, eu [Castlereagh] adverti [em entrevista com o czar] a seu constante intercâmbio com a camarilha, e a ele ter concluído a venda dos navios por aquele canal, em vez de operar, como o representante de uma grande potência, que nada tinha a esconder, que devia à sua própria dignidade fazer, pelo canal regular do Ministério do Exterior.[10]

Na verdade, também os ministérios espanhóis do Estado, das Finanças e da Marinha não haviam sido informados ou participado da transação (à qual se fará referência adiante).

Em 1817, Tatischeff embarcou numa iniciativa pessoal que poderia ter tido graves repercussões na Europa. Em fevereiro daquele ano, informações vindas de Nápoles (reino ocupado pela dinastia Bourbon espanhola) chegaram a Viena, Londres e Paris, de que Espanha e Rússia tinham assinado um tratado pelo qual a Rússia garantia à Espanha *a totalidade dos seus domínios, incluindo as Américas*, contra a cessão pela Espanha à Rússia do porto de Mahon, na ilha Minorca, para o estabelecimento de uma base naval.[11]

Ter a marinha russa no Mediterrâneo era matéria de preocupação para a França e a Grã-Bretanha, e talvez ainda mais para o Império Otomano, que tanto a Áustria como a Inglaterra desejavam fosse mantido intato, mas, ao contrário, era sempre uma vítima potencial do expansionismo russo.

O tratado russo-hispânico também parece explicar a resposta do czar a Metternich, quando este propôs uma reunião dos ministros das potências em Paris, a fim de examinar a situação e ouvir o que a corte do Rio de Janeiro tinha a dizer sobre a invasão da Banda Oriental, para então buscar uma solução amistosa para a questão. Em sua resposta a Metternich, Alexandre advogou urgente apoio à Espanha e as mais rigorosas medidas contra Portugal. Tatischeff provavelmente contribuiu para firmar a posição tomada pelo czar em favor dos interesses de Fernando VII. De toda maneira, se um tratado foi assinado, nunca entrou em vigor.

A opinião do príncipe Kaunitz, embaixador da Áustria em Madri, era:

> que o tratado, sugerido por Tatischeff e sofregamente aceito por uma corte que em sua grande aflição ficou muito feliz em receber um poderoso apoio, foi efetivamente projetado e redigido, e talvez também assinado, em Madri, e que, se a negativa russa é sincera, ela só pode ser baseada no fato de que o tratado não foi ratificado.[12]

Não obstante, a Rússia continuou a oferecer ajuda à Espanha, agora sob a forma de cinco navios de linha e três fragatas, que mudaram de mãos por um acordo assinado em 11 de agosto de 1817, ao preço de 13.600.000 rublos; era essa a transação a que Castlereagh se estava referindo em sua entrevista com o czar, acima mencionada.

Para a decepção de Madri, os navios mal eram navegáveis. De acordo com Eggers e De Colombí, isso se devia a que a madeira utilizada em sua construção, adequada para a água mais fria do mar Báltico, sofreu quando em contato com águas mais quentes. Um deles, porém, uma fragata, chegou a tomar parte, com o nome de *María Isabel*, na já mencionada expedição de 1818 ao Peru.

Entretanto, não querendo e não podendo fazer o que a situação no terreno exigia, a Espanha continuou a pedir o apoio moral das potências europeias, para impedir que seu domínio ficasse ainda mais precário. Com esse objetivo, em março de 1818 o gabinete espanhol manifestou

> um desejo de que o príncipe regente [britânico] endereçasse uma representação aos Estados Unidos para dissuadir aquele governo de adotar medidas para o reconhecimento de qualquer dos governos locais da América do Sul, enquanto prossegue a mediação entre a Espanha e suas colônias, que a corte de Madri acredita ter sido efetuada pelas principais potências da Europa.

Castlereagh instruiu Henry Wellesley, em Madri, a fazer Pizarro sentir "a grande delicadeza de qualquer interferência direta na política de um país independente em assunto do gênero". Quanto à mediação, Wellesley diria a Pizarro que desde abril do ano anterior nenhum progresso substancial tinha sido feito na mediação proposta, e que a corte de Madri ainda não fizera nenhum pronunciamento claro quanto à base do sistema sobre o qual estava pronta a agir.[13]

Tudo indica que o recado de Castlereagh teve um efeito eletrizante sobre Pizarro: em junho, o governo de Madri enviou a seus representantes no exterior o texto de nota sobre o problema da pacificação da América, para ser transmitido aos plenipotenciários das potências aliadas.

Afirmando ter agido contra os revolucionários com moderação, o governo espanhol apresentava e renovava aos aliados as seguintes bases:[14]

> 1) Anistia geral aos insurretos por ocasião de sua submissão;
> 2) Igual consideração, na concessão de empregos e honrarias, entre os nascidos na América e os espanhóis europeus;
> 3) Estabelecimento das relações comerciais daquelas províncias com potências estrangeiras com base em princípios francos e adaptados ao novo aspecto e situação política daqueles países e da Europa;
> 4) A decidida disposição de Sua Majestade Católica de adotar, durante a negociação, quaisquer medidas (tanto em favor de suas províncias coloniais

quanto ao modo de realizar essa interessante iniciativa) que lhe possam ser propostas por seus aliados, medidas que serão compatíveis com sua alta dignidade e a preservação de seus direitos.

No entretempo, os soldados, que continuavam a aguardar o embarque para a América do Sul, foram deslocados de Cádiz para a Ilha de León. Essa era uma precaução tomada após a descoberta de várias conspirações por militares desgostosos com o reinado de Fernando VII; ademais, uma epidemia de febre amarela assolava Cádiz, com muitas mortes. Quando a cidade foi oficialmente declarada livre da epidemia, Beresford comentou, em carta a Wellington, que "isso é somente pela vontade e decisão de Fernando VII, que mandou ordem a Cádiz de cantar um *Te Deum* e declarar que a epidemia acabara, se bem que no mesmo dia da cerimônia 15 morreram e 660 [tombaram] contagiados pela doença. Assim é aquele governo".[15]

O descontentamento generalizado trabalhava em favor dos que desejavam um governo mais liberal e resultou na revolução que o tenente-coronel Rafael de Riego y Núñez liderou, na primeira semana de 1820, pela revalidação da Constituição de 1812.

A Constituição, como acontece com o trabalho produzido por revolucionários embriagados com sua vitória, julgando-se todo-poderosos e incentivados por demagogos,[16] era de difícil aceitação para qualquer soberano – ao menos naquela época. As Cortes tinham total poder legislativo; o rei podia apenas adiar pelo máximo de três anos a entrada em vigor de leis aprovadas pelas Cortes. Os membros do Conselho de Estado seriam escolhidos pelo rei dentre os nomes constantes de uma lista tríplice encaminhada pelas Cortes; o soberano não podia deixar o território espanhol ou casar-se sem aprovação das Cortes, e a violação dessas normas seria tratada como um ato de abdicação; até mesmo o princípio da hereditariedade do trono era ab-rogado, pois as Cortes tinham o direito de excluir da sucessão ao trono pessoa ou pessoas consideradas incapazes de governar ou que tivessem feito por desmerecer a Coroa (*hayan hecho cosa porque merezcan perder la Corona*). Já que quem era incapaz de governar ou merecia perder a coroa era decidido pelas Cortes, é evidente que a Constituição de 1812 era inaceitável para qualquer soberano que se respeitasse. O jurista espanhol Donoso Cortés resumiu a questão em seu comentário de que "a Constituição dá às Cortes a plenitude do poder a tal ponto que seu primeiro súdito é o rei, porque súdito é aquele que obedece e poder tem aquele que manda".[17]

Fernando VII, que de todo modo não amava a democracia constitucional, rejeitou o pedido dos revolucionários, e uma longa guerra civil começou; o exército que devia partir para combater as revoluções americanas ficou na Espanha. Era amarga ironia para a Espanha, que aliada à França tinha combatido a Grã-Bretanha durante a Guerra de Independência dos Estados Unidos, oferecendo apoio a uma revolução colonial pela independência, precisar agora da ajuda de outros países para derrotar os coloniais insurretos e negar-lhes o reconhecimento da independência.

A FRANÇA APÓS A RESTAURAÇÃO DOS BOURBONS; O CONGRESSO DE AIX-LA-CHAPELLE[18]

Uma vez Napoleão definitivamente fora do jogo e Luís XVIII no trono, a política francesa ficou refém de certos fatores: a influência da linha dura do partido ultramonarquista, que cercava o irmão do rei – o conde de Artois, geralmente chamado de *Monsieur* –, primeiro na linha de sucessão ao trono;[19] lealdade ao pacto da família Bourbon, sentimento do qual Fernando VII não era merecedor, embora os reis Bourbons de França e Espanha se intitulassem, com licença metafórica, "netos de Luís XIV"; adesão ao princípio de legitimidade, segundo o qual o soberano, e apenas ele, podia conceder independência; a noção de que, a fim de impedir que o vírus republicano tomasse conta do continente americano, os países americanos deviam adotar a forma monárquica de governo, tendo no trono príncipes, de preferência príncipes Bourbons; a rivalidade com a Inglaterra, que às vezes a levava a procurar obstruir a política britânica, mais do que a atuar positivamente. Contra tudo isso havia a necessidade de expandir seu comércio, o país suspirando por acesso aos mercados e produtos das Américas; a urgência em aumentar a receita, pois o país tinha de pagar as pesadas despesas com reparações de guerra e manutenção do exército de ocupação; o reconhecimento de que a independência das colônias era inevitável, apenas uma questão de tempo.

Tudo isso era aceito em 1818, e a política consequentemente adotada se refletia nas instruções que o duque de Richelieu, que em 1815 fora praticamente obrigado por Luís XVIII a aceitar a chefia do governo e guardara para si a pasta das Relações Exteriores, preparou para o Congresso de Aix-la-Chapelle.

Tão logo o problema da ocupação da França pelos vitoriosos de 1815 tivesse sido resolvido,[20]

> o rei deseja que seu plenipotenciário encontre o modo de levar os demais monarcas a considerar a situação geral da América e fazê-los pôr-se de acordo sobre um plano, para ser proposto à Espanha, cujas bases poderiam ser as seguintes:[21]

> 1) Reconhecimento da independência de Buenos Aires pelo estabelecimento de uma monarquia constitucional, com o trono ocupado por um príncipe espanhol, e de algumas vantagens baseadas na reciprocidade concedida ao comércio da metrópole, como um laço comum e evocador da origem dos dois povos.
> A obtenção de governo local e razoável liberdade provavelmente satisfariam todos os partidários inteligentes, moderados e esclarecidos de Buenos Aires; e os monarquistas que restavam deveriam unir-se sem dificuldade em torno de um trono que, pela vontade de seu antigo rei, seria ocupado por um príncipe da mesma raça.
> 2) Concessões políticas e comerciais a Caracas, Venezuela e Nova Granada, províncias que não estão totalmente separadas da Espanha.
> Essas concessões seriam feitas com as reservas necessárias para promover o comércio e a indústria da metrópole. De acordo com todas as informações disponíveis, os habitantes daquelas províncias ficariam satisfeitos com tal arranjo.
> 3) Adoção imediata, no Peru e no México, de um sistema mais liberal quanto ao comércio e, sobretudo, a admissão da população nativa aos cargos e empregos públicos.

> Essas duas regiões, as mais importantes de suas colônias, sem dúvida continuariam espanholas com a simples mudança de seu sistema de administração colonial.
>
> Sua Majestade acredita que esses são os verdadeiros meios de evitar a conflagração geral que ameaça a América e sua terrível repercussão na Europa; dessa maneira, a emancipação daquele vasto continente – que é de esperar, pois está na ordem imutável da natureza – seria adiada, e poder-se-ia preparar para torná-la menos perigosa para a Europa, mantendo lá a forma monárquica de governo.
>
> O que interessa é que essas bases sejam adotadas em Aix-la-Chapelle. Os detalhes de sua implementação não podem ser aprovados a não ser de acordo com a Espanha e numa reunião para qual, para que seu sucesso seja tão completo e tão certo como se pode desejar, seria prudente convidar não apenas os ministros do Brasil, mas também os dos Estados Unidos.[22] O rei está convencido de que a admissão dos últimos [...] é um dos modos mais positivos de chegar a um resultado feliz; é, além do mais, um passo indispensável para impedir o reconhecimento de Buenos Aires [pelos Estados Unidos].

Essas instruções refletiam o dilema imposto, a esse estadista de larga visão e competência, pelo dogma da legitimidade e o medo de governos republicanos. É verdade que a legitimidade era vista pela maioria dos reis mais como um conveniente instrumento político do que uma crença religiosa. O próprio Luís XVIII, dias depois de seu retorno à França, teve uma entrevista com o czar, que aspirava a exercer o papel de mediador entre o povo francês e o rei; este, segundo Lamartine, disse a Alexandre:[23]

> Estou perplexo de precisar recordar a um imperador russo [...] que a coroa não pertence aos súditos. [...] Sou esclarecido demais para dar ao direito divino o significado que lhe costumavam dar as superstições religiosas e populares; esse direito divino, contudo, que é, para mim como para Vossa Majestade, apenas uma lei do bom senso transformada em política imutável na transmissão hereditária do direito de soberania, também se transformou numa lei do país.

Richelieu entendia que o que havia começado nas colônias espanholas não podia ser detido. Quando mencionou que era da "ordem imutável da natureza", ele se referia à "emancipação deste vasto continente", isto é, que sabia que para a Venezuela e Nova Granada concessões políticas e comerciais não seriam suficientes no longo prazo. Richelieu também se referia ao medo do contágio republicano: "torná-la menos perigosa para a Europa" ecoava o que ele tinha dito a Wellington, durante conversa tida um ano antes e descrita por Wellington a Castlereagh: "[Richelieu], contudo, insistiu muito na conveniência, e mesmo na necessidade, de fazermos algum esforço para pôr fim às atuais comoções na América do Sul, que ele diz estarem se tornando cada dia objeto de maior atenção e esperança dos descontentes na França e dos jacobinos de todo o mundo".[24]

O panorama apresentado por Richelieu pecava ainda pelo otimismo no tocante, pelo menos, à situação da Venezuela. Poderia a Venezuela satisfazer-se com concessões políticas e comerciais quando lá se travava a *guerra a muerte* entre Bolívar e o general espanhol Morillo? Na *guerra a muerte* não se faziam prisioneiros; ela se desenvolvia com requintes de selvageria e duraria até 1820, quando os dois lados se puseram de acordo para respeitar as leis da guerra.

o

Em Aix-la-Chapelle, França e Rússia apresentaram uma proposta cujos termos são reveladores:[25]

> É necessário, antes de tudo, esclarecer qual é o verdadeiro objetivo que as potências se devem propor. Indubitavelmente, tal objetivo é preservar não somente a Espanha, como toda a Europa, dos perigos que a vasta conflagração que ameaça o outro hemisfério lhe infligiriam. [...]
>
> O silêncio [que a Espanha] mantém por ocasião desta solene reunião é sinal suficiente de que, se em outros momentos ela tinha expressado o desejo de ver as potências ocupadas com seus interesses, ela hoje considera aquele desejo como nulo. [...] O interesse mais premente [das potências] é deter o progresso da insurreição, impedir que deite raízes mais profundas [...]. O acontecimento que mais contribuiria para tornar o dano irremediável seria,

> sem dúvida, o reconhecimento por qualquer potência de um dos governos estabelecidos pelos insurretos; e infelizmente aquele evento não é improvável. Parece que o Partido Democrático dos Estados Unidos [...] se prepara para [...] reconhecer Buenos Aires.

O documento propunha que o duque de Wellington, a convite do rei da Espanha, presidisse, em Madri, uma negociação entre o gabinete espanhol e os representantes diplomáticos das grandes potências.

> A primeira finalidade das conferências de Madri seria trazer o governo espanhol a uma visão, a respeito de sua própria posição e das intenções das outras potências, mais salutar do que as que tem manifestado até agora. Essas discussões preliminares dariam tempo ao plenipotenciário dos Estados Unidos de chegar e tomar parte nas conferências, no momento em que o objetivo será a adoção de um plano geral. Basta que ele esteja lá naquele momento, porque [...] a verdadeira finalidade de sua presença é, menos que ter o benefício de suas luzes, unir os Estados Unidos ao sistema geral da Europa e evitar a criação dum espírito de rivalidade e ódio entre o Velho Mundo e o Novo.

Wellington respondeu com uma lúcida análise dos fatos que a proposta franco-russa tentava remediar.[26] Começou por notar que, como o interesse da Espanha na questão era maior que o de todos os demais países, por que não tinha pedido a mediação das grandes potências? Se não estava interessada numa mediação, podia ser porque sabia que os mediadores proporiam concessões em favor das colônias. A Grã-Bretanha tinha se oferecido em 1812; esta mediação tinha sido aceita pelo governo espanhol, e negociações com representantes das colônias tiveram lugar em Cádiz. No entanto, tendo prometido, nos primeiros dias da guerra contra a França, estar disposto a fazer concessões às colônias, o governo espanhol mais tarde recusou-se a tanto. Em 1817, quando uma revolução tinha ocorrido em Pernambuco, a Espanha achou necessário chamar a atenção das potências para o estado de insurreição em suas próprias colônias. A Grã-Bretanha tinha então circulado às demais potências um memorando, revelando o que se tinha passado entre ela e a Espanha desde 1812, e a reação espanhola tinha sido circular, em outubro de 1817, um memorando no qual declarava desejar não mediação, mas ajuda militar e apoio moral para restabelecer seu domínio nos mesmos termos anteriores. Portanto, continuava Wellington, se a negociação foi suspensa pela Espanha, o pedido para sua retomada deveria ser iniciativa dela; se não foi suspensa pela Espanha, as potências deveriam declarar-lhe, franca e explicitamente, os princípios com base nos quais poderiam tentar mediar. E assim, se a negociação não foi suspensa, era preciso que as potências concordassem e declarassem claramente, à Europa e às colônias, o que deveriam esperar, os princípios que guiariam a negociação e a que se deveria aspirar.

Quanto a pedir aos Estados Unidos para adiar o reconhecimento da independência de Buenos Aires, o que responderiam as potências se o representante norte-americano perguntasse: 1) a Espanha solicitou mediação?, e 2) sobre quais princípios se daria a mediação? Era necessário ter essas duas perguntas claramente respondidas para poder pedir aos Estados Unidos não ir adiante com o reconhecimento das Províncias Unidas do Rio da Prata. Por fim, sobre a ideia de que ele presidisse uma negociação que seria realizada em Madri, a resposta de Wellington foi negativa.

RECONHECIMENTO PELOS ESTADOS UNIDOS

O presidente James Monroe mostrou simpatia pela causa das colônias espanholas desde os primeiros dias de seu mandato. Escrevendo a Thomas Jefferson em 23 de dezembro de 1817, ele mencionou "a causa das colônias [...] às quais todos nós desejamos sucesso".[27] Em outubro daquele ano, o presidente já tinha enviado uma missão à América do Sul, cuja finalidade, nos termos da mensagem com que Monroe informou o Congresso, era:

> Obter informações corretas sobre todo assunto de interesse dos Estados Unidos; inspirar justos sentimentos em todas as pessoas [em posições] de autoridade, de ambos os lados, da nossa amistosa disposição, na medida

compatível com uma imparcial neutralidade; e assegurar o devido respeito ao nosso comércio em todos os portos e por todas as bandeiras.[28]

A missão era composta por três comissários, Cæsar Augustus Rodney, John Graham e Theodorick Bland, e tinha Henry Marie Brackenridge como secretário.[29] A missão partiu em dezembro de 1817 e retornou em julho do ano seguinte. A viagem à América do Sul resumiu-se, para Rodney e Graham, ao Rio, Montevidéu e Buenos Aires, mais uma escala na Ilha Margarita, ao largo da Venezuela, durante a viagem de volta. Bland estendeu sua viagem ao Chile, retornando aos Estados Unidos alguns meses depois dos demais.

Logo que retornaram, Rodney e Brackenridge divulgaram pela imprensa seu entusiasmo com o que tinham visto, os recursos naturais do Brasil, as grandes possibilidades para as exportações norte-americanas, o interesse geral pelo intercâmbio com os Estados Unidos etc. Adams anotou em seu diário que "Rodney e Brackenridge estão enchendo os jornais, por meio do *Delaware Watchman*, de publicações que influenciam a opinião pública em favor do reconhecimento".[30] Daí talvez se originasse a suspeita franco-russa de que Washington se preparava para reconhecer Buenos Aires. Bland deu a nota dissonante, pois, como não gostou de Pueyrredón, manifestou-se contra o reconhecimento das Províncias Unidas do Rio da Prata.[31]

°

Em todas as suas mensagens anuais ao Congresso, Monroe incluiu palavras de solidariedade com as colônias; essa postura, ditada pela convicção do presidente, servia também como defesa contra a crítica de Henry Clay,[32] que pedia o imediato reconhecimento da independência das colônias, enquanto Monroe e Adams tinham, no momento, razões para não hostilizar a Espanha.

O diário de John Quincy Adams registra, no dia 24 de março de 1818, que naquela data Clay tinha proposto a inclusão na lei das Despesas Gerais de uma verba de 18 mil dólares para a instalação e um ano de salário de um ministro em Buenos Aires, e acrescenta que "Esta é simplesmente uma maneira de propor o reconhecimento formal daquele governo".[33] Seis dias depois, Adams anotou que a moção de Clay tinha sido rejeitada pela Câmara dos Representantes por 115 a 45.

A razão do comportamento de Clay, desconfiava-se, era sua frustração por não ter obtido o cargo de secretário de Estado, que Monroe entregou a Adams. Jefferson, Madison e Monroe tinham sido secretários de Estado antes das respectivas eleições à presidência; Clay, que tinha a esperança de seguir o mesmo caminho, recebeu a oferta de ocupar o Ministério da Guerra, mas a recusou. No final, os fatos provaram que Clay não estava errado, pois Adams ocupou o Departamento de Estado pelos dois mandatos de Monroe e de lá passou à presidência do país – e muito merecidamente, porque tinha sido um notável secretário. Quando presidente, Adams deu a Clay o cargo de secretário de Estado, mas a transição para a presidência não funcionou para Clay.

Rejeitado em favor de Adams, Clay manifestou a convicção de que os novos países mereciam ser encorajados pelos Estados Unidos, e que a medida correta seria reconhecer-lhes a independência sem demora. Seus esforços no Congresso e sua crítica à orientação mais comedida ditada por Monroe e Adams resultavam em suspeita de que ele tinha por objetivo desacreditar a política exterior de Adams.

Em 13 de maio de 1818, Adams anotou em seu diário que o presidente havia submetido ao gabinete seis perguntas, das quais uma era:

> Se os ministros dos Estados Unidos na Europa devem ser informados de que os Estados Unidos não participarão de nenhum projeto de interposição entre a Espanha e os sul-americanos que não seja para promover a completa independência daquelas províncias; e se devem ser tomadas medidas para assegurar-se se é essa a política do governo britânico e, se o for, para estabelecer com ele um entendimento para apoio a essa política?[34]

O consenso do ministério Monroe foi de que nenhuma proposta deveria ser feita à Grã-Bretanha com vistas a medidas concertadas para promover a independência da América do Sul, porque: 1) seria um desvio da posição de neutralidade; 2) a Grã-Bretanha estava pronta para aceitar a independência sul-americana, mas evitaria a aparência de apoiá-la; 3) a Grã-Bretanha "imediatamente rejeitaria nossa gestão e faria dela uma arma para nos prejudicar junto às outras potências europeias". Como se vê, a confiança de que Londres gozava em Washington não era grande; afinal, quatro anos antes os dois países ainda estavam em guerra.

Mas Monroe parecia inclinado a persistir. Em 25 de julho, Adams anotou:

> Há dois dias ele me tinha pedido, muito abruptamente, para ver mr. Bagot [o representante diplomático britânico em Washington] e propor ao governo britânico uma cooperação imediata entre os Estados Unidos e a Grã-Bretanha para promover a independência da América do Sul. Perguntei-lhe que parte da América do Sul. "Toda a América do Sul, e México, e também as ilhas." Eu lhe disse que achava que a Grã-Bretanha não estava ainda preparada para proposta tão direta; e, entrando em detalhes, imediatamente me dei conta de que era uma ideia crua, que ele abandonou imediatamente. Mas conjecturei que ou Rodney, ou Brackenridge, ou o *Richmond Enquirer*, a tinham sugerido. Porque o *Richmond Enquirer*, que o *Kentucky Reporter*, de Clay, chama de jornal doméstico do presidente, é, ao contrário, o jornal pelo qual [o estado da] Virgínia tenta influenciar o presidente. Sua influência é muito mais sobre ele do que por ele, e está excessivamente impaciente pelo reconhecimento de Buenos Aires.[35]

A crítica de Clay não era, porém, a principal motivação de Monroe, cujas mensagens anuais ao Congresso sempre refletiram suas convicções ou o sentimento geral do povo norte-americano.

Em 2 de dezembro de 1817, ele tinha dito:

> Era esperado, desde o início, que a disputa entre a Espanha e as colônias assumiria grande interesse para os Estados Unidos. Era natural que nossos cidadãos simpatizassem com os acontecimentos que afetavam seus vizinhos. [...] Em cada estágio do conflito, os Estados Unidos mantiveram imparcial neutralidade, não dando ajuda a nenhum dos lados em homens, dinheiro, navios ou munição de guerra. Os Estados Unidos têm considerado a disputa não à luz de uma ordinária insurreição ou rebelião, mas como uma guerra

civil entre partidos quase iguais, tendo, em relação a potências neutras, os mesmos direitos. [...]

Caso as colônias conquistem sua independência, é apropriado afirmar desde já que este governo não busca, nem aceitaria delas, qualquer vantagem no comércio ou de outro tipo que não seja igualmente estendida a todas as outras nações.[36]

Na segunda mensagem, em novembro de 1818, Monroe notou que:

A guerra civil que dura há tanto tempo entre a Espanha e as províncias na América do Sul ainda continua, sem perspectiva de um rápido fim. [...]

Por nota circular dirigida pelos ministros espanhóis junto às potências aliadas [...] parece que os aliados tentaram mediar entre a Espanha e as províncias sul-americanas, e que o modo e a extensão de sua interposição seriam decididos por um congresso que se devia reunir em Aix-la-Chapelle, em setembro último. Pela política geral e pelo desenrolar do processo observado pelas potências aliadas no tocante a essa disputa, presume-se que elas limitarão a intervenção à manifestação de seus sentimentos, abstendo-se do emprego de força. Menciono essa impressão de que não se utilizará força com a maior satisfação, porque é um proceder mais compatível com a justiça e dá também a esperança de que as calamidades da guerra ficarão confinadas apenas às partes [em conflito], e serão de menor duração.

Aqui já se encontra um indício da doutrina Monroe: "as calamidades da guerra ficarão confinadas apenas às partes" pode ser lido como um aviso duplo: que as potências europeias deveriam deixar a guerra limitada à Espanha e colônias; e que, se elas interviessem, os Estados Unidos poderiam também interceder para defender as "províncias sul-americanas".

A terceira mensagem, de dezembro de 1819, reiterou a simpatia pelas colônias revoltadas:

A resolução, persistência e sucesso com que [as colônias] têm perseguido seu objetivo, como provado de forma mais particular pela soberania de que

Buenos Aires imperturbavelmente goza há tanto tempo, sem sombra de dúvida lhes dão um forte argumento em prol da consideração favorável de outras nações. Esses sentimentos, da parte dos Estados Unidos, não têm sido escondidos às demais potências, com as quais é desejável agir de acordo.

Como naquele momento Espanha e Estados Unidos estavam negociando um acordo relativo à transferência da soberania sobre a Flórida, a atitude de Monroe se mostra ainda mais franca: que ele se arriscasse a irritar a Espanha a ponto de prejudicar a negociação é indicativo de seu pensamento. Deve ser reconhecido, verdade seja dita, que, no evento de uma abertura de hostilidades com os Estados Unidos, a Espanha estaria em desvantagem, e provavelmente jamais chegaria a considerar tal possibilidade.

Em março de 1822, o presidente informou o Congresso de sua decisão de reconhecer oficialmente os novos países do continente e de abrir e lá manter missões diplomáticas; com essa finalidade, Monroe solicitou a abertura dos créditos necessários, no que foi prontamente atendido.

Em sua sétima mensagem anual (2 de dezembro de 1823), Monroe informou o Congresso de que os ministros designados para a Grã-Colômbia e Buenos Aires já tinham partido para seus destinos, o ministro nomeado para o Chile partiria dentro de poucos dias, um ministro para o México seria nomeado brevemente e um enviado colombiano havia sido recebido em Washington.

A parte mais importante da sétima mensagem anual era, porém, aquela que continha o que mais tarde passou a ser chamado de "doutrina":

> Devemos, portanto, à franqueza e às relações amistosas que existem entre os Estados Unidos e as potências [europeias], declarar que consideraríamos perigosa para nossa paz e segurança qualquer tentativa de sua parte para estender seu sistema a qualquer porção deste hemisfério. Com as colônias ou dependências de qualquer potência europeia agora existentes, nós não interferimos e não interferiremos. Mas quanto aos governos que declararam sua independência e a mantiveram, e cuja independência nós reconhecemos após muita consideração e sobre princípios justos, não poderíamos encarar sob outra ótica que não a da manifestação de um espítiro inamistoso para

com os Estados Unidos qualquer interposição com o propósito de oprimi-los ou de controlar o destino deles de qualquer modo que seja.

E, para não deixar dúvida alguma, Monroe acrescentou que a política dos Estados Unidos era possibilitar às partes se entenderem entre si, na esperança de que os demais países seguiriam o mesmo caminho.

Na última mensagem anual (dezembro de 1824), o presidente informou o Congresso de que as relações de seu país com todos os novos Estados americanos tinham caráter amistoso, e que ministros plenipotenciários norte-americanos já residiam na Colômbia e no Chile, enquanto ministros plenipotenciários da Colômbia, Guatemala, Buenos Aires e México já se encontravam nos Estados Unidos.

A orientação do governo Monroe estava em plena consonância com a opinião pública. A memória da luta pela independência, reavivada pela guerra de 1812-14, fazia com que guerras contra a dominação europeia evocassem simpatia popular, e isso resultava em apoio ao reconhecimento das ex-colônias espanholas. Também não podem ser esquecidos os interesses comerciais de um país em rápida expansão e a crescente diversidade de sua produção agrícola e industrial. Tudo contribuía, assim, para a aprovação geral da política de Monroe.

CASTLEREAGH NO FOREIGN OFFICE, 1812-22

Canning continuou a ser personagem importante do Partido Conservador depois de seu duelo com Castlereagh, participando do governo, embora sem receber novamente um cargo ministerial até 1822. Castlereagh teve mais sorte. Em 1812, o assassinato do primeiro-ministro Perceval motivou a escolha de Liverpool para a chefia do governo; Liverpool, por sua vez, confiou a Castlereagh o Foreign Office, ou seja, a pasta das Relações Exteriores, e também a liderança do partido na Câmara dos Comuns.

A escolha de Castlereagh era compreensível: além de trabalhador e capaz, era, como Liverpool, profundamente conservador, este último traço temperado pelo pragmatismo, uma constante da política britânica. Castlereagh guardou a pasta das Relações Exteriores até 1822, quando, sofrendo de depressão e exaustão, suicidou-se.

Logo depois de assumir o Foreign Office, Castlereagh anunciou que a Grã-Bretanha estava pronta a mediar entre a Espanha e suas colônias, sob três condições: 1) não haveria preferências secretas, como em relação ao comércio, com que a Espanha tinha acenado, em troca de ajuda ativa, ou seja, militar; 2) a mediação se aplicava a todas as colônias; 3) não se empregaria força.

As Cortes, que eram favoráveis à democracia e ao governo constitucional na Espanha europeia, mas não simpatizavam com o anseio por independência das colônias, determinaram que a regência propusesse que um artigo secreto fosse incluído, no sentido de que a Grã-Bretanha seria obrigada a empregar a força para reduzir as colônias, caso a mediação não tivesse êxito. A inclusão do artigo secreto foi rejeitada, e a Inglaterra pediu à regência que convencesse as Cortes a desistirem da proposta. Em despacho a Castlereagh, datado de 24 de maio de 1812, Henry Wellesley informou que as Cortes tinham autorizado a regência a modificar o artigo como considerasse apropriado, e a regência havia concordado em retirá-lo.[37]

Fernando VII nunca abandonou o projeto de obter a ajuda militar de um ou mais países europeus para derrotar os revolucionários americanos. Em 1817, quando Espanha e Rússia tinham chegado ao entendimento – ou talvez até a assinar um tratado – de assistência em troca de uma base naval no Mediterrâneo, Castlereagh apresentou ao gabinete um memorando no qual sugeria que a Inglaterra estava pronta para aceitar a tarefa de mediar, se cinco princípios fossem aceitos pela Espanha: 1) abolição do tráfico de escravos; 2) armistício com os insurretos e anistia geral para todos; 3) igualdade entre os espanhóis continentais e os nascidos nas colônias; 4) comércio livre com todas as nações, certo grau de preferência sendo concedido à Espanha; 5) não se recorreria ao emprego de força. "Sua Alteza Real não pode consentir que sua mediação, sob qualquer circunstância, adquira caráter armado."[38]

Contudo, não se poderia esperar uma decisão racional por parte da Espanha, em face da situação caótica do país, da inimizade que dividia os partidos políticos, da geral relutância em perder as riquezas das colônias e, sobretudo, do fato de que o país tinha como rei Fernando VII – soberano tão esclarecido que, ao regressar após a libertação do país, tinha, como uma de suas primeiras medidas, reinstituído a nefasta Inquisição...

°

Em 5 de maio de 1820, Castlereagh apresentou um *State Paper* (Documento de Estado)[39] confidencial, cujo ponto inicial era uma referência ao convite do governo russo para as potências aliadas discutirem que medidas adotar com relação à insurreição militar que ocorrera na Espanha, nas seguintes eventualidades: a) se o governo real não fosse capaz de suprimir a revolta; b) se o rei da Espanha espontaneamente pedisse a ajuda de aliados; c) se a insurreição durasse muito tempo.

> Castlereagh não tencionava permitir que a Inglaterra se juntasse a uma liga de déspotas. Sua resposta foi, portanto, o *State Paper* de 5 de maio de 1820. Esse é o mais famoso Documento de Estado na história britânica e aquele com a mais ampla consequência final. Castlereagh defende nele o princípio de não ingerência, a obrigação da Inglaterra de seguir um "sistema robustamente nacional e popular", sua recusa de intervir pela força nos assuntos internos de outros países. Significava, assim, o fim daquele sistema de cooperação europeia que Castlereagh tinha feito tanto para encorajar.[40]

Castlereagh defendeu uma política não intervencionista para a Grã-Bretanha – exceção feita, evidentemente, aos casos em que os interesses britânicos estivessem diretamente ameaçados. Em resposta ao convite russo, o que deveriam fazer os aliados? O que Castlereagh diz nesse ponto teria servido como uma palavra de cautela em relação a muitas iniciativas, tomadas nas últimas décadas do século XX e nas primeiras do século XXI, em nome de organizações internacionais ou alianças militares, e em relação também ao persistente clamor de políticos, editorialistas e comentadores midiáticos, para intervenção armada no que são, indisputavelmente, guerras civis, ou assuntos puramente domésticos de qualquer país, não importa quão revoltantes os fatos e os governos locais:

> Nesta Aliança, como em todos os demais arranjos humanos, nada é mais capaz de prejudicar, ou até de destruir sua verdadeira utilidade, que uma tentativa de ampliar seus deveres e obrigações para além da esfera que sua concepção original e seus princípios reconhecidos justificam: ela era uma união para a reconquista e a libertação duma grande proporção do continente europeu do domínio militar francês [...]. Ela jamais foi, porém, considerada uma união para o governo do mundo ou para a superintendência dos assuntos internos de outros Estados. [...]
>
> O que poderiam as potências aliadas pretender, com suas armas, se a suposição de uma interferência armada nos assuntos internos de outro Estado pudesse ser admitida? Talvez muito pouco, porque, supondo-as finalmente triunfantes, ainda temos a resolver o problema de como o país no qual tal intervenção foi bem-sucedida se munirá de um governo depois que os exércitos aliados se retirarem, sem logo voltar a ser a mesma fonte de perigo para a tranquilidade dos Estados vizinhos.

No início do século XXI, Iraque e Afeganistão mostraram quanto Castlereagh estava certo...

ÁUSTRIA, PRÚSSIA E RÚSSIA REINTERPRETAM O PAPEL DA QUÁDRUPLA ALIANÇA

As revoluções de 1820 levaram a Quádrupla Aliança mais a França a se reunirem no Congresso de Troppau (no último trimestre do ano); Castlereagh não compareceu, e a Grã-Bretanha não enviou um plenipotenciário, mas apenas um observador, na pessoa de Charles Stewart, o meio-irmão de Castlereagh que era embaixador em Viena.

Essa decisão, pode-se dizer, ajudou a Grã-Bretanha a desligar-se da Aliança. Como mero observador, Stewart foi tomado de surpresa quando teve conhecimento de que Áustria, Prússia e Rússia tinham aprovado, sem a presença dele, uma declaração sobre as condições e as modalidades de intervenção "para prevenir o progresso do mal que ameaça o corpo social":[41]

1) Estados, parte da Aliança Europeia, que sofreram uma mudança na forma de seu regime interno devido a [uma] revolução, e cujos resultados ameaçam outros Estados, *ipso facto* cessam de fazer parte da Aliança e ficam excluídos dela, até que sua situação ofereça garantias de ordem jurídica e estabilidade.
2) As potências aliadas não se limitarão a anunciar tal exclusão, mas – fiéis ao princípio que têm proclamado e ao respeito devido à autoridade de todo governo legítimo quanto a todo ato emanando de seu livre-arbítrio – concordam em recusar seu reconhecimento às mudanças efetuadas por meios ilegais.
3) Quando Estados onde mudanças desta sorte tenham ocorrido façam com que outros países, devido a sua proximidade, receiem correr perigo iminente, e quando as potências aliadas sejam capazes de exercer uma ação eficaz e benéfica para com eles, elas empregarão, a fim de trazê-los de volta ao seio da Aliança: primeiramente, representações amistosas; em segundo lugar, força coerciva, se o emprego de coerção se torne necessário.

É difícil imaginar que essa manobra sub-reptícia fosse tentada se Castlereagh estivesse em Troppau. Stewart descreveu sua surpresa num despacho "ultrassecreto e confidencial" datado de 20 de novembro:[42]

O príncipe Metternich deu-me a entender que a conferência a ser realizada hoje se relacionava com a *ação* em Nápoles e o convite ao rei [de Nápoles], e que haveria muito tempo para examinar medidas mais gerais durante o tempo em que se aguarde a resposta do rei de Nápoles. Vossa Excelência pode, portanto, bem julgar minha surpresa quando o *Protocole Préliminaire* foi lido, com as assinaturas dos ministros dos três governos, não só sem observações prévias, mas com o claro conhecimento dos ministros austríacos de que eu ignorava até mesmo sua substância.

Em outro despacho da mesma data, Stewart informou que tinha decidido ir a Metternich para perguntar por qual motivo a Inglaterra tinha sido mantida ignorante das deliberações das três potências. A resposta foi que Metternich suspeitava que uma mudança no governo britânico podia ser iminente, evidentemente uma referência à fraqueza do governo Liverpool naquele momento. Segundo Metternich, o imperador da Áustria, extremamente sensível à declaração feita por Tierney a Décazes (a saber, que quando estivesse no poder a primeira coisa que faria seria libertar Bonaparte), e, receando a ideia de tão tremendo espectro voltar ao teatro europeu, tinha proposto às outras cortes uma instrução conjunta a seus ministros para, no evento duma mudança de governo na Inglaterra, protestar imediatamente, da maneira mais formal, contra a ideia de alterar o tratado pelo qual Bonaparte estava preso. O acordo sobre o silêncio guardado para com Stewart tinha sido tomado por delicadeza para com o governo Liverpool, "assim como seria desagradável falar a um homem de sua morte". Segundo Metternich, as declarações de Tierney e de lorde Holland não podiam ser esquecidas; as potências continentais seriam imprudentes caso não se resguardassem de possíveis perigos.[43] Stewart não ficou muito feliz com essa explicação.

O Congresso foi suspenso, para continuar em Laibach no próximo mês de janeiro, quando aprovou a intervenção armada da Áustria em Nápoles, com a finalidade de anular o que os constitucionalistas haviam conseguido.

°

O que se tinha passado entre Tierney e Décazes é narrado por Webster:[44]

> Um dia, Tierney tinha sido abordado numa recepção por Décazes e caceteado com política por mais de uma hora. Ele perguntou pelos bonapartistas na França. "Há tão pouco a temer deles", respondeu Décazes, "que mesmo o retorno de Bonaparte não faria efeito". "Nesse caso", disse Tierney, "se chegarmos ao poder, a primeira coisa que faremos é libertá-lo e economizar o dinheiro que nos custa mantê-lo preso". O escandalizado Décazes afastou-se, e o propósito de Tierney foi conseguido. Mas o gracejo teve sérias consequências.

°

Neste ponto de nossa narrativa, é apropriado abrir um parêntese para mencionar por que, em 1820, o governo Liverpool estava enfraquecido perante a opinião pública. Mas, antes do parêntese, é preciso mencionar a apocalíptica erupção do Tambora, na Ilha de Sumbaua, hoje parte da Indonésia, dois meses antes da Batalha de Waterloo.

Essa erupção, considerada a maior até agora registrada na história humana, resultou em que uma nuvem de cinza vulcânica impregnada de enxofre escurecesse grande parte do planeta e refletisse a luz solar, causando, a partir de 1816, o "ano sem verão" do hemisfério Norte, colheitas insuficientes, escassez de alimentos, fome, grande perda de animais de corte e de tração, doenças etc. Talvez até a Revolução Pernambucana de 1817 tenha com ela alguma relação, já que uma das causas de descontentamento em Pernambuco foram as reduzidas safras de algodão e de cana-de-açúcar de 1816.[45]

Apenas mais uma observação: uma erupção ocorrida em 1809, menor que a do Tambora, mas que contribuiu para agravar os efeitos desta, serviu para fazer do decênio 1810-19 o mais frio de que se tem conhecimento.[46] Não me prolongarei sobre o Tambora, primeiramente porque não sou vulcanólogo, e também porque livros escritos por especialistas em vulcanologia e clima estão à disposição de quem desejar aprofundar-se a respeito. Na bibliografia deste livro o leitor encontrará duas fontes, as obras de Oppenheimer e Wood.

°

Voltemos, agora, às várias razões que contribuíam para enfraquecer politicamente o ministério Liverpool e fazê-lo impopular com boa parte do povo. As guerras contra a França tinham levado à acumulação de enorme dívida interna, que depois de Waterloo tinha de ser resgatada através de aumento de impostos e diminuição das despesas militares, com o que o desemprego aumentou, enquanto o preço dos alimentos subia, devido às más colheitas de 1816 e 1817, e o frio contribuía para aumentar o sofrimento do povo. Criminalidade, agitação por "radicais" e desordens populares aumentaram. Alguns casos de descontentamento no exército causaram grande preocupação para o governo, como expressado em memorando de Wellington, *Master-General of the Ordnance*, a Liverpool, em junho daquele ano:

> Sinto a maior ansiedade a respeito da condição dos militares em Londres [...]. Muito recentemente, fortes sintomas de descontentamento apareceram

num dos batalhões dos Guardas, a mais notável circunstância do caso sendo que nem o governo nem o comandante em chefe tinham conhecimento algum da existência de tal dessatisfação até algumas horas depois que ela se tinha revelado em atos de motim e desordem. [...] Assim, num dos mais críticos momentos já ocorridos neste país, nós e o público temos razão para duvidar da fidelidade das tropas, única segurança de que dispomos não apenas contra revoluções, como também para a propriedade e a vida de cada indivíduo, no país, que tenha algo a perder.[47]

O duque ordenou ao oficial comandante dos Guardas mandar patrulhas, de seis ou doze homens cada uma, circularem por Londres, para manter a ordem; as patrulhas começariam às 9h30 e continuariam, em revezamento, até "meia hora depois da 1 da manhã ou mais tarde, se necessário".[48]

O "Massacre de Peterloo", ocasião, em 1819, em que uma manifestação de trabalhadores foi violentamente dispersada pelo exército,[49] com a morte de vários manifestantes, foi seguido por greves de operários em 1820; no mesmo ano, a conspiração da Cato Street para assassinar todo o ministério foi frustrada, e vários dos conspiradores foram condenados à morte e executados (ver no Epílogo outras medidas tomadas pelo governo). Ainda mais, com a morte de George III em janeiro de 1820, a opinião pública dividiu-se quando a mulher de George IV, a rainha Caroline, que vivia no continente europeu separada do marido, voltou à Inglaterra com a intenção de assumir plenamente o papel de rainha consorte. George IV, que era impopular, rejeitou o desejo da esposa e tentou divorciar-se dela, apresentando a uma comissão da Câmara dos Lordes o resultado de investigação sobre o comportamento da rainha durante os anos em que estivera ausente. Um projeto de lei permitindo o divórcio passou na Câmara dos Lordes, mas foi retirado quando ficou claro que seria rejeitado pela Câmara dos Comuns. Durante todo esse processo, Caroline gozou de simpatia popular.

No cenário internacional, diversas ocorrências em 1820 sacudiram fortemente a Europa, aumentando o medo de revoluções populares. O levante de Riego na Espanha começou uma série de movimentos em favor de governos constitucionais que se estendeu a Portugal, Nápoles e Piemonte. Para aumentar as preocupações da Europa, a Rússia ameaçava nova guerra contra o Império Otomano. Não era sem razão que documentos e cartas da época se referissem frequentemente à "perigosa situação da Europa".

°

O resultado da reunião de Troppau foi ruim para o gabinete de Liverpool e em especial para Castlereagh; sua posição no governo e perante a opinião pública foi agravada por uma circular da Áustria, Prússia e Rússia, em 8 de dezembro de 1820, que repetia as declarações contidas no *Protocole Préliminaire*. Quando a circular ficou de conhecimento público em Londres, Castlereagh reagiu com *sua* circular, datada de 19 de janeiro de 1821 – em que se instruíam todos os representantes britânicos nas cortes estrangeiras a levá-la ao conhecimento do governo local –, expressando o repúdio do governo britânico a toda interpretação do tratado da Quádrupla Aliança que excedesse sua finalidade. Depois da posição tomada no Documento de Estado de maio de 1820, nem podia ser outra a orientação de Castlereagh e do governo.

A circular[50] dizia que o sistema de medidas proposto, caso devesse ser exercido por todos os membros da Aliança, estaria em direta contradição com as leis fundamentais do país. O governo britânico acreditava que sua adoção inevitavelmente autorizaria intervenções em assuntos internos dos Estados, muito mais frequentes e profundas do que os britânicos julgavam ser a intenção dos autores do *Protocole Préliminaire* ou do que estava em conformidade com o interesse geral ou com a autoridade e dignidade de soberanos independentes. O governo britânico não considerava a Aliança autorizada a assumir tais poderes gerais, nem concebia que tais poderes extraordinários pudessem ser assumidos sem que os membros da Aliança se tivessem atribuído uma supremacia incompatível com os direitos de outros países ou, se fosse conseguida através da acessão especial daqueles países, sem introduzir um sistema federativo na Europa, não somente inflexível e ineficiente para seu objetivo, mas ainda podendo resultar em muito mais sérias "inconveniências".

A questão da Espanha não foi discutida em 1820, mas em 1822, em Verona. É interessante assinalar a opinião de Metternich, expressa em carta particular a Castlereagh em 8 de julho de 1822, sobre quatro objetivos que o Congresso deveria perseguir, o segundo dos quais era "o incalculável benefício que resultaria de um franco entendimento entre os gabinetes sobre a atitude que as Cortes deveriam tomar em relação aos resultados que infelizmente podem ser desencadeados pela deplorável complicação na península ocidental da Europa".[51] Essa menção à Península Ibérica não se estendeu, no entanto, nem ao reconhecimento da independência das colônias nem ao problema da Banda Oriental; sem dúvida, a maior preocupação da Áustria era a "infecção" que poderia sofrer das revoluções constitucionalistas em Portugal e Espanha.

Pouco depois, Castlereagh suicidou-se; o trágico acontecimento abriu a porta do Foreign Office para Canning, ainda que contra o desejo de George IV. O duque de Wellington, se teve palavras ásperas quando da morte de Canning (ver Apêndice 1), em 1822 apoiou decididamente sua nomeação. Anteriormente, quando Canning estava prestes a partir para a Índia, Chateaubriand escreveu-lhe em termos cordiais, lamentando a próxima ausência dele da cena diplomática europeia. Canning respondeu em carta igualmente amistosa, em 30 de setembro, informando da mudança ocorrida e que Liverpool e Wellington tinham lutado por sua nomeação, acrescentando, a respeito do último, "porque foi ele quem, juntamente com lorde L., batalhou por mim, e quem, na verdade, conseguiu a vitória".[52]

O apoio de Wellington não queria dizer, porém, que o trabalho de Canning seria fácil.

> No momento de sua entrada no gabinete [...] seus [membros] eram treze, além dele. Destes, o ultraconservadorismo do Lorde Chanceler [Eldon], do duque de Wellington, dos lordes Bathurst, Westmoreland, Maryborough e Sidmouth, e de mr. Vansittart, era (com exceção dos sentimentos do lorde Bathurst sobre escravidão colonial) isento de opiniões liberais em qualquer assunto de política exterior ou interna.[53]

Em 1822, Castlereagh tinha concluído que era preciso fazer mais pressão sobre a Espanha, pois os interesses comerciais da Grã-Bretanha não podiam ser esquecidos, especialmente em face do anúncio de Monroe ao Congresso, em março daquele ano, da intenção de estabelecer relações diplomáticas com os novos países independentes. Em nota ao embaixador da Espanha, em junho, Castlereagh tinha sido explícito:

> [O rei da Espanha] deve estar ciente de que uma tão grande parte do mundo não pode, sem perturbar fundamentalmente as relações do mundo civilizado, continuar por muito tempo sem certo grau de relações reconhecidas e estabelecidas; que o Estado que não pode, seja por seus concelhos, seja por suas armas, manter efetivamente seus direitos sobre suas dependências, de modo a impor-lhes obediência e assim fazer-se responsável pela manutenção de suas relações com outras potências, deve estar preparado para, mais cedo ou mais tarde, ver aquelas relações estabelecidas sob outra forma, dada a superior importância da questão.[54]

As instruções que preparou para o representante ao Congresso de Verona – para si mesmo, pois ele deveria ser o plenipotenciário britânico no Congresso – diziam que algum modo deveria ser encontrado "para restaurar um intercâmbio onde [a Espanha] não consegue chegar a restabelecer seu domínio. O todo pode ser visto mais como uma questão de tempo do que de princípio".[55]

As instruções preparadas por Castlereagh foram transmitidas a Wellington, a quem coube a tarefa de representar o país. De acordo com elas, Wellington manifestou a oposição da Inglaterra a uma intervenção na Espanha. Embora capaz de impedir uma decisão para uma ação conjunta dos aliados,[56] ele não pôde impedir que o Congresso aceitasse a oferta francesa de intervir militarmente, a fim de recolocar Fernando VII no trono (ver capítulo 14).

°

Chateaubriand foi o embaixador da França em Londres por pouco tempo: chegou em abril de 1822 e partiu para Verona em setembro, para não mais voltar.

Em sua primeira entrevista com Castlereagh, Chateaubriand convenceu--se de que a França precisava seguir o caminho que a Grã-Bretanha tomaria, já que logo, ou um pouco mais tarde, ela reconheceria a independência das colônias espanholas e deixaria a França em situação de inferioridade. "E quando o ministro inglês sugeriu que a França agisse de acordo com a Inglaterra nesta questão, [Chateaubriand] acreditou que [Castlereagh] era sincero e propôs a aceitação de Paris."[57]

Meses depois, no Congresso de Verona, Chateaubriand propôs que as ex-colônias fossem governadas por príncipes da dinastia Bourbon. Seu livro sobre o Congresso, na seção dedicada às colônias espanholas, diz:[58]

> Nosso projeto é conhecido: queríamos arrancá-las da Inglaterra e fazer delas reinos sob príncipes da Casa de Bourbon. Nós julgávamos a forma monárquica de governo mais apropriada para essas colônias do que a forma republicana [...]. Quando um povo não possui um mínimo de educação, um pouco de educação deve ser a obra do tempo.

Chateaubriand, porém, não pretendia que os príncipes Bourbons fossem franceses:

> Para cuidar das colônias espanholas, há várias tarefas a realizar: os conselheiros de um rei legítimo não poderiam ferir os legítimos direitos de outro soberano, outro neto de Luís XIV. Se por um lado teria sido uma sandice a França tomar as armas contra as Américas, por outro lado reconhecer repentinamente a ilegitimidade em Lima ou no México seria uma monstruosa inconsequência, quando o [princípio da] legitimidade tinha sido apoiado em Madri. Nosso papel natural era de facilitar toda solução generosa entre a Espanha e suas colônias.[59]

Chateaubriand não foi tomado a sério por Metternich, entre outros. Henry Wellesley, de Viena, informou a Canning:[60] "Sondei as opiniões do príncipe Metternich a respeito do projeto arquitetado pelo governo francês de colocar membros da família real espanhola à frente das colônias espanholas na América. Ele não entrou em nenhuma análise minuciosa do assunto, mas disse considerar o plano totalmente impraticável".[61]

Sobre a questão das colônias espanholas, Wellington relatou a Canning, em 29 de novembro de 1822, anexando os protocolos e as notas pertinentes e acrescentando que, deles,

> Vossa Excelência verá que o governo fica em total liberdade para agir a esse respeito como julgar apropriado. No estado em que o Congresso está neste momento, seria inútil tentar obter desses ministros uma opinião comum em relação às colônias espanholas. [...] Mas V. Eª. verá que nenhum deles objeta decididamente ao que estamos fazendo. A nota russa positivamente admite o princípio sobre o qual temos atuado; e na discussão foi revelado que o imperador da Áustria ainda mantinha um ministro no Brasil; dos dois fatos aproveitei-me, e penso que tudo considerado eles estão mais satisfeitos conosco sobre esse assunto do que estavam a princípio.[62]

Wellington terminava seu despacho afirmando que as potências não estavam muito longe de reconhecer os novos governos americanos, se o interesse delas assim o aconselhasse. De 1818 a 1822, apenas quatro anos passados, mas que diferença!

Wellington não estava exagerando. Em declarações circuladas em Verona,[63] os governos de Áustria, França, Prússia e Rússia responderam à declaração britânica de que seu reconhecimento *de facto* dos governos das novas nações independentes tinha o propósito de proteger seus cidadãos e os navios britânicos que negociavam com elas.

Com apenas algumas diferenças textuais, as declarações austríaca, francesa e prussiana advogavam políticas idênticas. A Áustria afirmava que jamais concederia reconhecimento à independência das ex-colônias sem a prévia renúncia de Fernando VII a seus direitos, e a seguir declarava que, estando decidida a não se afastar dessa conduta, sentir-se-ia livre, enquanto a Espanha se encontrasse sob um regime *de facto* que os revolucionários tinham imposto ao rei e ao país, para adotar para com as colônias espanholas uma atitude *de facto* que razões de interesse ou de utilidade geral recomendassem, mas sempre sob a clara reserva de que, fosse qual fosse aquela atitude, ela não implicaria prejuízo aos direitos imprescritíveis do rei e da Coroa da Espanha.

A França disse substancialmente o mesmo, e os plenipotenciários da Prússia não esconderam nem considerar que a Espanha – ela mesma sob um regime revolucionário – era impotente para reconquistar as colônias, nem a dificuldade que as potências europeias teriam para aplicar por muito mais tempo aos governos *de facto* das ex-colônias um sistema de interdições contra o qual os interesses de seus súditos em breve protestariam.

Essas declarações diziam, em resumo, que nenhum governo aceitaria deixar que seus interesses permanecessem indefinidamente reféns da debilidade da Espanha.

A Rússia recordou que desde 1815 o czar tinha mencionado ao rei da Espanha a necessidade de um plano de pacificação que estabeleceria novos vínculos entre a Espanha e seus súditos americanos e declarou que, fiel aos princípios conservadores sempre seguidos pelo czar, não tomaria nenhuma determinação tendente a prejulgar a questão da independência "do sul da América" e continuaria a fazer votos de que a Espanha tivesse a ventura de repor suas relações com as colônias sobre bases sólidas e mutuamente vantajosas.

CANNING, A DOUTRINA MONROE E O MEMORANDO POLIGNAC

O maior feito de Canning durante sua segunda passagem pela pasta do Exterior foi assegurar o reconhecimento pela Grã-Bretanha da independência dos novos países americanos. Apesar dos termos da nota de Castlereagh ao embaixador espanhol, de junho de 1822, acima mencionada, George IV, Wellington e outros membros do governo eram contrários ao reconhecimento sem a prévia aprovação de Fernando VII; para os legitimistas, era impensável reconhecer uma independência derivada de oposição, revolta ou desobediência ao "legítimo" soberano.

Castlereagh tinha aceitado que o reconhecimento era inevitável, apenas uma questão de tempo e circunstâncias. Canning, que representava Liverpool, cidade para a qual o comércio exterior era de grande importância, ouvia de industriais e exportadores os apelos em favor do reconhecimento e consequente acesso aos mercados da América Espanhola. A Grã-Bretanha não podia ignorar os interesses de sua indústria e comércio. O reconhecimento da independência daqueles países – mesmo no estado de desorganização em que se encontravam – seria útil para futuramente obter o tratamento da nação mais favorecida.

Quando, em 1807, a Grã-Bretanha pressionou Portugal a não ceder às exigências francesas de fechar seus portos aos navios britânicos, tornando assim a fuga da corte para o Brasil uma necessidade, Londres visava dois benefícios, um estratégico – evitar que a frota portuguesa caísse em mãos francesas – e o outro comercial.

> Parte do preço da proteção britânica seria a abertura do Brasil ao comércio direto com a Grã-Bretanha num momento crítico: as mercadorias inglesas estavam sendo excluídas da Europa e ameaçadas de exclusão da América do Norte, e os comerciantes britânicos tinham sofrido recentemente o que parecia ser uma grande derrota no Rio da Prata. O Brasil era potencialmente um importante mercado.[64]

E este era um dos constantes objetivos da Grã-Bretanha: abrir mercados para seus produtos nas melhores condições possíveis.

A bem-sucedida intervenção francesa na Espanha, em 1823, aparentemente despertou em Canning o receio de que a França tentasse apoderar-se das colônias espanholas; ou isto, ou, genial manipulador que era, Canning usou uma hipotética ameaça para tentar convencer George IV e outros legitimistas a aceitarem a ideia de reconhecer a independência dos novos países. Tal iniciativa também proclamaria a independência da Grã-Bretanha em relação às potências continentais, algo de que o prestígio de Canning precisava, pois a impossibilidade de evitar a intervenção francesa na Espanha tinha sido um ponto contra o governo britânico e especialmente contra o responsável pela política exterior, que nem mesmo escapou de críticas de seus próprios companheiros de partido.

De todo modo, o medo real ou a ameaça hipotética levou-o a um erro de cálculo que encorajou o presidente dos Estados Unidos a fazer a declaração depois conhecida como Doutrina Monroe.

Em 19 de agosto de 1823, Richard Rush, ministro norte-americano em Londres, mandou um longo despacho ao Departamento de Estado, narrando entrevista que tivera com Canning alguns dias antes.

> Continuando com o tópico dos assuntos espanhóis, eu disse que, se a França conseguisse seus objetivos na Espanha, haveria ainda pelo menos o consolo de que a Grã-Bretanha não a deixaria ir mais longe e apoderar-se das colônias espanholas, trazendo-as também sob sua influência. Eu tinha presentes aqui os sentimentos expressados por mr. Canning em sua nota ao embaixador britânico em Paris [...] durante as negociações que precederam a invasão da Espanha. Recorde-se que o governo britânico disse naquela nota que o tempo e o desenrolar dos eventos pareciam ter decidido substancialmente a questão da separação daquelas colônias da mãe-pátria, embora o reconhecimento formal como Estados independentes pela Grã-Bretanha pudesse ser apressado ou retardado por circunstâncias externas, assim como pelas condições internas daqueles novos Estados; e que, como Sua Majestade britânica negava qualquer intenção de apropriar-se da menor porção das antigas possessões espanholas na América, confiava que nenhuma tentativa seria feita pela França para colocar qualquer delas sob seu domínio, seja por conquista ou cedida pela Espanha. [...]
>
> Mr. Canning, tendo-me eu referido àquela nota, perguntou-me o que eu pensava que meu governo diria de ir de mãos dadas com o seu, na mesma maneira de pensar [...] que ele não duvidava que o simples fato de saber-se que tínhamos o mesmo sentimento, por seu efeito moral, poria um fim à intenção da França, admitindo que ela a tivesse. Sua crença, disse ele, era fundada sobre a grande participação do poderio naval da Grã-Bretanha e dos Estados Unidos entre as potências marítimas mundiais e a consequente influência que não poderia deixar de ter sobre o resto do mundo o conhecimento de que os dois tinham uma opinião comum a respeito de questão da qual dependiam tão grandes interesses marítimos, presentes e futuros [...].

Desejando, porém, ficar informado ainda mais precisamente, perguntei se a Grã-Bretanha não estava dando neste momento algum passo, ou contemplando algum, que se relacionasse com o reconhecimento daqueles países, este sendo o ponto que achamos ser de principal interesse.

[Canning] respondeu que ela tinha dado um passo, não formal, mas preparatório, e que ainda a deixaria à vontade para reconhecer ou não, de acordo com o correr dos eventos numa fase futura. A medida em questão era enviar um ou mais indivíduos, sob a autoridade do governo, para a América do Sul, não estritamente diplomatas, mas revestidos de poderes da natureza de uma comissão de estudo, e que em resumo ele descreveu como sendo análoga àquela exercida pelos nossos comissários em 1817, e que do resultado desta comissão a conduta ulterior da Grã-Bretanha poderia depender muito. Perguntei se eu devia entender que ela cobriria todos os novos Estados, ou quais deles, ao que respondeu que, pelo momento, seria limitada ao México.[65]

À pergunta de Canning, Rush deu a resposta diplomática, e nas circunstâncias totalmente apropriadas, de que informaria seu governo imediatamente e pediria instruções.

Em 20 de agosto, Canning escreveu a Rush uma carta "privada e confidencial" (em termos de inusitada cordialidade, notou Rush), a qual foi considerada por Harold Temperley como "podendo ser descrita como um dos mais importantes documentos da época"[66] e que vai citada em sua totalidade:

Antes de deixar a cidade, desejo apresentar-lhe de forma mais clara, mas ainda não oficial e confidencial, a questão que discutimos resumidamente a última vez que tive o prazer de vê-lo.

Não terá chegado o momento em que nossos governos poderiam se entender a respeito das colônias americanas da Espanha? E se pudermos chegar a um entendimento, não seria conveniente para nós, e benéfico para todo o mundo, que seus princípios sejam claramente acordados e abertamente divulgados?

Quanto a nós, nada estamos disfarçando.

1. Consideramos não haver esperança de recuperação das colônias pela Espanha.
2. Consideramos que seu reconhecimento como países independentes é uma questão de tempo e circunstâncias.
3. Entretanto, não estamos de modo algum dispostos a jogar percalços na busca de um arranjo, entre elas e a mãe-pátria, por meio de uma negociação amistosa.
4. Não almejamos a posse de nenhuma parte delas.
5. Não poderíamos ver com indiferença a transferência de qualquer delas a outra potência.

Se essas opiniões e sentimentos são, como creio firmemente serem, comuns ao vosso governo e ao nosso, por que hesitaríamos em mutuamente confiar-nos um ao outro e declará-los diante do mundo?

Se houver qualquer outra potência europeia que acalenta outros projetos, que mira a um ato de força para subjugar as colônias, em favor ou em nome da Espanha; ou que medita adquirir alguma parte delas para si, por cessão ou conquista; tal declaração da parte de seu governo e do nosso seria imediatamente o modo mais eficaz e menos ofensivo para intimar nossa desaprovação conjunta de tais projetos.

Ao mesmo tempo, poria um fim a todas as preocupações da Espanha em relação às colônias restantes e à agitação que reina naquelas colônias, agitação que seria apenas humano acalmar, estando decididos (como estamos) a não tirar proveito dela, encorajando-a.

Pensa Vossa Excelência que, com os poderes que recebeu recentemente, está autorizado a negociar e assinar uma convenção sobre tal assunto? Acredita que, se isso não está dentro de sua competência, poderia trocar notas ministeriais a respeito?

Nada me poderia ser mais gratificante que unir-me a V. Eª. em tal tarefa, e, estou certo, raramente ocorreu na história mundial uma oportunidade em que um esforço tão pequeno, de dois governos amigos, poderia produzir um benefício tão inequívoco e prevenir calamidades tão gerais.

Estarei ausente de Londres por três semanas no máximo, mas nunca tão distante que não possa receber – e responder a – qualquer comunicação em três ou quatro dias.[67]

A pressa de Canning de ter os Estados Unidos comprometidos com seu plano ficou evidente quando, em 23 de agosto, ele mandou outra carta "privada e confidencial" a Rush:

> Desde que lhe escrevi a 20, uma razão adicional ocorreu para desejar que sejamos capazes de chegar a um entendimento sobre o papel de nossos respectivos governos quanto ao objeto de minha carta, de alcançá-lo logo e ter a liberdade de anunciá-lo ao mundo.
>
> É isto. Recebi informação, mas não do tipo que me impõe a necessidade de qualquer resposta ou iniciativa imediata, que, tão logo os objetivos militares na Espanha forem conseguidos (que os franceses esperam, não sei quão corretamente, sejam conseguidos muito rapidamente), será proposto um Congresso, ou alguma reunião ou consulta menos formal, em especial sobre os assuntos da América Espanhola.
>
> Não preciso lhe mencionar todas as complicações a que essa proposta possa levar, não importa como seja tratada por nós.[68]

A ansiedade de Canning (repita-se, real ou fingida) levou a mais outra carta "privada e confidencial" em 31 de agosto, urgindo Rush a tomar a decisão que ele, muito corretamente, estava deixando para Monroe e Adams: "Não vejo obstáculos a um resultado prático eminentemente benéfico, a não ser sua falta de poderes específicos e o prazo que possa correr antes que Vossa Excelência as receba, durante o qual os acontecimentos se possam adiantar a nós".[69] Canning prosseguia dizendo que a Grã-Bretanha não deveria fazer declaração alguma e ficar presa aos seus termos sem estar certa do que os Estados Unidos decidiriam, e terminava a carta com o seguinte parágrafo:

> O que me parece mais aconselhável, portanto, é que Vossa Excelência veja em minha comunicação não oficial uma promessa de benefícios suficientes para levá-lo a pedir poderes e instruções de seu governo sobre essa questão, [...] tratando aquela comunicação não como uma proposta que lhe fiz, mas como a prova da natureza de uma proposta que teria sido meu desejo fazer-lhe, se eu o tivesse achado provido da autoridade para considerá-la.

Aqui, pela primeira vez, Canning alega que, não obstante a insistência com que tentava extrair de Rush um compromisso ou decisão que por si mesmo Rush não podia assumir, não tinha feito uma proposta, mas uma sondagem. Não seria fora de propósito suspeitar que a ressalva se tornou necessária para acobertar-se da possibilidade de que seus colegas legitimistas no gabinete desaprovassem sua comunicação com Rush.

Em 19 de setembro, Rush informou Washington da urgência com que Canning insistia numa resposta dos Estados Unidos e que havia respondido a Canning que, se a Grã-Bretanha reconhecesse a independência dos novos países, ele pensava que podia manifestar sua concordância, em nome de seu governo.[70]

O despacho de 19 de agosto foi recebido no Departamento de Estado em 9 de outubro, mas foi discutido pela primeira vez numa reunião ministerial em 7 de novembro. Tal demora pode ter sido causada por estar o presidente ausente da capital, porque no entretempo ele tinha mandado cópia do despacho a Thomas Jefferson e James Madison, pedindo a opinião deles.

Jefferson, que sempre tinha visto a Inglaterra (não sem razão) como a grande inimiga, manifestou-se pela aceitação da proposta. Duas considerações o levaram àquela conclusão: a primeira era que a proteção britânica às novas nações – que ainda por cima eram repúblicas – lhes garantia a independência. Seu segundo motivo era que a sugestão de Canning significava o fim da hostilidade entre Estados Unidos e Grã-Bretanha: "A Grã-Bretanha é a nação que nos pode fazer mais mal, mais do que qualquer outra, ou de todas as outras do planeta, e com ela do nosso lado não precisamos temer o resto do mundo".[71] Madison também achou que a proposta deveria ser aceita.

Que ela não foi recebida com igual favor na reunião ministerial de 7 de novembro deveu-se à desconfiança dos objetivos britânicos. Adams pensava que a proposta de Canning não era dirigida contra a França; para ele, o objetivo era obter uma promessa pública dos Estados Unidos ostensivamente contra a interferência pela força da Santa Aliança entre a Espanha e a América do Sul, mas na realidade, ou em especial, contra a aquisição pelos Estados Unidos de qualquer parte das possessões espanholas.[72] Adams viu a proposta como um compromisso de "não tomar Cuba ou a província do Texas", algo que os Estados Unidos, dizia ele, não tinham a intenção de fazer, mas os habitantes de uma ou das duas poderiam exercer seus "direitos primitivos" e solicitar uma união com os Estados Unidos, o que certamente não fariam com a Grã-Bretanha. Portanto, unindo-se à Grã-Bretanha numa declaração como a esboçada por Canning, "nós lhe daremos uma segurança substancial e talvez inconveniente contra nós mesmos e na verdade nada receberemos de volta".

Adams, que tinha sido embaixador em Londres, não duvidava da perfídia da Albion. Um dos muitos momentos em que ele o manifestou se encontra na carta que escreveu de Londres a William Plumer, em 17 de janeiro de 1817:

> Mais particularmente neste país, é-me impossível ignorar que o sentimento nacional de animosidade e rancor contra a América e os americanos é mais geral e mais azedo do que era antes da guerra. Uma parte considerável da nação britânica nos desprezava então, e desprezo é um sentimento menos ativo na provocação de atos de hostilidade do que o ódio e o medo que tomaram seu lugar. Nenhum britânico, de qualquer partido, jamais imaginara que seríamos capazes de sustentar uma contenda com eles no mar. [...] Nossas vitórias, no mar e em terra, [...] colocaram nosso feitio como uma nação marcial no mesmo nível que as mais respeitáveis nações da Europa; mas o efeito aqui foi unir todos os partidos na convicção de que estamos destinados a ser o mais formidável dos inimigos e rivais de seu poderio naval.[73]

Monroe também desconfiava da Inglaterra e rejeitava a ideia de ver os Estados Unidos como subordinados à Grã-Bretanha; ele sugeriu que se enviasse um ministro especial à Europa, para protestar contra a interferência da Santa Aliança. Adams concordou, notando que seria mais franco e mais digno anunciar a posição do país à Rússia e à França "do que ir como um barquinho a remo na esteira da belonave britânica".[74]

Ademais, um ano antes o presidente tinha anunciado ao Congresso a decisão de reconhecer os países independentes, e o Congresso tinha aprovado as verbas necessárias para estabelecer diversas representações diplomáticas.

A gestão de Canning junto a Rush teve o efeito de assegurar aos Estados Unidos que a Inglaterra estava decidida a impedir que outras potências europeias se atirassem sobre os espólios das colônias ibéricas na América Latina, e assim facilitou a decisão de Monroe de anunciar em termos claros a política dos Estados Unidos, o que ele fez na mensagem de 1823 ao Congresso.

O fato de a política anunciada por Monroe ser muito próxima à que a Grã-Bretanha vinha intimando ser a sua deve ter servido para jogar água fria em qualquer intenção que a França e a Santa Aliança pudessem ter, pois implicaria que um eventual choque com a marinha dos Estados Unidos colocaria a marinha britânica na equação.

Por isso é que, comentando o autoelogio de Canning ao dizer, em discurso à Câmara dos Comuns em 12 de dezembro de 1826, "Decidi que se a França tivesse a Espanha, não seria a Espanha com as Índias. Chamei o Novo Mundo a existir a fim de restabelecer o equilíbrio do Velho [Mundo]", Leslie Bethell disse que o medo de Canning de que a França pudesse intervir na América Espanhola em 1823 talvez não fosse sem razão, em face da intervenção na Espanha, mas que na verdade a França nunca considerou seriamente tal possibilidade. Canning, diz Bethell, não garantiu a independência das ex-colônias espanholas em 1823 porque ela não estava ameaçada.[75] E Paul W. Schroeder vira a pretensão de Canning pelo avesso: "O que de fato aconteceu foi que ele chamou à existência uma ameaça ao Novo Mundo para compensar sua derrota no Velho".[76]

O receio de Canning, repita-se, não era totalmente desprovido de razão, pois em 1825 a marinha francesa escoltou a Havana navios que transportavam tropas para reforçar a guarnição de Cuba; sua preocupação serviu não só para facilitar o enunciado da Doutrina Monroe, como também para chegar ao entendimento expressado no chamado Memorando Polignac.[77]

Trata-se de memorando resultante de duas conferências de Canning com o príncipe de Polignac, embaixador britânico em Londres, realizadas em 9 e 12 de outubro de 1823, com o objetivo de esclarecer a visão do governo francês em resposta a uma comunicação, anteriormente feita por Canning, que oferecia explicitar a opinião do governo britânico sobre a questão das colônias espanholas.

O memorando é extenso, mas sua essência residia em duas declarações. A primeira, de Canning, afirmava que Londres era da opinião de que não havia esperança alguma de sucesso quanto a qualquer tentativa de voltar a submeter a América Espanhola à sua antiga metrópole, mas que o governo britânico manteria estrita neutralidade numa guerra entre a Espanha e suas colônias; contudo, a união de uma potência estrangeira à Espanha numa iniciativa contra as colônias seria considerada uma questão completamente diferente, a respeito da qual a Grã-Bretanha tomaria a decisão que seus interesses aconselhassem. Como estava convencido de que o antigo sistema colonial não tinha como ser restaurado, o governo britânico não podia aderir a qualquer estipulação que o obrigaria a recusar ou a adiar o reconhecimento da independência. Ele não tinha desejado precipitar o reconhecimento enquanto houvesse uma razoável possibilidade de acomodação das colônias com a metrópole, da qual resultasse que o reconhecimento fosse feito em primeiro lugar pela Espanha, mas a Grã-Bretanha não podia esperar indefinidamente por tal resultado nem aceitar que seu reconhecimento dos novos Estados dependesse do reconhecimento pela Espanha; finalmente, Londres consideraria qualquer interferência estrangeira na disputa entre a metrópole e as colônias, pela força ou por ameaças, um motivo para reconhecê-las sem demora.

O outro ponto essencial do memorando, como exposto por Polignac, dizia que a França acreditava não haver nenhuma esperança de fazer a América Espanhola voltar à sua relação anterior com a Espanha, e por seu lado negava a intenção ou o desejo de aproveitar-se do estado atual das colônias, ou da situação atual da França em relação à Espanha, para apoderar-se de qualquer parte dos domínios espanhóis na América ou para obter vantagens exclusivas; finalmente, a França renunciava a qualquer desígnio de agir militarmente contra as colônias. "Situação atual da França em relação à Espanha" era uma referência a que, em outubro de 1823, o exército francês que invadira a Espanha ainda estava lá – e ainda ficaria em solo espanhol até 1827.

O memorando foi elaborado várias semanas antes que Monroe e seu ministério discutissem o primeiro despacho de Rush, de 19 de agosto, recebido em Washington a 9 de outubro, primeiro dia das entrevistas entre Canning e Polignac. Com a garantia oferecida pela França, Canning não precisava mais dos Estados Unidos, tanto é que Rush só veio a ter conhecimento oficial do memorando em 24 de novembro. Mas foi Canning quem, no final das contas, saiu logrado, pois a ideia que ele pusera em movimento facilitou a Monroe fazer a sua Doutrina parte da mensagem ao Congresso dias depois.

Com o memorando na mão, Canning não perdeu tempo em trombetear seu sucesso em casa e deixar a França ciente de como estavam as coisas. Preocupado com a possibilidade de ter ido além de seus poderes, Polignac escreveu a Canning alguns dias depois, dizendo que não podia considerar o memorando mais do que uma ajuda oferecida para a memória de Canning, para que ele se lembrasse do teor das duas conversas que tiveram, e não como um documento oficial; isso não convenceu Canning a mudar de tom.[78]

Em 30 de outubro, Daniel Sheldon, ministro norte-americano em Paris, escreveu em carta particular ao secretário de Estado:

> Fui informado pelo embaixador britânico que ele tinha conversado com os ministros franceses (Villèle e Chateaubriand) sobre as colônias hispano-americanas. Ele me disse que seu objetivo tinha sido impedir que eles se engajassem apressadamente em quaisquer medidas relativas às colônias e que tinha insistido que quaisquer medidas que pudessem ser tomadas o fossem de comum acordo e após consultas entre as potências realmente interessadas no problema, que eram a Inglaterra, a França e os Estados Unidos, os interesses das grandes potências continentais da Europa sendo, sobre esse ponto, de natureza apenas secundária. Os ministros franceses asseguraram-lhe que nada fariam por si mesmos e que o assunto devia ser sujeito a mútua consideração.
>
> No *Journal des Débats* [...] de hoje, aparecerá um artigo confirmando inteiramente esse princípio. Contudo, é mais provável que a França insista sobre a concorrência das potências continentais e rejeite inteiramente a dos Estados Unidos. O assunto nunca me foi mencionado sob qualquer forma pelos ministros franceses. O motivo disso é óbvio: tendo os Estados Unidos reconhecido a independência das colônias, não se pode esperar que participem ou concordem em alguma medida que não seja baseada em tal resultado [de reconhecimento das independências]; e eles [os franceses] ainda não estão preparados para ir tão longe, mesmo que seja difícil conceber que a Inglaterra consinta em qualquer plano que ponha novamente as colônias

sob o domínio da Espanha. [...] O artigo no *Journal des Débats* indica que os conselhos de moderação finalmente fizeram alguma impressão no rei [da Espanha]. O caminho que ele estava tomando alarmou não apenas o ministério, mas os políticos daqui muitos graus mais agressivos que o governo. Até a Rússia é levada a insistir por moderação, e Pozzo [Pozzo di Borgo, embaixador russo], que está indo para Madri, usará a influência da Rússia no sentido de suavizar o sistema [que Fernando VII] está disposto a adotar e que, em razão de sua natureza intratável, é muito difícil persuadi-lo a abandonar.[79]

CANNING E OS LEGITIMISTAS

Mesmo se o memorando Polignac tivesse mais peso na Europa do que as palavras de Monroe, e ainda que Canning procurasse diminuir a importância da declaração norte-americana, a Doutrina Monroe não podia ser ignorada, pois em última instância estava de acordo com o que a Grã-Bretanha e a França tinham consignado no memorando. Ela parecia, no entanto, ter o efeito de irritar profundamente Canning, porque, indubitavelmente, os Estados Unidos tinham se adiantado à Inglaterra num tema tão importante da política daquele vaidoso estadista.

Waddell comenta que Canning tinha visto a ênfase de Monroe em separar a América da Europa como um desafio à influência britânica, e sua subsequente política americana frequentemente refletiu uma obsessão com a rivalidade em relação aos Estados Unidos.[80] Mais adiante, o mesmo autor acrescenta que, ao insistir junto ao gabinete britânico pelo reconhecimento da independência sem o prévio acordo de Fernando VII, Canning parece ter estado interessado menos na real situação da América Espanhola e na pressão dos interesses econômicos britânicos do que na rivalidade com os Estados Unidos e, mais particularmente, com a França.[81]

Uma razão adicional para a preocupação de Canning era a informação de Monroe, na mensagem de 1823 ao Congresso, de que ministros para a Colômbia, Buenos Aires, Chile e México logo estariam naqueles países. Não obstante, Canning continuou a encontrar séria resistência de George IV e de vários membros do ministério, como Wellington (que na Espanha era duque de Ciudad Rodrigo, com primeira grandeza, título que o colocava abaixo apenas dos filhos do rei), Sidmouth e Westmoreland, para obter aprovação do reconhecimento sem o assentimento de Fernando VII. Sendo o rei espanhol teimoso, vingativo, incapaz de aceitar ou de compreender o fato consumado, o Foreign Secretary britânico, no início de 1824, via sua política bloqueada.

A ajuda lhe chegou, menos do que pela repercussão da Doutrina Monroe, dos homens de negócio britânicos; uma arma poderosa, objetivando a abrir novos mercados para produtos ingleses, foi colocada nas mãos de Canning em junho de 1824, sob a forma de uma petição apresentada pelo comércio de Londres à Câmara dos Comuns, submetendo à câmara baixa do Parlamento se não seria apropriado nomear agentes comerciais para proteger os interesses britânicos nos novos países independentes:

> Em Buenos Aires, faz oito anos que não há um soldado espanhol hostil. No Chile, há quatro não existe um só; e na Colômbia o terceiro Congresso Constitucional anual acha-se em sessão. Em nenhum desses países existe partido ou pessoas possuidores de poder e autoridade, a não ser o governo executivo constituído.[82]

Este sendo o caso, os interessados pediam que se promovesse o imediato reconhecimento da independência dos Estados da América do Sul que a tinham de fato estabelecido.

Em 22 de agosto, os peticionários receberam uma resposta, no sentido de que o assunto estava sendo examinado, e, logo depois, cônsules e cônsules-gerais foram nomeados para os principais centros de México, Colômbia, Peru, Chile e Buenos Aires.[83]

O passo seguinte consistiu em informar a Espanha de que os interesses da Grã-Bretanha não podiam mais esperar; em 31 de dezembro de 1824, Canning escreveu à embaixada em Madri instruindo-a a transmitir ao governo espanhol as más notícias:[84] o governo britânico tinha sempre declarado que, ao tomar uma nova medida com relação a alguma das províncias sul-americanas que se haviam separado da Espanha, seria guiado pelos informes que recebesse da situação em várias províncias americanas, pelos interesses dos súditos de Sua Majestade e pelas relações do Velho Mundo com o Novo. Como as condições na Colômbia, México e Buenos Aires mostravam a inutilidade de a Espanha tentar reassumir seu domínio, George IV tinha decidido que se tomassem as medidas necessárias para a negociação de acordos comerciais. O embaixador em Madri deixaria claro ao governo espanhol que o efeito dos acordos, quando ratificados pela Grã-Bretanha, seria o reconhecimento diplomático dos governos *de facto* daqueles três países. Quanto ao Peru, onde a luta continuava, e ao Chile, a respeito do qual Londres não dispunha de informações suficientes, nenhuma medida era prevista.

Mesmo então o rei continuou a mostrar sua inconformidade, e em 27 de janeiro de 1825 enviou ao gabinete uma pergunta a respeito da América Espanhola.[85] George IV estendeu-se sobre os males da democracia, o espírito revolucionário que começara na França e agora se infiltrava em toda a Europa, "as perigosas tentativas que incendiários em atividade na Irlanda praticam neste momento sob a mentirosa pretensão da emancipação católica", e perguntava se a mesma conduta que levava ao reconhecimento das províncias espanholas seria tão prontamente aplicada à emancipação de "nossas possessões coloniais ou quaisquer outros assentamentos remotos, atualmente sob o domínio da Coroa britânica". A mensagem real prosseguia lamentando a dissolução da Quádrupla Aliança e o fato de que a recente política do país tinha afrouxado "aqueles benéficos laços", ao demonstrar um irrequieto egoísmo, "em oposição aos sábios e amplos princípios em que a paz e os interesses gerais da Europa se uniam". Portanto, ele desejava saber de cada membro de seu gabinete, individualmente, se os grandes princípios políticos estabelecidos pelo governo em 1814, 1815 e 1818 deviam ou não ser abandonados. A resposta a essa pergunta o habilitaria a satisfazer-se quanto aos passos necessários para impedir o país a ver-se novamente envolvido numa guerra "ruinosa e desastrosa".

Poucos dias depois, Liverpool, como chefe do governo, respondeu,[86] dizendo que o gabinete sentira tal acordo existir entre seus membros, por isso pedia licença para responder de forma coletiva, e não individualmente. Em resumo, o gabinete notava que diferenças de opinião entre a Grã-Bretanha e seus parceiros da Quádrupla Aliança já tinham se manifestado em 1815 e em Aix-la-Chapelle, em 1818, e finalmente depois do Congresso de Troppau, pela circular de Castlereagh de janeiro de 1821. Destarte, o governo não estava agora divergindo da linha que já tinha seguido em relação à Quádrupla Aliança. Quanto às colônias espanholas, o ministério, unanimemente, não pensava que as medidas em andamento fossem inconsistentes com qualquer compromisso tomado pelo rei com seus aliados; aquelas medidas, afirmavam os ministros, eram agora irrevogáveis.

George IV, definitivamente vencido pelo ministério do conservador Liverpool, rendeu-se. Em outubro de 1825, Canning teve o prazer de escrever a seu amigo Granville, embaixador em Paris, que tinha recebido do rei um recado segundo o qual ele receberia os ministros dos novos países no princípio de novembro.[87]

°

Com a acessão de Carlos X ao trono, em 1824, a relutância da França em reconhecer os governos dos novos países sem a prévia aceitação da Espanha mudou, mas para ainda maior resistência. Ela teve de esperar até a subida ao trono de Luís Filipe, duque de Orleãs, em 1830, quando a revolução popular que causou a queda da dinastia Bourbon na França foi considerada pelas cortes legitimistas como comparável às revoltas das colônias espanholas. A mudança da política francesa foi, portanto, tempestiva: a França não podia continuar a recusar o reconhecimento de outros governos formados na vaga de revoluções populares e ao mesmo tempo desejar o reconhecimento de Luís Filipe. Além do mais, o país estava agora livre do Pacto de Família, pois o novo rei pertencia à dinastia Orleãs. Em 1831, o governo de Paris notificou cada um dos novos Estados da América Espanhola de seu desejo de estabelecer relações diplomáticas e negociar um acordo de comércio. Essa notícia foi em geral bem recebida, mas não rendeu à França nenhuma gratidão especial: o trem havia partido muito antes, e a França o tinha perdido.

A Espanha levou mais tempo para aceitar o fato consumado; na verdade, sua última tentativa para reaver uma das ex-colônias ocorreu em 1828, quando o general Isidro Barradas comandou tropas aquarteladas em Cuba num ataque ao México, sendo derrotado pela segunda vez, já que uma tentativa anterior, realizada em 1825, tinha terminado do mesmo modo. Em sua teimosia em não entender a realidade, Fernando VII atribuiu as duas derrotas de Barradas a deficiências de organização.

O reconhecimento pela antiga metrópole teve de esperar pela morte do rei. Foi só em dezembro de 1836 que as Cortes aprovaram um decreto autorizando a negociação de tratados com as ex-colônias. No mesmo mês um acordo foi assinado com o México, reconhecendo-o como uma "nação livre, soberana e independente".[88] O reconhecimento das demais ex-colônias levou mais tempo, mas o fato é que os domínios espanhóis na América tinham se reduzido a Cuba e Porto Rico, que continuaram espanhóis até a guerra de 1898 com os Estados Unidos.

°

Este capítulo não pode terminar sem uma referência ao papel que se diz ter sido desempenhado pela maçonaria nas guerras de independência das colônias espanholas. A expressão "que se diz" é empregada propositalmente, pois fontes respeitáveis discordam a esse respeito.[89]

Miranda tinha sido apresentado à maçonaria pelo marquês de Lafayette. Chegado a Londres, estabeleceu a loja Lautaro, à qual pertenciam personalidades sul-americanas e britânicas, como Sucre, Rodríguez Peña, lorde Melville e duas outras figuras que participaram do ataque a Buenos Aires em 1806: Home Popham e David Baird. Logo o patriota venezuelano estabeleceu mais duas lojas, e as três juntas formaram, em 1807, a Grande Loja Regional. Os admitidos às lojas juravam trabalhar pela independência das Américas.

San Martín e Alvear tornaram-se maçons em Cádiz e decidiram levar a maçonaria para Buenos Aires, onde a loja tinha duas câmaras: Lautaro e Grande Loja. San Martín tornou-se o mestre da última; Alvear, Belgrano, Godoy Cruz, O'Higgins, Pueyrredón, Rodríguez Peña, Saavedra, Sarratea, Unanúe, Valentín Gómez e outros líderes da independência da América do Sul tornaram-se maçons. Nos anos seguintes, lojas maçônicas foram estabelecidas em Santiago e Lima. Todas foram importantes em planejar ações militares, obtendo recursos e definindo política até a conquista da independência.

William Spence Robertson, porém, acredita que a história de Miranda ter fundado na Europa uma loja que foi transplantada para vários locais da América do Sul "é, hoje, pouco mais que uma lenda".[90] Robertson acrescenta ser possível que San Martín tenha estabelecido em Buenos Aires uma sociedade que, de certo modo, se parecia a uma loja maçônica, mas afirma que não encontrou prova de que tal sociedade tivesse, em 1812, uma influência considerável em Buenos Aires.[91]

Isso não seria surpreendente, considerando que foi somente em março de 1812 que Alvear e San Martín chegaram a Buenos Aires e lá introduziram "sociedades secretas dedicadas à política [...] revestidas de todas as formas de lojas maçônicas, mas tendo delas apenas os signos, as fórmulas, os graus e os juramentos. Seu objetivo era mais elevado, e por sua organização se assemelhavam muito às células carbonárias".[92]

Sendo verdadeiras lojas maçônicas ou apenas cópias com propósitos estritamente políticos, o fato é que existiam e se propagaram a outras províncias libertadas do domínio espanhol:

> Antes de ausentar-se, [San Martín] deixou estabelecido no Chile o conselho supremo da misteriosa Loja Lautaro, composta metade por argentinos e metade por chilenos, o qual, à maneira de um conselho áulico secreto, governaria o governo no tocante à ordem política. O'Higgins, no entretempo, ficou à testa das forças armadas, como comandante do exército unido. Desse modo, a máquina político-militar estava montada, com seu arcabouço político e seus recursos secretos.[93]

11. O dilema da América Espanhola: repúblicas ou monarquias?

> "O que interessa é que vivamos com ordem e gozemos de tranquilidade, e isso não teremos enquanto formos governados por uma pessoa que nos é familiar."
>
> GERVÁSIO POSADAS, DIRETOR SUPREMO DE BUENOS AIRES, 1814

> "Os habitantes das Províncias Unidas não têm outro objetivo em sua revolução a não ser emancipar-se do domínio espanhol e estabelecer uma nação. Seremos capazes de estabelecer uma república sem provocar a oposição do Brasil? Uma república sem artes, ciências, agricultura, habitantes, e com uma vasta extensão territorial que mais propriamente se pode chamar um deserto, não é um bom vizinho para uma monarquia."
>
> SAN MARTÍN, 1816

Durante os anos de luta pela independência das colônias espanholas, vários de seus líderes oscilaram entre qual forma de governo – monárquica ou republicana – lhes seria mais apropriada. Para a maioria do povo, a preferência por um governo republicano devia-se menos à influência dos filósofos do século XVIII do que aos exemplos dos Estados Unidos e da Revolução Francesa, os dois casos em que a República foi adotada após a revolta contra uma monarquia.

Por outro lado, diversos motivos existiam para considerar a opção pela monarquia. A política da Santa Aliança dificultaria menos o reconhecimento da independência se reis fossem colocados em tronos americanos, e uma monarquia aceitável à Europa só poderia existir se o rei pertencesse à dinastia espanhola ou a alguma outra dinastia europeia. Uma razão adicional, de que o vice-reinado do Rio da Prata logo se deu conta, era que numa república muitos podiam aspirar a se tornar presidente, diretor ou protetor, com os resultantes choques de ambições e guerras civis. Por tal motivo, diversos projetos foram desenvolvidos em relação às colônias sul-americanas. No Rio da Prata, San Martín, Belgrano e Rivadávia manifestaram preferência por uma monarquia (o que San Martín também advogaria, mais tarde, para o Peru), talvez porque duvidassem da possibilidade de fundar uma sólida democracia num país onde o nível de educação era ainda muito baixo, ou, como disse Mitre, "em face dos excessos de uma democracia semibárbara".[1]

Tendo falhado o projeto de ter a irmã de Fernando VII como regente, Belgrano e Rivadávia foram enviados à Europa com instruções para assegurar a emancipação das Américas pelo estabelecimento de monarquias constitucionais sob um príncipe espanhol ou de alguma dinastia poderosa.[2] Foi pouca sorte dos patriotas argentinos que sua chegada à Europa coincidisse com o início dos Cem Dias;[3] mais do que nunca os aliados precisavam manter-se unidos e, portanto, evitar qualquer iniciativa contrária aos interesses da Espanha. Belgrano informou que "encontramos todos aqueles com quem falamos de acordo em que a aliança dos soberanos era a mais sólida que talvez os séculos tivessem visto; que a mira de todos era sustentar a legitimidade [...]".[4]

O tratado hispano-britânico assinado em Madri, em 5 de julho de 1814, ilustrava como o momento era desfavorável aos emissários argentinos; nele se estatuía que, se o comércio com as possessões espanholas na América fosse franqueado a países estrangeiros, a Grã-Bretanha seria admitida a comerciar com o tratamento da nação mais favorecida. No mês seguinte, três artigos foram adicionados ao tratado, um deles estipulando que a Inglaterra tomaria as mais eficazes medidas para impedir seus cidadãos de fornecer armas, munição ou qualquer outro artigo de guerra, não importa de que gênero, aos insurgentes americanos.[5] Visto esse compromisso com a Espanha, não se poderia aspirar a obter o reconhecimento britânico sem o prévio reconhecimento da Espanha, que Fernando VII jamais concederia.

Não obstante, os emissários platinos foram apresentados por seu compatriota Sarratea com um plano que envolvia a participação de um espanhol, o conde Cabarrús. O plano baseava-se na possibilidade de, por causa do retorno de Napoleão à França, se chegar a um acordo com o ex-rei Carlos IV, fazendo desnecessária a aquiescência de Fernando. Como Mitre explica,[6] as potências aliadas nunca tinham reconhecido a abdicação de Carlos IV em Aranjuez nem sua renúncia ao trono em Baiona, por considerarem aqueles atos resultantes de ameaças. Em consequência, enquanto Napoleão governasse a França elas tinham de reconhecer Carlos como sendo ainda o legítimo soberano da Espanha e de todas as suas colônias. Em 1814, depois da primeira derrota e da abdicação de Bonaparte, a situação tinha mudado: Fernando se tornara rei e nenhum dos aliados tinha falado em apoiar Carlos contra o filho. A compreensão que o ex-rei Carlos tinha da situação o levara a assinar uma declaração, em 14 de janeiro de 1815, cedendo a coroa a Fernando, que já estava de volta a Madri. Sarratea arguia que, com Napoleão novamente na França, a declaração perdia seu valor, porque era apenas o resultado da abdicação e da renúncia forçadas por Napoleão. Assim, Carlos seria aceito de novo como rei, e um acordo poderia ser negociado com ele, garantindo a independência das colônias em troca de um trono em Buenos Aires para o infante Francisco de Paula. Belgrano e Rivadávia aceitaram o plano de Sarratea, e Cabarrús partiu para a Itália, a fim de entrevistar-se com Carlos, mas sua chegada lá coincidiu com a Batalha de Waterloo, e Carlos encerrou a conversa.

O Congresso de Tucumán (1816) convidou Belgrano a apresentar sua opinião sobre a forma de governo que as Províncias Unidas do Rio da Prata deveriam adotar; ele defendeu outra vez a ideia de uma "monarquia equilibrada", mas agora "com a dinastia dos incas, por causa da justiça significada pela restauração da Casa, tão iniquamente privada do trono".[7]

A ideia era nobre e nada prática; primeiramente, porque a conquista do Peru por Pizarro tinha sido facilitada pelo fato de que a família real estava dividida: uma guerra civil tinha estado em progresso entre o inca Atahualpa e seu irmão Huáscar; rivalidades similares poderiam ainda surgir quando da decisão sobre quem deveria subir ao trono, mesmo depois de quase três séculos da morte de Atahualpa. Em segundo lugar, os colonos de origem espanhola consideravam-se superiores aos nativos americanos, o que dificultava acreditar que um inca receberia dos espanhóis o respeito e a fidelidade devidos ao soberano. Além disso, por que um inca no que havia sido o Vice-Reino do Rio da Prata? O vasto Vice-Reino do Peru, que cobria a maior parte da América do Sul espanhola e se estendia até Buenos Aires, tinha sido subdividido em 1776-8, perdendo o que hoje são a Argentina, o Chile, o Paraguai e o Uruguai. Portanto, laços com a dinastia inca não eram fortes na maior parte das Províncias Unidas.

O comentário de Mitre sobre a proposta de Belgrano é mordaz:

> O plano de Belgrano refletia a composição e o espírito do Congresso de Tucumán: colonial, democrático, monarquista, doutoral e pedante, com tendências para união, ordem e americanismo. Teoricamente representativo da unidade territorial do Vice-Reino, do qual uma terça parte estava ocupada pelo inimigo, outro terço num estado de anarquia ou segregado, e apenas o último terço obedecendo às leis antigas e superiores da independência e da república, o Congresso tinha perdido a noção de realidade quanto a suas limitações e vivia numa região nem mesmo fantástica, mas puramente fantasmagórica. [...]
>
> [Belgrano], ao formular seu plano, ignorava os antecedentes históricos, os fatos contemporâneos, os meios e os fins. Com respeito aos dissidentes, criava uma nova causa de dissidência [...]. Com relação ao Alto Peru, esquecia-se de que era um país conquistado pelos incas que tinha sempre resistido a sua absorção [pelos incas], identificando-se com a revolução sul-americana somente no ódio aos espanhóis e na gratidão pela abolição da *mita* e do tributo colonial. [...]
>
> Se não se podem negar a grandiosidade do plano e a boa intenção, é impossível reconhecer nele pragmatismo ou bom senso – nem mesmo na sua época.[8]

Apesar de todas as críticas que podiam ser feitas contra essa sugestão, ela aparentemente recebeu o endosso de San Martín, que escreveu a Tomás Godoy Cruz, no mês seguinte, dizendo que "todas as pessoas judiciosas ficariam de acordo com o plano relativo à dinastia dos incas".[9] Mitre sugere que San Martín estava ironizando ao escrever aquelas palavras e afirma várias vezes que San Martín era republicano por convicção e monarquista por expediente político. Todavia, ele mesmo contradiz esse julgamento ao criticar San Martín por seu desejo de implantar uma monarquia no Peru, como se verá adiante.

A ideia de um rei inca foi logo abandonada, mas um governo monárquico continuou a ser a preferência de Pueyrredón, Diretor Supremo a partir de 1816, que continuou a nutrir o projeto de achar um rei para as Províncias Unidas. No fim do ano ele "propôs ao Congresso um esquema para a coroação de um príncipe da casa de Bragança como rei constitucional das Províncias Unidas" e numa "carta a San Martín, em 3 de março de 1817, declarou: 'Desejo um monarca para nosso país; mas quero um que seja merecedor da honra que receberia em comandar-nos; isso quer dizer, desejo um homem maior que o príncipe João de Portugal; e desejo um monarca que reinaria somente sobre nós'".[10]

Em 1819, José Valentín Gómez foi à França e conversou com Dessolles, ministro dos Negócios Estrangeiros, sobre a constituição das Províncias Unidas como reino sob um príncipe europeu. Dessolles propôs o nome do duque de Lucca, mas Gómez rejeitou a sugestão, pois o duque de Lucca era Carlos Luís de Bourbon, sobrinho de Fernando VII. Outra personalidade várias vezes sugerida foi o duque de Orleãs, membro da família real francesa, que em 1830 subiria, como Luís Filipe, ao trono deixado vago por Carlos X.

°

No Chile, O'Higgins era decididamente favorável à forma republicana de governo. Em carta escrita a José Gaspar Marín após a tomada de Lima pelos revolucionários, ele dizia:

> Vamos entrar num novo período, consagrado à estabilidade e à política. Se o Chile há de ser uma república, como o exigem nossos juramentos e o voto da natureza, expresso na configuração e na riqueza que o distingue; [...] se os criadores da revolução se propuseram a fazer seu solo livre e feliz, e isso só se consegue sob um governo republicano, e não pela variação de dinastias distantes, é preciso que fujamos daqueles frios calculistas que desejam uma monarquia; como é difícil, meu amigo, erradicar hábitos antigos![11]

Depois, O'Higgins sugeria que Marín dedicasse um pouco de seu tempo a convencer os chilenos de que a república era "a forma mais conveniente ao

Chile, para que assim fique precavido contra o monarquismo europeu, como se pensou dividir a América!".

Meses depois, O'Higgins teve de fazer algo que lhe deve ter sido desagradável: rejeitar uma iniciativa apoiada por San Martín, por quem o líder chileno tinha afeto e respeito. O general argentino tinha libertado Lima dos espanhóis em julho de 1821 e foi eleito Protetor do Peru. O Estatuto Provisório que então ditou prometia que haveria um Conselho de Estado com funções consultivas, o Judiciário seria livre de interferência por parte do Poder Executivo, a liberdade de imprensa era garantida etc. San Martín jurou obedecer ao Estatuto Provisório até o momento em que, a independência tendo sido conseguida em todo o território, um congresso geral fosse convocado para estabelecer uma Constituição permanente, de acordo com o desejo da nação.[12]

O protetor não esclareceu se o governo do Peru seria republicano ou monárquico; essa decisão ele deixou para o futuro, mas, convencido de que os novos países independentes deveriam ter por governos monarquias constitucionais, decidiu enviar à Europa uma missão, com o objetivo de achar um príncipe para o trono peruano. O Conselho de Estado expediu instruções a Juan García del Río (até então ministro das Relações Exteriores do Peru) e Diego Paroissien em 24 de dezembro de 1821; a caminho da Europa, eles passariam por Santiago a fim de, como San Martín tinha adiantado a O'Higgins por carta de 30 de novembro:

> Ao passarem por [Santiago, os comissários] o informarão verbalmente de meus desejos. Se eles concordarem com os seus e com os interesses do Chile, dois delegados representando [o Chile] poderiam ir, os quais, juntamente com os delegados do Peru, aumentariam o peso na balança política e teriam maior influência na futura felicidade dos dois países. Estou certo de que minhas opiniões receberão sua aprovação, porque estou convencido da impossibilidade de fazer repúblicas desses países; no fim das contas, não tenho outro desejo senão que o governo estabelecido esteja de acordo com as circunstâncias do dia, evitando assim os horrores da anarquia.[13]

Pode-se especular se San Martín tivera conhecimento, e se tinha sido influenciado, pelo que Castlereagh havia confiado em 1820 ao representante da Colômbia, dom Francisco Zea, a saber, que o governo britânico reconheceria imediatamente qualquer colônia que adotasse instituições monárquicas.[14] Tal mensagem, se conhecida por San Martín, certamente seria um forte incentivo para que o Peru saísse em busca de um rei na Europa.

Mitre, por seu lado, deplora a insistência de seu compatriota em colocar soberanos nas ex-colônias:

> O fato transcendental que decidiu fatalmente o destino [do Peru] e do Protetor foi o infeliz plano de fazer do Peru uma monarquia; isso o afastou da opinião do país libertado e enfraqueceu ainda mais os laços já frouxos da disciplina militar. [...] O plano [...] era uma ideia fixa de San Martín, ao qual ele atribuía a virtude de uma solução interna e externa por meio do mágico poder de um cetro tomado de empréstimo aos reis do Velho Mundo. [...] Seu objetivo imediato não ia além de uma independência *de facto*, e seu ideal era ordem normal como a lei disciplinar. Ele esperava conseguir ambas com o estabelecimento de uma monarquia liberal [...] seja por meio do apoio de alguma grande potência europeia, seja por algum evento dinástico com a Espanha.[15]

Os delegados peruanos chegaram a Santiago em fevereiro de 1822 e tiveram duas reuniões com O'Higgins, o qual, para evitar uma rejeição abrupta do projeto, recorreu a táticas dilatórias. Como descrito pelo relatório dos delegados a Lima:

> Quanto ao tema de nossa missão, [...] Sua Excelência disse não duvidar que nosso plano seria vantajoso e adaptável ao Peru, mas que no caso do Chile, onde não havia opinião formada sobre o sistema de governo, onde um ou outro nobre prefere a forma monárquica, seria melhor deixar as coisas como estão, já que ainda há tempo para se organizarem como melhor desejem, depois de terem observado as medidas tomadas pelos governos americanos e a tendência das políticas dos principais gabinetes europeus.[16]

As instruções dadas a Del Río e Paroissien para a busca por um candidato ao trono do Peru indicavam que, tudo considerado, qualquer um serviria.[17] Os comissários estavam autorizados a aceitar o príncipe de Saxe-Coburgo ou, se isso não fosse possível, um príncipe da dinastia reinante na Grã-Bretanha, caso em que seria dada a preferência ao duque de Sussex, com a exigência de que deveria tornar-se católico. Se nada disso tivesse sucesso, poderia ser aceito alguém dos ramos colaterais alemães, desde que contasse com o apoio do governo britânico, ou então um dos príncipes da casa austríaca. Se esbarrassem em obstáculos insuperáveis da parte da Grã-Bretanha, os comissários pediriam ao imperador da Rússia, "a única potência que pode rivalizar com a Inglaterra", um príncipe de sua dinastia, ou outro que conte com sua proteção. Se tudo isso ainda não fosse possível, os comissários poderiam aceitar um príncipe das casas de França ou de Portugal; em último caso, já raspando o fundo do tacho, um príncipe da casa da Espanha, o mesmo duque de Lucca, o sobrinho de Fernando VII que José Valentín Gómez, em 1819, tinha rejeitado para as Províncias Unidas do Rio da Prata.

°

De todas as ex-colônias espanholas, o México foi a única que adotou, e por muito pouco tempo, um governo monárquico. Os sucessos da revolução nacional mexicana, iniciada em 1810, atingiram o ponto em que Agustín de Itúrbide, que tinha tomado o partido da metrópole e era no momento comandante do exército espanhol no sul do país, decidiu virar-se contra a Espanha e favorecer a independência. Além de ambição pessoal, Itúrbide tinha outro motivo para romper os laços com a Espanha: a revolução constitucional de 1820 e a situação de Fernando VII, na prática prisioneiro das Cortes.

Itúrbide uniu suas forças às de Vicente Guerrero, o general revolucionário que devia combater, e em fevereiro de 1822 tornou público o Plano de Iguala, seu manifesto sobre o que seria o México independente. O plano era democrático, abolindo as distinções de classes – não haveria mais espanhóis, mexicanos de origem espanhola, índios, negros etc., e sim apenas mexicanos –, e estabelecia uma monarquia constitucional. Com o apoio do exército, Itúrbide tornou-se o imperador Agustín I, mas seu reinado durou menos de um ano; teve de abdicar, resultado da insatisfação popular e do exército com seu governo ditatorial e sua acomodação com os realistas espanhóis. Depois de Agustín I, o México decidiu-se por um governo republicano.

Quando do Congresso do Panamá, em 1826, nenhum dilema era enfrentado pelas ex-colônias de Espanha. Tendo sua independência reconhecida pela Grã-Bretanha e pelos Estados Unidos, e seguros da impossibilidade de que a Espanha recebesse ajuda militar de qualquer membro da Santa Aliança, não mais havia a necessidade de aplacar a Aliança por meio de um trono com um príncipe europeu.

Edward J. Dawkins, informando a Canning do Panamá, comentou que achara todos os delegados muito menos republicanos do que tinha esperado, e que Bolívar tinha opinião favorável ao governo monárquico, do que era prova o projeto de Constituição que tinha apresentado às províncias recentemente separadas do Peru.[18]

Aparentemente, Dawkins confundiu polidez com convicção; as palavras amáveis dos representantes americanos para com a Grã-Bretanha e seu sistema monárquico não significavam necessariamente que desejassem ter reis em seus países. Quanto à opinião favorável de Bolívar em relação à monarquia, ela existia – mas em relação à monarquia britânica, não como uma solução para os países hispano-americanos.

12. A Independência do Brasil – 1

A REVOLUÇÃO DE 1820 E A VOLTA DA CORTE A LISBOA

A família real portuguesa demorou-se no Brasil por treze anos, de 1808 a 1821. Quando saiu do Brasil, Napoleão tinha deixado de ser uma ameaça; por coincidência, ele morreu em maio daquele ano, o mesmo mês em que dom João VI e família desembarcaram em Lisboa.

Os aliados europeus de Portugal não tinham pensado que o príncipe regente prolongasse sua estada no Brasil por tantos anos; em 1811, com Portugal livre da ocupação francesa, o governo britânico já estava interessado no retorno da corte a Lisboa. Em 21 de agosto daquele ano, Liverpool, secretário da Guerra e das Colônias no governo Perceval, escreveu em caráter particular ao então general visconde Wellington uma carta que será citada extensamente, por demonstrar claramente a totalidade dos interesses britânicos:

> Dentro de alguns dias terei, provavelmente, de escrever-lhe uma carta oficial sobre o muito importante assunto de um convite ao príncipe do Brasil para voltar a Portugal, ou para vir para a Madeira ou São Miguel.
>
> É evidente que essa questão pode ser considerada sob dois aspectos. O primeiro, se o retorno do príncipe contribuiria para melhorar o ambiente na Península. O segundo, se tal medida é aconselhável, tendo em conta não apenas os interesses britânicos na Península, como também os mesmos interesses na América do Sul.
>
> Sobre a segunda dessas questões, não nos sentimos autorizados a pedir sua opinião, a não ser que a queira dar; mas é da maior importância que tenhamos o benefício de sua opinião sobre a primeira. Existe uma forte convicção aqui de que Portugal se salvou porque a família real emigrou

e que a situação da Sicília seria muito diferente se o rei da Sicília e sua família pudessem ser retirados daquela ilha. A opinião pode, em certa medida, estar certa, mas ainda assim a volta do príncipe do Brasil a Portugal nas presentes circunstâncias pode, tudo considerado, ser aconselhável. É uma questão de grande delicadeza e alguma dúvida, e não deve ser decidida sem a mais profunda consideração... A relevância dessa questão para a América do Sul é igualmente enorme. O retorno do príncipe do Brasil pode reduzir uma grande parte da América do Sul à situação de colônia, depois de ter-se tornado um país independente, e os interesses britânicos naquela região poderiam sofrer materialmente de tal fato. Confesso, entretanto, minha opinião, de que deveríamos correr o risco dessa inconveniência, seja qual for, desde que estejamos satisfeitos de que a volta do príncipe a Portugal seria materialmente benéfica à mãe-pátria.[1]

O príncipe regente, porém, continuou no Brasil; em 1814, Canning foi mandado como embaixador para Lisboa a fim de receber a corte, cujo regresso, depois do exílio de Napoleão em Elba, era esperado. Em vão: após uma espera de dois anos, Canning voltou à Inglaterra.

o

O que finalmente decidiu, ou forçou, o regresso do relutante João VI foi a revolução constitucional que começou no Porto em 1820 e a seguir espalhou-se pelo país.

A ideia de ter uma Constituição ganhou forte apoio, mesmo que entre o povo tal apoio se devesse menos a uma compreensão do que era uma Constituição e por que ter uma lhe seria benéfico do que à insatisfação com a pobreza geral e à letargia da economia, agravada pelo fato de que o dinheiro agora ia de Portugal para a corte no Rio.

"Cortes gerais, extraordinárias e constituintes" foram eleitas com a finalidade principal de redigir uma Constituição, porém trabalhando ao mesmo tempo como legislativo; imediatamente as Cortes pediram que o rei jurasse aceitar a Constituição que ainda estava por redigir e voltasse a Portugal. Mas, para dom João, regressar à Europa era tão difícil de encarar como tinha sido ir para a América. O conde de Palmela, ministro dos Negócios Estrangeiros, viajou até o Rio de Janeiro para expor ao rei a gravidade do que estava acontecendo em Portugal e por que seu retorno, ou pelo menos o de um membro de sua família, era necessário.

O marechal Beresford tinha viajado ao Brasil antes da revolução, igualmente com o propósito de pedir pela volta do rei. Ele e Wellington, que mantinham constante correspondência, concordavam que os acontecimentos na Espanha eram uma ameaça para Portugal, mas uma carta[2] de Wellington a Beresford, aconselhando-o a não deixar Portugal naquele momento, chegou a Lisboa após a partida do marechal para o Rio. Em sua carta, Wellington opinava ser quase certo que o maior objetivo do governo espanhol, estivesse ele em mãos do rei ou das Cortes, devia ser manter o exército em ordem e satisfazê-lo. "Este é um *sine qua non*; e eles devem fazer qualquer sacrifício, e tudo fazer, para cumpri-lo." Se esse era o caso, continuava Wellington, não seria provável que vissem uma guerra com Portugal como uma das maneiras de conseguir seu objetivo?

> Um governo e um povo em estado de revolução [...] não olham muito nem para a justiça nem para as consequências dos atos que decidem adotar, muito menos para os atos que lhes são impostos pela necessidade. Eles verão [num ataque a Portugal] a probabilidade de libertar-se de um atual mal, grande e opressivo, e o adotarão custe o que custar.

Contudo, havia outro perigo para a paz ibérica, apontado por Wellington em carta a Beresford, a saber: as consequências do exemplo da Espanha no exército e entre o povo de Portugal.

> Não se deve supor que você e seu sistema não tenham inimigos no exército português. Até mesmo o governo os encorajou [...]. Em resumo, sob qualquer luz que eu encare sua ausência neste momento, vejo nova razão para lamentá-la, e estou certo de que cada dia que ela dure aumentará o perigo, e que sua presença no Brasil não pode trazer benefício que compense esse mal. Palmela, que falou comigo sobre esse assunto, é inteiramente da mesma opinião.

A carta de Wellington foi recebida por Beresford no Rio; ele a mostrou ao rei e pediu permissão para regressar a Portugal, para o caso de uma guerra com a Espanha tornar-se realidade. Em carta a Wellington,[3] Beresford informou que João VI tinha assentido, mas de mau humor. Quanto ao retorno da corte, Beresford soava desanimado:

> Quando percebi a inutilidade de insistir pela imediata volta de Sua Majestade ou do príncipe herdeiro, insisti por uma data fixa e disse que ainda que S. M. mencionasse o próximo ano, ou até mesmo o ano seguinte, isso seria da consequência mais significativa; mas, ai de mim, não consegui fazê-lo decidir. A verdade é, como já previ e disse, que o perigo é muito distante para fazê-los sentir adequadamente [...] é talvez apenas aparente o bastante para desencorajar o rei a voltar.

Enquanto isso, no Rio, sob a ameaça de revolta das tropas portuguesas lá aquarteladas, as quais apoiavam o movimento constitucional, e a conselho insistente do príncipe Pedro, João VI jurou aceitar a Constituição em 24 de fevereiro de 1821.[4] Como o rei preferia ficar no Brasil, a ideia de mandar o príncipe herdeiro como seu representante tinha sido aventada; João manteve o filho na ignorância de tal possibilidade, mas finalmente se convenceu de que ele mesmo devia ir, e em março assinou um decreto que anunciava a decisão de levar a corte de volta a Portugal.

A corte ainda se demorou mais um mês para embarcar, mas nesse tempo dom João teve a ocasião de oferecer mais um exemplo de indecisão. Um grupo de peticionários, representantes de uma assembleia pública popular realizada no Rio de Janeiro, solicitou ao rei que adotasse, em caráter provisório, a Constituição espanhola então em vigor. O tímido monarca assim o fez, por decreto de 21 de abril. Mas depois se soube que a assembleia também tinha aprovado decisões que enfraqueciam o poder do regente, cargo para o qual Pedro ia ser nomeado. O resoluto jovem de 23 anos, tão corajoso quanto o pai era medroso, tomou a si ordenar o exército a dissolver a assembleia popular. No dia 22, um decreto apresentado por Pedro[5] ao pai foi assinado pelo rei, que assim dava mais uma prova de sua irremediável fraqueza.

O decreto dizia que, tendo-se sabido no dia 22 que a representação que havia sido aceita na véspera:

> Era mandada fazer por homens mal-intencionados e que queriam a anarquia, e vendo que o Meu Povo se conserva, como Eu lhe agradeço, fiel ao juramento que Eu com ele de comum acordo prestamos [...] no dia 26 de fevereiro do presente ano; Hei por bem determinar, decretar e declarar por nulo todo ato feito ontem; e que o Governo Provisório, que fica até a chegada da Constituição Portuguesa, seja da forma que determina o outro decreto, e instrução que Mando publicar com a mesma data deste, e que Meu Filho o Príncipe Real há de cumprir e sustentar até chegar a mencionada Constituição Portuguesa.[6]

No mesmo dia o príncipe herdeiro foi nomeado pelo rei "Príncipe Regente e meu *locum tenens* no Governo Provisório do Reino do Brasil". Em carta escrita em 19 de junho de 1822, Pedro, dirigindo-se respeitosamente a "Meu pai e meu Senhor", relembrou o conselho então recebido: "Eu ainda me lembro, e me lembrarei sempre, do que Vossa Majestade me disse, dois dias antes de partir, no seu quarto: (Pedro, se o Brasil se separar, antes seja para ti, que me hás de respeitar, do que para algum desses aventureiros)".[7]

Que o rei estava ciente da possibilidade de uma separação depois de seu retorno à Europa é confirmado pelo que Edward Thornton, ministro britânico no Brasil, informou a respeito de uma conversa que teve com dom João em 24 de abril: "A conversa [...] tocou ocasionalmente sobre assuntos do momento, como sua apreensão de que uma separação entre [o Brasil] e a mãe-pátria aconteça não muito mais adiante".[8]

Uma coisa que dom João e alguns de seus cortesãos fizeram antes de partir foi esvaziar o cofre do Banco do Brasil, levando para Portugal tantas moedas de ouro e prata quanto foi possível. Isso ficou sendo do conhecimento público e constituindo uma razão adicional de irritação dos brasileiros. Sartoris, o cônsul dos Estados Unidos no Rio, descreveu a situação:

> Desde a partida do rei, que, como seus favoritos, levou embora uma imensa quantidade de moedas obtidas no Banco do Brasil, o crédito daquele estabe-

lecimento entrou em queda, o meio circulante de ouro e prata e até de cobre em seu padrão imensamente depreciado tem desaparecido gradualmente, os dois primeiros sendo dificilmente obtidos em troca de notas do Banco a um ágio de 25% a 30% acima de seu valor intrínseco.[9]

O ERRO DAS CORTES

As Cortes pediram que delegados brasileiros fossem eleitos e viajassem a Portugal para participar de seus trabalhos. Setenta e cinco cadeiras, de um total de 205, foram reservadas para os delegados do Brasil, mas devido a dificuldades de comunicação, atrasos na realização de eleições e na viagem à Europa, apenas cinquenta chegaram a Lisboa, e logo se desapontaram com a atitude geralmente exibida por seus colegas portugueses, que teimosamente rejeitavam e ironizavam as propostas dos brasileiros, embora todos fizessem parte do mesmo reino. Para os delegados europeus, a intenção era colocar o Brasil em situação de inferioridade, talvez fazê-lo voltar ao estado de colônia; a parte europeia do reino sem dúvida sentia falta da "vaca leiteira". O ideal liberal da Revolução de 1820 não se estendia ao Brasil.[10]

Em 29 de setembro de 1821, a maioria lusitana das Cortes mostrou toda a imensidade de seu despeito, ou de sua sandice, ao aprovar decreto sobre a reorganização da forma de governo do Brasil e da sua administração pública de modo que significava o fim de um poder central; o país seria dividido em várias juntas de governo provinciais, todas subordinadas diretamente a Lisboa. Em 1º de outubro, o desditado dom João, que não era mais que um fantoche das Cortes (dom Pedro referiu-se várias vezes ao estado de "cativeiro" em que seu pai se achava), assinou uma Carta de Lei segundo a qual as Cortes, em face do decreto mencionado e considerando que "a continuação da residência do príncipe real no Rio de Janeiro se torna não só desnecessária, como até indecorosa à sua alta jerarquia", resolviam "que o príncipe real regresse quanto antes para Portugal".

O insulto que essas decisões implicavam ou era deliberado, ou resultava de total falta de bom senso. Ficar no Brasil, reino de nível igual a Portugal, era indecoroso? Residir no Rio, onde a família real passara treze anos, era indecoroso? Além do que, o desaparecimento de um poder central e a criação de diversas juntas de governo provinciais traziam em si o risco de que no futuro o Brasil se dividisse em vários países, como aconteceu na América Espanhola.

No Brasil, a animosidade contra Portugal crescia diariamente; em 9 de janeiro de 1822, dom Pedro sentiu-se obrigado a tranquilizar o país, dizendo claramente que não tencionava obedecer à Carta de Lei e deixar o Brasil: "Fico". Em 4 de maio de 1822, a distância entre os dois reinos aumentou ainda mais: o príncipe regente decretou que nenhuma decisão legal das Cortes podia ter vigência no Brasil sem sua sanção.

°

O divórcio com Portugal foi formalizado em 6 de agosto de 1822, data do Manifesto aos Governos e Nações Amigas, que começava por proclamar a independência política do Brasil, que, entretanto, "quer como Reino irmão, e como Nação grande e poderosa, conservar ilesos e firmes seus imprescritíveis direitos, contra os quais Portugal sempre atentou, e agora mais que nunca, depois da decantada regeneração política da Monarquia pelas Cortes de Lisboa".[11]

Após longa exposição de tudo o que o Brasil fizera por Portugal e todos os abusos que tinha sofrido das Cortes, a recusa destas a ouvir as propostas dos delegados brasileiros, a reforma da administração, sua indiferença quanto à situação do Banco do Brasil (o Manifesto sabiamente se esquiva de mencionar o assalto do rei e amigos aos cofres do banco), a discriminação contra os "cidadãos beneméritos do Brasil, pois na numerosa lista de diplomatas, ministros de Estado, conselheiros e governadores militares não apareceu o nome de um só brasileiro", o Manifesto perguntava:

> Deveremos igualmente sofrer que Portugal ofereça ceder à França uma parte da Província do Pará, se aquela potência lhe quiser subministrar tropas e navios com que possa melhor algemar nossos pulsos e sufocar nossa justiça? Poderão esquecer-se os briosos brasileiros de que iguais propostas, e para o mesmo fim, foram feitas à Inglaterra, com o oferecimento de se perpetuar

o tratado de comércio de 1810, e ainda com maiores vantagens? A quanto chegam a má vontade e a impolítica dessas Cortes!

Ao tempo em que reprova com palavras severas as ações dos partidos lusitanos representados nas Cortes e o tratamento que Portugal historicamente dera ao Brasil, o Manifesto tem o cuidado de preservar a herança de Pedro ao trono português: "Colocado pela Providência no meio deste vastíssimo e abençoado país, como herdeiro e legítimo delegado de El-Rei, meu Augusto Pai, é a primeira das minhas obrigações não só zelar pelo bem dos povos brasileiros, mas igualmente os de toda a Nação que um dia devo governar".

Pedro terminava o Manifesto convidando os governos e nações amigas do Brasil a continuar "com o Reino do Brasil as mesmas relações de mútuo interesse e amizade" e declarando estar pronto a receber "os seus ministros e agentes diplomáticos e a enviar-lhes os meus enquanto durar o cativeiro de El-Rei".

Mesmo antes que o Manifesto de 6 de agosto fosse conhecido em Lisboa, as Cortes tinham mandado novas ordens inflamatórias ao Brasil; em 7 de setembro, durante viagem à província de São Paulo, Pedro recebeu cartas da esposa e de José Bonifácio de Andrada transmitindo as últimas ordens chegadas de Portugal: Pedro não era mais regente, mas somente delegado das Cortes nas províncias sobre as quais já exercia autoridade efetiva; as demais províncias eram colocadas sob a jurisdição direta de Lisboa. Evidentemente, tal separação das províncias em dois grupos, sob autoridades diferentes, constituía, como no caso do decreto de setembro de 1821, séria ameaça à integridade territorial do Brasil; os decretos do príncipe regente eram revogados; seus ministros seriam nomeados em Lisboa, que agora era a sede do governo brasileiro; todos os que tinham desobedecido às ordens das Cortes (isto é, os ministros do príncipe regente e outros altos funcionários) seriam levados a julgamento.

A carta de José Bonifácio também informava do recebimento de notícias sobre o iminente embarque para o Brasil de grande número de soldados portugueses, além de algumas centenas de soldados já desembarcados na Bahia.

Em sua correspondência, José Bonifácio de Andrada e Leopoldina urgiam Pedro a não perder mais tempo e declarar completa a ruptura com o reino europeu. Fiel ao seu temperamento impulsivo, Pedro gritou "Basta!" e proclamou, ali mesmo onde recebeu e leu as cartas, que os brasileiros queriam "independência ou morte" – ou pelo menos é essa a narrativa consagrada nos livros de História do Brasil. Seja qual for a versão verdadeira, qualquer acomodação com Lisboa era agora impossível.

As Cortes nunca aceitaram o que acontecia no Brasil nem compreenderam, ou não queriam ouvir, suas razões. A recusa de Pedro a voltar para Portugal, os confrontos entre as tropas lusitanas ainda no Brasil e soldados nascidos no Brasil, o descaso da maioria nas Cortes à insistência dos deputados brasileiros sobre a igualdade das duas partes do reino, tudo conduziu o lado português a adotar medidas agressivas, tal como a decisão de enviar mais tropas para o Brasil, decisão que só podia contribuir para consolidar a resolução brasileira em favor da independência.

Em 1823, uma reação absolutista, inspirada pela rainha e pelo príncipe Miguel, resultou na dissolução das Cortes. Numa tentativa de atribuir a origem dos problemas entre as duas partes do Reino Unido à política autoritária das Cortes, ficando assim à vontade para afirmar que agora não havia impedimento para retornar ao *status quo* de 1820, o governo de Lisboa recorreu a um raciocínio tão falso quanto estéril. Um exemplo é a explicação dada por Palmela ao barão Binder, na nota em que pedia a mediação da Áustria:

> Forçado a voltar para a Europa [João VI] não podia senão confiar a seu Augusto Filho, deixando-o no Brasil, o cuidado de conservar ao menos assim a integridade da Coroa, que pelo seu nascimento algum dia viria a pertencer a Sua Alteza Real. Mas esses não eram os projetos dos dominadores dos dois Reinos: queriam operar a divisão de Portugal e do Brasil, talvez para se realizarem mais facilmente os planos republicanos, e se completar assim a ruína total da Monarquia e da Família Real. Assim eles empregaram os meios mais diretos para excitar o amor próprio dos brasileiros e para irritar o ânimo do príncipe; e S. A. R., levado ao princípio pelos nobres sentimentos de resistir às leis ofensivas e opressivas, que as Cortes lhe ditavam de longe em nome d'El-Rei, viu-se depois reduzido, decerto contra sua vontade, a

sofrer debaixo do título de Imperador o jugo do partido popular e a praticar um ato aparentemente atentatório ao mesmo tempo contra o seu dever e contra os seus próprios direitos.[12]

Isso era realmente o que tinha acontecido, mas não por haver uma conspiração dos republicanos de Portugal com os do Brasil. Ao contrário: as Cortes tinham irritado os brasileiros exatamente porque não queriam a separação dos dois reinos, porque não queriam perder a "vaca leiteira", que olhavam com animosidade e cobiça.

Livre dos revolucionários de 1820, João VI suspendeu a vigência da Constituição e adotou nova tática para com o Brasil. O conde de Rio Maior foi enviado à frente de uma missão; suas instruções secretas[13] eram para "entregar a Sua Alteza" uma carta de dom João e

> assegurar publicamente que o desejo de Sua Majestade e o de Portugal é de se reconciliar com Sua Alteza Real e com o Brasil, pois que S. M. se acha livre do jugo da facção revolucionária, que fez tantos ultrajes a Sua Alteza Real, e que procurou indispor os brasileiros, com a intenção assaz notória de apressar a separação dos dois países para chegar a fins igualmente funestos a Portugal e ao Brasil. O desejo daquela reconciliação evidencia-se pelas primeiras ordens que S. M. deu logo que reassumiu a plenitude de sua autoridade, e ainda mais pela evacuação da Bahia, que logo determinou.

O artigo 2º das instruções dizia que se Rio Maior achasse disposição para entrar em negociações, poderia admitir como mínimo para elas o seguinte: dom João seria novamente reconhecido como soberano dos reinos de Portugal, Brasil e Algarves; o Brasil teria uma carta particular acomodada à sua localização e demais circunstâncias; as leis do Brasil seriam feitas pelo modo que fosse regulado pela carta; seriam necessariamente sancionadas por Sua Alteza Real, e dependentes, ao menos *pro forma*, da confirmação real; os súditos dos dois reinos poderiam servir "promiscuamente" em um ou em outro; a dotação de Sua Majestade, as despesas da marinha, do corpo diplomático e a dívida pública ficariam a cargo de Portugal e do Brasil.

Esse mínimo era bastante grande, mas o artigo 3º das instruções esclarecia que, "para explicar o artigo antecedente", a missão Rio Maior deveria saber que o diploma, qualquer que viesse a ser, da regência do príncipe Pedro seria o mais amplo possível, "salva a soberania de Sua Majestade"; os brasileiros poderiam apresentar suas ideias a respeito. O corpo diplomático seria nomeado pelo rei e teria ordem de "estar também em correspondência com a corte do Brasil". Não haveria dificuldade em ser feita pelo Brasil a nomeação dos seus cônsules.

No caso de não encontrar disposições para obter algum arranjo nos termos citados, a comissão procuraria convencer o governo do Rio de Janeiro a enviar a Portugal negociadores munidos de plenos poderes, e, se o governo brasileiro fizesse alguma proposta à missão, esta poderia aceitá-las *ad referendum*, "contanto que não tenham por base ou condição *sine qua non* a independência ou a separação total de Portugal e do Brasil".

A carta do rei, datada de 23 de julho de 1823 e endereçada a "Meu filho", citava as iniciativas tomadas, desde a supressão das Cortes, para a reconciliação entre os dois reinos e confiava que Pedro se prestaria a tudo que fosse "em benefício dos dois reinos, e conforme com a dignidade de nossas pessoas, da nossa casa e família, e com os verdadeiros interesses de todos os portugueses".

A missão Rio Maior, que partiu de Lisboa em fins de julho a bordo da corveta Voador e chegou ao Rio em 17 de setembro, não foi bem-sucedida. Não teve permissão de desembarcar; o marechal de campo Luís Paulino de Oliveira Pinto da França, que era brasileiro de nascimento, dirigiu-se à Bahia para transmitir às tropas portuguesas a ordem de cessar hostilidades e regressar a Portugal, mas foi detido e levado ao Rio, onde ficou em prisão domiciliar. De todo modo, sua missão era desnecessária, pois semanas antes os soldados lusitanos tinham sido derrotados e se rendido.[14]

A razão da atitude abertamente hostil à missão, como dito em uma nota enviada a Rio Maior por J. J. Carneiro de Campos, secretário de Estado do Império e Negócios Estrangeiros, era que sua missão não trazia plenos poderes para reconhecer *in limine* a independência e a integridade do Império do Brasil. Assim, o imperador decidiu não receber a carta do pai e ordenou que a missão fosse mandada de volta a Lisboa, o que foi feito em outubro, mas não a bordo da Voador, que foi incorporada à Marinha brasileira sob o pretexto de ser um navio de guerra inimigo.

O comportamento do governo brasileiro foi totalmente contrário às práticas diplomáticas e à mais comum cortesia. A apreensão da corveta era injustificável, e o que equivalia à expulsão da missão provocou a morte, em trânsito para Portugal, do infeliz marechal França, que estava muito doente e teve negado o pedido de ficar no Brasil até que sua saúde melhorasse.

A Grã-Bretanha tinha sido informada das instruções recebidas por Rio Maior, e Canning manifestou a Palmela, ministro dos Negócios Estrangeiros, discordância com seus termos, os quais considerava ultrapassados pelos acontecimentos. O que interessava, disse Canning, era manter uma monarquia na América e preservar a Casa de Bragança nos dois reinos. No final de sua nota, datada de 23 de dezembro de 1823, o governo britânico prestava-se a mediar entre Portugal e Brasil.[15]

°

Como Palmela, ministro de João VI, teve de argumentar e defender políticas contrárias a seu bom senso, justiça a sua inteligência e a seu realismo exige que se mencione uma conversa que teve com Hyde de Neuville em 1823: "Em uma de nossas conversas, o marquês de Palmela disse-me: 'Pode ser que em Portugal as coisas sejam vistas sob uma ótica estreita: por que a colônia não se tornaria um dia a metrópole, e a metrópole a colônia?'".[16]

Ainda que tivesse de acalmar o escandalizado embaixador francês, dizendo que essa era apenas uma ideia vaga, que estava longe de apresentá-la como uma opinião firme, Palmela acrescentou que ela poderia, no futuro, vir a ser objeto de séria consideração.

RECONHECIMENTO PELOS ESTADOS UNIDOS

A declaração de independência do Brasil não foi mencionada pelo presidente Monroe em sua sétima mensagem anual, em 2 de dezembro de 1823; contudo, é correto afirmar que suas palavras se estendiam ao Brasil, mesmo que nenhuma menção explícita se encontre nas detalhadas notas de John Quincy Adams sobre as várias reuniões em que foi preparada a mensagem presidencial.

O "Manifesto aos Governos e Nações Amigas" foi encaminhado a P. Sartoris, cônsul dos Estados Unidos no Rio, oito dias depois. Ao acusar o recebimento, Sartoris comentou que "não se pode duvidar que a notícia da independência política do Brasil será recebida nos Estados Unidos com entusiasmo. A nação que deitou a primeira base da independência da América não pode ver com indiferença a acessão desse [ilegível] Reino à grande família americana".[17]

Condy Raguet, que substituiu Sartoris no mês seguinte, pensava que o imperador da Áustria seria o primeiro a reconhecer a independência do Brasil – afinal, sua filha era a imperatriz do novo país. Raguet estava equivocado: laços de família não eram suficientes para a autocrática Áustria, membro da Santa Aliança e defensora da legitimidade, ser a primeira a endossar uma separação que João VI, embora talvez disposto a reconhecer, pois ele mesmo tinha previsto tal possibilidade, não podia aprovar sem o consentimento das Cortes. A imperatriz tinha escrito ao pai, em 8 de agosto de 1822, mas sem receber o apoio pedido:

> A nossa viagem para a Europa torna-se impossível, porque excitaria o nobre espírito do povo brasileiro, e seria a maior ingratidão e o mais grosseiro erro político se todos os nossos esforços não tendessem a garantir uma justa liberdade, conscientes da força e grandeza deste belo e florescente império. Ele que nunca se submeterá ao jugo da Europa poderá, entretanto, com o tempo, ditar leis. Estou certa, meu digno Pai, de que vós me desejais o que é bom e nobre, e não deixareis de dar-nos auxílio do vosso poder e força nesta emergência.[18]

Em 12 de agosto, o príncipe regente nomeou agentes diplomáticos para negociar o reconhecimento da independência com diversos países. Para os Estados Unidos, Pedro acreditou Luís Moutinho Lima Alves e Silva como encarregado de negócios, porque "é indispensável que nas atuais circunstâncias políticas haja uma pessoa que, em seu Real Nome, cuide diretamente nos Estados Unidos dos assuntos de interesse dos dois países".[19] Por problemas devidos à organização da nova administração do Brasil, Alves e Silva acabou não saindo do país. Apenas em janeiro de 1824 outro agente diplomático foi nomeado; a escolha recaiu em José Silvestre Rebello, português de nascimento havia muito residente no Brasil e dedicado defensor da causa da independência.[20]

De acordo com as instruções recebidas,[21] o principal objetivo de sua missão era conseguir o rápido reconhecimento da independência. Com esse fim, Rebello deveria mostrar-se muito americanista e, se necessário, jogar com a rivalidade anglo-norte-americana: "[Vossa Senhoria] se introduzirá com os enviados estrangeiros que aí residirem, sobretudo com os de outros Estados americanos, mostrando sempre predileção para com eles, e afetando uma exclusiva parcialidade pela política americana".

Rebello também deveria dizer aos seus interlocutores norte-americanos que, se o Brasil não encontrasse apoio nas Américas, seria obrigado a ir procurá-lo em alguma potência europeia, "mas que neste caso muito importaria aos Estados Unidos tomar o passo à França ou Inglaterra, e afastar estas potências de toda a ingerência nos nossos negócios".

Sobre o tráfico negreiro as instruções rezavam que:

> Podendo ser que esse Governo se queixe de ainda continuar o tráfico de escravos neste Império, tráfico que os Estados Unidos consideram uma pirataria, segundo as instruções que deram aos seus ministros nas diversas Cortes; fica V. M. autorizado a declarar que S. M. I. é assaz Liberal, e Generoso, para deixar de reconhecer quanto esse tráfico é desumano, e até heterogêneo, aos princípios constituintes de um Governo Representativo, [para] fazê-lo cessar em todo o Império, apenas lhe seja possível, para o que vai tomando logo as necessárias medidas.

O parágrafo 15 das instruções estava fadado ao insucesso, devido à política do governo norte-americano de não fazer alianças com governos estrangeiros, na linha seguida desde a tomada de posse de George Washington de evitar *foreign entanglements*, isto é, compromissos com outros países:

"Sondará a disposição desse Governo para uma liga ofensiva e defensiva com este Império, como parte do continente americano; contanto que semelhante liga não tenha por base concessões algumas de parte a parte, mas que se deduza tão somente do princípio geral da conveniência mútua proveniente da mesma liga".

Rebello chegou a Washington no mês de abril e menos de dois meses mais tarde era recebido por Monroe como encarregado de negócios do Brasil. Embora o reconhecimento tenha sido obtido em prazo relativamente curto, não deixou de encontrar algumas dificuldades, como relatado por Adams em suas memórias.[22]

Em reunião ministerial a 6 de abril, foi discutido se Rebello seria recebido como encarregado de negócios do Brasil. Após ouvir argumentos pró (o que interessava era o país ser independente, e que o próprio rei, ao elevar o Brasil a reino, tinha posto fim a sua situação de colônia) e contra (o governo era monárquico), ficou resolvido que Adams receberia Rebello e lhe pediria para apresentar documentos que provassem uma independência de fato.

Em 28 de abril, Adams levou ao presidente informações prestadas por Rebello, as quais incluíam cópia do projeto de Constituição a ser jurada pelo imperador e também um longo despacho de Condy Raguet, datado de 8 e 12 de março, que narrava uma confusa situação na capital do Império.[23] Informava Raguet que quatro navios de guerra franceses haviam chegado ao Rio, trazendo um cavalheiro que, acompanhado dos oficiais dos navios, entregou ao imperador uma carta endereçada a "Sua Alteza Real o Príncipe do Brasil" e tinha, segundo informava Raguet, "dito que 'estava instruído pelo Rei, seu senhor, a declarar a Sua Alteza Real que os navios de Sua Majestade estavam à sua disposição [do imperador] a qualquer momento que ele o desejasse' ou palavras nesse sentido". Raguet acrescentou que mais quinze belonaves francesas eram esperadas. Monroe disse a Adams para enviar essas informações aos demais membros do gabinete e convocou uma reunião ministerial para dois dias mais tarde.

Tobias Monteiro descreveu o que se tinha passado deste modo: em fevereiro de 1824, a presença naval da França no Rio de Janeiro, até então representada por uma única fragata, foi aumentada em mais 2 fragatas,

3 corvetas, 1 brigue e 1 navio-transporte. Alguns dias depois de esses navios terem fundeado, num dos quais chegou o conde de Saint-Mauris, secretário de legação, Gestas, o encarregado de negócios francês, falando em nome de seu soberano, colocou a flotilha à disposição de dom Pedro e declarou que o governo brasileiro ficava livre para recrutar na França oficiais e marinheiros.[24]

A respeito disso é igualmente útil ler o que escreveu Palmela a Villa Real, embaixador em Londres:

> Viu Sua Majestade no ofício nº 42, que Vossa Excelência já ficava dissuadido da falsa impressão que lhe haviam causado as notícias espalhadas dos preparos que se estão fazendo neste porto para a expedição destinada ao Brasil, e da chegada ao Rio de Janeiro de certo número de embarcações de guerra francesas, coincidência esta de que imediatamente se aproveitaram os jornalistas ingleses para formarem conjecturas absolutamente destituídas de fundamento [...]. Portanto, fica V. Eª. autorizado a desmentir formalmente qualquer suposição que possa ainda aventar-se de ajuste secreto ou inteligência, seja com o governo francês, seja com qualquer outro governo, relativamente à ocupação do Brasil.[25]

Na reunião ministerial, as informações provenientes do Rio, Lisboa, França e Europa em geral levaram Adams a manifestar forte suspeita de que o imperador estava em conluio com o pai e a França, para voltar a ser um príncipe português do Brasil e restabelecer o domínio do Brasil por Portugal. Havia também resistência contra o governo imperial no próprio Brasil, e, dizia Raguet, o imperador havia declarado o bloqueio de Pernambuco com ajuda de uma força francesa. Adams propôs ao gabinete ser autorizado a chamar Rebello e de modo conciliatório dizer-lhe que o presidente decidira adiar por algum tempo seu recebimento como encarregado de negócios do Brasil, o que foi aprovado.

Quatro dias mais tarde, Adams recebeu novamente Rebello: informações de Lisboa, de que a França negociava ativamente lá; o bloqueio de Pernambuco anunciado pelo governo, reconhecendo assim haver resistência contra ele; a aceitação de uma força naval francesa, oferecida a "Sua Alteza

Real, o Príncipe do Brasil", para submeter Pernambuco; indícios, da parte do próprio imperador, de que este queria restabelecer a autoridade de Portugal sobre o Brasil; tudo isso mais o fato de que dom Pedro ainda não tinha jurado aceitar a Constituição redigida sob sua própria direção eram razões para adiar a decisão dos Estados Unidos por uns poucos dias, até que os acontecimentos removessem as dúvidas quanto à existência de um governo independente no país.

Rebello negou a validade das insinuações feitas no despacho de Raguet e insistiu em desejar que os Estados Unidos fossem os primeiros a reconhecer a independência do Brasil. Nas palavras de seu despacho ao Rio de Janeiro: "É tempo perdido aquele que este governo gastar, lhe disse, em esperar o que a esquadra francesa fará; foi mandada ao Brasil para fazer ver aos brasileiros que os franceses também têm marinha, e nada mais [...]".[26]

Metternich era da mesma opinião, como narrou o embaixador britânico em Viena: "O príncipe Metternich mal podia acreditar que estava nas cogitações da França unir suas forças às de [Portugal] para a reconquista do Brasil; ele estava mais inclinado a pensar que, quando uma explicação fosse pedida ao governo francês, esse armamento seria revelado como não tendo um objetivo".[27]

Imediatamente após a conversa com Rebello, Adams foi ao presidente e fez-lhe um completo relato. Ele recebera naquela manhã cópia do despacho de Raguet de 8 e 12, com um pós-escrito datado de 24, em que informava que o imperador juraria manter e defender a Constituição no dia seguinte, que tudo estava tranquilo e que não haviam chegado reforços à flotilha francesa. O presidente estava muito inclinado a receber Rebello, pois para Monroe o essencial era a independência ter acontecido de fato; a forma de governo não era da conta dos Estados Unidos, e ao evitar envolverem-se na questão os Estados Unidos diminuíam o risco de desentendimento com as potências europeias. Ademais, em seu pós-escrito Raguet acrescentou que um artigo semioficial aparecido em um jornal da véspera, aludindo à oferta dos navios franceses feita ao imperador, informava que o governo tinha respondido ser muito grato ao soberano francês, mas não precisava da ajuda de uma força estrangeira, e que o esquadrão podia seguir sua viagem.

Adams sugeriu a Monroe que, antes de receber Rebello, seria útil saber se o governo brasileiro se considerava obrigado pelos tratados anglo-portugueses a suprimir o tráfico de escravos e se o imperador estava disposto a encerrá-lo. O que motivara Adams era um tratado, recentemente assinado pelos Estados Unidos com a Grã-Bretanha, e naquele momento em consideração pelo Senado, que, de acordo com o artigo 10, as partes contratantes se obrigavam a utilizar sua influência para que o tráfico de escravos africanos fosse considerado pirataria à luz do direito internacional.[28]

As explicações de Rebello foram consideradas suficientes para que Monroe o recebesse como representante diplomático em 26 de maio. É evidente a disposição de Monroe e da maioria dos membros de seu governo para reconhecer a independência do Brasil, a exemplo das provas de simpatia do presidente pela luta das colônias espanholas e o apoio geral do povo norte-americano ao que via como a repetição de sua guerra de independência. As anotações de Adams indicam que, como secretário de Estado, ele tentou facilitar a missão de Rebello; por exemplo, sua aceitação de que dom Pedro estava decidido a pôr um termo ao tráfico de escravos em curto prazo mostrava a intenção de admitir algo que certamente sabia ser de muito difícil realização.

MEDIAÇÃO DA ÁUSTRIA E INGLATERRA

Talvez o governo português tivesse pouca esperança de que a missão de Rio Maior tivesse êxito; em agosto, antes que a Voador chegasse ao Rio, Palmela mandara instruções ao conde de Villa Real,[29] embaixador em Londres, no sentido de que, enquanto se aguardava a resposta de Pedro I à carta do pai, considerava-se sumamente necessário explicar o pensamento de dom João VI aos principais governos da Europa e obter sua adesão; os diplomatas portugueses na Inglaterra, França, Áustria, Prússia e Rússia foram instruídos a solicitar daquelas cortes

> sua amigável intervenção quando seja necessária, para fazer desaparecer o fatal exemplo da usurpação de um Trono, exemplo que se torna ainda mais

digno de lástima quando ele é obra de um príncipe destinado a assentar-se algum dia sobre o mesmo Trono que prematuramente ocupa, e cuja subsistência é sem dúvida incompatível com os princípios de legitimidade e de moral política, que os Soberanos da Europa sustentam à custa de tantos sacrifícios e trabalhos.

O fato de a intervenção amigável ser pedida *quando*, e não *se*, necessária parece indicar que Lisboa tinha pouca confiança no sucesso de Rio Maior, o que seria confirmado em 18 de outubro, quando o resultado da missão ainda era desconhecido, e Portugal pediu ao imperador austríaco que interviesse como mediador.[30]

Ao mesmo tempo, Palmela instruía Villa Real a informar Canning do pedido feito à Áustria, acrescentando que, ao solicitar a mediação unicamente da Áustria, João VI

> não pretende contudo renunciar ao apoio poderoso da influência inglesa; quer só evitar as declarações e as restrições que o ministério inglês se julgaria autorizado a fazer nesse caso; e espera da Inglaterra mais do que uma mediação, que sempre supõe um certo grau de imparcialidade. Espera da Inglaterra que ela se identifique em certo modo com as vistas do gabinete de Lisboa; que se persuada de que nisso consiste o seu verdadeiro interesse; e que preste a Sua Majestade todo o apoio possível, menos o da força armada; pois que El-Rei meu Senhor renuncia positivamente a esse meio de submeter o Brasil, e só mandaria para lá tropas portuguesas para auxiliar o Príncipe Real a comprimir alguns levantamentos parciais, no caso de que o mesmo príncipe o requeresse.[31]

Quando o mau trato infligido pelo governo brasileiro à missão Rio Maior chegou ao conhecimento de Lisboa, Palmela expediu novas instruções a Villa Real, que agora seria o encarregado de negociar com o Brasil, e para servir-lhe de guia redigiu um relatório, datado de 9 de janeiro de 1824, em que recapitulava os antecedentes. Palmela, um hábil e esclarecido diplomata, mostrava por seu relatório que Portugal – provavelmente pela insistência de dom João vi em reter o título de rei do Brasil – ainda não estava pronto para aceitar a realidade, apesar do desapontamento expressado em relação à posição adotada pelo governo britânico.

O relatório mostrava-o claramente.[32] Começava por afirmar que as causas imediatas da insurreição do Brasil eram o regresso da corte à Europa, o que ofendera a vaidade dos brasileiros, ainda quando seus verdadeiros interesses se mantinham, e "o espírito vertiginoso de inovação e de democracia". A essas causas primárias deviam acrescentar-se outras, a saber, os decretos das Cortes ordenando o regresso de dom Pedro a Portugal e os demais decretos, manifestos, discursos etc. emanados "daquela tumultuosa assembleia, que contribuíram não pouco a inflamar os espíritos e exaltar a imaginação dos brasileiros".

A seguir, eram alinhadas as medidas tomadas pelo rei – as mesmas expostas na carta, não entregue, do mês de julho anterior, mostrando a disposição régia de sanar os excessos das Cortes – após cuja adoção tinha sido julgado conveniente "preparar o apoio efetivo ou ao menos moral de algumas das primeiras potências da Europa para o caso provável de que a negociação direta que em primeiro lugar convinha entabular, sem intervenção alguma estrangeira, não produzisse imediatamente o desejado efeito". As respostas das potências europeias mostravam disposição de cooperar para o restabelecimento da autoridade de dom João no Brasil e para

> a aniquilação do partido revolucionário que, sufocado na Europa, parecia renascer além do Atlântico. Sua Majestade o imperador da Áustria, bem que ligado por vínculos tão estreitos ao *chefe aparente da insurreição brasileira*[33] [...] desaprovou altamente a conduta do seu augusto genro, recusando-se a receber debaixo de qualquer caráter oficial ou público o agente Antônio Teles da Silva.

O ponto essencial, prosseguia o relatório, era saber as intenções da Grã-Bretanha, pois que as disposições favoráveis de Áustria, Rússia e França dificilmente poderiam passar de meras declarações oficiais; quando muito, chegariam até a prometer não reconhecer a independência do Brasil enquanto dom João não lhes desse o exemplo, promessa que Palmela reconhecia não ser talvez de grande importância, "porque se a independência se estabelecesse e consolidasse de fato, indispensável seria vir a reconhecê-la de direito, e nenhum governo consentiria entretanto na interrupção das comunicações comerciais com o Brasil, única hostilidade verdadeira que este poderia recear das potências continentais da Europa".

Quanto às intenções da Grã-Bretanha, por um lado era de esperar que o governo de Londres, "este antigo e firme aliado de Portugal, não patrocinasse uma insurreição tendente a dissolver a monarquia portuguesa [...] e a debilitar Portugal, tornando assim mais precária a sua existência política e mais pesada a garantia da sua independência".

Por outro lado, a opinião majoritária na Grã-Bretanha a favor da emancipação da América, seus interesses comerciais e o desejo de

> contrapesar a poderosa influência que os últimos acontecimentos da Espanha iam dar à França e às demais potências conhecidas pela denominação de Santa Aliança, mais que tudo, talvez, o amor-próprio irritado do ministro inglês, que acabava de ver desmentidos todos os seus prognósticos na guerra e na contrarrevolução da península, faziam duvidar com justa razão da sinceridade da cooperação britânica na contenda entre Portugal e sua antiga colônia.

Palmela referia-se então à escala que lorde Amherst, a caminho da Índia, fizera no Rio de Janeiro no ano anterior, e ao recado que então transmitiu a José Bonifácio em nome do gabinete londrino; o recado era igual ao que Canning, já em fevereiro de 1823, tinha autorizado o encarregado de negócios britânico a transmitir "confidencialmente ao senhor Andrada que, se o reconhecimento do novo império pela Grã-Bretanha for assunto de interesse de seu soberano, V. Sª. está certo de que ele achará o melhor caminho para obtê-lo por intermédio de uma oferta, da parte do Brasil, de aceitar a renunciar ao tráfico de escravos".[34] Tudo indicava, segundo Palmela, que "no fundo do seu coração os ministros ingleses não desejavam muito a reunião dos dois reinos, ainda que somente expressassem o convencimento da inutilidade de todas as tentativas para induzir os brasileiros a reconhecer novamente a soberania de Sua Majestade".

No entanto, dizia Palmela, havia razões para suspeitar que a inclinação a favor do Brasil tinha diminuído desde o fim da submissão de dom João às Cortes, "mas sobretudo pela tendência republicana que tem tomado a revolução do Brasil". As notícias de revoluções em algumas províncias do Brasil, quaisquer que fossem suas motivações, tinham despertado em Lisboa a esperança de que obrigariam o Brasil a ser mais flexível na próxima negociação. Esse raio de sol, no que era um relatório sombrio para Portugal, não convencia, pois adiante Palmela assinalava que

> O governo britânico, bem que informado dos passos dados para solicitar a mediação da Áustria, mostra-se desejoso, mais agora do que ao princípio, de intervir como mediador, e ainda que persista em afirmar que não vê esperança alguma de induzir os brasileiros a aceitar a condição do reconhecimento da soberania de Sua Majestade, contudo não parece recusar-se a empreender a mediação.

Várias vezes Palmela referiu-se à vantagem que Portugal teria caso a situação no Brasil se agravasse. Escrevendo a Villa Real em 13 de janeiro, quatro dias depois de assinar seu relatório, ele dizia:

> Enquanto dura a suspensão da negociação, procuraremos aqui aproveitar o tempo para completar do melhor modo possível os nossos armamentos marítimos e pôr-nos em estado de proteger as costas de Portugal e as colônias de África; e talvez, quando cessem todas as esperanças pacíficas, de fazer uma nova tentativa sobre as províncias do norte do Brasil, cuja ocupação e conservação não oferece maiores dificuldades, se conseguirmos estabelecer a nossa superioridade por mar. É provável que o tempo que decorre nos seja mais favorável do que contrário; pois que as sementes de divisão entre as províncias do Brasil vão-se desenvolvendo rapidamente, e a perigosa anarquia que daí resulta inclinará talvez uma parte daqueles habitantes a buscar ainda o apoio do seu legítimo soberano.[35]

E em 24 de abril, sempre a respeito da negociação que logo seria iniciada em Londres, escrevia a Villa Real que "a moderação das pertenções tão justas quanto liberais de Sua Majestade adquirirá ainda maior evidência quando se reconheça que elas não se fundam na absoluta impossibilidade de recorrer às armas nem na falta total de meios para efetuar pela força a reconquista do Brasil ou de algumas de suas províncias".[36] Portanto, ficava desmentida a declaração feita a Canning em outubro do ano anterior, e repetida em várias ocasiões, de que dom João renunciava ao emprego da força armada.

Os dois países de que Portugal esperava ajuda nas negociações com o Brasil eram, contudo, de outra opinião: para Áustria e Inglaterra, o ponto de não retorno já tinha sido ultrapassado. A resposta da Áustria ao pedido de atuar como mediadora chegou a Lisboa cinco meses mais tarde, em termos que mostravam pouco entusiasmo. Em seu despacho[37] ao barão Binder, ministro austríaco no Rio, Metternich expressava que não estava muito distante o momento em que uma proposta tão moderada como a que fora confiada a Rio Maior (revelada por Palmela a Binder) pudesse ter sido aceita pelo Brasil, mas a situação – "e o gabinete de Lisboa o sabe melhor que nós" – tinha mudado muito, pelo que não podia surpreender o fracasso da missão Rio Maior.

> Os comissários portugueses não tendo o poder de admitir como uma condição preliminar a total independência do Brasil, toda discussão adicional foi rejeitada, e era de prever que o seria. Perguntamos ao gabinete de Lisboa: poderia [o imperador da Áustria] encarregar-se de uma intervenção colocada sobre a mesma base daquela cujo resultado penoso está diante de nossos olhos?

Em resumo, a Áustria só atuaria como mediadora se a independência do Brasil fosse reconhecida por Portugal. Quanto à Inglaterra, segundo informações provenientes de lá, ela "não admitirá em qualquer caso a pacificação definitiva do Brasil, a não ser sobre a base da sua independência". Ainda assim, a Áustria oferecia a Portugal um pequeno consolo: o pai da imperatriz do Brasil "não reconhecerá nem a separação definitiva dos dois reinos, nem a soberania do príncipe regente sobre o Brasil, nem nenhum título que disso derive, antes que essas mudanças tenham sido admitidas e sancionadas por Sua Majestade Fidelíssima".

°

Um aspecto que ainda não foi mencionado, mas diversas vezes foi levantado pelo rei e por Palmela durante todo esse tempo, era: o que seria de Portugal sem o Brasil?

Em 20 de outubro de 1823, Palmela urgia a Villa Real a necessidade de a Grã-Bretanha apoiar Portugal nas próximas negociações:[38]

> O governo inglês nada ganharia com a separação dos dois Reinos num ponto de vista comercial; nada ganharia politicamente, porque o estabelecimento de repúblicas democráticas em toda a América não pode convir-lhe; e perderia tudo a respeito de Portugal, porque este Reino, reduzido aos seus únicos recursos pecuniários, ou viria a ser um aliado pesadíssimo e quase nulo para a Grã-Bretanha, ou escaparia de necessidade à sua aliança, e deveria submeter-se à influência da Espanha e da França.

Em outubro de 1824, A'Court, embaixador em Lisboa, mencionou a Canning diversos pontos sobre os quais Palmela tinha insistido; um deles era "a insignificância a que Portugal seria reduzido e sua impossibilidade de manter por muito tempo, em circunstâncias tão alteradas no mundo, ou sua dignidade, ou sua independência, caso fosse privado de tão grande parte de seu império".[39] Em 24 de janeiro de 1825, João VI disse ao embaixador britânico que deveria ser tomado em consideração o fato de que Portugal, totalmente separado do Brasil, "mal teria um ponto de interesse comum com a Inglaterra".[40]

Embora tais protestos carregassem nas tintas, não havia dúvida de que Portugal se empobreceria e enfraqueceria significativamente com a separação dos dois reinos.

°

Na segunda metade de 1824, a negociação teve lugar em Londres; Portugal estava representado pelo conde de Villa Real e o Brasil por Felisberto Caldeira Brant Pontes, futuro marquês de Barbacena, e Manuel Rodrigues Gameiro Pessoa, futuro visconde de Itabaiana. Canning e o príncipe Esterházy, embaixador da Áustria em Londres – e, na ausência deste, o encarregado de negócios Neumann – participavam das conversações como mediadores. Em suas *Memórias*, Palmela narra que, em razão da resposta austríaca ao pedido de que o país atuasse como mediador, ele achou por bem "alterar o primeiro pedido e solicitar a mediação da Áustria conjuntamente com a Inglaterra, na esperança de neutralizar por esse meio a parcialidade do ministério inglês".[41]

Em agosto, Canning tomou a iniciativa de apresentar um projeto de tratado que foi aceito pelos brasileiros, mas causou indignação em Portugal, pois não havia previamente consultado Villa Real (como também não consultara o lado brasileiro). Como Portugal esperava que a Grã-Bretanha se "identificasse" com sua visão, a corte portuguesa considerou inamistosa a iniciativa de Canning.

Dois meses depois, Palmela enviou a Villa Real o texto[42] a ser apresentado em Londres, como contraproposta ao projeto de Canning. Não era, porém, uma verdadeira contraproposta, porque fora redigida antes da de Canning; na verdade, era o texto que tinha sido levado ao Brasil, para ser apresentado ao imperador por José Antônio Leal.[43] Que ele era portador de texto praticamente idêntico à contraproposta é confirmado por Palmela, em despacho a Villa Real com data de 15 de janeiro de 1825,[44] no qual explica que em junho "apareceu aqui esse indivíduo, e referindo comunicações particulares que tivera no Rio com alguns dos indivíduos mais influentes", tinha concluído que "uma porção respeitável dos habitantes do Rio de Janeiro se inclinaria a um ajuste com Portugal, que tivesse por base a conservação do Príncipe Real com o título por ele assumido, conciliando a conservação desse título com o da soberania de Sua Majestade Fidelíssima sobre seu Filho". Como essas ideias coincidiam perfeitamente com as de João VI, foi decidido verificar "se, com efeito, elas emanavam dos indivíduos mencionados por Leal".

"Poder-se-á objetar ao que acabo de dizer", prossegue Palmela, "com a aparente contradição de haver Sua Majestade, vários meses depois da missão de Leal para o Brasil, repetido proposições quase semelhantes por meio de conferências de Londres, e sem fazer menção às primeiras. Isso, porém, resultou somente da marcha seguida em toda a negociação." Ademais, explicava Palmela, "que na época da remessa do contraprojeto se ignorava ainda nesta corte o mau resultado da missão de Leal".

°

A missão de Leal foi um fracasso; ele foi expulso do Rio e embarcado num navio que partia para a Europa. Canning e Esterházy criticaram Portugal severamente por suspeitar que Leal esperasse receber, uma vez no Brasil, o apoio da França e da Santa Aliança. Os negociadores brasileiros nem ao menos aceitaram a contraproposta *ad referendum*, pois a expulsão de Leal já mostrava que a contraproposta era conhecida e considerada inaceitável pelo governo brasileiro. Para todos os efeitos, a negociação entre Villa Real, Caldeira Brant e Gameiro Pessoa, tendo Áustria e Grã-Bretanha como mediadoras, estava terminada.

Ainda que seja compreensível a suspeita de Canning de que Subserra e a França tramavam solapar a mediação britânica, dada a desconfiança quase doentia do estadista inglês em relação à França, o estado de espírito de dom João VI não pode ser desconsiderado. Ele era digno de dó: traído duas vezes por Miguel, tendo perdido o Brasil (embora nesse caso não houvesse traição filial, uma vez que ele dera a Pedro o conselho acima mencionado), infernizado pela esposa, o rei estava abatido moralmente e com a saúde abalada. Em seu infortúnio (certos autores e alguns de seus contemporâneos sugerem que ele dava sinais de senilidade), pode ser que procurasse o consolo de assumir o título de Imperador do Brasil, colocando-se acima de seu filho. Não é improvável que muitos dos erros cometidos durante a negociação com o Brasil pela geralmente hábil diplomacia portuguesa resultassem da obsessão real.

A irritação britânica com a ida de Leal ao Brasil tinha também um lado teatral: a demonstração de desagrado concordava com o interesse em apressar o término da negociação e fazer Portugal aceitar a entrega da negociação a um plenipotenciário inglês. A pressão inglesa sobre dom João é exemplificada pelo que Canning disse a Villa Real em dezembro de 1824, cuja informação é comentada por Palmela:[45]

> Diz mr. Canning que as concessões que o nosso governo se tem prestado a fazer no decurso da negociação têm sido sempre tardias e, por isso, baldadas; de maneira que se estes mesmos oferecimentos que agora se fizeram tivessem chegado a Londres meses, ou mesmo semanas antes, teriam produzido um efeito vantajoso, que se não pode esperar agora.

Anos mais tarde, Palmela daria razão a Canning, ao lamentar, em discurso no Parlamento português, que Portugal tinha perdido o Brasil "sem alcançar as vantagens que poderíamos ter obtido por meio de negociações amigáveis, na separação das duas partes da monarquia portuguesa, caso se tivesse a tempo tomado a resolução de fazer um sacrifício já inevitável, procurando somente receber as indenizações possíveis".[46]

PORTUGAL ACEITA O INEVITÁVEL: A GRÃ-BRETANHA NEGOCIA EM SEU NOME

"O governo inglês quase que sem rebuço indicou desde logo a intenção de favorecer a insurreição das colônias espanholas e portuguesas (*sic*), fazendo ceder qualquer consideração à que sobre todas o domina, a de promover o seu comércio."[47] E assim continuou a ser.

O fim das negociações em Londres e a consequente irresolução do reconhecimento da independência do Brasil por Portugal confrontavam o governo britânico com o término da vigência do tratado de comércio de 1810. *Sir* Charles Stuart, que de 1810 a 1814 tinha sido o representante britânico em Lisboa, enquanto Strangford era o ministro junto à corte portuguesa no Rio, foi a Lisboa para colher de dom João quais eram as concessões que julgava indispensáveis obter do Brasil.

A pressão de Canning para Portugal concordar que a negociação com o Brasil ficasse a cargo de um estrangeiro foi apresentada como fato consumado em seu despacho a A'Court, embaixador em Lisboa, em 17 de janeiro de 1825:

> Vossa Excelência informará [ao ministro português] que *sir* Charles Stuart será instruído a tentar [...] trazer o governo português a uma decisão final quanto ao montante das concessões que [Portugal] está disposto a fazer ao Brasil; que ele estará preparado para explicar as opiniões do governo britânico sobre os vários artigos do Projeto [a proposta de Canning] e do Contraprojeto [a proposta portuguesa], nos quais planos de pacificação foram incluídos; e a mencionar quais pontos o plenipotenciário britânico pode, e quais não pode, ser autorizado a insistir, em nome de Portugal, no Rio de Janeiro.[48]

Nas palavras de Augustus Stapleton, Stuart iria ao Brasil "para reconciliar o Brasil a [aceitar] algo menos que suas ilimitadas exigências, e Portugal a [aceitar] algo menos que suas irredutíveis pretensões".[49] Stuart ia para mais do que isso: ele representaria dois países, pois, como Canning deixou claro, o plenipotenciário de Portugal não tinha autorização do governo britânico para insistir em certos pontos.

A Henry Chamberlain, encarregado de negócios britânico no Rio, Canning escrevera dois dias antes, informando não haver esperança de que as conferências de Londres pudessem ser retomadas com algum proveito. Assim, ocorrera ao governo britânico que o que havia começado em Londres devia, para que terminasse num prazo razoável, ser prosseguido em Lisboa e no Rio; para tanto, e como prova do interesse de George IV na solução do problema, ele tinha escolhido *sir* Charles Stuart como o instrumento para a continuação de sua mediação.[50]

Stuart chegou ao Rio em julho, e, estando informado do que era essencial para Portugal, o Tratado de Paz, Amizade e Aliança foi concluído e assinado em 29 de agosto de 1825 e ratificado por dom Pedro I no dia seguinte. O tempo relativamente curto entre a chegada de Stuart e a firma do tratado não reflete as dificuldades que encontrou. A primeira foi o próprio imperador, incapaz de manter-se afastado e deixar seus delegados se ocuparem da negociação; numa carta a Carvalho e Melo sobre o primeiro encontro que tivera com o plenipotenciário português, Pedro não resistiu a jactar-se: "Cuidou que estava com o pai achou o filho recuou e não avança mais"[51] – tudo sem uma única vírgula...

Outra dificuldade foi objeto de queixa por parte de Stuart em despacho a Canning.[52] O príncipe parecia determinado a impedir a comunicação de Stuart com todos os que tivessem, em qualquer momento, expressado um sentimento favorável ou parcial ao governo inglês. Mesmo Caldeira Brant ou o barão de Mareschal, que tanto haviam feito para servir aos interesses de dom Pedro, tinham confiado a Stuart que não ousavam ir ao seu encontro pelo receio de se exporem ao que disso poderia resultar.

> A primeira medida que Sua Alteza tomou foi a seleção, para a condução da negociação, daquelas pessoas cuja hostilidade, não a Portugal, mas à Grã-Bretanha, tem sempre sido a mais proeminente. Por exemplo, o senhor Carvalho, cujas comunicações com mr. Chamberlain não podem ter deixado dúvidas na mente de Vossa Excelência sobre suas opiniões e sua incapacidade; em segundo lugar, o senhor Vilela, que, como ministro da Marinha, claramente demonstrou tendenciosidade por sua conduta, em várias oportunidades, em relação à nossa marinha; e, em terceiro lugar, o barão de Santo Amaro, o qual, embora o mais razoável na forma e nas maneiras, é há muito conhecido como sendo o líder do partido francês. Essas três pessoas formam o que resta da facção [...] hostil aos interesses britânicos.

O tratado reconheceu Pedro como imperador do Brasil, mas João VI também tomou e reservou, apenas para si, o mesmo título; daí em diante, os documentos e a correspondência oficial de Portugal passaram a referir-se a ele como Sua Majestade o Imperador e Rei.

Portugal também propôs três Cartas de Lei para o texto de sua carta de ratificação do tratado; as três foram rejeitadas pelo Brasil. A primeira por começar com a declaração de que João reconhecia a independência do Brasil em vista da necessidade de pôr fim aos males e às dissensões que ocorreram, com o mais grave prejuízo e dano para seus cidadãos e os de Portugal; ademais, nela João VI tomava para si e seus sucessores "o título e a dignidade de Imperador do Brasil e Rei de Portugal e Algarves", linguagem que subentendia a continuação da sujeição do Brasil a Portugal. O lado brasileiro rejeitou a frase sobre o que tinha acontecido no Brasil, considerando-a um comentário inapropriado sobre um assunto doméstico, bem como a hereditariedade do título assumido por dom João. Os textos das duas outras Cartas de Lei foram rejeitados, também por conter expressões inaceitáveis.

A corte de Lisboa não deixou, porém, de dar mais uma mostra de sua pequenez na Carta de Lei Ratificatória do tratado, datada de 15 de novembro de 1825, a qual se referia a Pedro I como príncipe de Portugal e Algarves, sem referência a seu título de Imperador do Brasil e sem incluir referência à independência do Brasil. A indignação brasileira foi grande, e Portugal teve de corrigir o insulto, emitindo nova Carta de Lei.

Um importante assunto resolvido pelo tratado foi o preço pago pelo Brasil, fixado em 2 milhões de libras esterlinas, das quais os dois maiores pagamentos eram: 1) o saldo devido por Portugal de um empréstimo contraído em Londres em 1823, que o Brasil tomou para si; 2) 250 mil libras esterlinas a serem pagas diretamente a dom João, como ressarcimento pela propriedade privada que tinha deixado no Brasil; essa soma ficava disponível imediatamente, e Pedro logo escreveu ao pai, para informá-lo disso.

°

Uma preocupação de Portugal tinha sido suscitada pelo desejo, manifestado por algumas de suas colônias africanas, de fazer parte do Império Brasileiro. As íntimas relações oriundas do tráfico de escravos entre o Brasil e aquelas possessões portuguesas tornavam compreensível tal desejo. O Brasil, contudo, não tinha interesse numa expansão que criaria um país transatlântico, o que deixou claro em várias ocasiões. Em 2 de abril de 1823, Chamberlain, durante entrevista com Andrada, ouviu do ministro brasileiro que "com relação às colônias na costa da África, não queremos nenhuma; nem de qualquer outro lugar; o Brasil é bastante grande e suficientemente produtivo para nós, e estamos contentes com o que a Providência nos deu".[53]

> Como as colônias portuguesas de Angola e Benguela propunham, já por algum tempo, separar-se da mãe-pátria e unir-se ao Brasil, Portugal pediu, e os negociadores brasileiros concordaram, que o tratado expressasse a recusa do imperador de aceitar qualquer proposta com tal finalidade. Como [o conde de] Gestas estranhasse que tal cláusula tivesse sido aceita tão facilmente, o imperador respondeu que a imensidade do Brasil bastava à sua ambição.[54]

E assim se fez. O artigo 3º do tratado pelo qual Portugal aceitou a independência brasileira reza: "Sua Majestade Imperial promete não aceitar proposição de quaisquer colônias portuguesas para se reunirem ao Império do Brasil".[55]

13. A Independência do Brasil – 2

RECONHECIMENTO PELA GRÃ-BRETANHA

Seis dias depois da publicação do Manifesto de 6 de agosto, José Bonifácio de Andrada expediu instruções a Felisberto Caldeira Brant, que já se encontrava em Londres como agente do governo brasileiro, para negociar a obtenção do reconhecimento da independência política do Brasil pela Grã-Bretanha. Logo que recebido, deveria expor os motivos que teve o Brasil: não reconhecer mais a autoridade do Congresso de Lisboa; querer em solo brasileiro uma assembleia geral constituinte legislativa com atribuições iguais às do legislativo lisboeta; considerar dom João VI como prisioneiro das Cortes; a necessidade de Sua Alteza Real corresponder-se diretamente com as cortes estrangeiras. Caldeira insistiria particularmente sobre o estado de cativeiro do rei, o que bastava para o Brasil não obedecer aos decretos das Cortes, pois a sanção real de que vinham revestidos, sendo forçada, era legalmente nula.

Caldeira deveria mostrar que, para conservar a monarquia no Brasil, dom Pedro aceitou os votos dos brasileiros, que reclamavam a integridade do país e sua independência política, como reino irmão e tão livre como o de Portugal. Caldeira procuraria, assim, obter o reconhecimento da independência e da "absoluta regência de Sua Alteza Real enquanto Sua Majestade se achar no afrontoso estado de cativeiro a que o reduziu o partido faccioso das Cortes de Lisboa".[1]

Depois de vários argumentos adicionais e instruções não diretamente relacionadas com o reconhecimento, Caldeira era instruído a insinuar que a potência que fosse a primeira a reconhecer a independência do Brasil "colherá decerto as mais decididas vantagens, sobretudo quando o reconhecimento [...] é um serviço feito a El-Rei", e, no jogo de tentar acirrar as rivalidades entre as potências (como em 1824 se faria nas instruções dadas a Rebello), acrescentar que conviria à Inglaterra adiantar-se à França e aos Estados Unidos, "pois é mui provável que essas duas potências se rivalizem em vir concertar conosco novas e mais estreitas alianças comerciais e políticas a bem da prosperidade do seu comércio".

Assim, as instruções referiam-se a dom Pedro como Sua Alteza Real; como nelas se explicava, o Brasil desejava independência, não separação absoluta de Portugal; ao contrário, dom Pedro sempre protestara, em todas as ocasiões, e ultimamente no Manifesto, que desejava manter toda a família portuguesa "reunida politicamente debaixo de um só Chefe, que ora é o Senhor Dom João VI, o qual, porém, se acha privado de sua autoridade e oprimido pela facção dominadora das Cortes [...]". Isso logo mudaria em face dos acontecimentos de 7 de setembro, e dom Pedro passaria de Sua Alteza Real a Sua Majestade Imperial.

Apesar de sua longa aliança com Portugal, a Inglaterra estava disposta a dar o reconhecimento desejado pelo Brasil, mas isso dependeria exclusivamente de uma promessa brasileira de abolir o tráfico de escravos em tempo relativamente curto. Em 11 de novembro de 1822, Canning escreveu a Edward Ward, a cargo da representação em Lisboa, anexando o texto de nota, cujo teor Ward antes devia transmitir verbalmente ao secretário de Estado de Portugal e depois lhe entregar por escrito. A nota declarava que se, conforme sua determinação de manter as relações de amizade existentes tanto com Portugal como com o Brasil, George IV julgasse aconselhável reconhecer mais ou menos formalmente o estabelecimento *de facto* do novo governo brasileiro, isso não significava que a Grã-Bretanha não continuaria a desejar que os dois países chegassem a uma solução amistosa.[2] Escrevendo a Wellington, que então participava do Congresso de Verona, Canning deixou clara a posição britânica sobre o tráfico: "De uma coisa as potências aliadas podem ficar perfeitamente certas, de que nenhum país no Novo Mundo será reconhecido pela Grã-Bretanha se não tiver aberta e completamente abolido o comércio de escravos".[3]

Tão importante se tornara o assunto na política britânica que lorde Amherst, governador designado da Índia, foi instruído a sondar o governo brasileiro durante a habitual escala no Rio de Janeiro pelos navios em viagem à Índia. Em entrevista com José Bonifácio, Amherst ouviu do ministro brasileiro que ele também desejava ver o tráfico abolido, por ser vergonhoso para um país civilizado; ele não podia ser abolido de imediato, era verdade, mas poderia sê-lo em três anos. Em 15 de fevereiro de 1823, Canning autorizou Chamberlain, encarregado de negócios no Rio, a declarar confidencialmente a Andrada que, se o reconhecimento do novo império pela Grã-Bretanha fosse questão de interesse para dom Pedro, Chamberlain estava convencido de que o melhor meio para consegui-lo era a oferta de concordar em renunciar ao tráfico.[4]

Não obstante os recados ingleses e o pensamento de José Bonifácio, quando informado de sua designação e de posse de suas credenciais, Caldeira Brant teve de enfrentar esta dificuldade: o futuro do tráfico não estava mencionado em suas instruções, e ele nada podia assegurar a Canning sobre sua abolição.

°

O fervor exibido até mesmo pelos mais reacionários políticos britânicos em favor da abolição do tráfico negreiro não escapou à suspeita de que, além do apoio gozado internamente pelas honrosas campanhas de Wilberforce e outros humanitários, também refletisse os importantíssimos interesses comerciais e financeiros do país. A dedicação oficial àquele nobre objetivo parece basear-se na crença de que, sem trabalho escravo, o Brasil seria um produtor menos eficiente de produtos agrícolas que concorriam com os das colônias britânicas — uma expectativa realista, visto o horror dos brasileiros da época ao trabalho manual e particularmente ao trabalho agrícola. Em despacho de 14 de setembro de 1814, Palmela narrou que, em conversa com Wellington, achou o duque menos entusiasmado que a generalidade de seus concidadãos a respeito da abolição do tráfico, mas, dissera Wellington, como a opinião nacional era tão clara e decididamente a favor da abolição, era dever de todo ministro britânico batalhar por ela.[5]

Tal preocupação humanitária, insistentemente proclamada em 1823, contrasta vivamente e se torna ainda mais suspeita quando se considera que dezesseis anos mais tarde a Grã-Bretanha lançou-se à guerra contra a China para obter ressarcimento do "prejuízo" tido por comerciantes britânicos que tiveram destruído pelas autoridades locais o ópio que haviam importado ilegalmente. A guerra, iniciada pela Grã-Bretanha, terminou com um tratado que forçou a China a aceitar a importação de ópio produzido na Índia. Seria a campanha pela abolição do tráfico realmente o reflexo de uma política desinteressada, altruísta, ou seria, como tantas vezes na política externa inglesa, uma questão de lucro?

Assim, o fato de que a Grã-Bretanha decidiu reconhecer a independência do Brasil com base na promessa de terminar o tráfico numa data futura deve ser atribuído mais a seu interesse no comércio com o Brasil do que em sua crença nas promessas brasileiras. Seu tratado de comércio com Portugal, cujo foco era o intercâmbio com o Brasil, expirava em fevereiro de 1825, e o interesse britânico fica claro nas palavras de Canning, que em carta particular a Villa Real, em 16 de janeiro de 1825, escrevia: "Diga-me se você acredita que qualquer governo aqui jogaria fora o comércio com o Brasil a fim de evitar a simples admissão de que o que é, é, a saber, que o Brasil está separado de Portugal".[6]

Para seu constrangimento, quando indagado por Canning sobre o tráfico negreiro, Caldeira Brant nada pôde dizer de positivo. Um honrado soldado e diplomata, ele sentiu que sua permanência em Londres se tornara inútil e voltou para o Brasil. As conversas com Londres foram assim adiadas até que a negociação entre Portugal e Brasil terminasse.

Logo depois de concluído o Tratado de Paz, Amizade e Aliança com Portugal, Charles Stuart negociou e assinou com o Brasil um acordo de comércio, o que implicitamente reconhecia a independência do Império Brasileiro. Se bem que esse texto foi rejeitado por Canning, um novo texto do acordo foi ratificado pelos dois países ainda em 1825.

A negociação de um tratado para acabar com o tráfico de escravos foi confiada a Robert Gordon, irmão de lorde Aberdeen. As maneiras de Gordon e sua técnica de negociação irritaram dom Pedro I, que, segundo Pedro Calmon, se referia a ele como "aquele escocês malcriado e teimoso", mas no final um acordo foi assinado em 23 de novembro de 1826, pelo qual o Brasil se comprometia a pôr término ao tráfico três anos depois da data da troca dos instrumentos de ratificação. Como já foi mencionado, o compromisso e as boas intenções deram em nada, e o tráfico continuou até 1850.

A MISSÃO DE TELES DA SILVA À ÁUSTRIA

O imperador austríaco e Metternich estavam dispostos a ajudar a causa brasileira; Mareschal, o representante da Áustria no Rio, tinha um bom relacionamento com Pedro I e simpatia pelo Brasil. A fim de obter o reconhecimento da independência do país onde a imperatriz era filha do imperador austríaco, Antônio Teles da Silva partiu para Viena em 1823.

Embora em Portugal a importância da missão de Teles da Silva junto a Francisco I fosse minimizada, acentuando-se que o imperador tinha se recusado a recebê-lo, oficial ou publicamente, a verdade é que Teles da Silva foi recebido com cordialidade.

Em 30 de julho de 1823, o embaixador britânico em Viena informou ter ouvido de Metternich que Teles da Silva havia chegado trazendo uma carta de Pedro ao sogro na qual pedia o reconhecimento pela Áustria de seu título de Imperador do Brasil e anunciava a intenção de promulgar uma Constituição modelada na da Grã-Bretanha. Ao enviado brasileiro, fora dito que a Áustria não podia reconhecer o título de Pedro nem Teles da Silva podia ser recebido como um representante credenciado, devendo considerar-se apenas portador de uma comunicação privada do "príncipe" ao sogro. Metternich ainda falou ao embaixador inglês sobre a dificuldade em decidir que conduta tomar em relação ao Brasil: era quase impossível que voltasse à situação de sujeição a Portugal, mas a questão era se uma solução intermediária podia ser tomada entre sujeição e total separação, deixando os dois reinos sob o domínio de um soberano, o Brasil governando-se por suas próprias instituições, com um membro da família real portuguesa à testa do governo.[7]

Esterházy e Neumann, em Londres, também mantiveram as mais corretas, até calorosas, relações com Gameiro Pessoa e Caldeira Brant. Oliveira Lima narra um exemplo disso ao citar um bilhete escrito por Neumann a

Gameiro em 25 de junho de 1825: "Amanhã eu lhe ofereço uma missa à falta de qualquer outra coisa, porque o príncipe levou consigo a pessoa mais essencial da embaixada, ou seja, o cozinheiro".[8]

Oliveira Lima afirma que à participação da Áustria durante as negociações de Charles Stuart no Rio faltou não atividade, mas combatividade. Essa já tinha sido a postura adotada em Londres, onde a iniciativa foi deixada a Canning, enquanto os representantes austríacos se mantiveram no que pode ser chamado de posição secundária. A dificuldade da Áustria era a objeção do absolutista Alexandre I; o czar, que aprovou tacitamente a deposição do pai para assumir o trono, aparentemente considerava seu comportamento uma ofensa menos grave que a de Pedro...

A Áustria apoiou a missão de Stuart. Durante uma visita à França, Metternich trabalhou para que as outras potências aceitassem a mediação pelo diplomata inglês. Em 20 de abril, ele escreveu de Paris a Francisco I[9] informando que tinha convencido o governo francês a concordar inteiramente com a Áustria na questão brasileira. "Depois de ter conseguido esse acordo, tentei fazer o general Pozzo[10] participar dele. Se se pode acreditar no que ele diz, ele está conosco. Esse seria um modo de facilitar em muito a marcha dos trabalhos. De todo modo, o resultado favorável desse assunto depende de Lisboa e do Brasil."

Mas, talvez por razões puramente de política europeia (a promessa de Pozzo a Metternich não valia muito), a Áustria pareceu diminuir seu apoio ao Brasil depois da chegada de Stuart ao Rio; na ocasião, Teles da Silva notou um esfriamento em Viena que chegou a fazê-lo pensar em regressar ao Brasil. Mareschal não participou na negociação no Rio, pois ela já não era conduzida com mediadores, mas manteve Metternich informado de seu andamento.

Tão logo chegou a Viena a notícia da aceitação por Portugal da independência da ex-colônia, a Áustria fez o mesmo, e nos últimos dias de 1825 Teles da Silva foi recebido pelo imperador como ministro plenipotenciário do Brasil.

Em 1827, ele e Metternich assinaram um tratado de comércio que dava à Áustria o mesmo tratamento obtido pela Grã-Bretanha, mais uma indicação do amistoso clima existente entre Viena e Rio.

FRANÇA: O CUSTO DA INDECISÃO

A política francesa em relação à declaração da independência do Brasil não escapou ao seu esquizofrênico desejo de por um lado defender o princípio da legitimidade, neste caso aguardando pelo acordo de João VI, e por outro lado cuidar dos interesses nacionais.

O Manifesto de agosto de 1822 acusava Portugal de ter oferecido "ceder à França uma parte da Província do Pará, se aquela potência lhe quiser subministrar tropas e navios" para subjugar o Brasil. Se as Cortes de Lisboa fizeram tal oferta à França, sem dúvida ela foi rechaçada, por ser contrária à orientação do governo francês. Com efeito, em carta de Villèle a Montmorency (que estava em Verona), o chefe do governo dizia: "Voltando à Espanha e a Portugal [...] um primeiro ponto deve ser acertado [...] que nenhuma das potências guardará para si nada dessas colônias e que nenhuma [delas] pedirá para seu comércio uma vantagem que não seja comum a todas as demais nações".[11] A França, portanto, não aceitaria um pedaço do Pará em troca de ajuda militar a Portugal.

Em 18 de outubro, Villèle informou Montmorency que Gestas, encarregado do Consulado da França no Rio, tinha partido de lá a 14 de agosto, portanto logo depois da divulgação do Manifesto, trazendo uma carta de Pedro a Luís XVIII na qual era solicitada a mediação do soberano francês entre Brasil e Portugal. Uma semana mais tarde, Villèle acrescentou que "o príncipe regente do Brasil escreveu ao rei para pedir sua amizade, mesmo sua mediação, e oferecer relações comerciais úteis com o Brasil. É uma porta aberta para a entrada pela qual você sabe que, há muito tempo, eu acredito que se deveria aceder à Espanha e a Portugal".[12]

Balançando entre o pragmatismo aconselhado pelos interesses nacionais e a resistência dos defensores do dogma da legitimidade, a França acabou perdendo o bonde. Um exemplo daquela resistência é o de Hyde de Neuville, embaixador em Lisboa, procurando convencer seu governo a adotar uma política diferente daquela constante de suas instruções. Ele estava em Washington, como ministro junto ao governo norte-americano, quando foi designado para a embaixada no Rio de Janeiro, posto que não chegou a ocupar porque a corte portuguesa regressou à Europa antes de ele embarcar para o Brasil.

Quando De Neuville chegou de volta à França, foi nomeado embaixador em Lisboa, onde ficou de agosto de 1823 a janeiro de 1825.

Canning não gostava de Hyde de Neuville. Em 1823, quando Charles Stuart, por equívoco, informou que De Neuville seria enviado a Londres, Canning fez Marcellus saber que tal nomeação lhe desagradaria muito e sugeriu que "preferiríamos ter [e mencionou cinco nomes]".[13]

Em 7 de julho, Chateaubriand, então ministro das Relações Exteriores, escreveu a Marcellus para informar que tinha anunciado ao embaixador de Portugal que De Neuville seria o novo embaixador em Portugal, acrescentando que a nomeação de Hyde de Neuville, "tão anti-inglês, provocará novo acesso de mau humor em Canning. Finja que você não dá nenhuma importância a essa nomeação!".[14]

A razão principal da oposição de Canning à nomeação de Hyde de Neuville era o Brasil; comerciar com o Brasil era um antigo desígnio (e frequentemente uma atividade ilegal) dos negociantes franceses. Já um século antes, o embaixador francês em Lisboa tinha recebido instruções para obter a permissão para estabelecer alguns comerciantes franceses na Bahia, naquele momento a capital do Vice-Reino do Brasil.[15] Ademais, sabedor do ultraconservadorismo de De Neuville, Canning devia suspeitar que, em Lisboa, ele trabalharia contra a separação dos dois reinos, separação que era desejada pelos interesses comerciais britânicos.

Villèle, chefe do governo, deu a De Neuville a seguinte instrução, em 23 de junho de 1824:

> Cuide de nossos interesses comerciais em Portugal e no Brasil; o tratado [de comércio negociado no Brasil em 1810] com a Inglaterra expira em fevereiro de 1825. Veja que não seja renovado, e que sejamos tratados nos dois países da mesma maneira que nossos rivais. Faça-nos saber o que devemos fazer, em Portugal e no Brasil, a fim de incrementar nossas relações comerciais.[16]

Chateaubriand, que substituiu Montmorency no Ministério dos Negócios Estrangeiros, instruiu Hyde de Neuville em termos que deixam claríssimo o interesse francês:

> De agora em diante, o assunto mais merecedor de sua atenção é o Brasil. O governo [francês] considera essa colônia mais importante para seu comércio do que a metrópole: ele dá grande importância a que o príncipe seja capaz de manter sua autoridade e as formas de um governo monárquico, não obstante os movimentos democráticos que agitam o resto da América.[17]

Hyde de Neuville respondeu julgar que a França nada tinha a lucrar com "a mudança de metrópole" e que, "sob o aspecto moral como sob o aspecto político, só podemos perder ao concorrer para a manutenção do poder usurpado por dom Pedro", e acrescentou que isso não era por dar pouca importância ao Brasil, mas que repetia que mais importante era pensar no estado da Louisiana, nos Estados Unidos, "esse grande território onde é fácil conservar os gostos, os hábitos franceses, [e que] terá 50 milhões de habitantes no fim do século; que terra prometida para nosso comércio!".[18]

Tentando fazer o embaixador compreender e aceitar a amplitude de suas instruções, Chateaubriand voltou a insistir:

> A política do governo do rei em relação a Portugal deve ser a de aproveitar que o Brasil está separado da metrópole neste momento, de que a Inglaterra sacrifique os interesses [da metrópole] em favor de seu próprio comércio com a colônia, para equilibrar a influência inglesa em Lisboa, a fim de trazer o governo de Sua Majestade Fidelíssima a estabelecer novas relações com o continente, para fazer sucessivamente acabar com todos os abusos e regulamentos que colocam nosso comércio em situação tão inferior à das outras nações, e para preparar as coisas de modo que Portugal cesse de ser uma colônia inglesa.[19]

Não há dúvida de que, considerando os interesses da França em relação ao Brasil, De Neuville não era a pessoa mais apropriada para a embaixada em Lisboa. Veja-se seu apego à legitimidade, que o leva a se referir a Pedro I como usurpador do poder.

A indecisão não impedia a França de ações consideradas inamistosas por Portugal. Ela mantinha um cônsul no Rio de Janeiro e mandou o já mencionado esquadrão naval com o oferecimento de ajudar a debelar a insurreição pernambucana (o que, em consequência, contribuiria para fortalecer o governo imperial). Com o esquadrão naval tinha chegado o conde de Gestas, que trouxe as insígnias da Ordem do Espírito Santo, oferecidas ao imperador brasileiro pela França, motivo de nota de Palmela a De Neuville, manifestando "a desagradável sensação que necessariamente causava em Portugal a notícia".[20] A França continuava a comerciar com o Brasil e a receber em seus portos navios arvorando o pavilhão brasileiro, o que provocou um protesto por parte de Lisboa, respondido por Chateaubriand ao encarregado de negócios de Portugal em termos friamente realistas:

> A corte de Lisboa sabe que as relações comerciais da França com o Brasil não foram interrompidas, que um cônsul-geral e cônsules honorários continuam a residir no Rio de Janeiro e em outros portos do Brasil, para manter essas relações e para zelar pelos interesses dos súditos reais que estão estabelecidos naqueles locais.
>
> Se os navios vindos da França continuam a ser recebidos nos portos do Brasil como o eram numa época anterior, seria possível que os navios vindos do Brasil chegassem igualmente à França, e que pelo princípio da reciprocidade eles esperassem ser lá recebidos da mesma maneira.
>
> Não creio, Senhor, que o governo francês possa ter para com eles uma conduta contrária sem comprometer, no Brasil, os interesses dos súditos reais. O pavilhão daqueles barcos não é, a nossos olhos, mais que um sinal da origem; sua admissão considerada sob esse ponto de vista não implica nenhum reconhecimento político; e nós não vemos em portugueses e brasileiros mais que os membros de uma mesma família, na qual desejaríamos se estabelecesse um perfeito acordo.[21]

Portanto, oscilando entre a ação na Espanha, onde, em nome da legitimidade, continuava a apoiar Fernando VII com uma grande presença militar, e o interesse em manter alguma influência no Brasil, a política indecisa da França custou-lhe ser tratada pelo governo imperial não melhor que qualquer outro país. Em 11 de fevereiro de 1826, quando Domingos Borges de Barros, barão e futuro visconde da Pedra Branca, foi recebido em Paris como encarregado de negócios, a independência do Brasil já tinha sido reconhecida na Europa pela Grã-Bretanha, Áustria, o Reino da Suécia e Noruega, os Estados Papais e a Suíça.

Quanto à Rússia, o imperador Nicolau I, que sucedeu a Alexandre I em 1825, esperou até 1828 para aceitar o que era fato consumado; o reconhecimento pela Espanha levou ainda mais tempo: somente em 13 de dezembro de 1834 Espanha e Brasil estabeleceram relações diplomáticas.

14. A rivalidade franco-britânica na Península Ibérica

"'Você vê, meu caro amigo', escreveu-me M. de Chateaubriand, 'como é importante e difícil sua missão neste momento; ela consiste em habilmente subtrair Portugal à influência da Inglaterra'."

HYDE DE NEUVILLE, 1823

"A França está cheia de ciúme a respeito de Portugal, o que é muitíssimo tolo, porque Portugal é, sempre foi e sempre será inglês, por quanto tempo a Europa e o mundo continuem em um estado algo parecido ao atual."

CANNING A GRANVILLE, JANEIRO DE 1825

"Sempre que havia uma crise na França, a mão e o ouro da Inglaterra eram vistos nela. A correspondência de Londres, em 1789, está cheia de tais acusações. 'Esta corte nos inveja e detesta', escreveu Montmorin a La Luzerne em 8 de fevereiro de 1789; 'se nos aproximarmos dela, tentará dominar-nos; se resistirmos a suas vontades, ela nos trairá sem escrúpulos'."

MONTMORIN, MINISTRO FRANCÊS DOS NEGÓCIOS ESTRANGEIROS, EXPRIMINDO SUAS SUSPEITAS SOBRE O BENEFÍCIO DE UMA ALIANÇA COM A INGLATERRA.[1]

A FRANÇA ENTRE LEGITIMIDADE E INTERESSE NACIONAL

A França dominou a política europeia pela maior parte do reino de Luís XIV e voltaria a fazê-lo durante a breve existência do Império Napoleônico. No intervalo dessas fases de hegemonia, a França continuou a ser uma potência de primeira linha no teatro continental, mas teve de enfrentar a presença da

Grã-Bretanha, o crescimento do papel representado pela Rússia sob Pedro e Catarina, o crescente poderio militar da Prússia, bem como o sempre importante Império Austríaco.

Desde a Guerra da Liga de Augsburg (1688-97) e todo o século XVIII, França e Inglaterra foram inimigas em todo conflito de que ambas participaram. Seria quase inimaginável que, mesmo com o fim das guerras napoleônicas, elas não deixassem de se olhar com desconfiança.

°

Aliado não é a mesma coisa que amigo. Em 1814, o medo do insaciável apetite russo por mais e mais território levou Áustria, Grã-Bretanha e França a assinarem um acordo secreto com o propósito de resistir às ambições do czar, que foram explicadas em despacho enviado em 4 de janeiro de 1815 pelo encarregado de negócios britânico em Viena a lorde Liverpool: "A política do imperador da Rússia era obter uma superioridade total na Europa com a aquisição da Saxônia pela Prússia e, com este fim, tomar para si o Ducado de Varsóvia, encravar a Prússia Oriental, fazer deste monarca seu vassalo e ficar dono das chaves de Berlim e Viena".[2]

Em outras palavras, o czar queria subornar a Prússia oferecendo-lhe a Saxônia, que tinha sido aliada de Bonaparte, e ganhar para a Rússia o Ducado de Varsóvia, criado por Napoleão em 1807 com as terras polonesas que a Prússia tinha abocanhado nas sucessivas partilhas da Polônia (ver capítulo 1); o resultado seria dividir o território prussiano, fazendo de sua parte oriental um encrave totalmente cercado pela Rússia.[3] Seria, assim, um novo passo da Rússia em direção ao centro da Europa, aumentando a ameaça à Áustria e à Prússia. Além do que, Alexandre havia feito saber a seus aliados que tinha 200 mil soldados disponíveis para apoiar seu plano, informação que soava como intimidação.

Isso fez com que, como dito acima, Castlereagh, Metternich e Talleyrand assinassem em 3 de janeiro de 1815 um acordo secreto visando a impedir o plano russo, mesmo pela força, caso necessário, se bem que a linguagem do acordo pretendia soar como uma aliança defensiva para a manutenção do equilíbrio europeu. Cada um dos três países forneceria 150 mil soldados com esse objetivo.[4] Castlereagh pôde assegurar uma tão grande participação britânica porque tinha recebido, dois dias antes, a notícia de que um tratado de paz pusera fim à guerra de 1812 com os Estados Unidos. Os interesses da Prússia eram contraditórios: ela estava alerta ao perigo representado pela pretensão russa, mas tão ávida de apoderar-se da Saxônia que não se cogitou sua participação no acordo. Por outro lado, um artigo secreto adicional rezava que Baviera, Hannover, Holanda e Sardenha seriam convidadas a aderir ao tratado e fornecer tropas de acordo com as respectivas possibilidades, o que as quatro fizeram.

Quando Napoleão retomou Paris, durante os Cem Dias, Castlereagh comentou ser presumível que, na pressa de fugir da capital francesa, os ministros não tivessem levado consigo a documentação do Ministério dos Negócios Estrangeiros, e, "em consequência, que nosso tratado secreto com França e Áustria, bem como a correspondência do príncipe Talleyrand, cairão nas mãos de Bonaparte".[5]

Foi exatamente o que aconteceu. Napoleão maliciosamente mandou Vicence, seu ministro do Exterior durante os Cem Dias, entregar o tratado ao czar; contudo, fiel ao lema "malandro não estrila", o imperador russo não rompeu com os outros inimigos de Napoleão. Depois de exibir o tratado a Metternich, para grande incômodo do austríaco, Alexandre o jogou na lareira, dizendo: "Mas vamos esquecer tudo isto; a tarefa é a derrota de nosso inimigo comum, e este papel, que ele mesmo me mandou, prova o quanto ele é perigoso e manhoso".[6] De todo modo, àquela altura a divisão do espólio já tinha sido decidida, a Prússia recebendo cerca de metade da Saxônia, a Áustria e a Prússia alguns pedaços do Ducado de Varsóvia e a Rússia o restante dele.

Contudo, a participação da França no tratado secreto e o papel de Talleyrand em sua negociação não foram esquecidos pelo czar, que da posição mais benigna para com a França do que a dos demais aliados, que tivera em 1814, voltou-se contra ela e Talleyrand em 1815. Adolphe de Bacourt, executor testamentário de Talleyrand e organizador da correspondência e das memórias do grande diplomata, reconheceu que apenas depois da substituição de Talleyrand pelo duque de Richelieu (que tinha servido a Rússia com brilho) é que os delegados russos novamente se esforçaram para defender a França das pretensões exorbitantes dos outros aliados. A motivação para essa nova reviravolta russa é clara: uma França forte a oeste da Áustria e da Prússia era um contrapeso a elas e uma possível aliada da Rússia no evento de mais uma confrontação entre aqueles insaciáveis expansionistas.[7]

Para se garantirem de que nenhum novo Napoleão viesse a surgir na França, Áustria, Grã-Bretanha, Prússia e Rússia firmaram em 20 de novembro de 1815 um tratado de aliança e amizade (a Quádrupla Aliança) em que se comprometiam a vigiar o cumprimento do segundo Tratado de Paris, concluído no mesmo dia com a França.

Esse acordo da Quádrupla Aliança (que não deve ser confundida com a Santa Aliança) formou o que veio a ser chamado de "Concerto da Europa" e não era mais que a prova da determinação das quatro potências de impedir a eclosão de revoluções de caráter democrático. Elas concordaram em reunir-se de quando em quando "para consultar sobre seus interesses comuns e considerar as medidas que, em cada uma destas ocasiões, sejam consideradas as mais salutares para . [...] a manutenção da paz europeia".

°

Uma vez a dinastia Bourbon restaurada, os ultrarrealistas que cercavam Luís XVIII – e especialmente os Ultras mais extremados que giravam ao redor do conde de Artois, futuro Carlos X – ansiavam por repor o prestígio da nação no nível em que seu odiado inimigo corso o tinha colocado. Com esse objetivo, um choque com a Grã-Bretanha parecia inevitável. A predominância dos Ultras torna-se aparente se considerarmos que Chateaubriand, Hyde de Neuville, Montmorency, Polignac e Villèle, personalidades destacadas da restauração Bourbon, eram Ultras, alguns deles, se é possível identificá-los assim, da ala direita dos Ultras mais extremados.

A França, como perdedora da guerra, foi obrigada a aceitar a ocupação do país por tropas da Aliança e o pagamento de indenizações. Tendo-se livrado, em Aix-la-Chapelle (1818), das forças de ocupação e negociado termos menos onerosos para as indenizações, ela podia agora dedicar-se a reconquistar o prestígio e o reconhecimento internacional que, ao ver de seus líderes, lhes eram devidos.

A oportunidade lhe foi oferecida quando do debate, no Congresso de Verona (1822), sobre a situação criada na Espanha pela revolução constitucional de 1820 e o consenso legitimista de que Fernando VII deveria reaver suas prerrogativas reais. O Congresso não pôde aprovar, devido à oposição britânica, expressada pelo duque de Wellington de acordo com as instruções preparadas por Castlereagh e confirmadas por Canning, uma intervenção na Espanha em nome da Quádrupla Aliança. Mas tanto Montmorency como Chateaubriand queriam uma guerra; para aquele, uma vitória no campo de batalha reafirmaria a defesa da legitimidade, enquanto Chateaubriand queria reviver o prestígio militar francês e fortalecer os laços entre Luís XVIII e o exército, que suspirava pelas glórias colhidas na ainda recente era napoleônica.

Escrevendo para a esposa em 1814, John Quincy Adams disse que os militares franceses "foram profundamente humilhados sem terem perdido seu orgulho. Eles têm todo o orgulho de seus sucessos anteriores, com a amarga sensação de seus recentes desastres".[8] Além do que a desastrada escolha, durante a Primeira Restauração Bourbon (1814), do general Dupont como ministro da Guerra teve efeito muito negativo no exército. Dupont era o general que em agosto de 1808 se tinha rendido em Baylén, na Espanha, levando Napoleão a referir-se a ele como "imbecil e covarde";[9] Dupont nunca recuperou a confiança do imperador. A nomeação de alguém que se infamou por uma capitulação em geral considerada injustificada não podia agradar aos que guardavam todo o orgulho de suas vitórias. Villèle julgava que o exército se considerou ofendido "e que as catástrofes dos Cem Dias não fizeram mais do que tornar-se iminentes".[10]

O próprio duque de Richelieu, convocado para dirigir o governo depois da Segunda Restauração Bourbon (1815), estava ciente da distância entre a família real e o exército; Villèle conta que Richelieu comentou que os Bourbons haviam se esquecido "de que tinham chegado à França na bagagem de exércitos estrangeiros".[11] Depois de Waterloo, Talleyrand tinha ido ao encontro de Luís XVIII com a finalidade de impedir que o rei entrasse na França junto ao exército inglês:

Não lhe escondi estar muito penalizado ao ver o modo pelo qual ele estava disposto a entrar na França; que ele não se devia apresentar entre as tropas estrangeiras; que ele prejudicava sua causa; que ele diminuiria o apego que se tinha por sua pessoa ao ferir de tal maneira o orgulho nacional; que meu conselho era que, com uma escolta qualquer, e melhor ainda sem escolta alguma, ele se dirigisse a um ponto da fronteira francesa por onde os estrangeiros não tivessem ainda passado e aí estabelecesse a sede de seu governo.[12]

É certo que em 14 de julho daquele ano o exército endereçou ao rei a mensagem de fidelidade reproduzida no Apêndice 5, embora seja intrigante que a data escolhida seja a mesma que marcou o início da Revolução em 1789, coincidência que podia ser interpretada como diminuindo a sinceridade da mensagem. De fato, grande insatisfação reinava entre os que tinham guerreado sob Napoleão; o exército francês, que tinha reunido 1 milhão de homens, teve de ser reduzido a 200 mil, número que incluía novos oficiais e membros do antigo exército que nunca tinham feito parte das forças revolucionárias ou das napoleônicas. A drástica redução devia-se ao fim da guerra e à necessidade de economizar, com o propósito de custear o sustento dos exércitos de ocupação e pagar as reparações de guerra.[13]

Assim, a euforia popular que marcou a chegada de Luís XVIII a Paris em 1814 tinha esfriado rapidamente. Em outubro de 1815, quando, após a derrota definitiva de Napoleão, os aliados discutiam com a França os termos do tratado de paz, Gentz, que estava em Paris como membro da delegação austríaca, descreveu a situação interna do país:

O ódio contra o rei e sua família, longe de diminuir, aumenta diariamente [...]. É verdade que o governo nada faz para se reconciliar com a nação; que, ao contrário, parece empenhar-se propositadamente a se distanciar ainda mais. A fraqueza do rei, a cegueira dos príncipes de sua família, a nefasta influência de um partido tão inepto como malévolo, o qual deseja, a qualquer preço, trazer a França de volta ao século XVII, tudo contribui para envenenar e anular o efeito das medidas mais recentes [...]. Tudo é dirigido em segredo por uns poucos intrigantes, uns poucos obscuros favoritos

> do conde de Artois e da duquesa de Angoulême. Eles são os verdadeiros ministros [...]. Como o governo não dispõe de força militar alguma [...] sua única garantia é, portanto, o exército de 150 mil homens que os aliados deixaram no país [...]. Mas que situação, essa de um governo cuja existência é única e inteiramente baseada no terror inspirado a seus súditos pela presença de uma força estrangeira![14]

Vê-se que mesmo em 1822 o objetivo de aproximar o exército do rei ainda era mais que desejável: era uma necessidade.

As instruções recebidas por Montmorency para o Congresso de Verona não eram favoráveis à guerra, porque Villèle, como presidente do Conselho Real, tinha duas sérias preocupações: a primeira era que outro desastre militar na Espanha poderia provocar uma revolta popular e trazer o fim da monarquia; a segunda era o efeito de uma intervenção militar em grande escala nas finanças do país. Mas ele, chefe do governo, foi vencido por seus delegados, que conseguiram o apoio "moral" de Áustria, Prússia e Rússia para a França – e só a França – intervir na Espanha, uma das preocupações dos representantes franceses sendo a de evitar a participação de qualquer outro país em "sua" guerra.[15]

Hyde de Neuville explicou que

> Villèle temia ver seu país lançar-se ao perigo de uma nova guerra. É curioso que, decidido a evitá-la ao máximo, tenha confiado a representação da França a dois homens cujas opiniões divergiam tanto das suas. Mathieu de Montmorency queria a guerra não para emancipar seu país da ação das potências do Norte, mas para atingir a Revolução em seu coração. Chateaubriand sonhava com uma França independente de toda influência e a bandeira branca [a cor dos Bourbons franceses] cercada do prestígio da glória. Assim eram estes homens.[16]

Chateaubriand confirma em suas memórias que a correspondência trocada durante o Congresso evidencia que "nós e M. de Villèle tínhamos, cada um, uma ideia fixa. Nós queríamos a guerra, ele desejava a paz [...]".[17]

Quando Chateaubriand partiu de Londres para Verona, a embaixada ficou a cargo de Marcellus; ele tinha um bom relacionamento com Canning, com quem conversava frequentemente e, segundo seu livro, ouvindo Canning ocasionalmente expressar-se com total franqueza.

Após a decisão francesa de ajudar Fernando VII por meio de uma intervenção armada, Canning espicaçou Chateaubriand, que sempre guardara um apreço romântico pelas ideias liberais, de falar agora uma linguagem diferente da que tinha usado em Londres: "M. de Chateaubriand respondeu ao ministro inglês que, sendo [como Canning] um ministro constitucional, sentia a pressão de seu partido. 'Quero a guerra', disse ele, fora de uma coalizão europeia e por desejo unicamente da França!".[18]

A reação irritada de Canning à política e a algumas das personalidades francesas era motivo de caçoada pelos franceses, que riam da sua *mauvaise humeur*. A maior responsabilidade pela animosidade do ministro britânico era a intervenção na Espanha, pois a Grã-Bretanha era agora, teoricamente, seguidora da política de não ingerência esboçada por Castlereagh.[19] Contudo, a desaprovação da decisão francesa não gozava de apoio sólido nem mesmo no gabinete inglês. Em 7 março de 1823, Marcellus escreveu a Chateaubriand: "Ao sair do ministério, encontrei lorde Harrowby e lorde Westmoreland. 'Suas tropas já estão na Espanha?', perguntou este. 'O que os está retardando?', acrescentou lorde Harrowby".[20] Westmoreland e Harrowby eram colegas de Canning na administração Liverpool... O marechal Beresford, numa viagem a Londres, visitou Marcellus e deu outra demonstração de apoio à política francesa: "Vi com alegria sua expedição contra o liberalismo no outro lado dos Pirineus; Vocês têm meus melhores votos!".[21]

George IV também era da mesma opinião: "Havia um baile [no palácio real] [...] Mr. Canning procurou-me. [...] Fui levado por [Canning] [...] até uma janela, onde George IV nos viu e, aproximando-se: 'Ah, meu caro Marcellus', disse, 'as coisas realmente mudaram de aspecto desde nosso último encontro. Vocês triunfam na Espanha, e eu estou satisfeito'".[22] Recorde-se que as relações entre o rei e Canning eram frias, e o rei deve ter gostado de mostrar ao diplomata francês sua desaprovação da política de Canning.

Correndo para ajudar Fernando VII, a França estava endossando uma filosofia de governo incompatível com o sistema constitucional britânico. Esta foi a reação de Canning quando Marcellus, por instrução de Paris, mostrou ao ministro inglês o texto do discurso que Luís XVIII ia fazer, naquele mesmo dia, por ocasião da sessão de abertura do Parlamento (28 de janeiro de 1823); o discurso continha uma explicação do propósito da iminente intervenção na Espanha: "Que Fernando VII esteja livre para dar a seus povos as instituições que só dele podem receber, e que, garantindo seu sossego, dissipariam as justas inquietações da França; a partir desse momento as hostilidades terminarão".

Canning explodiu:

> Que princípio! Vocês refletiram seriamente sobre isso? Vocês vão além dos rigores do governo monárquico absolutista, como há muito tempo estabelecido na Espanha [...]. Vocês, ao contrário, exigem que Fernando, por si mesmo, substitua ou outorgue instituições por sua própria vontade [...]. Mas então é numa cruzada por teorias políticas na qual vocês se engajam![23]

O ÔNUS DO SUCESSO

A intervenção francesa foi bem-sucedida, no sentido de que os revolucionários foram rapidamente derrotados e Fernando, recolocado no trono. Foi, no entanto, um resultado azedo, porque o soberano espanhol e seus partidários não perderam tempo em vingar-se, com crueldade e total desinteresse pelas necessidades do povo. O caráter de Fernando também o levou a recusar qualquer acomodação ou concessão para as colônias americanas, apesar dos conselhos de várias cortes europeias.

O exército francês entrou na Espanha em março; em junho, o duque de Angoulême,[24] comandante das forças francesas, anexou numa carta a Villèle uma nota que continha um comentário desencorajador:

> Onde nossas tropas estão, mantemos a paz e a calma, com muito esforço, mas de qualquer modo as mantemos. Onde não estamos, massacres, incên-

dios, saques e roubos, e de todas as partes recebo pedidos por uma guarnição francesa, o que é impossível, porque 500 mil homens seriam precisos para ocupar toda a Espanha, e não tenho nem 100 mil.

Soldados espanhóis dizendo-se realistas não fazem senão roubar e saquear, e temem a ordem. Os guardas espanhóis, que foram passavelmente reorganizados nos últimos dois meses, não são melhores que os outros.[25]

Graças ao exército francês, Fernando ficou livre das Cortes revolucionárias em 1º de outubro de 1823 e imediatamente voltou atrás na promessa, feita na véspera, de outorgar uma anistia geral; ao contrário, tal como ocorrera em 1814 (ver capítulo 6), iniciou uma onda de prisões e punições. Seu comportamento foi tão chocante que o duque de Angoulême lhe escreveu:

Todos os esforços da França serão inúteis se Vossa Majestade continuar fiel ao pernicioso sistema de governo que trouxe todos os infortúnios de 1820. Catorze dias se passaram desde que V. M. recuperou sua autoridade e nada se sabe de V. M., a não ser prisões e decretos arbitrários; insegurança, medo e descontentamento começam a espalhar-se; eu tinha pedido a V. M. para decretar uma anistia e dar a seu povo alguma segurança quanto ao futuro. V. M. nada fez.[26]

Luís XVIII também escreveu a Fernando, dias depois, uma longa carta em que tentava incutir algum bom senso em seu difícil "primo":

A partir de hoje minha missão termina e a sua começa: deve dar a seus súditos repouso e felicidade. Se eu não tivesse, como chefe de minha casa, o direito de falar sinceramente a Vossa Majestade, minha idade, minha experiência e meus muitos infortúnios me imporiam este dever. Como V. M., recuperei meu poder real depois de uma revolução; e, como nosso avô Henrique IV, perdoei aqueles que se tinham extraviado em tempos difíceis [...]. Por isso, acredito que um decreto de anistia seria tão útil aos interesses de V. M. como aos do seu reino [...]. Devo, porém, dizer-lhe que um despotismo cego, menos que aumentar, diminui o poder dos reis; porque se seu poder não tem regras, se não conhece lei alguma, logo desaba sob o peso de seus próprios caprichos; a administração se destrói, a confiança se retira, o crédito se perde e o povo, inquieto e atormentado, se precipita nas revoluções.[27]

O conselho caiu em ouvidos surdos. Três anos mais tarde, o comportamento de Fernando acabou por revoltar até o absolutista Carlos X, que sucedera a seu irmão em 1824. Em carta datada de 23 de julho de 1826, Carlos respondia ao pedido de Fernando para a permanência de tropas francesas na Espanha:

> Tal como [meu predecessor], eu esperava que [os sacrifícios feitos pela França] trouxessem real benefício para Vossa Majestade, e que, ao garantir a tranquilidade da Espanha, a presença de tropas francesas permitiria a seu governo restabelecer a administração, as finanças e o exército, ou pelo menos preparar os meios para a melhoria que as circunstâncias fizeram necessárias.
>
> Se [...] decido adiar a retirada do corpo de ocupação, V. M. não se surpreenderá se hoje eu o faço sob condições que acho serem de seu interesse. [...] Urjo que V. M. tome a resolução de chegar, por um acordo, a uma definitiva solução com suas colônias insurretas. Sei quão doloroso é tão grande sacrifício; mas no ponto a que as coisas chegaram, devo dizer com franqueza que eu o considero indispensável.
>
> Continuarei, portanto, a deixar minhas tropas nas posições que ocupam até o mês de abril de 1827, se puder ter a firme esperança de que V. M. [se empenhará em] conciliar os ódios partidários, revigorar os muitos elementos de prosperidade que a Espanha ainda possui, restabelecer a ordem e a economia nas finanças.[28]

Considerando que as palavras de Carlos X eram dirigidas a outro monarca, elas representavam nada menos do que um puxão de orelhas; infelizmente, as orelhas estavam na cabeça de Fernando VII...

°

A rivalidade anglo-francesa, a desconfiança entre os dois países, às vezes tinha seu lado cômico. Em 20 de abril de 1823, o duque de Angoulême escreveu a Villèle para informar que o general português Silveira,[29] que se refugiara na Espanha após comandar dois meses antes uma contrarrevolução malsucedida, se tinha apresentado para colocar-se, com suas tropas, à disposição de Angoulême e da junta legalista, fiel a Fernando VII: "Como isso poderia provocar uma guerra nossa com Portugal, e a Inglaterra respaldaria [Portugal], não terei relação alguma com [Silveira] antes de receber instruções do rei. Pedi à junta que siga meu exemplo e o persuada a voltar para Portugal".[30]

A resposta de Villèle confirmou sua suspeita da pérfida Albion. O rei aprovara o comportamento do duque e "encarrega-me de lhe dizer que é muito importante que não tenha mais contatos que possam autorizar a Inglaterra a considerar Portugal como tendo justas razões para uma agressão contra nós. É muita pena que esses realistas portugueses não fossem mais bem-sucedidos em seu país; é surpreendente que eles prefiram agir na Espanha; *il y a de l'Anglais dans tout cela*" [tem o dedo inglês nisso].[31]

A ABRILADA EM PORTUGAL. HYDE DE NEUVILLE *VERSUS* CANNING

A tirania das Cortes sobre dom João VI acabou em 1823, quando foram dissolvidas pela contrarrevolução, a *Vilafrancada*, em que o príncipe Miguel teve importante papel. O rei, que no anterior mês de outubro tinha jurado obediência à Constituição adotada pelas Cortes, prometeu solenemente dar uma nova Constituição a Portugal. Miguel, tudo parecia indicar, tinha planejado aproveitar a ocasião para depor o pai, no que era encorajado por Carlota Joaquina. Aconselhado por cabeças mais ponderadas a desistir do intento, o infante Miguel chorou, pediu perdão a dom João, beijou-lhe a mão e foi não só perdoado como também, muito desavisadamente, nomeado comandante em chefe do exército, com Beresford como chefe de seu estado-maior.

Em 30 de abril de 1824, Miguel, influenciado pela mãe e alegando haver uma conspiração para matar o rei, pôs-se à frente de um golpe militar que ficou conhecido como *Abrilada*. Ele planejava prender o conde de Subserra, chefe do governo e ministro da Guerra, e o conde de Palmela, ministro dos Negócios Estrangeiros, assim como várias outras personalidades consideradas inimigas dos projetos seus e de Carlota.

Palmela foi preso e passou a maior parte do dia na prisão; quanto a Subserra, a seguinte nota se encontra nos *Apontamentos* de Palmela:

> Há motivos para acreditar que naquele dia o conde de Subserra teria sido assassinado [...] se tivessem conseguido apoderar-se dele. O plano da conspiração, grosseiramente traçado, mas executado com audácia, falhou unicamente pela inexperiência do infante, que não o soube sustentar e não se atreveu a resistir às instâncias do corpo diplomático resolutamente dirigido pelo barão Hyde de Neuville.[32]

Hyde de Neuville desempenhou papel decisivo, ao levar todo o corpo diplomático acreditado em Lisboa ao palácio da Bemposta, onde dom João era praticamente prisioneiro dos insurretos, numa demonstração de solidariedade que era não apenas do corpo diplomático, mas também – o que era mais significativo no momento – das potências europeias.

A intervenção diplomática foi bem-sucedida, mas apenas momentaneamente. Miguel foi ao palácio, deu mostras de contrição e respeito pelo pai, porém depois de se retirar voltou a aprisionar muitos desafetos. Em consequência, por conselho do corpo diplomático, dom João e suas filhas refugiaram-se a bordo da belonave britânica Windsor Castle. Palmela, que conseguira sair da prisão, fez o mesmo, enquanto Subserra refugiou-se em outro navio inglês. Mais uma vez, Miguel, arrependido, subiu a bordo e novamente pediu que o pai o perdoasse. Dessa vez, porém, não foi perdoado e sim despachado antes para a França, e de lá para Viena, onde passou alguns anos em confortável exílio.

O rei ficou muito agradecido a De Neuville, que foi agraciado com o título de conde da Bemposta. O ministro britânico Edward Thornton, que tinha ido do Rio para Lisboa, recebeu o título de conde de Cacilhas, e, apesar de se ter comportado de modo impecável, foi punido por Canning, que acusou Thornton de ter permitido que Subserra (que Canning considerava pró-França) restabelecesse sua influência sobre o rei. Canning explicou sua decisão em carta a Granville, então embaixador em Paris:

> Sou obrigado a chamar Thornton de volta. Ele se deixou intimidar e adular até se esquecer de que era ministro da Inglaterra. O rei de Portugal tinha pedido uma embaixada, pretendendo que Thornton seria o embaixador. Vou dar-lhe metade do que pediu; mas mandando [o diplomata William] A'Court para preenchê-la, o qual eu confio que manterá Hyde de Neuville no lugar.[33]

Canning estava sendo totalmente injusto, pois a timidez de dom João fazia com que ele se deixasse influenciar pelo interlocutor do momento. Além do mais, segundo Palmela, Subserra foi ao Windsor Castle para participar da redação da proclamação que o rei dirigiu ao povo português em 9 de maio; Thornton nada teve a ver com a ida de Subserra ao Windsor Castle.[34]

O grau de submissão do soberano português à Inglaterra e o tratamento prepotente reservado por Londres ao seu "mais antigo aliado" ficou outra vez evidente quando A'Court recebeu instruções para pedir a dom João que se desfizesse de Subserra – que era, no momento, chefe do governo. A reação de Palmela se encontra num despacho que mandou a Villa Real (embaixador em Londres) em 15 de janeiro de 1825:

> Passando ao segundo objeto que tenho a tratar, isto é, a viagem de José Antônio Leal ao Rio de Janeiro, confesso que não posso encontrar motivo suficiente para explicar as queixas, ciúmes e bulha que esta notícia ocasionou, servindo a mr. Canning de pretexto para denunciar nos seus despachos a *sir* W. A'Court e a *sir* Henry Wellesley a má-fé suposta do nosso gabinete, e para insistir novamente com a maior acrimônia na remoção de um dos ministros de Sua Majestade Fidelíssima, que ele injustamente quer supor como o representante neste governo da influência francesa, à qual atribui gratuitamente todos os atos que lhe não agradam, supondo-a incompatível com a conservação da íntima inteligência que deveria subsistir entre Portugal e a Inglaterra.[35]

Alguns dias depois do fim da *Abrilada*, uma reunião foi realizada em Lisboa por iniciativa de Palmela, com a participação de Hyde de Neuville, Thornton, o duque de Villa Hermosa, embaixador da Espanha, o encarregado de negócios da Rússia, Palmela e Subserra. A reunião abordou dois temas: o que fazer com a rainha e saber se uma reforma do gabinete português era aconselhável, e quem deveria ser substituído.[36]

Sobre o primeiro ponto, houve consenso sobre a conveniência de que Carlota se ausentasse de Portugal. Em 15 de maio, portanto pouquíssimos dias depois de dom João ter deixado o Windsor Castle, Palmela enviou à embaixada em Madri despacho ao qual estava anexada carta dirigida por João VI ao cunhado. A data desse despacho, se ele resultou da reunião mencionada, mostra o sentido de urgência existente. Porto Santo, embaixador em Madri, foi instruído a imediatamente solicitar uma audiência a Fernando VII e dizer-lhe:

> Para tranquilizar este país, e evitar a renovação de intrigas [...] seria sumamente necessário e urgente que se removesse para fora do reino aquela Pessoa que por desgraça, e em razão do seu caráter inquieto, parece ser a causa primeira de tão fatais dissensões. Dirá Vossa Excelência em seguida que essa remoção, se fosse espontaneamente pedida pela Real Pessoa de quem se trata, seria para ela mais decorosa [...] e que por isso a insinuação de Sua Majestade Católica, fundada no interesse da tranquilidade de ambos os Reinos, na conservação do decoro da sua própria família, e na grande necessidade de se conservarem unidos todos os soberanos para repelir o espírito revolucionário donde quer que possa emanar, não pode deixar de parecer muito acertada.[37]

No fim das contas, a ajuda de Fernando não foi pedida, porque Porto Santo desaconselhou a gestão, o que era excelente conselho, visto a profunda amizade dos irmãos Carlota e Fernando, de que um exemplo se encontra no Apêndice 4.

Sobre o segundo assunto, os dois ministros portugueses pediram que os diplomatas estrangeiros falassem francamente, declarando estarem prontos a deixar seus cargos, se isso fosse julgado necessário, e que haviam chegado à decisão de que em tal caso se demitiriam juntos. Isso indica que uma reforma do ministério já estava em consideração antes que A'Court tivesse chegado a

Lisboa com a incumbência de pedir a cabeça de Subserra. Inexplicado, e intrigante, é o motivo de um assunto interno de Portugal ser objeto de consulta a diplomatas estrangeiros. Nem Palmela nem Hyde de Neuville o esclarecem.

Fosse qual fosse a motivação de Canning, o fato é que ele havia declarado guerra a Subserra. Este se inclinava por procurar qualquer possibilidade de evitar a separação entre Brasil e Portugal, mesmo que isso levasse tempo e prolongasse as negociações, que poderiam ir além da data em que expirava o acordo de comércio de 1810. Tão grande era a animosidade do ministro inglês contra o conde de Subserra que numa nota a lorde Liverpool, em outubro de 1824, ele parecia querer adotar a prática de raptar um adversário inconveniente:

> Se recebermos Subserra aqui, como não parece impossível, ficará ainda mais claro que o pobre Thornton prejudicou nosso caso com o seu. Com um pequeno esforço, ou o correto entendimento de seu dever, ele certamente teria manobrado para enviar-nos Subserra do Tejo, em vez de deixar Hyde de Neuville conduzi-lo de volta, em triunfo, do camarote do Windsor Castle a seu ministério.[38]

Muito bizarra essa explosão de Canning; qual seria o passo seguinte? Jogar Subserra numa prisão? O fato é que Canning não perdoava a França pela expedição à Espanha, e os amigos e aliados da França, reais ou imaginários, entravam na lista dos seus desafetos.

o

Um estranho erro ocorre em *Life of Canning*, de Harold Temperley, quando o ilustre historiador afirma que "durante o inverno de 1823, os absolutistas, encabeçados pela rainha e Miguel – o herdeiro aparente e comandante em chefe – ganharam força e foram secretamente encorajados por De Neuville e a Santa Aliança".[39]

A contrarrevolução de 1823 começou em fevereiro e triunfou em maio; ora, Hyde de Neuville chegou a Lisboa em 10 de agosto; durante a *Abrilada* de 1824, o embaixador francês foi inteiramente solidário com o rei. Temperley, que fez de *Life of Canning* uma "quase hagiografia" do biografado, parece ter se excedido em seu zelo, fazendo de Hyde de Neuville um vilão.

Em 1809, a pedido do governo de Portugal, o então major-general William Carr Beresford (que tinha participado do ataque a Buenos Aires em 1806) foi escolhido por George III para organizar e comandar o exército português, tarefa que desempenhou com êxito. Ele manteve sua posição militar e o respectivo soldo, mesmo quando ausente do país. Hyde de Neuville pensava que dom Miguel se valia do conselho de Beresford, e Augustus Stapleton, que foi secretário de Canning, assinalou que, em relação à tentativa de golpe de 1824, o marechal era considerado por muitos como muito condescendente com a traição da rainha e do príncipe.[40] Esse comentário de Augustus Stapleton é curioso porque, segundo ele, Canning tinha mostrado, por aqueles tempos, grande interesse na permanência de Beresford em Portugal, para reorganizar o exército (que voltara ao estado de desorganização) e apoiar o rei contra outras revoluções.

Depois que Miguel fora expulso de Portugal e que Beresford também deixara o país, Palmela enviou um despacho à embaixada em Paris, com data de 12 de julho de 1824, ao qual estava anexado um memorando,[41] datado de 8 do mesmo mês, segundo o qual era necessário vigiar o comportamento de Beresford, caso ele aparecesse na França, "como era provável".

Em 1826, Beresford, ainda a soldo do governo português, foi chamado pela infanta regente para reassumir o comando do exército. Depois de considerar o pedido, que tinha o apoio de Canning e Wellington, o marquês de Campo-Maior apresentou-se em Portugal no mês de novembro. A possibilidade de Beresford voltar a Portugal provocou o seguinte comentário de A'Court, em despacho a Canning: "A maior parte [dos liberais] opõe-se ao regresso de ld. B., pela noção de que ele [ld. B.] é pessoalmente ligado a dom Miguel; e porque todos os amigos de ld. B. aqui são decididamente hostis a tudo parecido com uma forma constitucional de governo".[42] Aquela hostilidade parece ter sido compartilhada por Beresford, como sugerem, por exemplo, suas palavras a Marcellus, favoráveis à "expedição contra o liberalismo". No início de 1827, Beresford decidiu não aceitar a incumbência oferecida pela regente e deixou Portugal para sempre.

Algumas fontes fazem Beresford desaparecer de Portugal em momentos em que ele, indubitavelmente, estava lá. A *Grande Enciclopédia Portuguesa e Brasileira* diz que Beresford, voltando a Portugal do Brasil em 1822 não pôde desembarcar em Lisboa, mas "voltou ainda a Portugal em 1827 a pedido da regente, a infanta dona Maria Isabel, mas desistiu e regressou à Inglaterra, devido à resistência que encontrou no exército português".[43] Segundo o *Oxford Dictionary of National Biography*, "Sua atuação em Portugal terminou quando lhe foi negada a entrada em 1822. Apesar de lhe ter sido pedido por duas vezes, durante as guerras civis, para assumir o comando do exército, ele recusou, e jamais revisitou Portugal".[44]

Não obstante, Beresford estava em Lisboa em 1824. E, sem dúvida, lá esteve de novembro de 1826 a fevereiro de 1827.

°

Hyde de Neuville, que permanecera tão bem durante toda a fase de perigo ao trono de dom João VI, foi acusado pela Inglaterra de ter oferecido ao rei, para sua proteção, tropas francesas aquarteladas em Badajoz, do lado espanhol da fronteira, e ao mesmo tempo ter pedido ao oficial que as comandava para trazê-las para Portugal. Versões do que De Neuville realmente fez diferem, mas há três possibilidades: 1) nenhuma oferta fora feita; 2) a oferta fora feita, mas não aceita; 3) a oferta fora feita e aceita, mas o oficial comandante em Badajoz recusou-se a cruzar a fronteira.

Um acordo tinha sido concluído entre Espanha e Portugal, pelo qual se autorizavam as guarnições fronteiriças a agirem conjuntamente na perseguição de insurretos de um país que se tinham refugiado no território do outro, mas dom João já havia declarado que essa disposição não seria posta em vigor por Portugal, por temer que qualquer cooperação com a Espanha violasse as normas de neutralidade.

Em suas memórias, Hyde de Neuville esclarece que em 18 de dezembro de 1823 ele informou Paris de que, depois de chegar a Lisboa, tinha – em obediência a suas instruções – encorajado o governo português a abandonar sua política de estrita neutralidade, e, em face do perigo que isso poderia trazer a Portugal:

> Solicitei que fossem estacionadas tropas nas fronteiras de Portugal e que um apoio muito eficaz fosse positivamente prometido, em casos de urgência, e só de urgência, nos quais Sua Majestade Fidelíssima se encontrasse na necessidade de pedir a pronta ajuda de seus amigos.

O objetivo não era ocupar o reino, mas auxiliá-lo numa circunstância extraordinária [...]. O que poderia dizer a Inglaterra? [...]. Ela tem no Tejo seus navios de guerra, que, assim nos dizem, estão lá apenas para intimidar os insurretos.[45]

Quem sabe se esse despacho chegou ao conhecimento da Grã-Bretanha meses depois e motivou a reação de Canning? Ou, então, quem sabe se o despacho veio ao conhecimento de Londres depois da *Abrilada* e foi julgado como tendo sido escrito em consequência dela? O que valia, porém, é que a possibilidade de ver tropas francesas na Espanha e em Portugal era inaceitável para a Inglaterra e ainda mais para Canning, que já tinha sido criticado pela oposição e por membros de seu partido por não ter reagido mais decididamente ao que equivalia à invasão da Espanha pela França.

Quando informado da iniciativa de Hyde de Neuville, Canning queixou-se com Polignac, que se sentiu forçado a dar uma garantia escrita de que soldados franceses não seriam enviados a Portugal. O que quer que De Neuville tivesse feito, Polignac julgou necessário alertá-lo:

Meu caro barão, as coisas estão se envenenando aqui; julguei ser meu dever informar meu governo, após uma conversa que tive com o próprio rei. Como estou persuadido de que os fatos que me foram apresentados são exagerados, para não dizer algo mais, peço-lhe que negue formalmente as alegações, ou, se alguma dúvida existir em sua mente sobre a sinceridade e o comportamento do gabinete português, que prudentemente peça as explicações que lhe são devidas. Permito-me recomendar-lhe que seja prudente [...].[46]

A resposta de Hyde, em 16 de julho de 1824, insiste em que não tinha agido com imprudência e, portanto, não tinha pedido que soldados franceses entrassem em Portugal:

Com que base, em Londres, são nossas tropas postas em marcha, e desde quando nós, na França, nos sentimos obrigados a explicar fantasias do gênero?

Não dei nenhuma ordem desse tipo, nem mesmo pensei nela…

De todo modo, a pobre guarnição de Badajoz ficou em perfeita tranquilidade; portanto, não há ninguém a enforcar e mr. Canning pode e deve sentir-se bem sossegado.[47]

O governo francês, no entanto, pareceu convencer-se de que De Neuville havia cometido um sério erro e o removeu de volta para a França. Quando ele já tinha partido de Portugal, na primeira semana de 1825, uma contraordem chegou de Paris, instruindo-o a ficar no posto. Não é importante para nós especular a razão dessa reviravolta da administração francesa, pois De Neuville não voltou a Lisboa.

°

Também em 1824, Charles Stuart foi retirado da embaixada em Paris, por sugestão do governo francês. Polignac recebeu instruções para dizer a Canning que, se a Inglaterra desejasse ter a confiança do gabinete Villèle, deveria mudar seu embaixador na capital francesa.[48] Canning, que não gostava de Stuart e queria mandar seu amigo Granville para o cargo, não perdeu tempo em efetuar a mudança, facilitada pelo fato de que tampouco George IV gostava de Stuart.

Stuart tinha se comportado tão hostilmente na França que, já em 1820, Richelieu, chefe do governo pela segunda vez, escrevera a Wellington mencionando o comportamento nada diplomático do embaixador britânico e suas palavras inamistosas em relação ao próprio Richelieu.[49] Apesar de toda essa bagagem, Stuart recebeu, logo depois de perder o cargo, a incumbência de negociar, em nome de Portugal, o tratado de reconhecimento da independência do Brasil. Para alguma coisa ele devia valer…

O JOGO TERMINA: VITÓRIA DA INGLATERRA

A luta pela influência em Portugal foi decidida em favor da Grã-Bretanha. Em 1826, a paz foi novamente abalada pelo descontentamento com a política seguida pela regente Maria Isabel, nomeada para o cargo pelo irmão, Pedro I do Brasil e IV de Portugal, que tinha abdicado em favor de sua filha Maria da Glória, menor de idade. A influência conseguida em Lisboa pelos liberais, favoráveis a uma monarquia constitucional e muitos deles partidários das Cortes de 1820, chocava-se com as expectativas dos partidários do príncipe Miguel, que ainda estava na Áustria; pelo projeto delineado pelo irmão mais velho, Miguel deveria aceitar a Constituição que Pedro outorgara a Portugal (cujo texto chegou a Lisboa em mãos de Charles Stuart, ao término de sua missão no Brasil), casar-se com a sobrinha Maria da Glória e ser regente do país até a maioridade dela; para complicar as coisas, Miguel só poderia assumir a regência quando completasse 25 anos, o que aconteceria em outubro de 1827.

Em 1826 existia, entre os miguelistas, a preocupação com a possibilidade de, havendo uma regente (nomeada pelo então rei, antes de sua abdicação), Miguel não assumir a regência no ano seguinte. O descontentamento com a prevalência dos liberais e a indefinição quanto ao papel reservado a Miguel levou seus partidários no exército a levantarem vários regimentos em rebelião contra o governo.

Em outubro, a infanta regente, como visto acima, chamou Beresford para reassumir o comando do exército. Ao mesmo tempo, apelou à Inglaterra por ajuda militar, e logo uma divisão de mais de 5 mil soldados, sob o comando do tenente-general William Clinton, embarcava com destino a Lisboa, onde a maior parte dela chegou nos primeiros dias de 1827.

Beresford tinha aceitado condicionalmente o comando do exército português, o qual, além de mal equipado e desorganizado, estava parcialmente em revolta contra o governo; ele não escondeu sua crítica quanto ao ponto de descura a que o exército tinha chegado, e, como resultado, ficou impopular com todas as facções. Também não lhe deve ter agradado o contraste entre seu comando e o de Clinton. Em fevereiro, Beresford entregou o comando e regressou à Inglaterra.

No entretempo, os revolucionários foram derrotados sem participação das tropas de Clinton, mas a presença de seus soldados contribuiu para arrefecer as paixões e trazer de volta a paz.

Assim, Portugal continuava inglês! Às favas a política de não intervenção!

Epílogo

Uma pergunta resta para ser respondida: que lição tinham tirado as lideranças políticas das grandes potências e os dirigentes dos novos países independentes, das reivindicações populares, das lutas e do sofrimento dos últimos decênios?

No início de sua monumental *L'Europe et la Révolution Française*, Albert Sorel afirma que "uma Europa na qual os direitos de cada um resultavam dos deveres de todos era algo tão estranho para os estadistas do Antigo Regime que foi necessária uma guerra durando um quarto de século [...] para inculcar neles aquela noção e demonstrar sua necessidade".[1]

Mais pareceria, no entanto, que tal entendimento não tinha tomado pé; após o fim da guerra, se a lição daqueles mais de dois decênios de conflito tinha sido ouvida, aparentemente não fora compreendida, muito menos aceita. Para os soberanos e muitos líderes políticos europeus – estes em sua maioria aristocratas e, portanto, avessos a grandes mudanças do *status quo* –, os desejos do povo, se bem não pudessem ser ignorados totalmente (como foi provado em 14 de julho de 1789), não faziam parte de suas prioridades. É verdade que o conservadorismo podia ceder e fazer concessões, quando a preservação da paz o exigia.

O que a Europa viu ao fim daquele quarto de século de convulsões foi inicialmente um retorno ao Antigo Regime, quando não a intensificação de suas salvaguardas contra a "democracia".

Sem dúvida foi esse o caso dos países que tinham perdido suas colônias. Os reis de Espanha e Portugal violaram suas promessas de reinar constitucionalmente e procuraram continuar a governar como se nada tivesse mudado desde o século anterior.

A França agora dispunha de uma Constituição e um parlamento, mas também é certo que a aristocracia continuava a tentar retomar o que fosse possível do que tinha perdido; ela mantinha as rédeas do governo, ocupando a presidência do Conselho de Ministros por todos os anos restantes da dinastia Bourbon. Luís XVIII e Carlos X tiveram como presidentes do Conselho de Ministros, sucessivamente, o duque de Richelieu, o marquês Dessolles, o duque de Décazes, Richelieu uma segunda vez, o conde de Villèle, o visconde de Martignac e o príncipe de Polignac. E também é certo que o desejo de Luís XVIII de seguir uma política de reconciliação, sem propósitos de vingança, foi minado pelo irmão e seus aliados ultrarreacionários.

Ao rejeitar uma política de revide, Luís XVIII seguia sua inclinação e o desejo do irmão morto, o qual tinha, em seu testamento, perdoado os inimigos e aconselhado seus seguidores a não desejar vingança. Em 28 de junho de 1815, após Waterloo, Luís XVIII, apoiado por Wellington e Talleyrand, proclamou uma anistia a todos os que, mesmo tendo favorecido a volta do imperador, até mesmo lutado por ele em Waterloo, tivessem cessado de apoiá-lo em 26 de junho, data da volta do rei à França. Eram excetuados da anistia "os autores e os instigadores desta horrível trama. Eles serão designados à vingança das leis pelas duas câmaras", isto é, pelo parlamento.[2] Assim, só não eram cobertos pela anistia os que tivessem possibilitado os Cem Dias e continuado a apoiar Bonaparte depois de Waterloo, mas o texto não indicava nenhum nome. A preparação da lista dos excluídos foi confiada ao espertíssimo e amoral Fouché, ex-chefe de polícia de Napoleão, que tinha apoiado a volta do imperador a princípio, mas virado casaca a tempo; era, assim, clara indicação de que o rei desejava limitar o número dos excluídos.

Infelizmente, a linha dura dos Ultras, com o conde de Artois à frente, exigia revide e conseguiu a aprovação de uma segunda lei de anistia, em janeiro do ano seguinte, mais severa que a anterior, a qual bania do país os "regicidas" que tinham contribuído para a morte de Luís XVI.

A revolução popular de 1830 mostrou que a lição tinha sido mal interpretada na França; sob Luís Filipe, que sucedeu a Carlos X no trono, a classe política expandiu-se, mediante mais significativa representação para as profissões liberais, a indústria e o comércio.

Quanto à Inglaterra, que seu complacente mundo político clamava ser um exemplo para o resto da Europa, nenhuma mudança ocorreu para mostrar que os anseios populares expressados pela Revolução Francesa tinham sido reconhecidos como aspirações legítimas, reflexos de necessidades reais.

Certa vez, depois de sua volta a um cargo ministerial em 1822, Canning declarou que a exemplar democracia britânica permitia que alguém como ele (cuja mãe, depois de enviuvar, foi atriz de teatro e teve vários filhos naturais) ocupasse importantes cargos governamentais. Não era bem assim; o caso de Canning era a andorinha que não fazia verão. "A aristocracia continuou a ser detentora do poder executivo; até 1834, pelo menos metade dos ministros no gabinete eram membros da Câmara dos Lordes, e a proporção era muitas vezes de dois ou três para um."[3]

As dificuldades econômicas nos anos do após-guerra foram agravadas por desemprego e más colheitas, provocando inquietação, desordens e até algumas declarações evocativas dos objetivos da Revolução Francesa, mas a reação da classe governante limitou-se maiormente à adoção de medidas repressivas: o direito de *habeas corpus* foi suspenso em 1817, se bem que por um prazo de menos de seis meses; em 1819, a Lei sobre Reuniões Sediciosas (Seditions Meetings Act) proibiu a reunião de mais de cinquenta pessoas sem prévia autorização oficial. Se, depois de receber ordem de dispersar, mais de doze pessoas permanecessem reunidas, receberiam a pena de morte; várias outras disposições da Lei prescreviam, igualmente, a pena de morte. Ainda em 1819, as chamadas Seis Leis foram aprovadas, das quais uma limitava a liberdade de imprensa e outras visavam a sufocar atos de desobediência ou revolução. A conspiração da Cato Street, mencionada no capítulo 10, é outra indicação da insatisfação existente. A problemática da emancipação dos católicos, que Canning advogou por toda a sua carreira política, só foi resolvida em 1829, quando o parlamento aprovou, depois de tê-la rejeitado no ano anterior, a chamada Lei de Emancipação (cujo nome oficial é Roman Catholic Relief Act).

O medo e a desconfiança inspirados pelas "classes baixas" não diminuíram. No capítulo 10 mencionamos a situação em 1820. Em Londres, escreveu Wellington em memorando enviado a Liverpool em junho,[4] o governo dependia para sua proteção "da fidelidade de 3 mil guardas, todos da classe popular, e mesmo dos mais baixos daquela classe. [...] Dos guardas, os sargentos e cabos certamente são excelentes soldados, e sua conduta é exemplar em toda ocasião. Mas deve-se observar que eles saem das fileiras e da classe popular, e são passíveis de serem influenciados pelas opiniões e sentimentos do povo".

Igualmente sobre o moral das tropas e a desconfiança em relação às "classes inferiores" é reveladora a comunicação de 9 de setembro de 1820, de Herbert Taylor, secretário militar dos Horse Guards, a Wellington, que era membro do gabinete em sua qualidade de *Master-General of the Ordnance* (ver capítulo 10); Taylor descreve como um Estado policial tinha sido montado a fim de vigiar a soldadesca:

> A conduta das tropas, e mais especialmente daqueles em – ou nas vizinhanças de – Londres são motivo de comunicação quase diária entre esta repartição e o secretário de Estado. Nada do que é informado, seja pela polícia ou por observadores oficiosos, seja relatado em cartas anônimas, é negligenciado ou posto de lado [...]. Ao mesmo tempo, extrema cautela deve ser empregada para evitar criar a impressão de que a fidelidade das tropas está sob suspeita, porque poderia produzir o próprio mal que se pretende evitar.
>
> Seja pelo sentimento de sua maior importância, que o soldado adquiriu durante a recente guerra, seja por estar influenciado em certa medida pela latitude de opiniões e observações a respeito de questões públicas assumidas pelas classes inferiores, agravos, reais ou imaginados, são trazidos à tona e discutidos num tom mais decidido do que antes.[5]

Taylor continuava para comentar o fato de que as "classes baixas" estavam ficando muito reivindicadoras e finalmente acrescentar: "Ao que isto pode conduzir, só Deus sabe; estou, porém, firme nesta observação, de que a conclusão natural é que nunca houve período algum em que o maior cuidado e vigilância do oficial comandante fosse mais necessária, a fim de prevenir a necessidade de explicar-se".

Em 1825, George IV, lutando o que se pode chamar de ação de retaguarda, tinha isto a dizer, numa mensagem ao gabinete britânico a respeito do reconhecimento das ex-colônias da Espanha:

O rei supõe que não se negará que a anarquia produzida em todo o mundo pela Revolução Francesa nos deixou um registro tão instrutivo que os conselhos do governo britânico jamais deveriam deixar de se regular pela salutar memória daquela terrível ocorrência. [...]

O espírito revolucionário dos anos passados, ainda que serenado e temporariamente em suspenso, não está de modo algum extinto; e seria prudente pensar nas últimas consequências que poderia ter nossa intenção de reconhecer a independência das províncias sul-americanas sobre os vis e os descontentes, que neste mesmo momento apenas são controlados com dificuldade pelo poder estabelecido de governos regulares.[6]

A queda do ministério chefiado pelo reacionário duque de Wellington, em 1830, refletiu não só o desejo de representação pela classe média como também o sofrimento das camadas mais pobres em face do desemprego e do aumento do preço dos alimentos. O ministério Grey,[7] ao substituir Wellington em novembro, dedicou-se a lutar pela reforma do sistema eleitoral. Um terrível inverno trouxe a fome e o descontentamento popular: as residências de vários opositores da reforma foram incendiadas, e as janelas da casa de Wellington em Londres foram apedrejadas, não uma, mas duas vezes. Grey reconhecia que a reforma era necessária a fim de impedir uma revolução; quando o projeto da lei de reforma foi rejeitado e a oposição insistia em que fosse substituído por texto menos liberal, Grey, em carta a Herbert Taylor, agora ocupante do cargo de secretário do rei, alertou para que "aprovar uma medida não menos eficaz que o último projeto [...] era absolutamente necessário para preservar a paz interna".[8] Finalmente, em 1832 foram aprovadas as Leis de Reforma (Reform Bills), que em certa medida melhoraram as regras para eleição à Câmara dos Comuns de representantes da Inglaterra, Gales, Escócia e Irlanda. Contudo, meras reformas do sistema eleitoral não bastavam para atenuar as consequências da grande desigualdade social que continuou a existir, as décadas seguintes devendo testemunhar a continuação da pobreza geral e a brutal exploração dos trabalhadores. Mesmo sob o governo Grey, aos distúrbios ocorridos nas áreas rurais devido à carestia dos alimentos, a resposta foi a imposição de sentenças severas, algumas de condenação à morte.

A "lição" tinha sido rejeitada na Áustria, Prússia e Rússia.

O autocrático governo da católica Áustria rejeitava, horrorizado, a ideia de movimentos democráticos, constitucionais ou republicanos, que deviam ser reprimidos com o maior rigor – como o foram, pelas tropas austríacas, em Nápoles (ver capítulo 10). Em 1825, escrevendo a Esterházy, embaixador austríaco em Londres, Metternich elogiou "a imutabilidade dos princípios e do sistema político do imperador, nosso augusto senhor. Nada, quer naqueles princípios, quer nos planos do nosso governo, está sujeito a variação, porque nossos princípios são corretos e nossa marcha é livre de quaisquer visões secundárias. A política de Sua Majestade Imperial tem todo o valor de uma religião [...]".[9] Isto não era devido apenas a conservadorismo *per se*, mas igualmente à necessidade, para um império que compreendia várias nacionalidades ("uma pequena Europa dentro da maior", no dizer de Sorel),[10] de seguir uma política que reprimisse aspirações nacionais que pudessem resultar na dissolução do império. A agitação em favor de um sistema constitucional, reinante nos meios universitários, levou o governo austríaco a emitir em 1819 os chamados Decretos de Carlsbad, aos quais a Confederação Germânica se associou. Os decretos colocaram as universidades sob estrito controle oficial e estabeleceram uma lista em que eram inscritos professores impedidos de lecionar e alunos proibidos de frequentar as universidades; essas severas medidas continuaram em vigor por várias décadas.

Por outro lado, consumado político que era, Metternich reconhecia o risco de uma reação excessiva quando a alternativa não representava ameaça. Em 1817, quando circularam rumores de que Luís XVIII estava à morte, Metternich temia que a ascensão ao trono do conde de Artois, favorecedor das medidas preconizadas pelos Ultras mais extremados, levasse à ab-rogação da Carta Constitucional francesa e, em consequência, à revolta popular e novas guerras. Em carta a Richelieu, ele expressou a necessidade de se evitar tal desastre.[11] O mesmo temor ele declarou a Richelieu, no mesmo ano, em relação à eventual morte do papa Pio VII. A Áustria e a França, ao ver de Metternich, deveriam evitar a eleição de um papa que, por ser da preferência dos ultrarreacionários de todas as nações, poderia "acender uma conflagração, incalculável em seus efeitos e consequências".[12]

A Prússia protestante e a Rússia ortodoxa, se bem que por razões diferentes, concordavam com Viena: constituições eram indesejáveis, a democracia era perigosa e os ideais republicanos, inaceitáveis. É verdade que Alexandre I inicialmente se inclinava a aceitar a adoção de sistemas constitucionais em outros países, mas sua opinião mudou com o passar dos anos. Na Prússia, Frederico Guilherme III havia prometido, em 1815, outorgar uma Constituição, mas acabou por descumprir a promessa. O medo inspirado pelos acontecimentos testemunhados pela França na última década do século XVIII seria invocado por muito tempo na condução das políticas dos países europeus.

As revoluções constitucionais de 1820 na Espanha e em Portugal já foram relatadas. A Áustria e a Prússia foram sacudidas pelas revoluções de 1848, e só então a lição começou a receber a atenção de seus governantes. O sistema de governo russo continuou a ser a autocracia por todo um século depois de Waterloo, e a alternativa então oferecida por Lênin e Stálin dificilmente pode ser considerada um progresso.

Nos novos países independentes das Américas, a influência frequentemente citada dos filósofos do Iluminismo, do governo republicano norte-americano e dos princípios da Revolução Francesa não foi evidenciada, na maioria deles, depois da independência. Neles, o que sucedeu serviu para confirmar a lição de que quanto mais as coisas mudam, mais continuam as mesmas. Nos países latino-americanos, a participação eleitoral e política copiava o modelo europeu, sendo limitada a uma minoria de certo grau de propriedade, e mesmo essa minoria era reduzida à irrelevância por governos autoritários ou ditatoriais. Se a escravidão foi abolida nas ex-colônias espanholas muito antes que no Brasil, outras formas de discriminação foram mantidas contra quem tivesse sangue ameríndio ou africano.

Ademais, a independência política não trouxe independência financeira. Fatores como instabilidade política, guerras intestinas, administrações incompetentes ou corruptas – geralmente incompetentes e corruptas –, a fuga de capital e da experiência técnica e gerencial necessária a certas atividades, especialmente a mineração, abalaram as economias daqueles países, tão ricos em recursos naturais. Pouco tardou para que se endividassem com bancos europeus, geralmente britânicos.[13]

Grandes personalidades da saga da independência foram pagas com a ingratidão de seus conterrâneos. Ao fim de 1830, Bolívar e Sucre estavam mortos, aquele tendo antes sofrido uma tentativa de assassinato e Sucre vítima de um assassino; San Martín e Rivadávia viviam em exílio, O'Higgins tinha deixado o Chile para morar no Peru; José Bonifácio de Andrada e Silva vivera seis anos em exílio. A guerra entre Peru e Colômbia, citada ao fim do capítulo 7, a ocupação pelo Haiti da República Dominicana, poucas semanas depois de esta ter declarado sua independência em 1821, ocupação que durou mais de vinte anos, a guerra entre Argentina e Brasil pela Banda Oriental, a instalação de governos autocráticos ou ditatoriais em vários dos novos países americanos – tudo parecia mostrar que as classes dirigentes das novas nações em pouco se distinguiam das que as tinham governado no período colonial.

Este é o cerne do problema, de qualquer país, a qualquer tempo de que se trate: as mãos que são obrigadas a deixar cair as rédeas do poder logo são substituídas por outras, os novos detentores do poder tão desejosos de conservá-lo e de usufruir suas vantagens como o eram seus antecessores. Assim foi sempre, e assim foi nos países da América Ibérica, enquanto na Europa a aristocracia, desejosa de manter o *status quo*, só aceitava a necessidade de mudança para evitar o espectro da revolução. Um longo caminho restava a trilhar.

Nada termina quando chega ao fim...

Apêndices

1. *Dramatis personae*, ou quem era quem

O propósito dos resumos biográficos abaixo é apresentar algumas personalidades mencionadas neste livro a leitores que possam não as conhecer. Certamente muitas delas são bastante conhecidas pelos leitores e poderiam, assim, dispensar um esboço biográfico, mas decidi não julgar quais seriam, exceção feita a Napoleão Bonaparte, que acredito não precisar de apresentação.

Parece útil, porém, recordar que em 1799 Napoleão foi um dos cônsules do Consulado Tríplice, juntamente com Sieyès e Roger-Ducos; em 1800 tornou-se primeiro cônsul; em 1802 cônsul vitalício; e em 1804 uma nova Constituição estabeleceu o império, com Napoleão como imperador. Por esse motivo, às vezes ele é citado como primeiro cônsul, outras como imperador etc.

As demais personagens são mencionadas, mas novamente fica o leitor avisado de que estas não são biografias. Em alguns casos, porém, uma apresentação mais ampla pareceu justificável, a fim de oferecer mais clareza quanto ao seu caráter.

Outros nomes que participaram de modo mais modesto nos eventos aqui descritos são identificados em notas.

ESPANHA

Carlos IV (1748-1819), Sua Majestade Católica, rei da Espanha de 1788 a 1808. Homem de caráter fraco, que se deixava dominar por sua esposa e por Godoy, o amante da rainha. Durante uma visita à Espanha, onde mais tarde seria o embaixador de Portugal, Palmela chegou à seguinte conclusão sobre rei, rainha e Godoy: "Na verdade, chegava a fazer compaixão a imbecil simpleza deste soberano, obedecendo cegamente aos caprichos de uma rainha velha, impudica, e de um favorito sem talento, sem coragem, sem conhecimentos, sem qualidade alguma, enfim, que pudesse fazer desculpar a elevação a que o tinham erguido".[1] A história da Espanha refere-se a Carlos IV como *El Rey Cazador*, um homem que amava a caça, mas detestava governar. Somente no fim de seu reino ele deu uma mostra de autoridade, ao reagir contra a traição de seu filho Fernando. Depois de entregar o trono a Napoleão, Carlos passou alguns anos na França, e de 1812 em diante residiu na Itália.

Maria Luísa de Parma (1751-1819), que nasceu na Itália, foi sua esposa e, como ele, fazia parte da família Bourbon. Ela tomou o jovem oficial Manuel Godoy como seu protegido e amante, proporcionando-lhe uma fulgurante carreira política e militar, sempre com a total aprovação do marido e a inconformidade do príncipe-herdeiro.

Fernando VII (1784-1833), conhecido como príncipe das Astúrias antes de se tornar rei, é uma daquelas personalidades que não encontram quem as elogie. Teimoso, vingativo, aparentemente incapaz de aceitar, ou relutante até mesmo em tentar entender, qualquer ponto de vista contrário ao seu, Fernando foi duas vezes descrito por Napoleão nos termos mais contundentes.

Quando o príncipe chegou a Baiona, em 1808, a convite (talvez intimação seja a palavra mais apropriada) do imperador francês, Bonaparte achou-o "muito estúpido, muito malicioso, muito inimigo da França".[2] Depois do encontro em Baiona, Napoleão julgou Fernando novamente: "Quanto ao príncipe das Astúrias, é um homem que desperta pouco interesse. É tão estúpido que não consegui arrancar dele uma única palavra. Qualquer coisa que se lhe diga, ele não responde; se alguém o repreende ou elogia, sua expressão não muda. Seu caráter é descrito, pelos que o encontram, por uma só palavra: dissimulado".[3]

E, no entanto, Fernando foi adorado pelo povo espanhol durante muitos anos, pois seu ódio e sua oposição a Godoy coincidiam com o sentimento popular, alimentado pelos pesados impostos destinados às incessantes guerras e pela queda das rendas provenientes da América, infortúnios que a voz do povo atribuía, com certa dose de razão, a Godoy.

Fernando era supersticioso, praticante do catolicismo mais retrógrado, a ponto de, ao voltar à Espanha em 1814, restabelecer a Inquisição. Na tradição de algumas famílias reais europeias de dar preferência a casamentos entre parentes próximos, tanto Fernando como seu irmão Carlos desposaram sobrinhas, filhas da irmã Carlota Joaquina.

Godoy y Álvarez de Faría, Manuel, Príncipe da Paz (1767-1851), vinha de uma família empobrecida pertencente à velha nobreza. Bem-apessoado, Godoy atraiu a atenção da rainha e tornou-se *valido* do rei, isto é, o colaborador e conselheiro de maior confiança. Godoy casou-se com Maria Teresa de Bourbon, prima de Carlos IV. Entre 1792 e 1808, com exceção do período de 1798 a 1801, Godoy dirigiu a política do país. Vaidoso, conseguiu do rei o título de Príncipe da Paz, ao concluir com a França o Tratado de Basileia (1795).

Ao mesmo tempo que era favorito da rainha e marido de uma princesa Bourbon, Godoy mantinha, abertamente, uma ligação amorosa com Josefa (Pepita) Tudó; depois que Maria Teresa, em 1808, se divorciou dele, Godoy desposou Pepita.

Sua imensa ambição proporcionou a Bonaparte o subterfúgio usado para inundar a Espanha com tropas francesas e levar o país à devastadora guerra que durou de 1808 a 1813 e que tanto enfraqueceu a Espanha, ao final livre do invasor francês, mas firmemente relegada ao nível das potências menores.

Bonaparte, José (1768-1844) foi posto por seu irmão Napoleão no trono do reino de Nápoles e Duas Sicílias e, depois, no da Espanha. A correspondência entre ambos inclui muitos casos de críticas a José pelo irmão, que o considerava sem energia e indeciso. Todavia, José era um homem competente, que tinha desempenhado com sucesso várias missões diplomáticas e como encarregado de reformar a administração da Córsega; seu papel como rei da Espanha foi prejudicado pela política de Napoleão, que via o país como um campo de batalha autofinanciável do qual, além do mais, queria tirar as províncias lindeiras com a França. José, frequentemente surpreendido com as decisões do irmão, não conseguiu seguir uma política que oferecesse qualquer possibilidade de angariar apoio popular. A derrota da França na Guerra Peninsular pôs fim ao seu reino (1808-13).

José, que era casado com Julie Clary, irmã de Désirée Clary (esposa do general Bernadotte), teve várias ligações amorosas, das quais resultaram filhos. Depois da derrota do irmão em Waterloo, foi morar nos Estados Unidos, onde ficou por muito tempo antes de voltar à Europa – mas não à França, pois preferiu residir na Itália.

PORTUGAL E BRASIL

João VI (1767-1826), Sua Majestade Fidelíssima, não esperava nem havia sido preparado para herdar o trono de Portugal, mas, com a morte do irmão, tornou-se o herdeiro, aos 21 anos de idade. Sua mãe, a rainha Maria I, que dera mostras de insanidade por vários anos, foi finalmente declarada incompetente em 1799, e João assumiu a regência do reino.

Tímido, vacilante (Palmela queixava-se da "inércia" do rei), facilmente intimidado por interlocutores mais incisivos, desconfiado e cheio de superstições e temores encorajados pelos padres, que ele respeitava e ouvia, tendo feito um casamento infeliz com uma megera, a princesa espanhola Carlota Joaquina, este era o príncipe regente de Portugal. Quando William A'Court, embaixador em Lisboa, informou-o de que a Grã-Bretanha se recusava a interferir na questão da sucessão ao trono de Portugal, e a decisão aumentou o receio que João tinha de nova tentativa de golpe por parte do filho Miguel, o embaixador comentou a reação do rei, em despacho para Londres: "Como é hábito de Sua Majestade fazer que cada fato novo aumente o terror que no momento ocupa sua mente [...]".[4]

Para compensar esses defeitos, dom João tinha um senso de humor maroto e era inteligente e sagaz, qualidades úteis quando as deixava guiar suas decisões. Maria Amália Vaz de Carvalho dá este exemplo do lado irônico do rei:

> Emancipado da tutela das Cortes, que [...] o desobrigavam do incômodo ofício de reinar, governando-as por sua conta e risco – o que o levava de vez

em quando a dizer com o seu riso de bonomia impagável, desdobrando de manhã a *Gazeta oficial*: “Vamos a ver o que eu ordenei ontem...”.[5]

Thomas Sumter Jr., por vários anos ministro dos Estados Unidos junto à corte portuguesa no Rio, assim descreveu o príncipe regente ao secretário de Estado Monroe, em dezembro de 1815:

> Sua paixão e orgulho nas menores coisas, como até agora sua política nas maiores, é manter seus planos em segredo; tem grande prazer em se divertir com as imposições e surpresas que é capaz, deste modo, de fazer à curiosidade e aos cálculos alheios – seus nobres não são mais que seus servos pessoais e o seguem aonde vá [...] frequentemente perdem suas refeições e sono por causa da impenetrabilidade dele [...]. Vossa Excelência pode supor, como é verdade, que ele não tem respeito algum por qualquer um deles, e por isso eles não o influenciam nos assuntos públicos; sempre mantém os mais sábios e mais independentes dentre eles à distância, e tem seu gabinete mal montado porque é de seu gosto governar sem oposição.[6]

Dom João mostrava um traço em comum com o filho Pedro: desconfiar de conselhos razoáveis. Quando, em 1821, hesitava sobre o que fazer em resposta aos acontecimentos de Portugal, e se devia mandar Pedro para Lisboa, como representante da Coroa, manteve o filho em total ignorância. Ao mesmo tempo, pedia conselhos a Palmela, ministro dos Negócios Estrangeiros, que tinha ido de Lisboa para o Brasil a fim de informar sobre a situação em Portugal e instar pelo regresso do rei; e a Vila Nova Portugal, ministro da Justiça, que estava no Brasil havia tempo e, portanto, não tinha conhecimento em primeira mão do que ocorria em terras lusitanas. Invariavelmente adotava o conselho deste. Para usar as palavras de Sumter, ele preferia manter o competente Palmela à distância.

Pode ser que dom João sentisse um misto de admiração e inveja em relação a Pedro, que tinha a coragem e a decisão que tanto faltavam ao pai. Pedro sempre deu mostras de respeito filial, mas nunca mencionava a mãe nas cartas ao pai; sempre perguntava e fazia votos pela saúde do rei, tornando ainda mais notável a falta de referência a Carlota Joaquina. Mas é difícil afirmar se existia verdadeiro afeto entre pai e filho.

Carlota Joaquina (1775-1830). Por outro lado, é fácil afirmar que nenhum amor existia entre João e Carlota. Eles se casaram em 1785, mas a consumação do matrimônio esperou até que a esposa fizesse quinze anos, em 1790; três anos depois o jovem casal já vivia em discórdia permanente, mas teve nove filhos (dizia-se não se saber quais eram filhos de João, porque Carlota era notoriamente promíscua), a última dos nove sendo nascida em 1806.

Em 1805 o príncipe teve uma fase de depressão, momento em que Carlota Joaquina aproveitou para conspirar com o objetivo de substituí-lo na regência do reino, sob a alegação de que a loucura de Maria I começava a se manifestar no filho. Isso era demais para o pobre João, que reagiu e chegou a banir do país vários dos conspiradores aliados de Carlota. Em 1806, a briga do casal tornou-se pública: o palácio de Queluz foi designado para residência de Carlota Joaquina, enquanto o marido residia em Mafra. Contudo, no ano seguinte a princesa viajou com a família real para o Brasil, que ela detestou até o dia do regresso a Portugal, onde continuou a morar separada do marido. A desavença do casal, que nunca diminuiu, levou Carlota a novamente tentar depor João, em 1823 e 1824, usando o filho Miguel para esse fim.

Carlota Joaquina era espanhola acima de tudo e ambiciosa de poder. Além de conspirar contra o marido, também tentou, durante a ocupação francesa e o confinamento do irmão na França, ser nomeada regente da Espanha e governadora das colônias espanholas na América.

Augustus Stapleton comentou que "uma ideia de seu caráter é mais bem expressa em se dizendo que ela possui, em grau exagerado, todas as qualidades que fizeram o nome de [seu irmão Fernando VII] tão famoso, ou tão infame, entre os soberanos da Europa".[7]

Outro exemplo do caráter de Carlota foi narrado por Edward Thornton, ministro britânico tanto no Rio de Janeiro como, depois do regresso da corte à Europa, em Lisboa. Em 24 de abril de 1821, poucos dias antes de a corte deixar o Brasil, o rei convidou Thornton para um jantar íntimo. Segundo o despacho enviado por Thornton a Castlereagh, a conversa, conduzida em francês, transcorria a esmo até o momento em que João contou que tinha alforriado todos os escravos, dos dois sexos, empregados em seus apartamentos. Quando o ministro britânico perguntou se a rainha ia levar alguma de suas servidoras para Portugal, a resposta foi negativa. Tinham sido alforriadas?

"'*Ma foi!*', respondeu Sua Majestade, numa exclamação veemente, com lágrimas nos olhos, 'foram todas vendidas esta manhã'."[8]

Depois dos sucessos de 1824 (ver capítulo 14), o rei quis mandar sua turbulenta esposa para a Espanha, mas teve de desistir, e os dois continuaram a viver separados em Portugal.

Fernando VII e Carlota eram muito unidos, como o demonstra a carta, reproduzida no Apêndice 4, que ela escreveu ao "Querido irmão de meu coração" em 1814, meses após a volta de Fernando à Espanha. Essa carta também mostra, como se depreende da maneira pela qual Carlota põe as filhas à venda, como os casamentos entre parentes muito próximos eram, mais que aceitos, encorajados pelas famílias reais espanhola e portuguesa.

Pedro (1798-1834), que, como herdeiro do trono português tinha o título de Príncipe da Beira, era ativo, impaciente, corajoso, não era desprovido de inteligência, mas não tinha nem a maturidade exigida pelo papel de rei – para o qual, de todo modo, não tinha sido preparado pelo pai –, nem a cultura e o conhecimento necessários. Dizia-se que o jovem príncipe, que chegara ao Brasil pouco antes de completar dez anos, passava menos tempo estudando do que nas estrebarias, em conversa com os cavalariços e, alguns anos mais tarde, correndo atrás de saias. Além do sexo feminino, Pedro também gostava de música: tocava vários instrumentos, compunha e era bom cantor.

Não há dúvida de que ele tinha muito respeito por José Bonifácio de Andrada e Silva, que se tornou o mentor do jovem príncipe e o influenciou com seus ideais: independência, estabelecimento de uma monarquia, preservação da integridade do território brasileiro, nada a ver com ideias republicanas, e, quanto à Constituição do país, nada de exageros liberais.

Outros traços de Pedro, infelizmente, lhe eram desfavoráveis: tinha pavio curto, era impulsivo, até mesmo violento, não tolerava oposição e, como o pai, às vezes rejeitava conselhos que não tinha motivo para considerar infundados. Um retrato de Pedro nos foi deixado por Thornton, o ministro britânico já mencionado, num despacho "secreto e confidencial" a Castlereagh em 31 de janeiro de 1821, ao tratar da possibilidade de ser o príncipe mandado a Lisboa, em resposta à exigência das Cortes revolucionárias:

> Julgo sua conduta até agora tão moderada e prudente quanto seja possível a um homem tão jovem na sua posição adotar, e tão respeitosa e obediente para com o rei como se poderia desejar. Mas ele é moço, totalmente sem instrução e inexperiente, de caráter impetuoso e quente, procurando ardentemente ocupação, mais por curiosidade que para conhecimento, e ocupando o vácuo a que está condenado com as diversões mais violentas e turbulentas.[9]

Esses traços de sua personalidade explicam muito do comportamento de dom Pedro durante os dez anos entre tornar-se regente do Brasil e abdicar, em 1831. Parte da instabilidade política sofrida pelo Brasil nos primeiros anos de sua vida independente pode-se afirmar ter sido de responsabilidade dele. Pedro era sujeito a algumas crises epiléticas, de pouca intensidade, fato que ele não escondia; de todo modo, não parece útil especular se a doença que as gerava foi a causa de alguns dos casos de seu maior descontrole.

Outro traço infeliz era sua escandalosa infidelidade conjugal. Em 1817, Pedro desposou Leopoldine Caroline, arquiduquesa da Áustria, filha do imperador Francisco I. A crônica da época conta que ao chegar ao Brasil, no fim do ano, a noiva ficou agradavelmente surpreendida com a bela figura de Pedro, por quem se apaixonou. Por algum tempo o jovem casal (eles tinham então ambos dezenove anos) viveu em harmonia; os dois gostavam de música, e nas cartas para sua família, Leopoldina (como veio a ser chamada no Brasil) mencionava as horas felizes que passavam juntos, ela tocando piano e Pedro algum dos vários instrumentos em que era exímio. Só que a infidelidade do príncipe logo veio a perturbar a felicidade de Leopoldina.

Pedro conheceu sua amante mais famosa, Domitila de Castro Canto e Melo, em 1822, durante a visita a São Paulo que precedeu o grito do Ipiranga; logo ele a levou para o Rio de Janeiro, como dama de companhia de Leopoldina, e arranjou a anulação do casamento de Domitila. Nos sete anos seguintes ela ficou grávida do imperador seis vezes, tendo sobrevivido cinco filhos. Pedro os reconheceu abertamente como seus e insistiu que fossem criados na corte, juntamente com as princesas imperiais. Além de Domitila, teve várias outras ligações, uma delas com Maria Benedita, irmã de Domitila, com o resultado de mais um herdeiro; na verdade, as irmãs deram à luz filhos de Pedro no mesmo ano (o de Domitila natimorto). Maria Benedita e seu complacente marido foram agraciados com os títulos de baronesa e barão de Sorocaba.

Charles Stuart narrou a Canning um caso que, por um lado, mostra o temperamento de Pedro e, por outro, a ascendência de Domitila sobre ele. Isso se passou em 1825, quando a negociação do tratado em que Portugal reconheceu a independência do Brasil tinha terminado:

> Ao saber [do teor da nota em que Stuart, como plenipotenciário de Portugal, discordava dos termos empregados pelo Brasil na carta de ratificação do tratado], ele teve um paroxismo de fúria [...]. O general Brant [...] o persuadiu a visitar sua amiga, a senhora Domitila de Castro, que [...] lhe recomendou ordenar ao general Brant comparecer ao Conselho na manhã seguinte. [...] Minha carta [...] tendo sido comunicada ao Conselho de Estado, foi afinal decidido eliminar das ratificações as palavras objetáveis, de modo que somos devedores à boa gerência do general Brant e à influência da senhora Domitila [...]. Em subsequentes entrevistas [...] o príncipe [expressou] sua gratidão aos que, na ocasião, não recuaram diante da violenta explosão de seu temperamento.[10]

A imperatriz, é evidente, sentia com amargor a influência de Domitila, e se não escrevia ao pai sobre as humilhações sofridas, Metternich provavelmente era informado por Mareschal, o ministro austríaco no Rio.

Leopoldina morreu em 1826, tendo circulado um boato, nunca esclarecido a contento, de que a imperatriz, que estava novamente grávida (ela já tinha dado à luz sete vezes), morrera em consequência de um pontapé de Pedro, que se irritara com ela por uma razão qualquer. Fossem quais fossem seus sentimentos para com o ex-genro, Francisco I o ajudou, a pedido de Pedro, a encontrar uma nova esposa, mas várias candidatas consultadas recusaram a casar-se com o imperador, cuja infidelidade era notória mesmo na Europa. No final, por magistral ironia do destino, a segunda imperatriz do Brasil foi Amélie Auguste Eugénie Napoléone de Leuchtenberg, filha do enteado de Napoleão, Eugênio de Beauharnais, que era filho da imperatriz Josefina, primeira esposa do homem responsável pela fuga da corte portuguesa para o Brasil...

Miguel (1802-1866). O irmão de Pedro era o favorito de Carlota Joaquina. Sua educação foi tão descurada quanto a do irmão. Politicamente, Miguel era reacionário, inimigo de ideias democráticas e constituições – um digno sobrinho de Fernando VII. Carlota Joaquina o usou em duas tentativas para depor João VI. Imprudentemente nomeado pelo pai comandante em chefe das forças armadas portuguesas, depois de ter expressado remorso pela primeira tentativa (conhecida como *Vilafrancada*), em 1823, Miguel repetiu a traição ao pai em 1824 (revolução conhecida como *Abrilada*); foi então mandado para a França e de lá para a Áustria, onde ficou quieto até 1828, quando regressou a Portugal para tentar tomar o trono de que Pedro tinha abdicado em favor da filha Maria. Derrotado por Pedro numa terrível guerra civil, em 1833 Miguel saiu de Portugal para sempre, deixando, no entanto, muitos partidários miguelistas, que por muito tempo continuaram a suspirar pela volta daquele príncipe duro e autoritário.

Palmela. Pedro de Sousa Holstein (1781-1850), sucessivamente conde, marquês e **duque de Palmela**, foi um respeitado diplomata que desempenhou papel importante em vários feitos do período coberto neste livro. Sua mãe era filha da princesa Maria Leopoldina de Holstein Beck, filha do duque de Holstein, o que abria a Palmela as portas das cortes europeias.

Palmela ocupou a chefia do Ministério dos Negócios Estrangeiros a partir de 1817 e devia ter embarcado para se unir à corte no Rio, mas o trabalho exigiu que ficasse em Portugal, onde ainda estava quando da Revolução de 1820. Por estar plenamente informado da situação, viajou ao Brasil, chegando em dezembro do mesmo ano, com a intenção de explicar ao rei a realidade do momento e convencê-lo a regressar a Lisboa. Quando João VI deixou o Brasil, Palmela viajou com ele, mas ao chegar a Lisboa foi banido pelas Cortes para a cidadezinha de Borba, sob a suspeita de opor-se ao movimento constitucional. Em 1823, depois da *Vilafrancada* e da resultante dissolução das Cortes, foi chamado pelo rei para novamente dirigir o Ministério do Exterior.

Como um dos mais influentes membros do governo, e pela inimizade que lhe votavam a rainha e Miguel, foi uma das personalidades marcadas para aprisionamento quando da *Abrilada*; retornada a paz, Palmela continuou ministro até meados de 1825, quando foi mandado para Londres, como embaixador.

Considerado por alguns como pró-britânico em sua política, Palmela era acima de tudo um constante e inteligente defensor dos interesses de Portugal, e algumas de suas instruções e de seus comentários menos realistas durante o processo de reconhecimento da Independência do Brasil provavelmente refletem não seu pensamento, mas a relutância de dom João em resignar-se a perder o Brasil.

Quando dom João aceitou o conselho, ou imposição, de Canning para confiar a negociação com o Brasil a Charles Stuart, Palmela (que já deixara a pasta das Relações Exteriores) discordou veementemente, descrevendo-a como um deplorável arbítrio, a que jamais teria acedido.[11]

Em 1832, quando o ex-imperador Pedro I voltou a Portugal, a fim de lutar contra Miguel, Palmela serviu ao seu lado.

Palmela teve muito sucesso em suas vidas social e amorosa. Inspirou grande amor à mais madura madame de Stäel (ele era quinze anos mais novo), em cujo romance *Corinne* aparece como o jovem amante. A amizade dos dois foi duradoura e em suas memórias ele fala, com discrição, da sincera e íntima afeição que os ligava e que durou até a morte dela.[12] Palmela conta que ela lhe dedicara versos, e as cartas que lhe escreveu por vários decênios parecem confirmar tal devoção.

Sousa Coutinho, Rodrigo Domingos de, conde de Linhares (1745-1812), ocupou a secretaria de Estado da Marinha e depois a presidência do Real Erário. Foi uma das pessoas que o príncipe regente se viu obrigado a afastar da corte para que Lannes voltasse a ocupar a embaixada em Lisboa. Pareceria que Lannes estava correto ao acusá-lo de ser favorável à Grã-Bretanha, o que evidentemente não escusa a prepotência francesa. Sousa Coutinho acompanhou a corte ao Brasil, sendo nomeado ministro da Guerra e dos Negócios Estrangeiros, e morreu no Rio de Janeiro.

No capítulo 5 são mencionados seus comentários sobre a importância do Brasil para Portugal, sua visão do relacionamento metrópole-colônia e o papel que o Brasil poderia representar, em caso de perigo para a independência portuguesa, como sede do trono.

Subserra, Manuel Inácio Martins Pamplona Corte-Real, conde de (1760-1832), teve uma vida aventurosa. Tendo seguido a carreira militar, sucessivamente voluntariou-se para lutar pela Rússia contra o Império Otomano, serviu no exército do duque de York e tomou parte na guerra de Portugal e Espanha contra a França, em 1793. Após a invasão francesa de 1807, Pamplona (como se referem a ele alguns documentos britânicos) foi encarregado de organizar os regimentos portugueses de cavalaria que formaram a Legião Lusitana, incorporada – como as tropas de outros países derrotados por Napoleão – ao exército francês.

Subserra estava sob as ordens de Massena quando da terceira invasão de Portugal pela França, e foi feito governador militar de Coimbra, posto que aceitou, como mais tarde alegou, para evitar que a cidade fosse duramente tratada por um governador estrangeiro. Contudo, o fato de que assumiu o cargo foi um dos motivos que levaram à sua proscrição, depois da vitória aliada.

Subserra ainda lutou na Rússia em 1812; em todas as campanhas de que participou, ele se houve com distinção. Proscrito de Portugal, ficou na França, ao serviço de Luís XVIII, até 1820, quando as Cortes revogaram todas as proscrições e Subserra pôde finalmente voltar.

Sua orientação política era relativamente liberal, o que bastou para lhe valer a inimizade de Carlota Joaquina e Miguel; por outro lado, como seria previsível, o rei lhe votava grande confiança, nomeando-o ministro da Guerra e, depois do fracassado golpe de 1824, chefe do Governo.

O tempo que Subserra passou a serviço da França, aí incluído o período após 1815, fez com que em Londres fosse considerado pró-francês, quando a verdade mais pareceria ser que ele era apenas um patriota que desejava libertar Portugal da sufocante sujeição à Inglaterra, exemplificada pela arrogância de Canning, que sugeriu, ou seja, ordenou, a João VI, em 1824, fazer uma reforma ministerial que tirasse o conde de Subserra do governo. Palmela deixou consignada a antipatia que Canning nutria por Subserra e as intrigas do governo inglês e do marechal Beresford contra Subserra, e acrescenta que procurou dissuadir, por meio do ministro português em Londres, as prevenções de Canning.[13]

José Bonifácio de Andrada e Silva (1763-1838) passou muitos anos em Portugal, tendo estudado na Universidade de Coimbra. Logo se tornou membro da Academia de Ciências de Lisboa e, de 1790 a 1800, viajou pela Europa, por conta do governo português, a fim de aprimorar seus conhecimentos em metalurgia e história natural. De volta a Portugal, foi nomeado superintendente geral das minas.

Em 1807, Andrada uniu-se à luta contra a invasão francesa, como major do corpo acadêmico formado pelos estudantes coimbrenses e oficial de intendência da pequena tropa comandada pelo coronel inglês Nicholas Trant – do qual, por coincidência, Palmela era ajudante de ordens.

Foi só em 1819 que Andrada regressou ao Brasil. O relacionamento entre ele e o príncipe Pedro era de professor-aluno; Pedro lhe tinha grande estima e respeito, tanto que confiou a Andrada, no primeiro governo do Brasil independente, o importantíssimo Ministério do Império e dos Negócios Estrangeiros. A personalidade do imperador, todavia, logo o levou a se incompatibilizar com Andrada e seus dois irmãos, por causa de divergências sobre a Constituição que Pedro I queria outorgar ao país. Os Andradas foram exilados em novembro de 1823, e José Bonifácio ficou no exterior até 1829.

Em iniciativa que mostra quanto o imperador abdicante continuava a respeitar seu velho conselheiro, ao deixar o Brasil definitivamente, em 1831, ele escolheu José Bonifácio como tutor do novo imperador. Pedro I escreveu-lhe uma carta que começava com uma citação latina – *Amicus certus in re incerta cernitur* – e continuava com palavras que provam seu apreço por Andrada: "É chegada a ocasião de me dar mais uma prova de amizade, tomando conta da educação de meu amado e prezado filho, seu imperador. [...] Eu espero que me faça este obséquio, acreditando que, a não mo fazer, eu viverei sempre atormentado".[14]

Sua longa permanência em Portugal, mais as oportunidades de estudo e as provas de consideração e prestígio que tinha recebido da parte da corte portuguesa, confirmaram-no em seu favorecimento a governos monárquicos, mas preferivelmente se guiados por uma Constituição nos moldes da carta britânica.

COLÔNIAS ESPANHOLAS

Alvear, Carlos María de (1789-1852) teve uma carreira que transcorreu paralelamente à de San Martín por vários anos: ambos guerrearam pela Espanha na Guerra Peninsular, fizeram parte da loja (maçônica?) de Cádiz e viajaram juntos para Buenos Aires, onde instituíram o que Bartolomé Mitre chamou de "maçonaria política". Ambicioso, Alvear tornou-se rival e depois inimigo de San Martín. Eleito Diretor Supremo em 1815, com apenas 25 anos de idade, pouco depois teve de demitir-se e exilou-se no Brasil. Ao se convencer de que Portugal pretendia anexar a Banda Oriental, voltou a seu país para participar da guerra que agora aliava os "cisplatinos" às Províncias Unidas do Rio da Prata. Em 1827, na batalha conhecida como Passo do Rosário no Brasil e Ituzaingó no Uruguai e Argentina, batalha que ocorreu dentro do território brasileiro, Alvear comandou as tropas aliadas, que conseguiram importante vitória sobre o exército brasileiro, pois, embora considerada tática, já que não foi suficiente para encerrar o conflito, induziu ao início das negociações de paz. Anos mais tarde, Alvear foi nomeado ministro da República Argentina nos Estados Unidos, cargo que exerceu até sua morte.

Belgrano, Manuel (1770-1820) tinha lutado contra as invasões britânicas de 1806 e 1807 (ver capítulo 4), e mesmo sem ter educação militar foi tão bem-sucedido que em 1810 foi designado, sucessivamente, general dos exércitos do Paraguai, Chile e Peru. Em 1814, foi encarregado por Rivadávia de uma missão diplomática na Europa. Ao voltar, recebeu o comando do exército do Peru.

Belgrano jamais esmoreceu em sua convicção de que somente um sistema monárquico poderia trazer paz e estabilidade para as novas nações americanas.

Bolívar, Simón (1783-1830) nasceu em Caracas, em uma família rica. Com a declaração de independência da Venezuela, iniciou carreira militar, sendo nomeado comandante da cidade de Puerto Cabello (1811). Em 1812, um forte terremoto destruiu Caracas e outras cidades controladas pelos patriotas venezuelanos, com grande mortandade. Tropas realistas, chefiadas pelo comandante de navio Domingo Monteverde, derrotaram os patriotas, mas não decisivamente. Desanimado, Miranda, que comandava os venezuelanos, firmou com Monteverde o Tratado de Vitória (25 de julho de 1812), pelos termos do qual a Venezuela voltava à condição de colônia. Bolívar e outros revolucionários, discordando do tratado, depuseram Miranda, que foi entregue aos espanhóis.

Bolívar sempre insistiu que seu plano era fazer fuzilar Miranda, como traidor, no dia seguinte, mas até mesmo glorificadores de Bolívar concordam – ou pelo menos não discordam de – que ele participou na entrega de seu compatriota ao inimigo.[15] Essa é a mancha irreparável em sua brilhante trajetória, ainda mais porque a suspeita contra Bolívar é reforçada pelo fato de que ele obteve de Monteverde um passaporte que lhe permitiu sair da Venezuela para a Jamaica. Foi lá que ele escreveu a famosa Carta da Jamaica, em que expressou sua preferência por repúblicas constitucionais, com presidente vitalício, um Senado escolhido pelo presidente e uma Câmara eleita. Em 1813, Bolívar comandou as tropas que libertaram Caracas, e a cidade, agradecida, conferiu-lhe o título de Libertador.

Quando seu país ficou totalmente livre da presença espanhola, Bolívar cooperou com San Martín no Peru e fez uma entrada triunfal em Lima. Sua contribuição para a independência da América do Sul foi tal que ele ocupou a presidência da Bolívia e foi chefe de Estado (sob os títulos de Ditador ou Protetor) da República da Grã-Colômbia (que compreendia os atuais Colômbia, Equador, Panamá e Venezuela) e do Peru. Sonhando com a união de todas as Américas, ele convocou o Congresso do Panamá, que teve lugar em 1826.

Sua sugestão de um presidente vitalício e sua admiração pela Constituição britânica foram às vezes interpretadas como uma preferência por monarquias constitucionais para as Américas, como se poderia inferir, por exemplo, do que escreveu a Canning em 22 de novembro de 1826:

> Com uma confiança pouco comum, pronunciei-me sobre os problemas do Brasil e de Buenos Aires; porque temia que as ocorrências do Rio da Prata pudessem estender-se à Bolívia e ao Peru, [mas] certamente não temia o tipo de organização que o governo imperial do Brasil decidirá para seu país, porque a tendência de uma república é para a anarquia, que eu considero como a demência da tirania.[16]

Itúrbide, Agustín de (1783-1824). De oficial do exército espanhol ao início do período revolucionário mexicano, Itúrbide tornou-se partidário da independência após a Revolução de 1820 na Espanha e a submissão de Fernando VII às Cortes. Juntou forças com o general insurgente Vicente Guerrero (o qual ele deveria combater) e proclamou seu programa para o México independente, o Plano de Iguala, que prometia que toda diferença entre espanhóis, colonos, negros, índios e mestiços deixaria de existir – todos seriam agora mexicanos, sem mais distinções. Com o apoio do exército ele se fez imperador em 1822, com o título de Agustín I; contudo, sua falta de um projeto de governo e a total identificação com os interesses do exército fizeram com que fosse destronado em 1823. Itúrbide deixou o país, mas voltou no ano seguinte, com a esperança de ser recolocado no trono com apoio popular; contrariamente à sua ilusão, foi preso, condenado à morte e executado.

Liniers y de Bremond, Santiago de (1753-1810). Oficial de Marinha espanhol de origem francesa, nascido em Niort. Mandado para o Vice-Reino do Prata em 1788, foi de capital importância nas derrotas infligidas aos britânicos em 1806 e 1807. Foi então promovido a marechal de campo e nomeado vice-rei da província. Liniers tomou o partido de Fernando VII e em 1808 o aclamou rei da Espanha. Logo depois chegou a Buenos Aires um emissário de Napoleão, para pedir que a província reconhecesse José Bonaparte, ao que Liniers se recusou. Intrigas de rivais e invejosos, boatos de que era favorável à França o desgostaram ao ponto de se demitir do cargo de vice-rei. Em 1810, sentindo-se ameaçado, tentou sair do país, mas foi traído, preso e fuzilado.

Miranda, Francisco de (1750-1816) nasceu na Venezuela, lutou pela França, como general do Exército Revolucionário, mas foi acusado de traição após a derrota do exército de Dumouriez nos Países Baixos e encarcerado por ordem de Robespierre. Depois de mais de um ano na prisão, foi absolvido.

A partir desse momento, Miranda deixou a França e dedicou-se exclusivamente à causa da independência das colônias espanholas. Trabalhando sem descanso por esse ideal, viajou aos Estados Unidos e pela Europa, com o intuito de conseguir ajuda militar e financeira. Um pequeno exército que liderou em tentativa de sublevação da Venezuela em 1806 teve o apoio de um pequeno esquadrão da esquadra britânica, mas fracassou, e Miranda regressou à Inglaterra.

Em 1810, Bolívar chegou a Londres em missão cuja finalidade era idêntica ao anseio de Miranda; os dois se encontraram e voltaram juntos à Venezuela, onde desembarcaram no fim do ano. Miranda recebeu a chefia das forças revolucionárias, mas, pelos motivos acima descritos (ver Bolívar), foi traído e entregue aos espanhóis. O grande lutador pela independência das Américas passou os quatro anos seguintes na prisão, em condições desumanas, até sua morte.

O'Higgins, Bernardo (1778-1842). Seu pai, nascido na Irlanda, emigrara para a Espanha, de onde foi enviado como administrador colonial ao Chile. Bernardo partiu para a Inglaterra aos dezessete anos de idade, para completar sua educação; lá conheceu Francisco de Miranda e passou a integrar a loja maçônica do colega, dedicada à independência das colônias espanholas. De volta ao seu país, O'Higgins, partidário de independência total, obteve várias vitórias contra as tropas espanholas, mas sua derrota em Rancágua, em 1814, obrigou-o a se refugiar na Argentina, onde conheceu San Martín. Juntos, atravessaram os Andes e chegaram ao Chile com um exército de argentinos e chilenos. Mais tarde, com o Chile livre da presença espanhola, O'Higgins cooperou com San Martín na campanha de libertação do Peru.

O'Higgins foi menos feliz em sua atuação como Diretor Supremo do Chile, cargo para o qual foi escolhido em 1817; dissidências internas fizeram com que ele se tornasse cada vez mais autoritário, até sua renúncia, em 1823, depois da qual foi morar no Peru.

Pueyrredón, Juan Martín de (1776-1850), argentino, participou da luta contra as invasões britânicas de 1806 e 1807; pouco depois, viajou à Espanha, com o objetivo de convencer o governo da metrópole a realizar reformas que beneficiassem a colônia. A impertinente resposta do ministro Caballero de que "Buenos Aires já tem bastante com mineração, pecuária e teologia" (em espanhol, *minería, pastoría y teología*)[17] fez com que Pueyrredón decidisse que o Rio da Prata precisava ser independente. Foi então ao Rio de Janeiro, conversar com Carlota Joaquina sobre a emancipação da colônia. De regresso a Buenos Aires, foi membro do triunvirato de 1812 e, em 1816, eleito Diretor Supremo das Províncias Unidas do Rio da Prata pelo Congresso de Tucumán. As constantes dificuldades dos anos seguintes, entre as quais tentativas de golpes de Estado, fizeram com que Pueyrredón cometesse abusos de poder, o que levou ao término de sua vida política em 1819.

Rivadávia, Bernardino (1780-1845), argentino, também lutou contra os ingleses em 1806 e 1807; em 1814, ele e Belgrano partiram para a Europa em missão diplomática, tendo Rivadávia sido designado encarregado de negócios junto a várias cortes europeias. De volta a Buenos Aires, foi ministro do Governo em 1820 e eleito presidente da República Argentina em 1826. Durante toda a sua atuação no governo, Rivadávia deu prioridade ao desenvolvimento da nação, especialmente no tocante à educação.

San Martín, José de (1778-1850) saiu de Buenos Aires com seis anos de idade e só voltou em 1812. Tendo seguido a carreira militar na Espanha, participou com muito valor na guerra contra a invasão napoleônica. Em 1811, em face do que estava ocorrendo na América do Sul, San Martín reformou-se do exército espanhol e rumou para Londres, em companhia de Alvear. No ano seguinte, os dois patriotas regressaram a Buenos Aires. A experiência militar de San Martín logo lhe valeu importante papel na luta pela independência; em 1816 foi-lhe confiado o comando do Exército dos Andes, com o qual ele e O'Higgins ultrapassaram a cordilheira, para libertar o Chile.

Embora descrito como monarquista por oportunismo político e republicano por convicção,[18] ele, como Belgrano, acreditava que a monarquia seria a solução para as disputas incessantes que assolavam as Províncias Unidas. Após a independência do Peru, foi eleito Protetor (chefe de Estado) do país, mas largou o posto em 1822, desapontado pela inveja, até mesmo ódio, que lhe votavam muitos daqueles por cuja independência tinha lutado por tanto tempo e tão bem. Por isso, esse grande vulto da história das Américas foi viver na Europa, tendo regressado ao país natal somente uma vez, e assim mesmo por breve tempo.

Santander, Francisco de Paula (1792-1840) lutou ao lado de Bolívar e ocupou a vice-presidência durante a presidência de Bolívar na Grã-Colômbia. Os dois desentenderam-se seriamente sobre a divisão da Grã-Colômbia em três países: Colômbia (de que era parte o Panamá de hoje), Equador e Venezuela. Profundamente irritado com a ambição política de Santander, o Libertador rompeu relações com seu antigo camarada. A dissolução da Grã-Colômbia ocorreu em 1830, poucos meses antes da morte de Bolívar.

Sucre, Antônio José de (1795-1830) foi o mais bem-sucedido dos generais de Bolívar, triunfando nas batalhas que asseguraram liberdade para o Equador (em Guayaquil e Quito), Colômbia (Junín), Peru (Ayacucho) e Alto Peru (Charcas). Foi o primeiro presidente da Bolívia (o nome dado ao Alto Peru independente) e continuou amigo de Bolívar.

Desencorajado pela crescente inimizade entre as novas repúblicas, a qual culminou com ataques por tropas peruanas contra a Bolívia, em 1828, e contra a Colômbia, em 1829, Sucre deixou a presidência e a vida política. Ainda assim, por continuar a ser motivo de inquietação para seus inimigos e alvo da animosidade destes, Sucre foi vítima de um assassino desconhecido em 1830. A notícia de sua morte foi sentida profundamente por Bolívar, que morreu poucos meses depois.

George IV (1762-1830) foi regente por muitos anos, devido à insanidade do pai, subindo ao trono em 1820. Pouco de bom pode ser dito em seu favor: era reacionário em relação a qualquer assunto. Até o fim opôs-se à emancipação católica e foi com extrema relutância que aceitou o reconhecimento das ex-colônias espanholas.

Gastador de dinheiro que não tinha, acumulador de dívidas de jogo, casado, contrariamente à lei do país, com uma mulher de religião católica, este era George IV. Suas dívidas só foram pagas quando o Parlamento, sob a condição de George aceitar casar-se com Caroline de Brunswick, votou a verba necessária, ou seja, a nação custeou a extravagância do príncipe regente – que, acrescente-se, saiu logrado, pois detestou a esposa desde o primeiro dia.

Beresford, William Carr Beresford, visconde de (1768-1854), começou sua carreira militar em 1785 e participou de muitas ações contra a França, até 1805; em 1806 tomou parte na captura da Cidade do Cabo e logo embarcou no mal concebido ataque a Buenos Aires, quando foi feito prisioneiro dos *porteños*.

Em 1809, a pedido de Portugal, foi confiada a Beresford a reorganização do exército português; com a patente de marechal, tomou o comando do exército e fez dele uma força respeitável. Em 1811 estava no comando do exército anglo-espanhol-português que derrotou os franceses em Albuera; um de seus oficiais era o tenente-coronel José de San Martín. Beresford foi encarregado de formar o exército português que invadiu a Banda Oriental em 1816; Beresford está retratado na gravura de Debret que descreve o embarque das tropas para Montevidéu.

Contudo, a crescente insatisfação em Portugal com a presença de oficiais ingleses (que ocupavam postos que poderiam ser preenchidos por oficiais da terra) levou as Cortes, depois da Revolução de 1820, a solicitar que todos saíssem do país. A antipatia pelos militares britânicos era tão generalizada que em 1823, com as Cortes já dissolvidas, Palmela tinha o seguinte a dizer ao ministro português em Londres:

> A vinda de oficiais ingleses para o exército de Portugal seria impraticável e sobremaneira impopular nas atuais circunstâncias. Deve Vossa Excelência evitar toda a proposição a tal respeito; e em quanto ao Marechal Marquês de Campo-Maior [este era um dos títulos de nobreza conferidos a Beresford em Portugal], observará o mesmo silêncio; e só no caso de ser interrogado, dirá que Sua Majestade lhe conserva o mesmo afeto e consideração, e que o receberá, se ele aqui vier, como se deve a um homem que prestou a este Reino tamanhos serviços.[19]

Não obstante, Beresford manteve o posto e a remuneração de marechal e em 1824 era chefe do Estado-Maior do príncipe Miguel. Foi com a segunda tentativa de golpe por Miguel que Beresford deixou de ser *persona grata*. A suspeita de que ele não se oporia ao sucesso de Miguel em 1824 talvez possa ser confirmada por sua atitude anos depois, quando Miguel tentou usurpar o trono da sobrinha. Augustus Granville Stapleton observou então que "lorde Beresford conseguiu manter uma posição importante no governo, ao tempo que era acusado de escrever cartas para Lisboa, opinando que dom Miguel tinha direito ao trono, acusação que ele jamais refutou".[20]

Por seu valioso serviço durante a Guerra Peninsular, Beresford foi agraciado por Portugal com os títulos de conde de Trancoso, marquês de Campo-Maior e duque de Elvas.

George Canning (1770-1827). Seus biógrafos e historiadores de seu desempenho variam, como também acontecia com os contemporâneos de Canning, no julgamento de sua contribuição à política externa da Grã-Bretanha numa época de guerras e revoluções.

Metternich, ao saber da morte de Canning, referiu-se a ele como "o homem que a Divina Providência tinha lançado sobre a Inglaterra e a Europa como um meteoro maligno [...]. Ele sacudiu tudo e destruiu muito, mas nada construiu; legado triste, mas comum, de homens com tal caráter. A Inglaterra ficou livre de uma grande praga".[21] Muitos de seus compatriotas, até mesmo membros de seu partido político, tinham comentários severos quanto ao caráter e à personalidade de Canning; o comentário do duque de Wellington, quando informado da morte de Canning, foi este: "A morte de mr. Canning não faz todo o bem que teria feito [se tivesse ocorrido] há mais tempo. Mas ainda é um grande benefício público".[22]

Harold Temperley fez de sua *Life of Canning* uma "quase hagiografia", exaltando Canning e diminuindo a obra de Castlereagh. A obra critica, quase despreza, Castlereagh, atribuindo seu *State Paper* de 1820 (ver capítulo 10) a ideias prenunciadas por Canning; ao tratar do legado de Canning, Temperley tem a dizer que "sua dívida para com Castlereagh é pequena, porque em sua política anterior, de 1807-9, as tendências futuras estão anunciadas, ao passo que foi ele, depois de 1818, a razão principal da mudança de rumo de Castlereagh".[23] Esse severo julgamento foi modificado posteriormente, o professor Temperley fazendo justiça a Castlereagh.

A opinião de George Thomson é de que "com todos os seus méritos, Canning sofria de um temperamento invejoso e incontrolável paixão por intriga";[24] segundo John Derry, "durante grande parte de sua carreira, Canning foi considerado um intrigante que não inspirava confiança",[25] e Peter Dixon, se bem que reconhecendo os êxitos de Canning, não esconde os defeitos desse grande estadista nem os erros que ocasionalmente cometeu. Canning não tinha muita empatia com o sofrimento das classes pobres e mostrou pouco interesse por questões sociais.

Entretanto, essas falhas eram recompensadas tanto pela coragem com que defendia suas convicções quanto por sua pugna pelo fim do tráfico negreiro[26] e pela emancipação católica, esta última causa sofrendo, ademais, a oposição dos dois reis aos quais serviu. Essas posturas de Canning levaram os membros mais conservadores dos círculos políticos a considerá-lo um radical, apesar do fato de ele, ainda jovem, ter abandonado a tendência algo menos conservadora do partido Whig e se passar para o Tory (conservador).

Também é pertinente mencionar como ele captou o interesse que tinham pela política exterior do país as classes mercantil e manufatureira, que cresciam em influência e riqueza; Canning também compreendeu como, para um membro do governo, era importante contar com apoio popular, que ele alimentava pelo uso da imprensa em defesa de suas políticas, o primeiro político britânico a fazê-lo com tanta frequência.

Chateaubriand, que ocupou por pouco tempo a embaixada da França em Londres e manteve relações cordiais com Canning, achava-o mais orador que um grande político, mais um homem de talento que um estadista.[27] Seja qual for o mérito desse julgamento, o fato é que Canning, secretário do Exterior britânico de 1807 a 1809 e de 1822 a 1827, foi uma das figuras mais importantes das primeiras décadas do século XIX, pois sua atuação ultrapassou as fronteiras da Europa, estendendo-se às Américas.

George Canning nasceu em 1770. Seu pai morreu pouco depois, e à viúva, de quem o sogro não gostava, foi fixada uma pequena mesada, o que a levou a abraçar a carreira teatral – numa época em que atrizes de teatro eram olhadas com prevenção. Os primeiros anos da vida de Canning foram passados em teatros provinciais, acompanhando a mãe e o amante dela, do qual ela teve vários filhos.

Felizmente, quando o menino tinha oito anos sua sorte mudou radicalmente: a família Canning providenciou o dinheiro para que ele fosse estudar em Eton e Oxford. O jovem George revelou-se um aluno brilhante; embora desejasse lançar-se numa carreira política, sua falta de posses o fez decidir-se pela advocacia.[28] Mas o sonho da vida na política nunca morreu, e em 1792 ele conseguiu se apresentar ao primeiro-ministro Pitt, que decidiu proteger o jovem Canning e patrocinou sua eleição para a Câmara dos Comuns em 1793.

Quando Pitt deixou o cargo de chefe do Governo, Canning ficou-lhe fiel, continuando a considerar Pitt seu chefe político. Depois da morte deste, em 1806, o cargo de primeiro-ministro (que Pitt tinha voltado a ocupar desde 1804) coube antes a Grenville e, em 1807, ao duque de Portland, que deu a Canning a chefia do Foreign Office, ou seja, o cargo de ministro das Relações Exteriores.

Sua gestão coincidiu com um período de acontecimentos importantes: o ataque britânico a Copenhague e a captura da frota dinamarquesa, a fuga para o Brasil da família real portuguesa e o envio para Portugal de um exército para combater a invasão franco-espanhola. Mas, quando uma expedição britânica a Walcheren (ilha próxima ao litoral holandês, então sob controle francês) terminou em fracasso e os acontecimentos na Espanha ficaram, temporariamente, desfavoráveis à Grã-Bretanha, Canning jogou a culpa em Castlereagh, ministro da Guerra, e sugeriu a Portland que Castlereagh fosse deslocado para outro cargo ministerial. Portland prometeu tratar do assunto, mas nada fez por vários meses, com o que a intriga de Canning acabou chegando ao conhecimento de Castlereagh; este desafiou Canning para um duelo, que ocorreu em setembro de 1809 e terminou com Canning sofrendo ligeiro ferimento. Os dois tiveram de pedir demissão de seus cargos. Aparentemente, Canning jamais perdoou o rival; quando Castlereagh morreu, em 1822, Canning não compareceu ao funeral, embora ambos fossem membros do governo de lorde Liverpool.[29]

> Os bem informados criticaram Castlereagh pela desmedida reação, mas a falta foi muito geralmente atribuída a Canning. Um resultado imediato foi a designação de Perceval como primeiro-ministro, sem Canning ou Castlereagh no gabinete. [...] Canning tinha forçado a mão. Obviamente ele acreditava, como Portland e Perceval, entre outros, disseram muitas vezes, que o ministério não podia controlar os Comuns sem ele. Arrogantemente, [Canning] supôs que apenas ele poderia dar à guerra direção coerente e eficaz.[30]

O objetivo de Canning era tornar-se o membro mais importante do governo, a fim de subir – de preferência no mais curto prazo possível – à chefia do Governo. Ele continuou a ser um importante membro do partido e ocupou o lugar deixado pela morte de Castlereagh em 1822, mas seu objetivo maior só se concretizaria dezoito anos depois do duelo entre os dois, quando o derrame sofrido por Liverpool lhe permitiu assumir aquela chefia (1827). Mesmo então, sua rejeição por muitos de seus copartidários ficou patenteada, pois cinco de seus colegas do ministério Liverpool – Bathurst, Eldon, Melville, Wellington e Westmoreland – se recusaram a participar num governo chefiado por Canning. Por ironia do destino, 119 dias depois da posse a morte pôs fim à gestão do posto que ele tanto cobiçou.

Castlereagh, Robert Stewart, visconde Castlereagh e marquês de Londonderry (1769-1822), entrou na política sob Pitt, foi ministro da Guerra de 1807 a 1809 e ministro das Relações Exteriores de 1812 a 1822, quando se suicidou. Sua participação nas negociações realizadas ao fim das guerras napoleônicas e nos Congressos de Viena e de Aix-la-Chapelle o fez um firme adepto da solução de problemas internacionais por meio de conferências no mais alto nível. Ele era conservador, mas sua compreensão dos problemas o levava a defender, quando fosse o caso, políticas consideradas liberais, tal como o tratamento dos católicos irlandeses. Seu meio-irmão Charles Stewart era diplomata e ocupou a importante embaixada em Viena.

Liverpool, Robert Banks Jenkinson, conde de (1770-1828), estava em Paris em 14 de julho de 1789; as desordens e as atrocidades cometidas após a queda da Bastilha contribuíram para fortalecer sua aversão a movimentos populares e, assim, sua orientação conservadora. Liverpool ocupou o Foreign Office de 1801 a 1804, foi ministro do Interior de 1804 a 1806, e, com uma mudança de governo, novamente ocupou o Ministério do Interior; em 1809, tomou o partido de Castlereagh contra Canning e no mesmo ano assumiu o Ministério da Guerra no governo Perceval. Com o assassinato de Perceval, em 1812, Liverpool foi chamado para substituí-lo e por quinze anos encabeçou o governo britânico.

Ele era fundamentalmente da velha escola conservadora, avesso a mudanças. "Um crítico francês certa vez disse dele que, se ele tivesse estado presente no primeiro dia da Criação, teria gritado, em pânico, 'Meu Deus, deixemos o caos como está!'."[31] Embora a forte tendência conservadora de Liverpool tivesse sido útil à sua carreira política, a caricatura citada não faz justiça às suas inegáveis qualidades, que ajudam a explicar por que ele foi ministro ou primeiro-ministro por 27 anos consecutivos.

Smith, Almirante *sir* William Sidney (1764-1840) definitivamente era mau-caráter. Sua fama como militar vinha de ele ter comandado a frota que conseguiu levantar o assédio de São João d'Acre por Napoleão (1799). Em 1806 ele foi repreendido por ter aceitado uma comissão do governo da Sicília sem a anuência do governo britânico, ter sido acusado pelo ministro britânico na Sicília e ter tomado a iniciativa de comandar uma insurreição na Calábria. Mas, como ele era o herói de Acre, seus superiores decidiram que só haveria uma "ligeira desaprovação" de sua conduta.[32]

Sidney Smith estava no comando da frota inglesa fundeada em Lisboa quando da partida da família real portuguesa para o Brasil, e em maio de 1808 chegou ao Rio, designado comandante do esquadrão britânico no Atlântico Sul. Seu apoio à ambição de Carlota Joaquina, sendo contrário aos interesses da Grã-Bretanha, levou Strangford a pedir e conseguir que Smith fosse retirado do Brasil, em 1809.

Sidney Smith continuou a manter grande animosidade em relação a Strangford, e Castlereagh, no meio de suas preocupações com o Congresso de Viena, precisou encontrar tempo para escrever a seguinte carta a Smith, em 14 de fevereiro de 1815:

> Tendo tido conhecimento por Vossa Senhoria de que foi informado pelo coronel B–, o qual tinha sido enviado em missão secreta a Buenos Aires em 1809, que ele fora instruído a lhe pedir para não mencionar o objetivo da missão a lorde Strangford, que era de caráter a não merecer confiança; e mais, que V. Sª. tinha comunicado isto a mr. Canning, como justificativa de sua reserva para com lorde Strangford, eu devo dizer-lhe que o destino [da viagem] de mr. B– era obter informações sobre a situação das províncias espanholas, única finalidade de suas instruções. É claro que, já que a missão era secreta, ele não tinha instruções do Ministério da Guerra para atuar em conjunto com qualquer ministro servindo no Brasil. A única razão de ter sua viagem comunicada a V. Sª. veio da necessidade de ele precisar de sua ajuda para chegar a Buenos Aires e para transmitir para a Inglaterra, quando necessário, sua correspondência.
>
> Julguei apropriado dar-lhe esta explicação, para que fique habilitado a retificar junto a mr. Canning a errônea interpretação que parece ter sido criada pela declaração de mr. B–, ou seja, de que havia qualquer impedimento especial para ele informar o objetivo de sua missão ao ministro de Sua Majestade na corte do Brasil.[33]

Não era à toa que Strangford se preocupava com o que Smith diria em Londres.

Strangford, Percy Clinton Sydney Smythe, visconde (1780-1855). Ministro junto à corte portuguesa desde 1802, Strangford continuou no mesmo cargo com a fuga para o Brasil e permaneceu no Rio até 1815, gozando de grande influência junto a dom João. Como representante britânico, sempre trabalhou contra os planos de Carlota Joaquina, que queria ficar encarregada dos interesses espanhóis, seja como regente da Espanha, seja como representante do irmão na América do Sul. A Grã-Bretanha não favorecia uma situação que pudesse levar à união de Portugal e Espanha.

Mesmo tendo prevalecido sobre as intrigas de Sidney Smith em favor de Carlota Joaquina, durante vários meses de 1809 Strangford escreveu cartas a Domingos de Sousa Coutinho, ministro de Portugal em Londres e irmão de Rodrigo de Sousa Coutinho, ministro dos Negócios Estrangeiros e da Guerra, exprimindo seu receio quanto ao que Smith poderia dizer, ao voltar a Londres, contra Strangford. Embora não fizesse mais do que seguir a política britânica ao se opor aos projetos de Carlota, e embora Smith estivesse errado ao apoiá-la, a aura de Smith como o vencedor de São João d'Acre fazia dele um inimigo perigoso. Numa de suas cartas ao seu amigo português, Smith confessa que "o que há a temer é que Canning [...] lhe mostre meus despachos, nos quais eu mencionava todas as conferências, amigáveis e confidenciais, que tive sobre ele com o príncipe. Isso seria muito desagradável, e espero que Canning esteja alerta a essa possibilidade".[34] Strangford estava certo, pois, como se viu acima, Smith tentou difamá-lo junto a Canning.

A correspondência entre Strangford e Sousa Coutinho tem também um lado picaresco, como a carta de 16 de maio de 1809, em que Strangford conta estar prestes a "pôr os chifres num pobre negociante. Esta é a única boa sorte que me tocou desde minha chegada".[35] A correspondência entre os dois amigos parece, às vezes, ter sido trocada entre adolescentes.

Wellington, Arthur Wellesley, duque de (1769-1832). O prestígio de Wellington não foi alcançado somente por sua carreira militar, mas também por sua atuação na política e na diplomacia. Ele foi nomeado embaixador em Paris em 1814, cargo que precisou deixar em 1815, quando Napoleão voltou à França e Wellington recebeu o comando dos exércitos aliados que finalmente triunfaram em Waterloo. Wellington participou do Congresso de Viena em 1815, foi ministro em vários gabinetes e primeiro-ministro de 1828 a 1830.

Se bem que obediente às políticas dos governos que serviu, era um ultraconservador. Seu irmão Henry foi o representante britânico na Espanha durante a Guerra Peninsular e depois embaixador em Madri, de 1811 a 1821. Outro irmão, Richard, foi o ministro do Exterior de 1810 a 1812; assim, os três irmãos simultaneamente participaram, por alguns anos, dos assuntos britânicos na Espanha.

A guerra foi propícia a Wellington. Além de rico em honrarias, também ficou rico em dinheiro. Em 1812, o país, orgulhoso das vitórias dos exércitos por ele comandados na Guerra Peninsular sobre um inimigo que até então jamais fora decisivamente vencido em terra, fê-lo marquês, e o Parlamento votou-lhe uma doação de 100 mil libras para a compra de uma grande propriedade; em 1814, após a primeira abdicação de Bonaparte, foi elevado a duque e recebeu mais um presente de 500 mil libras; finalmente, depois de Waterloo o Parlamento votou mais 200 mil libras para o já riquíssimo duque. Wellington também participou do prêmio em dinheiro pela vitória de Waterloo e a tomada de Paris; como comandante em chefe ele recebeu 61.178 libras de um total de 978.850 libras. Cada soldado comum recebeu 2 libras, 11 xelins e 4 dinheiros.[36]

FRANÇA

Luís XVIII, Sua Majestade Mui Cristã (1755-1824). Irmão do rei guilhotinado durante o período do Terror, ele tinha se refugiado na Inglaterra, de onde voltou em 1814 (a chamada Primeira Restauração), fugiu durante os Cem Dias de 1815 e regressou novamente depois de Waterloo (Segunda Restauração). Teve a sabedoria de reconhecer que a volta da dinastia Bourbon ao trono da França contava com apoio popular apenas moderado, e por isso procurou evitar uma política de vingança. Lamartine diz que "este príncipe, esclarecido, paciente

[...] sabia que sua força estava em seu nome e no princípio da hereditariedade do trono, ao qual a Europa vitoriosa teria que aderir, a fim de estabelecer na França algo que se lhe assemelhasse".[37]

Ainda assim, sua ascensão ao trono encontrou a resistência do czar, cuja preferência recaía sobre Bernadotte, o ex-general francês que se tornara rei da Suécia, ou o duque de Orleãs, o futuro rei Luís Filipe. O apoio de Castlereagh e Wellington foi decisivo para resolver a questão em favor de Luís XVIII. O próximo passo do novo rei consistiu em evitar a adoção da Constituição cujo projeto tinha sido lido no Senado. Para tanto, emitiu a chamada Declaração de Saint-Ouen (o local onde ainda se encontrava, às portas de Paris), em que dizia ter lido o projeto do Senado, que continha boas ideias, mas denotava a pressa com que havia sido redigido. Nessas condições, o rei convocava o Senado e o Corpo Legislativo para examinar o projeto que ele enviaria, e que incluiria, entre outros, os seguintes pontos: a propriedade, pública e individual, é garantida; a propriedade é inviolável e sagrada; as vendas de bens nacionais são irrevogáveis; pensões, graus, honras militares são mantidos, bem como a antiga e a nova nobreza; a antiga nobreza retoma seus títulos e a nova nobreza conserva os seus.

Com essa hábil manobra, Luís XVIII assegurou, aos que se tinham enriquecido com a compra, a preços reduzidos, de propriedades do Estado durante os períodos revolucionário e imperial, que não precisavam temer serem forçados a devolvê-las, e que nada perderiam os que tinham recebido títulos de nobreza sob o império ou promoções nos serviços civil ou militar.

Bonaparte, Jerôme (1784-1860) era o mais jovem dos irmãos Bonaparte, um pródigo que uma vez levou Napoleão a explodir, em carta a José,[38] dizendo que a mesada de Jerôme era mais que suficiente e maior que a de qualquer outro príncipe europeu. O imperador estava tão irritado que acrescentou ter muita vontade de deixar que o irmão fosse preso por suas dívidas. E apesar de bem conhecer os defeitos de Jerôme, Napoleão o fez rei da Vestfália. O reinado de Jerôme foi curto e terminou em 1813, quando tropas russas invadiram a região.

Bonaparte, José – *Ver* ***Espanha.***

Bonaparte, Luís (1778-1846). Em 1806, Napoleão apresentou às Províncias Unidas (hoje Países Baixos), de governo republicano, um ultimato: tornar-se um reino com um rei francês ou parte da França. Desse modo a república foi transformada no reino da Holanda e teve como rei Luís Bonaparte, cujo reinado durou apenas quatro anos, já que em 1810 ele abdicou, e seu reino foi anexado pela França. Em 1852, seu filho Luís Napoleão foi aclamado imperador Napoleão III, dando início ao período conhecido como Segundo Império.

Conde de Artois, depois Carlos X (1757-1836). Geralmente referido como *Monsieur*, contrastava com o irmão Luís XVIII em quase tudo. "O conde de Artois, aos olhos de Luís XVIII, sempre foi um herói de teatro [...] bom coração, espírito frívolo, uma política de preconceitos, um irmão que era perigoso e expunha o rei a suspeitas, maduro de idade, mas sem maturidade, mocidade e atordoamento com cabelos brancos."[39] *Monsieur*, cercado pelos Ultras mais extremados, era uma constante fonte de preocupação para o rei, pois seus seguidores invariavelmente defendiam as políticas mais reacionárias e revanchistas e trabalhavam para derrubar os ministros da confiança do rei, por não os julgar suficientemente conservadores.

Como Carlos X, ele reinou de 1824 a 1830, quando uma revolução contra medidas do agrado do rei e propostas pelo presidente do Conselho de Ministros – Polignac – resultou em sua derrubada e substituição por Luís Filipe. Desse modo, a política do rei e do primeiro-ministro, dedicados defensores da legitimidade, contribuiu para um resultado diametralmente oposto a suas convicções.

Chateaubriand, François-Réné, visconde de (1768-1848) é hoje mais conhecido como uma das maiores figuras da literatura francesa, mas também atuou na diplomacia e na política. Nascido em família da antiga nobreza, era monarquista, conservador e católico devoto, um Ultra que, no entanto, evitava as posições de seus colegas mais extremados. Alguns de seus trabalhos são reminiscências de sua passagem pela política e pela diplomacia, geralmente num tom autoelogioso que deixa alguma dúvida sobre sua total veracidade. Chateaubriand deixou a França em 1791, para uma curta estada nos Estados Unidos, de onde voltou em 1792 para se alistar no exército dos emigrados; com a derrota destes, fugiu para a Inglaterra, retornando em 1800. Seus postos como diplomata incluíram a legação em Berlim e a embaixada em Londres, mas ambos tiveram curta duração. Depois do Congresso de Verona (1822), Chateaubriand substituiu Montmorency como ministro das Relações Exteriores, mas, novamente, por curto espaço de tempo, pouco mais de um ano.

Hyde de Neuville, Guillaume-Jean, barão (1776-1857) era neto de um *Jacobite*[40] que fugiu da Inglaterra com sua família em 1745, estabelecendo-se antes na Suíça e depois na França. Guillaume-Jean mostrou-se um corajoso defensor da família real durante os bárbaros acontecimentos que culminaram com a morte na guilhotina de Luís XVI e Maria Antonieta.

Marcellus narra a ocasião em que a turba atacou o palácio das Tulherias em 20 de julho de 1792, invadindo os aposentos reais, com as cabeças de dois guardas espetadas em chuços: "À vista do horrível troféu [...] Maria Antonieta [...] pediu àquela horda abjeta um copo de água e só recebeu insultos; foi então que um amigo deste autor, o jovem Hyde de Neuville, com risco de vida, ofereceu algumas gotas de água fresca à rainha da França, que não via ao seu redor senão sangue a correr".[41]

Uma segunda prova de sua dedicação à família real ocorreu em janeiro de 1793, quando acompanhou Malesherbes, o advogado de Luís XVI durante seu julgamento pela Convenção revolucionária, à prisão do Templo, a fim de discutir o que seria ainda possível fazer para evitar a pena capital a que o rei fora condenado. Naquela ocasião, o acesso ao rei foi negado, mas o jovem Hyde de Neuville se tinha novamente arriscado a expor-se ao ódio dos mais rábidos revolucionários.

Ele viveu nos Estados Unidos de 1806 a 1814, quando regressou à França e ajudou a restauração dos Bourbons ao convencer vários prestigiosos generais a apoiá-la.

Em resumo, um monarquista ultraconservador, Hyde de Neuville era prejudicado em seu trabalho diplomático por sua cega defesa do princípio da legitimidade, sua inimizade à Grã-Bretanha e seu exagerado zelo pelo prestígio da França, que ele representou nos Estados Unidos de 1816 a 1820, quando ajudou a mediar entre a Espanha e os Estados Unidos durante as negociações sobre a cessão da Flórida pela Espanha. Durante aqueles quatro anos, o secretário de Estado John Quincy Adams fez comentários que mostram crescente apreço pelo diplomata francês. Assim, em 11 de abril de 1818: "A ligeireza de seu cérebro frequentemente se aproxima de total incapacidade mental".[42] Em 17 de março de 1819, Adams já tinha mudado de juízo:

> É um homem cujo caráter é composto de modo singular – uma mistura de ultrarrealismo e liberalismo republicano; franco, cândido, honrado, generoso, benevolente, humano, adorando seu país, idolatrando Monsieur, o irmão do rei, e o duque e duquesa de Angoulême,[43] aderindo ao princípio de honrar seu país, mas detestando os estrangeiros pelos quais o rei foi restaurado, e mais especialmente os ingleses. [...] Um homem com o qual é seguro tratar, cujas boas qualidades de muito sobrepujam suas falhas.[44]

Poucos dias antes de Hyde de Neuville embarcar para a França, em 2 de junho de 1820:

> Nenhum ministro estrangeiro que residiu aqui foi tão universalmente estimado e querido; nem tive relações políticas com qualquer estadista estrangeiro de cujas qualidades morais formei tão bom conceito, exceção feita ao conde Romanzoff [...]. Agora ele vai para casa, com a expressa intenção de regressar no próximo inverno; mas eu não o espero, e talvez nem deva desejar que ele volte. Despedir-se em paz, por uma vez na vida, de um representante diplomático é tudo quanto seja razoável esperar.[45]

Hyde de Neuville foi a seguir embaixador em Portugal, ministro da Marinha de 1828 a 1829, quando Polignac assumiu a presidência do Conselho de Ministros; apesar de perder sua pasta, continuou a defender Carlos X e o gabinete Polignac até a queda do rei, em 1830.

Junot, Jean Andoche, duque de Abrantes (1771-1813), alistou-se no Exército Revolucionário em 1792, conheceu Bonaparte no cerco de Toulon e daí em diante tornou-se seu fiel colaborador, seguindo o futuro imperador à Itália e Egito. Dotado de temerária bravura, Junot foi nomeado um dos 24 marechais do Império, como coronel-general dos hussardos. Nomeado embaixador em Portugal em 1805, sua permanência foi breve, mas lá voltou ao final de 1807, no comando do exército cuja invasão provocou a fuga da família real para o Brasil. Durante a Guerra Peninsular, Junot sofreu uma derrota em Vimeiro, o que foi a causa da perda da confiança que tinha até então merecido de Napoleão. No entanto, ainda participou da campanha contra a Rússia em 1812. No ano seguinte, sofrendo de depressão, tentou matar-se, jogando-se de uma janela; na queda, fraturou uma perna, que teve de ser amputada, e Junot morreu em consequência de complicações pós-operatórias.

Sua esposa, Laure, de nome Permon em solteira, era filha de um homem que, como geralmente acontece aos fornecedores das forças armadas, tinha acumulado imensa fortuna durante os reinados de Luís XV e Luís XVI, fortuna perdida com a Revolução. Laure, cujo casamento havia sido encorajado por Napoleão, voltou-se contra este depois da morte do marido. Suas memórias são seletivas; ela menciona a morte do marido sem falar de sua doença ou da tentativa de suicídio. Embora não confiáveis quanto a fatos históricos, as memórias incluem muita *petite histoire* divertida, como o episódio descrito no Apêndice 3, e foram um grande sucesso de livraria.

La Forest, Antoine René Charles Mathurin, conde de (1756-1846), foi o representante diplomático da França em Madri durante o reinado de José Bonaparte. Sua correspondência com Paris é de grande utilidade para se compreender o relacionamento entre o rei da Espanha e seu prepotente irmão.

Lannes, Jean, duque de Montebello (1769-1809), foi um dos pouquíssimos que, depois de Napoleão ser coroado imperador, continuaram a tratá-lo por *tu*, pronome que na França pressupõe intimidade entre os interlocutores. Lannes trabalhava como tintureiro antes de se alistar no Exército Revolucionário. Durante a campanha da Itália seu destemor lhe valeu rápida promoção e a amizade de Bonaparte.

Indo servir como embaixador em Portugal em 1802, cargo para o qual não estava preparado, entrou em choque com o ministro do Exterior, a quem acusava, com razão, de ser favorável à Inglaterra. Zangado, Lannes partiu de Lisboa sem autorização de Paris e sem informar o governo português. Repreendido por Talleyrand pelo seu proceder nada diplomático, Lannes valeu-se da amizade com Napoleão para ser perdoado e mandado de volta, em troca de uma mudança ministerial em Portugal, na qual aquele ministro e alguns outros foram substituídos. As relações dele com o príncipe regente João, descritas frequentemente como amistosas, talvez não o tenham sido tanto; é mais provável que o tímido dom João tivesse medo de Lannes, como logo depois teria de Junot.

A estada de Lannes em Portugal terminou em 1804, e ele foi de novo fazer o que fazia melhor – guerrear. Em 1809, uma bala de canhão já sem força o atingiu nos dois joelhos; a perna esquerda precisou ser amputada e sua morte sobreveio alguns dias depois.

Marcellus, Marie-Louis-Jean-André-Charles Demartin du Tyrac, conde de (1795-1865), seguiu a carreira diplomática; quando secretário da embaixada em Constantinopla conseguiu comprar a estátua *Vênus de Milo* (hoje no Louvre, em Paris) para um nobre francês, que a ofereceu a Luís XVIII. Marcellus foi secretário da embaixada em Londres sob Chateaubriand, com o qual formou sólida amizade, e depois ficou encarregado de negócios, o que lhe deu a oportunidade de conhecer bem Canning. Marcellus deixou o serviço diplomático depois da revolução que destronou Carlos X. Helenista de mérito, escreveu diversos livros sobre o Oriente e a Grécia.

Montmorency, Mathieu-Jean, duque de (1767-1826), a exemplo de Lafayette e muitos outros franceses, embora ainda adolescente lutou na guerra da independência dos Estados Unidos. Era ultraconservador, católico devoto e membro dos Cavaleiros da Fé (Chevaliers de la Foi), um grupo de Ultras católicos. Montmorency foi ministro dos Negócios Estrangeiros de 1821 ao fim de 1822, quando Villèle, a cujas instruções ele tinha desobedecido no Congresso de Verona, o demitiu e substituiu por Chateaubriand. Por esse motivo, e apesar de ambos serem Ultras, católicos devotos e Cavaleiros da Fé, tornou-se inimigo político de Villèle.

Polignac, Jules-Auguste, príncipe de (1780-1847). Sua mãe era amiga íntima da rainha Maria Antonieta, que foi madrinha de batismo de Polignac. Assim, ele estava fadado a ser inimigo da Revolução Francesa e de Napoleão; ele e o irmão foram condenados à morte por sua alegada participação numa conspiração para assassinar Bonaparte, na época primeiro cônsul, mas o próprio Napoleão mudou a pena para a de prisão. A seguir os dois irmãos partiram em exílio; foi então que Polignac fez íntima amizade com *Monsieur*.

Polignac também pertencia aos Cavaleiros da Fé e recebeu o título de príncipe das mãos do papa, em reconhecimento de seus serviços para obter a restituição à Igreja Católica da propriedade perdida desde a Revolução. Em 1823 foi nomeado embaixador em Londres. Carlos X o nomeou ministro dos Negócios Estrangeiros em 1829 e logo depois chefe do Governo. Depois da derrubada do rei, Polignac passou vários anos na prisão.

Aparentemente, sua capacidade intelectual não inspirava muito respeito. "M. de Polignac era um daqueles homens que aparecem tão frequentemente na história, os quais, com boas intenções, causam muito dano e de quem não se pode mais que reprovar seus crimes como erros que mostram os limites de sua inteligência e lhes entristecem a memória, mas não desonram seus nomes."[46]

Chateaubriand foi menos generoso. Durante sua curta passagem pela embaixada em Londres, disse a seu amigo François Bourqueney, ao comentar a futilidade das mulheres inglesas: "Se um dia eu for alguma coisa no governo, eu lhes mandarei como embaixador um idiota! Ou um *playboy* de Tortoni!".[47] Tortoni era um café de Paris frequentado pela *jeunesse dorée*. Um ano mais tarde, quando ministro do Exterior, Chateaubriand mandou Polignac para Londres...

Richelieu, Armand Emmanuel du Plessis, duque de (1766-1822), descendia de um irmão do célebre cardeal, todo-poderoso ministro de Luís XIII. Ele saiu da França após a revolução de 1789 e serviu com grande distinção na Rússia, tanto como militar quanto como administrador de Odessa, cidade então recentemente fundada. Após a Segunda Restauração, Luís XVIII insistiu que ele aceitasse a presidência do Conselho de Ministros (1815-18), cargo que aceitou a contragosto e voltou a ocupar em 1820-21.

Villèle, Joseph, conde de (1773-1854) foi inicialmente oficial da Marinha, a seguir fez-se negociante e, depois da Restauração, começou uma bem-sucedida carreira política. Ministro das Finanças em 1821 e presidente do Conselho de Ministros de 1822 a 1828, Cavaleiro da Fé, Villèle não era considerado suficientemente conservador pelos Ultras mais extremados. Lamartine diz dele que sua inteligência e seu aspecto sem imponência levavam a que o olhassem primeiramente com indiferença, depois com estima, finalmente com admiração.[48]

ÁUSTRIA

Metternich, Clemens-Wenzel Lothar, príncipe (1773-1859). Em seguida a uma rápida ascensão no serviço diplomático, foi embaixador na Saxônia, na Prússia e na França; em 1809 assumiu a direção do Ministério do Exterior e pelos 39 anos seguintes foi o responsável pela política do Império Austríaco. Hábil político, Metternich, por outro lado, não inspirava confiança em muitos dos que trataram com ele; Canning referia-se a Metternich como "o maior canalha e mentiroso do continente, talvez do mundo civilizado".[49] Sua total rejeição de apelos por um governo constitucional onde quer que fosse não deve ser vista somente como um reflexo de sua visão ultraconservadora, mas também como a política do responsável em manter a unidade de um império que unia várias nacionalidades, algumas delas inconformadas com a dominação austríaca.

Von Gentz, Friedrich (1764-1832), diplomata e colaborador próximo de Metternich, que com ele partilhava suas ideias e projetos. Sua habilidade em participar de negociações entre partes conflitantes e sugerir soluções fez dele personagem indispensável em congressos e discussões bilaterais. Em várias ocasiões Gentz foi convidado pelas partes interessadas para ajudar na conciliação de seus interesses, no papel de mediador de confiança. Ademais, foi o redator de inúmeros textos que consagraram os resultados de reuniões multi ou bilaterais, o caso mais notável sendo o do tratado geral negociado pelo Congresso de Viena, cuja redação lhe foi confiada.

Em 6 de outubro de 1814 ele tinha consignado que:

> Seria preciso um milagre, quase maior do que o que levou à queda de Napoleão, para um clima de total e duradoura tranquilidade europeia resultar do [Congresso de Viena]. Ele não levará diretamente à guerra [...] mas nos conduzirá [...] a uma situação em que nenhuma das grandes potências terá, em boa-fé, a coragem de desarmar. [...] Não ouso dizer [...] qual será o resultado exato deste congresso mal concebido, mal planejado, mal preparado, e que eu não hesito em considerar como um dos piores projetos desta famosa época; mas o que creio saber, com segurança, é que ele não trará nenhum dos benefícios que a Europa teve o otimismo de esperar desta reunião.[50]

O tempo viria a mostrar o quanto esse arguto diplomata estava errado.

Von Mareschal, Wenzel Philipp Leopold, barão (1784-1851), general do exército austríaco, foi enviado ao Rio de Janeiro como secretário de legação em 1820 e subiu ao nível de ministro plenipotenciário em 1826, cargo que preencheu até 1832. Sua longa permanência no Brasil, mais o fato de que a primeira imperatriz brasileira pertencia à família real da Áustria, asseguraram a Mareschall uma posição privilegiada na corte de Pedro I.[51]

ESTADOS UNIDOS

Adams, John Quincy (1767-1848), sexto presidente dos Estados Unidos, era filho de John Adams, segundo presidente do país. Preencheu os cargos de ministro plenipotenciário nas Províncias Unidas (Holanda) de 1794 a 1797 e na Prússia de 1797 a 1801. De regresso aos Estados Unidos, foi eleito senador por Massachusetts em 1803, mas, tendo tomado posturas contrárias às dos chefes partidários de Massachusetts, perdeu sua cadeira. Adams voltou à diplomacia em 1809, ocupando a chefia de legação na Rússia até 1814, participando como conegociador do tratado de paz que terminou a guerra de 1812 com a Grã-Bretanha e a seguir ocupando o cargo de ministro em Londres, de 1815 a 1817.

O presidente Monroe convidou Adams a ser seu secretário de Estado, cargo que manteve durante os oito anos da administração Monroe. Em 1825 foi eleito presidente da República pela Câmara de Representantes, pois candidato algum tinha obtido a maioria dos votos no Colégio Eleitoral. Andrew Jackson, o candidato que obtivera o maior número de votos (tanto populares como no Colégio), acusou Adams de ter comprado o apoio de Henry Clay, presidente da Câmara, em troca do cargo de secretário de Estado, que foi de fato ocupado por Clay durante o mandato presidencial de Adams.

Monroe, James (1754-1831) lutou contra a Inglaterra na guerra de independência de seu país, foi ministro na França em 1794, juntamente com Robert R. Livingston negociou a compra da Louisiana em 1803 e a seguir serviu como ministro em Londres de 1803 a 1807. Monroe foi secretário de Estado na presidência Madison e também chefiou o Ministério da Guerra em 1814, quando a guerra de 1812 chegava ao fim. Ocupou a presidência do país de 1817 a 1825. Durante sua gestão, os Estados Unidos compraram a Flórida da Espanha; desse modo, Monroe participou em duas aquisições de territórios que expandiram imensamente, em direção ao sul, as fronteiras do país.

RÚSSIA

Alexandre I (1777-1825) era filho de Paulo I, portanto neto de Catarina, a jovem alemã que se tornou a grande imperatriz russa. Alexandre subiu ao trono em 1801, quando seu pai morreu, supostamente por acidente, no desenrolar de um golpe palaciano destinado a depô-lo. A versão que ficou aceita como verídica rezava que Alexandre estava informado do complô e de acordo com sua realização, mas não tinha contemplado a possibilidade da morte do pai, ainda menos concordado que fosse levada a efeito.

O jovem imperador teve como tutor La Harpe, cidadão suíço de tendência republicana, o qual teve grande influência sobre Alexandre, que pela maior parte de sua vida foi favorável a governos constitucionais – se bem que a Rússia não recebeu uma constituição durante seu reino, porque muitas vezes faltava a Alexandre a energia para pôr seus planos em execução. Com sua percepção, Gentz comentou que Alexandre era "um príncipe que combinava em seu caráter as mais surpreendentes contradições, e de quem havia muita justificação em dizer que os dias se seguiam uns aos outros, mas sem apresentarem nenhuma semelhança".[52]

Ele tinha a vaidade de ser considerado o libertador da Europa, a mais importante força na derrota de Napoleão. Também tinha a pretensão de atuar como mediador, ou conselheiro, em problemas de outros países; dir-se-ia que desejava ser o tutor do continente. No último decênio de sua vida voltou-se mais e mais para a religião e o misticismo, sob a influência da baronesa Krüdener, viúva de um diplomata russo, cujo fervor religioso foi adotado pelo imperador, fazendo-o autor do projeto de tratado da Santa Aliança, o qual em setembro de 1815 apresentou diretamente aos soberanos da Áustria e da Prússia, e a Castlereagh. Segundo Gentz, o imperador austríaco e o rei da Prússia a princípio ficaram tão atônitos quanto embaraçados, mas acabaram por assiná-lo, depois de algumas modificações, para satisfazer Alexandre.[53]

O czar era dotado de imenso charme e, apesar de alguns casos de contradição de seu comportamento, um grande homem. Gentz, que teve muitas oportunidades de encontrar Alexandre em pessoa, teve isto a dizer:

> O imperador da Rússia é, indubitavelmente, um dos primeiros homens do século e um dos grandes soberanos da história moderna. Tive meios e fontes, raramente disponíveis a um estrangeiro, de estudar seu caráter, seus princípios, suas sublimes qualidades – assim como suas fraquezas (porque qual *humano* não as teria?).[54]

Bonaparte, que a princípio foi adversário de Alexandre, depois amigo e mais tarde novamente inimigo, fez o seguinte comentário, como relatado por Las Cases: "Quanto ao imperador da Rússia, é um homem infinitamente superior a tudo isto: ele tem espírito, charme, conhecimento; ele seduz com facilidade, mas é preciso ter cuidado; ele é um verdadeiro grego do Baixo Império".[55]

John Quincy Adams, que foi ministro em São Petersburgo, quando informado da morte de Alexandre escreveu em seu diário o seguinte tributo: "O imperador Alexandre é talvez, de todos os homens, aquele cuja vida foi mais importante para o resto da humanidade. Não se pode conjecturar sobre as mudanças que possam advir de sua morte".[56]

Tatischeff, Dmitri Pavlovitch (1767-1845), um dos principais diplomatas russos a serviço de Alexandre I, pode ser tomado como exemplo da desorganização da política externa russa no primeiro quartel do século. Cada embaixador russo seguia sua própria política, como comentou Gentz num despacho de novembro de 1819:

> A observação que tenho a fazer [...] [refere-se] à maneira como [o imperador] é servido pela maioria daqueles, para não dizer por todos aqueles, que emprega no [serviço] exterior.
>
> Conheci todos os diplomatas russos que, nos últimos vinte anos, desempenharam qualquer papel na Europa. Conheci alguns muito intimamente [...]. Mas o que sempre me chocou é a *postura de independência* que ministros e agentes russos mostram onde quer que seja, em suas opiniões, sua linguagem e muitas vezes em seu modo de agir, mesmo nos assuntos mais importantes, *postura* que vejo como um fenômeno singular num governo absolutista e sobretudo sob um monarca de personalidade superior, como o imperador Alexandre.[57]

Cada ministro russo na Europa, prosseguia Gentz, parece ter seu próprio modo de pensar, e caso se compare (como Gentz dizia ter tido a oportunidade de fazer) o que um diplomata russo disse em Londres com o que outro disse em Paris ou Madri, ver-se-á que às vezes existe total contradição entre suas declarações. Gentz terminava afirmando que, para saber e ajuizar o pensamento da Rússia, o que queria e planejava, era necessário saber o que o próprio imperador pensava e desejava.

Um exemplo é oferecido pela informação enviada a lorde Liverpool por E. Coke, diplomata britânico a cargo da Rússia, que participava do Congresso de Viena, a respeito de um projeto de tratado que Alexandre tinha apresentado aos aliados e que fora considerado "totalmente inadmissível": "Para mostrar como o imperador da Rússia usa seus ministros, Nesselrode, embora seja seu secretário de Estado, só viu o projeto do imperador quando Metternich lho mostrou".[58]

Tatischeff foi enviado a Madri em 1812 e, quando Fernando VII voltou da França, permaneceu na chefia da embaixada. Ele se tornou muito influente junto ao rei e à corte, a ponto de ser condecorado com a Ordem do Tosão de Ouro, a mais alta condecoração da Espanha, que jamais havia sido concedida a um estrangeiro, com a única exceção do príncipe regente da Grã-Bretanha.

Conforme o hábito dos diplomatas russos de priorizarem suas agendas pessoais, Tatischeff inspirou um tratado com a Espanha que, se posto em execução, poderia ter ameaçado a paz europeia (ver capítulo 10).

FONTES: Além daquelas expressamente mencionadas nas notas, as seguintes foram consultadas para este apêndice: DSALVAT, EFRNW, *Encyclopedia Britannica.*

2. Honrarias e fortunas: instrumentos da política napoleônica

Se nesta narração de como o Brasil e as colônias americanas da Espanha chegaram à independência o nome de Napoleão Bonaparte aparece com frequência, isso se deve ao impacto que sua política e a resposta que lhe deram os inimigos da França tiveram na Europa e nas Américas.

Com o benefício de conhecer o passado, podemos dizer que o erro de Napoleão foi não ter concluído, após uma de suas grandes vitórias, como a de Austerlitz (sobre Áustria e Rússia, em 1805), uma paz que não fosse extorsiva, uma paz que todos pudessem aceitar, como preço do fim das guerras. Mesmo a Grã-Bretanha, se tal arranjo não fosse suficiente para pôr fim à sua hostilidade, não poderia fazer muito por si mesma, se os países do continente estivessem suficientemente satisfeitos e, portanto, resolvidos a não se envolver em novo conflito. Mas isso não aconteceu porque Napoleão, para tomar emprestadas as palavras de Chateaubriand, tinha "o poder de parar o mundo, mas não de parar a si mesmo; ele continuará até conquistar a última coroa, aquela que determina o preço de todas as outras, a coroa do infortúnio".[1]

Seu projeto de um *grand empire*, no qual a França, como parceiro dominante, se cercaria de países regidos pelos irmãos Bonaparte fracassou por duas razões principais. A primeira foi o incessante guerrear de Napoleão, que exigia dinheiro, soldados e suprimentos dos países que deveriam ser aliados, mas eram tratados como súditos; o segundo motivo foi o fato de que seus irmãos, uma vez subidos ao trono, queriam alguma independência do irmão dominador, a fim de serem aceitos por seus súditos como soberanos genuinamente interessados no bem-estar e na prosperidade do país. Além do mais, o projeto de um grande império reforçava a convicção de seus inimigos de que era imperativo terminar de uma vez por todas com a dominação da Europa por Napoleão.

Ainda que o bom senso do imperador o fizesse reconhecer as falhas de seus irmãos, ele insistiu em fazer deles reis. Ele nunca escondeu, e frequentemente o fez com palavras duras, sua desaprovação do comportamento de José, Jerôme, Luís e Paulina – em matéria política, no caso dos três homens, e em relação a suas vidas privadas, no caso dos quatro. O caráter dominador do imperador interferiu até no casamento deles: Jerôme foi forçado a se divorciar da norte-americana Elizabeth Patterson e desposar a princesa Catarina de Württemberg; ele recusou permissão para Luís dissolver seu infeliz matrimônio com Hortense de Beauharnais, filha da imperatriz Josefina. Napoleão tentou, igualmente, forçar Lucien a divorciar-se de Alexandrine Jouberthon, mas nesse caso recebeu uma firme recusa.

Lucien, mais novo que Napoleão, como também o eram Jerôme e Luís, ao receber a oferta de ocupar o trono da Itália,[2] respondeu que logo que empossado pediria a evacuação imediata das tropas francesas e seguiria a política que julgasse de maior proveito para a Itália. Napoleão ofereceu-lhe a seguir o grão-ducado da Toscana, recebendo a resposta de que, quando grão-duque, Lucien pretenderia governar em benefício de seus súditos. Como não era isso o que o imperador queria ouvir, Lucien foi posto de lado.[3]

Os esforços malsucedidos de José como rei da Espanha são objeto do capítulo 9, por isso no presente capítulo nos limitaremos ao seu reinado de Nápoles e aos casos de Luís e Jerôme.

Luís foi colocado no trono da Holanda em 1806, um amargo insulto que o povo das Províncias Unidas teve de engolir, pois Napoleão apresentou ao plenipotenciário holandês um ultimato: aceitar Luís como rei ou tornar-se parte da França. Luís não desejava ser rei, e assim um rei subiu, contrafeito, ao trono de um país que não o queria. Quando lá chegou, no fim de junho, foi recebido friamente; logo os holandeses tiveram razões adicionais para justificar sua hostilidade, pois desde as primeiras semanas de seu reinado Luís viu recusados pelo irmão pedidos que, se atendidos, resultariam em benefícios para a Holanda.

Seu primeiro pedido foi o pagamento de um empréstimo feito à França, pela importância que isso teria para a economia da Holanda; a resposta foi seca: "Seu Conselho deve perder toda esperança de que eu envie dinheiro, ao contrário não lhe dará os meios para você pôr seus problemas em ordem. Eu não tenho dinheiro e mal posso cobrir minhas imensas despesas".[4]

No mesmo mês de julho, a pedido de seus súditos, Luís nomeou o tenente-general Van Guericke, um holandês, para substituir o general francês Monnet no comando do importante porto de Vlissingen, que para grande irritação do povo estava sob ocupação da França desde 1795. A reação de Paris foi nada menos que um insulto:

> Estou desagradado com o que você fez em relação a Vlissingen. Dei ordem para que o tenente-general Van Guericke não seja recebido lá, porque aquela praça pertence à França e à Holanda, e você nada deveria fazer sem minha participação. Também não fiquei feliz com seu desejo de demitir o general Monnet, que deve permanecer em Vlissingen e ao qual você não deveria dar nenhuma ordem contrária ao bem do serviço.[5]

Para jogar sal na ferida, o texto dessa desautorização foi publicado na gazeta oficial, tornando pública a subordinação de Luís ao irmão.

O desditado rei da Holanda ainda sofreu outras restrições que lhe diminuíram o prestígio: Napoleão não aceitou o embaixador que Luís queria enviar a Paris; não concordou com uma redução dos contingentes do Exército e da Marinha da Holanda, proposta por motivos de economia, respondendo que, pelo contrário, deviam ser aumentados; proibiu Luís de anunciar às demais cortes europeias sua ascensão ao trono, e assim por diante.

Motivo adicional de queixa holandesa era o efeito dos embargos impostos pela França sobre o comércio exterior da Holanda. País eminentemente dedicado ao comércio, a Holanda teria sofrido sérias consequências com a aplicação do Decreto de Berlim, de novembro de 1806 (ver capítulo 2); o contrabando foi a solução adotada para manter a importação de produtos britânicos e o fluxo de comércio. Luís o permitia, indo de encontro à política do irmão, que certa vez disse que o primeiro contrabandista holandês era o próprio rei.

Em maio de 1808 Napoleão sugeriu que Luís renunciasse ao trono holandês e aceitasse o da Espanha,[6] mas Luís preferiu continuar na Holanda, com o que o imperador decidiu transferir José para Madri.

O desentendimento agravou-se quando o imperador forçou o irmão a aceitar um tratado que definitivamente tirava Vlissingen da Holanda. Em março de 1810, outro tratado, novamente imposto a Luís, cedia mais território à França, colocaria funcionários aduaneiros franceses nos portos holandeses, a fim de impedir o contrabando, e policiais franceses no litoral do país. O rei da Holanda decidiu não cumprir o tratado e até cogitou resistir pelas armas a sua execução. O desfecho foi a invasão da Holanda por um exército comandado pelo marechal Oudinot e a fuga do rei, que buscou refúgio na Áustria.

O dia em que a notícia da presença de Luís na Áustria chegou a Paris, Metternich (que estava na capital francesa acompanhando a arquiduquesa Marie Louise, a nova imperatriz da França) perguntou a Napoleão como o imperador austríaco deveria ser informado do desejo do "chefe da família", ou seja, Napoleão, com relação à recepção e ao tratamento a serem dados ao irmão em Viena. Bonaparte respondeu que Luís deveria ser tratado de maneira compatível com o fato de que tinha chegado a Viena sob um nome falso e em caráter privado, mas também expressou sua satisfação por ele ter escolhido a Áustria em vez da Rússia, ou de ter partido pelo mar. Metternich ofereceu então uma elegante solução: ao ir para a Áustria, Luís mostrara o desejo de não se afastar da família, já que Habsburgos e Bonapartes eram agora parentes, observação que agradou a Napoleão.[7]

A duvidosa independência da Holanda terminou em 1º de julho de 1810, com o decreto que a incorporava à França.

°

Em 1807, oito departamentos alemães situados entre os rios Reno e Elba foram amalgamados no que passou a ser o reino da Vestfália, com a capital em Kassel e Jerôme Bonaparte como rei. Na realidade, como José e Luís, ele era apenas títere do irmão: Napoleão nomeava seus ministros (franceses, naturalmente) e o cercava de espiões que mantinham o imperador informado do que Jerôme fazia, até mesmo de sua vida privada – não muito respeitável, de acordo com muitas fontes, já que o rei da Vestfália, como disse Talleyrand, "tinha uma corte e um orçamento, ou melhor, mulheres e dinheiro".[8]

Escolhido muito desavisadamente por Napoleão para comandar a ala direita da *Grande Armée* que invadiu a Rússia em 1812, a incompetência de Jerôme resultou em ser mandado de volta para casa e substituído pelo marechal Davout. No ano seguinte, tropas russas invadiram a Vestfália e puseram fim ao reinado de Jerôme.

°

O reinado de José nas Duas Sicílias (reino, às vezes referido como Nápoles e Duas Sicílias, que compreendia parte da Itália, da região de Nápoles para o sul, e a Sicília) durou dois anos, de 1806 a 1808, quando ele partiu para Madri. Foram dois anos difíceis, pois o rei Bourbon deposto e sua esposa fugiram para a Sicília, deixando para José apenas a parte continental do reino. Os Bourbons, com auxílio britânico, defenderam a Sicília dos esforços de José para conquistá-la, e ao mesmo tempo encorajavam seus súditos a manter ataques constantes contra o invasor. Até mesmo as cidades de Reggio e Scilla, pontos da bota italiana que dominam a passagem para a Sicília, ficaram nas mãos dos rebeldes, o que provocou Napoleão a criticar duramente José por não conseguir reconquistá-los.

Como viria a ocorrer na Espanha, o imperador instava o irmão a tratar seus súditos duramente, sem piedade. Essa não era a natureza de José, e o fato de que mesmo assim tenha sido colocado no trono espanhol causa perplexidade: se débil em Nápoles, como esperar que fosse severo na Espanha? Apenas a insistência de Napoleão em fazer da família Bonaparte a mais poderosa dinastia da Europa parece explicar sua obstinação em dar tronos a quem ele mesmo considerava incapazes.

°

As irmãs do imperador também foram agraciadas com o governo de territórios conquistados, mas não lindeiros da França.

Elisa governou os principados de Piombino e Lucca desde 1805 e o ducado da Toscana a partir de 1809. Ela revelou-se hábil administradora, mas suas relações com o irmão eram algo tensas, pelas mesmas razões que agravavam as do imperador com os irmãos-reis. Em 1813, Elisa tomou o partido de Murat, na ocasião rei de Nápoles e Duas Sicílias, contra o prepotente imperador.

À bela Paulina, imortalizada como Vênus na escultura de Canova, e seu segundo marido, o príncipe italiano Camilo Borghese, foi entregue o ducado de Guastalla, mas somente por três meses, quando Guastalla foi integrado ao reino da Itália.

Em 1808, o marechal Joachim Murat, grã-duque de Berg, casado com Carolina Bonaparte, substituiu José no reino das Duas Sicílias. Nas notas biográficas de personalidades que tinha conhecido, Metternich descreveu Carolina como possuidora de beleza e de um espírito incomum. "Ela estudara a fundo o caráter do irmão e não tinha ilusões quanto a qualquer dos seus defeitos ou quanto ao risco que sua sorte corria em face do excesso de ambição e do espírito dominador dele; ela também tinha claro conhecimento das fraquezas do marido, e o teria guiado, se tivesse conseguido guiá-lo."[9] Carolina, dizia Metternich, desejava criar para si e sua família imediata uma vida tão distante quanto possível da influência de Napoleão, até mesmo independente do destino fraterno, que ela considerava comprometido pela ambição.

°

Colocar os irmãos e as irmãs nas posições mais elevadas era parte da política de Napoleão de cercar-se de pessoas que lhe dedicariam total fidelidade, pois o futuro delas ficava necessariamente ligado ao do imperador. Tal política incluía a compra de aliados, que assim passariam a apoiar o *status quo* napoleônico, pela distribuição de benefícios.

Acima já foi mencionada a elevação de um dos marechais franceses ao trono de Nápoles; vale a pena, portanto, assinalar o prestígio gozado junto ao imperador por seus mais bem-sucedidos comandantes. Em carta escrita a José em 4 de novembro de 1805, durante a campanha contra Áustria e Rússia que culminou com a Batalha de Austerlitz, o imperador tinha dito:

> Quero muito ver Junot, porque estou convencido de que os homens que formei são, sem comparação, os melhores. Continuo muito satisfeito com Murat, Lannes, Davout, Soult, Ney e Marmont. Tenciono fazer os generais e oficiais que me servem bem tão ricos que eu não tenha de ouvir que eles

desonram a mais nobre das vocações com sua cupidez, merecendo destarte o desprezo da soldadesca.[10]

E, realmente, ele cobriu seus marechais de honrarias e riqueza; Augereau, Berthier, Bessières, Duroc, Junot, Lannes, Lefèbvre, MacDonald, Marmont, Masséna, Moncey, Mortier, Murat, Ney, Oudinot, Savary, Soult, Suchet, Victor, todos foram agraciados com o título de duque ou, em alguns casos, de príncipe. Dessa lista, apenas Berthier, Oudinot e Savary não participaram da guerra na Espanha, mas Savary foi enviado a Carlos IV para convencê-lo a ir a Baiona e assim cair na armadilha armada por Napoleão (ver capítulo 2).

Uma ideia da magnitude dos prêmios distribuídos pelo imperador pode ser lida num relatório enviado por Metternich em 1808:

> O marechal Ney me disse que as muitas doações em imóveis que tinha recebido na Itália e na Polônia, e as que acabara de receber na Vestfália e em Hannover, totalizavam 500 mil *livres* de rendas pelo arrendamento das terras. Além disso, seus cargos, a Legião de Honra, o que recebera do Estado a vários títulos, tudo junto adicionava mais 300 mil francos. Ele me assegurou que seus rendimentos estavam longe do máximo concedido a vários de seus colegas.[11]

O embaixador austríaco descreveu o teor de um decreto que estava então para ser assinado:

> Os ministros serão, quase todos, duques; todos os títulos [nobiliárquicos] têm imensas doações. Quase todos os generais de brigada recebem 10 mil libras de renda vitalícia; coronéis, entre 2 mil e 8 mil libras. Em suma, todas as paixões foram postas na mesa pelo homem que tem apenas uma. [...] [A]mbição, vaidade, ganância, todos os desejos da alma são usados com os cúmplices na grande obra de destruição.

Em 30 de junho de 1807 um decreto imperial deu a Lannes e seus herdeiros o principado de Sievers; em março de 1808, Lannes recebeu o título de duque de Montebello, com renda de 150 mil francos, dois terços da soma a serem recebidos na Vestfália e o restante em Hannover.[12]

Contrariamente ao nobre objetivo do imperador, vários de seus favoritos demonstraram criminosa ganância, explorando o povo dos países conquistados e usando o poderio militar da França para extorquir favores. Após a morte de Soult, a venda de sua coleção de quadros de mestres da pintura espanhola (propriedade do marechal antes ou depois de servir na Espanha?) rendeu 1,5 milhão de francos, enorme soma para a época; da coleção constava um quadro de Murilo, que foi comprado para o Museu do Louvre.[13]

Além do mais, alguns deles não esperaram até que o imperador os enriquecesse, mas agiram por conta própria; como foi mencionado no capítulo 3, quando Lannes precisou de um empréstimo, Augereau pôde emprestar-lhe 300 mil francos, e, uma vez em Lisboa, Lannes encontrou meios de se tornar riquíssimo.

Palmela, que ficou em Lisboa depois da entrada de Junot, descreveu o que se passou depois:[14]

> Segundo os costumes introduzidos nos exércitos franceses, devia ser para [Junot] um manancial de riquezas, e proporcionalmente, também, para todos os demais generais, oficiais superiores, empregados civis designados a ocupar os primeiros lugares na administração da nova conquista, tropel de harpias que se dispunha a devorar a substância de um país virgem, que se lhes antolhava como uma espécie de Eldorado! [...] O domínio francês em Portugal teve duas épocas. A primeira, que durou quatro ou cinco meses, foi empregada por eles para formar o estabelecimento que julgavam dever ser duradouro, apoderando-se, entretanto, de quaisquer objetos de valor de que pudessem lançar mão, a começar pela prata das igrejas, alfaias, museus etc. pertencentes ao Estado, recheio dos arsenais da Marinha e do Exército.

o

Casamentos, vários deles encorajados pelo próprio imperador, também eram um modo de formar uma grande família militar: Paulina foi casada em primeiras núpcias com o general Leclerc, que morreu no Haiti; Davout casou-se com a irmã de Leclerc; José Bonaparte e Bernadotte desposaram as irmãs Julie e Desirée Clary; Murat, como dito acima, era casado com Carolina Bonaparte.

Até bebês concorriam para consolidar a poderosa irmandade. Depois da assinatura da Concordata com a Santa Sé, batismos voltaram a ser aceitáveis – ainda que contra as queixas de alguns revolucionários da velha guarda, que continuavam a detestar igrejas e padres – e Napoleão e Josefina foram padrinhos de filhos dos casais Junot, Lannes e Bernadotte, entre outros.

3. O uniforme de Junot deslumbra o príncipe regente de Portugal

Laure Junot descreve a cerimônia de apresentação de credenciais de seu marido como embaixador da França a dom João, príncipe regente de Portugal, e o que aconteceu depois:

> Ele vestia naquele dia seu uniforme de gala de coronel-general dos hussardos, uniforme resplandecente de ouro, que tinha mandado fazer para que tudo nele fizesse lembrar o hábito de oficial-general. O dólmã era branco, com gola e punhos vermelhos; a calça azul e a peliça também azul, ressaltando assim o colete, a calça e o uniforme com sua gola vermelha e bordado a ouro. As mangas do dólmã, da peliça, ostentavam nove galões e [eram] bordados de folhas de carvalho. A peliça era bordada com uma magnífica pele de raposa azul. [O uniforme] tinha custado 15 mil francos, sem contar a pluma de garça [para o *shako*], que era um presente da imperatriz Josefina e era estimada em mais de 150 *louis*.[1]

Hoje, o uniforme de Junot pareceria espalhafatoso, mais apropriado a um personagem de opereta, mas o fato é que fez tal impressão em dom João que dois dias depois um escudeiro da casa real se apresentou na embaixada, trazendo uma carta do príncipe regente em que pedia para tomar o uniforme de empréstimo, a fim de que seu alfaiate pudesse copiá-lo. Junot emprestou o uniforme, do qual foram feitas cópias para o príncipe regente e seu filho Pedro, então um menino de sete anos de idade.

O resultado não deve ter sido o desejado por dom João, que além de rechonchudo era mais baixo que o atlético Junot. Mas era um uniforme tão bonito...

4. Carta de Carlota Joaquina ao irmão Fernando

6 de novembro de 1814

Meu querido Irmão do meu coração:
Em 23 de maio escrevi-te com a franqueza de irmã: a linguagem de verdade com que te falei de minhas filhas te terá convencido de que ao fazer-te a proposta de sua colocação eu não tinha preferências. Nada omiti de suas qualidades; tu deves escolher, e eu fico feliz se acedes a minha insinuação, seja a que queira entre elas haja merecido teu amor. No entanto, permita-me que te faça algumas observações. A primeira de minhas filhas, que tem 21 anos, já viúva e com um filho, está doente do peito, e em consequência não está apta a que tu a escolhas. A segunda, de 17 anos, bastante gorda, branca e formosa, curou-se quase radicalmente da obstrução no fígado, mas ainda continua com os acidentes epiléticos. Esta criatura é dócil, amabilíssima, tímida, muito capaz e humilde; inimiga de brincadeiras, de partidos ou de preferências. É uma pena que não se lhe tenham terminado todos os acidentes, porque deve ser uma grande mãe de família, por seu juízo e belas qualidades. A terceira, que já te disse ter 14 anos; que é muito sadia, muito forte, alta, bem-feita, bonita, muito viva, um tanto morena, com olhos muito bons, picada de varíola, com talento, muita graça, habilidade, sem defeito algum e que parece mais filha tua que sobrinha [...]. A quarta, de quem não te falei em minha carta de 23 de maio, tem 13 anos, é formosíssima, branca, loura, com belos olhos, alta, delgada, bem-disposta, de talento, docilidade, simplicidade, muito humilde e muito amante e amada da segunda. *Todas nada tienen que esperar* [o que parece dizer que todas eram núbeis].[1]

A carta segue aconselhando que Fernando despose a segunda (Maria Isabel, nascida em 1797) e seu irmão Carlos a quarta (Isabel Maria, nascida em 1801), e realmente Fernando casou-se com Maria Isabel, que morreu pouco depois, em 1818, mas Carlos escolheu a terceira sobrinha, Maria Francisca. Anos depois da morte desta, Carlos, fiel à tradição quase incestuosa da família, tomou Maria Teresa, a sobrinha mais velha, como esposa.

5. O exército francês declara fidelidade a Luís XVIII

Paris, 14 de julho de 1815[1]

Senhor,

O exército, sob as ordens do marechal príncipe de Eckmühl,[2] ciente dos males da Pátria e desejoso de fazer tudo quanto dele dependa para pôr-lhes termo, nomeou-nos como representantes junto a Vossa Majestade para exprimir-lhe o desejo que possui de sinceramente aliar-se a Ela e, por seu exemplo, trazer de volta aqueles de seus súditos que as extraordinárias circunstâncias em que nos encontramos afastaram Dela.

Plenamente confiantes da generosidade de V. M., o exército sabe, Senhor, que acolherá com bondade sua submissão e que, jogando um véu sobre o passado, não desejará fechar seu coração a qualquer um de seus filhos.

Somos, com profundo respeito, Senhor, de V. M. os humílimos servidores e súditos,

Os tenente-generais[3] Gérard e Valmy

6. Carta do príncipe das Astúrias ao rei José Bonaparte

28 de novembro de 1809[1]

Senhor,

Vossa Majestade permitiu-me contar com sua amizade. Hoje venho implorá-la, pedindo a Vossa Majestade dar-me seu apoio junto a Sua Majestade o Imperador, augusto irmão de Vossa Majestade, para a realização de um desejo caro a meu coração, o de ver meu destino unido ao destino de uma sobrinha de Sua Majestade Imperial e Real e de Vossa Majestade Católica, de acordo com a esperança que tenho mantido por muito tempo. A quem poderia eu mais convenientemente dirigir-me do que a Vossa Majestade Católica para um assunto tão importante para mim? Vossa Majestade deu-me o direito de contar com sua intervenção e Vossa Majestade Católica não ma recusará em minha qualidade de príncipe da Espanha.

Rogo também a Vossa Majestade conceder-me a condecoração da ordem recentemente criada sob seu nome como *Ordem Real da Espanha*. Desejo provar a Vossa Majestade a sinceridade de meus sentimentos e de minha confiança Nela.

De Vossa Majestade Católica seu devotado irmão,

Fernando

Notas

PREFÁCIO

1 Thomson, G. M. *The Prime Ministers*, p. 31.

2 Relacionamentos eram vitais, mas dinheiro ("não há nada novo sob o sol...") também era útil para se ter uma carreira política: "Em 4 de maio, Camden [...] informou a Pitt que Stewart [Castlereagh] desejava ter uma cadeira no próximo Parlamento inglês, pondo um teto de 2 mil libras para sua aquisição". Verbete Stewart, Robert em ODNB.

3 *Monroe*, v. 6, p. 305. Carta de 25/9/1823.

4 Watson, J. S. "The reign of George III, 1760-1815". In: Clark, G. N. (org.). *The Oxford History of England*, p. 583.

5 Stapleton, E. J. (org.). *Some official correspondence of George Canning [1821-27]*, p. 153.

6 BILA, v. 1, p. 11 da Introdução.

7 *Metternich*, v. 2, p. 474. Memorando de 12/2/1815 (grifos no original).

PARTE I – A EUROPA E AS COLÔNIAS AMERICANAS ATÉ O FATÍDICO 1808

CAPÍTULO 1 – UM SÉCULO DE GUERRAS

1 Essa guerra exemplifica o egoísmo inerente à política externa. Um objetivo de Espanha e França era reaver pelo menos alguns dos territórios perdidos para a Inglaterra como resultado da Guerra dos Sete Anos. Derrotada, a Grã-Bretanha devolveu vários daqueles territórios a seus rivais europeus.

2 Bois, J.-P. "Plaidoyer pour une histoire tactique de la guerre au XVIIIe siècle", p. 20.

3 Childs, J. C. R. *Armies and warfare in Europe 1648-1789*, p. 42.

4 *CastlereaghCD*, v. 8, pp. 160-2.

5 Childs, op. cit., p. 44.

6 Schroeder, P.W. *The transformation of European politics 1763-1848*, Prefácio.

7 Oliveira Martins, J. P. de. *História de Portugal*, v. 2, p. 144.

8 Smith, D. *The Greenhill Napoleonic Wars Data Book*, pp. 390-1. As tropas aliadas incluíam nacionais da Polônia, Vestfália, Württemberg, Baviera, Saxônia, Portugal, Prússia, Itália, Espanha e Suíça.

9 Embora a Polônia não mais existisse como país independente, soldados da nação polonesa serviram tanto no exército francês como nos exércitos aliados.

10 *AdamsM*, v. 4, p. 394, consigna que em 17/6/1819 Poletica, ministro russo em Washington, pedira uma entrevista com uma finalidade especial: "dizer-me que o imperador sinceramente desejava que os Estados Unidos acedessem à Santa Aliança. Ele disse que agora o mencionava oficiosa e confidencialmente, para que fosse assim transmitido ao Presidente". Poletica voltou a mencionar essa mensagem a Adams algumas vezes mais, obviamente sem o resultado desejado pelo imperador.

11 WSDM, v. 11, p. 176.

CAPÍTULO 2 – NA PENÍNSULA IBÉRICA, 1792-1808

1 A França havia declarado guerra à Áustria, mas esta última tinha a Prússia como aliada.

2 Sorel, A. *L'Europe et la Révolution Française*, v. 3, p. 170.

3 Idem, ibidem, v. 2, pp. 18-9.

4 McKay, D.; Scott, H. M. *The rise of the great powers 1648-1815*, p. 273.

5 Godoy y Alvarez de Faría, M. *Memorias de Don Manuel Godoy, Príncipe de la Paz etc.*, v. 1, p. 39, nota de rodapé; segundo De Pradt, D. G. F. *Mémoires historiques sur la révolution d'Espagne*, p. 2, nota de rodapé, o ministro espanhol em Paris foi autorizado a despender uma soma de 3 milhões (*sic*) para tentar convencer os membros mais influentes da Convenção e da comuna de Paris.

6 Segundo Godoy y Alvarez de Faría, a Espanha não foi a primeira a declarar guerra: a França declarou-a em 7/3/1793, e a Espanha respondeu em 23 daquele mês. Godoy y Alvarez de Faría, op. cit., v. 1, p. 69 passim.

7 A controvérsia sobre o canal de Nootka, no Canadá, teve origem na disputa sobre qual país tinha o direito de explorar a região e lá criar assentamentos. A Espanha baseava seu direito na bula papal de 1493, confirmado quando exploradores espanhóis tomaram posse da região para seu país. Contudo, quando ingleses se deram conta das possibilidades comerciais da região, o governo britânico sentiu-se forçado a apoiar as pretensões de seus nacionais, mesmo com risco de provocar uma guerra. O desfecho da disputa pôs fim à pretensão espanhola de manter o monopólio de comércio e colonização da área, o que possibilitou a expansão britânica no oeste canadense.

8 A Assembleia Nacional tinha aprovado uma resolução pela qual a França renunciava à guerra de conquista.

9 EFRNW, v. 3, p. 993.

10 "Em 1778, [a Espanha] tinha 67 navios de linha e 32 fragatas." Sorel, A., op. cit., v. 1, p. 370. Faltavam-lhe, porém, navios mercantes. Navio de linha, ou nau de linha, era a belonave armada com sessenta ou mais canhões.

11 Ventura, A. *Planos espanhóis para a invasão de Portugal (1797-1801)*, todo o capítulo 2.

12 Idem, ibidem, p. 26.

13 Assim chamada por ter Godoy enviado à rainha, do local de sua vitória, uma cesta de laranjas colhidas em Portugal.

14 Pizarro, cujas memórias parecem ter sido escritas mais para acertar contas do que para contar a verdade, afirma que Portugal se salvou de um pior tratamento "subornando a cobiça de Lucien Bonaparte, embaixador da França, e do Príncipe da Paz" e conseguiu assim "concluir um tratado [de paz] com a simples cessão do imperceptível território de Olivenza, contrariamente ao desejo e à ordem de Napoleão, que, embora muito aborrecido, ratificou o tratado, para não desprestigiar seu irmão". Pizarro, J. G. L. *Memorias de la vida del Excmo. Señor D. José García de León y Pizarro*, v. 1, pp. 199-200.

15 Pereira, A. *Dom João VI, príncipe e rei*, v. 1, pp. 169-70.

16 Therry, R. (org.). *The speeches of the Right Honourable George Canning*, v. 1, Memoir, p. 39.

17 De Rossi, C. L. *Diário dos acontecimentos de Lisboa*, p. 53.

18 CPDNB, v. 4, pp. 197-8.

19 De Pradt, D. G. F., op. cit., pp. 12-6.

20 Diversas versões dessa carta têm sido publicadas. O texto aqui citado baseia-se na versão espanhola de *Documentos de Historia de España*. Disponível em: www.elgraneroco mun.net/Carta-del-principe-de-Asturias.html. Acesso em: 8/1/2018. O texto em *Talleyrand*, v. 1, pp. 344-5, coincide com a passagem mencionada.

21 *PalmelaM*, p. 104, nota de rodapé. Palmela estava na Espanha como ministro de Portugal.

22 O *grand empire* de Napoleão é objeto do Apêndice 2.

23 *Napoléon*, v. 16, p. 471. Despacho de 6/4/1808.

24 Idem, pp. 451-2.

25 Idem, v. 17, p. 17. Despacho para Bessières, comandante da Guarda Imperial na Espanha, 17/4/1808.

26 Idem, pp. 10-1.

27 Idem, p. 50.

28 Idem, p. 52.

29 Idem, p. 58.

30 *MémoiresJoseph*, v. 9, pp. 410-1.

31 *Napoléon*, v. 17, pp. 65-6.

32 A soma equivalia a 7,5 milhões de francos franceses ou, na época, 3,8 milhões de dólares dos Estados Unidos. *Réaux* é o plural de *réal*.

33 *Napoléon*, v. 17, p. 59, nota de rodapé.

34 Robertson, W. S. *Rise of the Spanish-American republics as told in the lives of their liberators*, pp. 20-1.

35 *A Voz d'América, Proclamação que circulava por toda a América Hespanhola, Que manifesta geralmente o voto de que seja eleita para Regente, e futura Sucessora da Hespanha, e suas Américas A Sereníssima Senhora Dona Carlota Joaquina de Bourbon*, p. 4.

CAPÍTULO 3 – A CORNUCÓPIA DA EUROPA

1 Apesar do impacto que teve na Europa o ouro proveniente do Brasil e das colônias espanholas, é interessante notar a seguinte observação, feita na Introdução de *Summarized data of gold production*, de Ridgway: "Mais da metade [...] do total dos últimos 435 anos foi produzida nos primeiros 27 anos do século XX".

2 Lynch, J. *Bourbon Spain 1700-1808*, p. 339.

3 A Espanha não foi a única metrópole a ter um plano para "civilizar e cristianizar" as populações autóctones. Com a típica arrogância das potências coloniais, a Grã-Bretanha permitiu que seus domínios introduzissem programas de assimilação forçada. No Canadá e na Austrália, por exemplo, crianças nativas foram tiradas de suas famílias e entregues a missionários cristãos (protestantes e católicos) com aquele objetivo; a diferença em relação à *encomienda* é que tais programas foram adotados um século depois do fim da *encomienda* e duraram na maior parte do século XX. Os resultados foram trágicos, como os governos dos dois países reconheceram, ao pedirem desculpas – ambos, por coincidência, em 2008.

4 Lynch, J. *Bourbon Spain 1700-1808*, p. 364.

5 Elliott, J. H. *Imperial Spain 1469-1716*, p. 285.

6 Elliott, J. H. "Spain and America in the sixteenth and seventeenth centuries". In: CHLA, v. 1, p. 322.

7 Wilson, C. *The transformation of Europe, 1558-1648*, p. 137.

8 Elliott, J. H. "Spain and America in the sixteenth and seventeenth centuries". In: CHLA, v. 1, p. 328.

9 Idem, ibidem, p. 183.

10 Idem, ibidem, p. 325.

11 Uma onça fina é uma onça *troy* (31,1 gramas) com 99,5% de pureza.

12 Ridgway, R. H. *Summarized data of gold production*, tabela 5, p. 12.

13 Ver: Lynch, J. *Bourbon Spain 1700-1808*, pp. 56-9 e 356-7.

14 Kamen, H. A. F. *The War of Succession in Spain*, p. 135. A tradução para o inglês feita por Kamen diz: "The main object of the present war is the Indies trade and the wealth it produces".

15 Lynch, J. *Bourbon Spain 1700-1808*, p. 54.

16 Girardot, baron de. *Correspondance diplomatique de Louis XIV avec M. Amelot, son ambassadeur en Espagne, 1705-09*, v. 2, carta CLXXII. O texto original é o seguinte: "Comme le

principal objet de la guerre présente est celui du commerce des Indes et des richesses qu'elles produisent, le roy d'Espagne peut juger, par l'empressement de toutes les nations, combien il est important pour lui d'y rétablir le bon ordre inconnu depuis longtemps dans le gouvernement de ces pays éloignés. Ainsi, je loue fort les mesures qu'il prend pour y parvenir; mais je doute qu'il y réussisse. [...] Il est cependant de l'honneur et de l'intérêt du roy d'Espagne, de chercher au moins les moyens de rétablir la règle dans les pays soumis à sa domination".

17 Idem, carta CLXII.

18 Idem, carta CLXXIV.

19 Idem, carta CLXXXV.

20 Idem, carta CLXXXIX, de 26/6/1709.

21 Idem, v. 1, carta LXV, de 25/4/1707.

22 Parry, C. (org.). *The consolidated treaty series*, v. 27, p. 439 passim.

23 *La Grande Encyclopédie*, v. 15, pp. 21-2.

24 Azevedo, J. L. de. *Épocas de Portugal Económico*, p. 371.

25 García-Baquero, A. *Comercio colonial y guerras revolucionarias*, pp. 82-3; fonte original: Arquivo Geral das Índias.

26 Idem, ibidem, pp. 83-4.

27 Brading, D. A. "The Mexican Mining Boom". In: Lynch, J. (org.). *Latin American Revolutions, 1808-26*, p. 92. José de Gálvez era ministro das Índias e visitador geral da Nova Espanha.

28 Boxer, C. R. *The golden age of Brazil*, Apêndice 7, seção (c). Meio século mais tarde, um cruzado de 480 réis continha 0,983 gramas de ouro fino. Dois milhões de cruzados continham quase 2 toneladas de ouro.

29 Pimentel, A. *As amantes de dom João V*, p. 63. A moeda de 4 mil-réis de 1720 continha 9,9 gramas de ouro (Fonte: *Standard Catalog of World Coins 1701-1800*).

30 Ver: Maxwell, K. *Conflicts & conspiracies*, Statistical Appendix, p. 252.

31 Uma nota ao pé da p. 167 esclarece que "nestas somas nao se discrimina o que compete ao rei e o que compete aos particulares". Cento e trinta milhões de cruzados correspondiam na ocasião a cerca de 16 milhões de libras esterlinas; um marco de ouro continha 8 onças *troy*, ou 249 gramas, portanto 24.500 marcos de ouro representam 6.100 quilogramas; uma arroba representa 14,5 quilogramas, portanto 700 arrobas de ouro em pó totalizavam 10.150 quilogramas; uma oitava de diamante equivalia à oitava parte de uma onça *troy*, portanto 392 oitavas pesavam um pouco mais de 1,5 quilograma.

32 Oliveira Martins, J. P. de, op. cit., pp. 166-7.

33 Idem, ibidem, p. 167.

34 Pereira, A., op. cit., p. 116.

35 Marbot, baron de. *Mémoires du général baron de Marbot*, v. 2, pp. 222-3.

36 Anônimo, *Histoire de D. Jean VI*, p. 44. Ver também Pereira, A., op. cit., p. 172. Apesar da participação naquele ato de traição, Marialva continuou a gozar do favor de dom João. Em 1817, foi designado para ir a Viena apresentar o pedido formal da mão da arquiduquesa Leopoldina para Pedro.

37 Hyde de Neuville, G.-J., op. cit., v. 3, p. 108. Naquela época, 25 francos equivaliam a 1 libra esterlina, portanto o presente valia entre 800 e 1.000 libras. Temperley, H., em *Life of Canning*, p. 258, nota de rodapé, diz que o salário de Canning como ministro do Exterior "era de apenas 500 libras". Com diplomática polidez, Hyde de Neuville recusou o presente.

38 *PalmelaDC*, v. 1, p. 336.

39 Silva, A. M.-D. "Imperial re-organization, 1750-1808". In: CHLA, v. 1, pp. 471-2.

40 Mendonça, M. C. de. *O Intendente Câmara*, p. 278.

41 Idem, ibidem, p. 285.

42 Handelmann, H. *História do Brasil*, pp. 168-9.

43 TPHB, v. 1, p. 378.

44 Ridgway, R. H., op. cit., p. 32.

45 Noya Pinto, V. *O ouro brasileiro e o comércio anglo-português*, citado por Russell-Wood, A. J. R. em "Colonial Brazil: The Gold Cycle". In: CHLA, v. 2, p. 594.

46 Dornas Filho, J. *O ouro das Gerais e a civilização da Capitania*, p. 40.

47 Boxer, C. R., op. cit., pp. 220-5.

48 Russell-Wood, A. J. R. "Colonial Brazil: The Gold Cycle". In: CHLA, v. 2, p. 599.

CAPÍTULO 4 – A GRÃ-BRETANHA E A INDEPENDÊNCIA DAS COLÔNIAS ESPANHOLAS

1 *CastlereaghCD*, introdução pelo editor à seção "Situação das colônias espanholas na América. 1779-1809", v. 7, pp. 257-8.

2 Ralph Abercromby of Tullibody (1734-1801), respeitado general que passara dois anos, de 1795 a 1797, nas colônias britânicas nas Caraíbas.

3 *CastlereaghCD*, v. 7, pp. 269-70.

4 WSDM, v. 6, p. 35.

5 Idem, memorando n. 4, p. 45.

6 Idem, memorando datado de 11/1806, p. 50.

7 Harlow, V. T. *The founding of the Second British Empire 1763-93*, p. 4.

8 WSDM, v. 6, pp. 62-3.

9 Ver: Roberts, C. *Las invasiones inglesas*, pp. 57-8, e Ferns, H. S. *Britain and Argentina in the nineteenth century*, p. 19.

10 Watson, J. S., op. cit., p. 453.

11 Popham, H. *A damned cunning fellow*, p. 175, e WSDM, v. 6, pp. 23-4.

12 A caminho, a expedição parou em Santa Helena e lá estava quando foi recebida a notícia da morte de Pitt. Não obstante, a expedição prosseguiu, depois de embarcar mais 180 soldados da guarnição de Santa Helena, de onde Popham escrevera a Melville lamentando a morte do amigo e dizendo ter esperado que "minha conduta" teria sido aprovada por Pitt. "Vou sem muito prazer, mas, como *sir* David Baird está igualmente envolvido neste empreendimento, creio que não me faltará zelo ou firmeza para levá-lo a bom termo." Popham, H., op. cit., p. 148.

13 Coronado, J. *Invasiones inglesas al Río de la Plata*, pp. 141-2.

14 Ferns, H. S., op. cit., p. 24.

15 Popham, H., op. cit., p. 145.

16 Ferns, H. S., op. cit., p. 26.

17 Idem, ibidem, p. 50.

18 Popham, H., op. cit., p. 151.

19 BILA, v. 1, p. 8.

20 William Windham não deve ser confundido com William Wyndham Grenville, o lorde Grenville.

21 Coronado, J., op. cit., pp. 74-6.

22 Idem, ibidem, p. 76.

23 William Cavendish-Bentinck, 3º duque de Portland (1738-1809).

24 *CastlereaghCD*, v. 7, pp. 314-24, onde o texto do memorando é indicado como um rascunho.

25 Sua carta a Craufurd relativa à expedição ao Chile.

26 Luís Filipe (1773-1850), duque de Orleãs, tornou-se rei da França (1830-48) depois da revolução que depôs Carlos X. Seu nome como um possível rei do México foi mencionado diversas vezes a Castlereagh pelo general antibonapartista Dumouriez, sob cujo comando Luís Filipe tinha lutado nas primeiras batalhas da Revolução Francesa. Mais tarde, os dois deixaram a França, acusados de traição. O pai de Luís Filipe, republicano que abandonara o título de duque de Orleãs para tornar-se o "cidadão" Philippe-Egalité, votou (como membro da Convenção) em favor da pena de morte para Luís XVI.

27 Ferns, H. S., op. cit., p. 51.

28 Watson, J. S., op. cit., p. 466.

29 *CastlereaghCD*, v. 8, pp. 85-6. Carta de 20/9/1807 a Robert Dundas, filho de Melville, ex-primeiro lorde do Almirantado. O "sucesso em Copenhague" referia-se ao bombardeio da capital dinamarquesa, que sofreu grande destruição, e a captura da frota do país, assim negada à França. O ataque britânico deveu-se a que a Dinamarca tinha aderido ao Decreto de Berlim de 1806.

30 Idem, pp. 96-100.

31 Idem, pp. 100-1.

32 John Jeffreys Pratt, primeiro marquês Camden (1759-1840).

33 *CastlereaghCD*, v. 8, p. 101.

34 *CastlereaghCD*, v. 8, pp. 160-2.

35 Waddell, D. A. G. "International politics and Latin American Independence". In: Bethell, L. (org.). *The independence of Latin America*, pp. 196-7, menciona "preparativos [...] de uma expedição libertadora para a América do Sul, suplementada por atividades políticas e de propaganda nas colônias espanholas". Discordo que "libertadora" seja a única interpretação cabível, em face dos termos do memorando.

36 Aspinall, A.; Smith, E. (orgs.). *English Historical Documents*, v. 11, 1783-1832, p. 911.

37 Anônimo, *Authentic and complete trial of Lieut. Gen. Whitelocke*, p. 72.

38 Idem, ibidem, p. 90.

39 Anônimo, *An authentic narrative of the proceedings of the expedition under the command of Brigadier-Gen. Craufurd*, pp. 194-5.

40 Citado por Waddell, D. A. G., *op. cit.*, p. 198.

CAPÍTULO 5 – CANNING E A FUGA DA CORTE PORTUGUESA PARA O BRASIL

1 Thiers, A. *Histoire du consulat et de l'empire*, v. 8, pp. 339-41, grifos no original.

2 *Metternich*, v. 2, p. 130.

3 Luís da Cunha (1662-1749) foi diplomata e representou Portugal em diversas das maiores potências europeias.

4 Academia das Ciências de Lisboa, *Instruções inéditas*, p. 208.

5 Idem, p. 214.

6 Idem, p. 218.

7 Idem, p. 219.

8 Pereira, A., op. cit., v. 1, pp. 127-31.

9 Idem, ibidem, p. 131.

10 Hinde, W. *George Canning*, p. 181.

11 *Metternich*, v. 3, p. 45.

12 *PalmelaDC*, v. 1, p. 37.

13 *CastlereaghCD*, v. 6, p. 357.

14 Mendonça, M. C. de. *Dom João VI e o Império no Brasil*, pp. 20-3.

15 Idem, ibidem, p. 13. Carolina e Junot tiveram uma ligação amorosa amplamente sabida, o que levou a polícia do imperador, depois da morte de Junot, a dar uma busca na casa deste para apreender as cartas que Carolina lhe escrevera. Ver Turquan, *Les soeurs de Napoléon*, p. 437.

16 Thiers, A., op. cit., v. 8, p. 326.

17 *PalmelaM*, p. 111.

18 Marbot, baron de, op. cit., v. 2, p. 6.

19 Barrow, J. *The life of Sidney Smith*, v. 2, p. 271.

20 Idem, ibidem, pp. 265 e 269.

PARTE II – **REVOLUÇÃO E INDEPENDÊNCIA**

CAPÍTULO 6 – ESPANHA, O PESADELO DA FRANÇA. A VOLTA DE FERNANDO VII

1 Sorel, A., op. cit., v. 7, p. 323.

2 La Forest, conde de. *Correspondance du comte de La Forest*, v. 7, pp. 168 passim. Há um erro aqui: dos dois príncipes com Fernando em Valençay, apenas Carlos era seu irmão; o príncipe Antônio era tio deles.

3 Idem, ibidem, p. 172. A carta é datada de 12/11/1813.

4 Idem, ibidem, p. 182-3.

5 *Talleyrand*, v. 1, pp. 383-4.

6 La Forest, conde de, op. cit., p. 211.

CAPÍTULO 7 – ESPANHA E SUAS COLÔNIAS; PORTUGAL E O BRASIL, DE 1808 A 1828

1 Bourbon, C. J. de. *A Voz d'América, Proclamação que circulava por toda a América Hespanhola...*, p. 6.

2 WSDM, v. 8, p. 115; carta de 24/7/1813.

3 Carvalho, M. A. V. de. *Vida do duque de Palmela*, v. 1, pp. 537-8.

4 O governo de Londres jamais abandonou essa diretiva. Anos mais tarde, em 30/8/1826, com a independência do Brasil já assegurada, Canning escreveu a A'Court, embaixador em Lisboa: "Acima de tudo, Vossa Excelência deve desencorajar qualquer engajamento, entre Brasil e Portugal, no molde de uma política ofensiva ou mesmo defensiva". BILA, v. 2, p. 274.

5 *MitreB*, v. 3, p. 188.

6 Idem, v. 1, p. 201.

7 Idem, ibidem, p. 203. Obedecendo a seu caráter, Carlota, ao saber das ideias de Rodríguez Peña, e não gostando de noções como governo constitucional, escreveu a Liniers, então vice-rei da província e partidário de Fernando VII, acusando o agente portenho de traição.

8 Bourbon, C. J. de, op. cit.

9 Segundo Mitre, Diogo Sousa, futuro conde do Rio Pardo, fora um dos cúmplices de Carlota em 1805, na conspiração para tirar a regência de Portugal de dom João (*MitreB*, v. 3, p. 193). Sua designação para a missão no sul, mais o fato de que em 1816 ele se tornou vice-rei da Índia portuguesa, parece indicar que dom João não lhe guardou animosidade.

10 José Gervásio Artigas (1764-1850), hoje reverenciado no Uruguai, tornou-se um líder da independência da província, tanto da Espanha como de Portugal.

11 *MitreB*, v. 3, p. 193.

12 BILA, v. 1, p. 170.

13 *PalmelaDC*, v. 1, pp. 18-9, onde o texto é parafraseado.

14 O relacionamento de João VI com o cunhado é bizarro, talvez só explicável pelo costume das famílias reais de encorajar o que pode ser descrito como "quase incesto". No mesmo ano em que dom João invadia a Banda Oriental, suas filhas Maria Isabel e Maria Francisca desposavam, respectivamente, os tios Fernando VII e dom Carlos (ver Apêndice 4). Por que as bodas não foram canceladas foi explicado por Wellington em carta de 15/10/1816 a Beresford: "Após sua chegada a Portugal, você terá ouvido do efeito produzido em Madri pela expedição a Montevidéu. O Conselho Privado recomendou que as princesas fossem mandadas de volta e que o exército de Abisbal marchasse para Badajós. O rei respondeu: 'As bodas e a paz'; mas o exército de Abisbal ainda não embarcou, e permanece na Andaluzia até novas ordens. O desejo de [espaço em claro] as princesas ocasionou essa decisão [...]". WSDM, v. 11, p. 513.

15 Uma gravura de Debret recorda a ocasião; nela, o rei, Beresford e outras personalidades são claramente reconhecíveis.

16 *PalmelaDC*, v. 1, p. 37. Carta de 19/8/1817.

17 *CastlereaghCD*, v. 11, pp. 347-8. Carta a Bathurst datada de 26/10/1816.

18 WSDM, v. 12, p. 309.

19 BILA, v. 1, p. 124.

20 Oficiais e soldados franceses, alemães, norte-americanos e de outras nacionalidades também lutaram pelas colônias, mas em menor número que os britânicos.

21 Stapleton, E. J. (org.), op. cit., v. 2, pp. 242-4.

22 BILA, v. 1, pp. 307-9.

23 Miller (1795-1861) competente militar britânico, veterano da guerra peninsular e outras campanhas das guerras napoleônicas, foi para Buenos Aires em 1817, recebeu uma comissão no exército de San Martín e mais tarde serviu sob Bolívar e Sucre. Miller foi assessor de confiança de Bolívar.

24 BILA, v. 1, pp. 527-37.

25 Bolívar, S. *Obras Completas*, v. 1, p. 1.035.

26 Idem, ibidem, p. 1.037. Pedro Antonio Olañeta era o general espanhol a cargo do Alto Peru. *Godo* era um pejorativo usado em referência a um espanhol peninsular.

27 Idem, ibidem, p. 1.104.

28 Handelmann, H., op. cit., v. 2, pp. 259-62. O episódio, como relatado por Handelmann, contém vários erros; a edição brasileira de seu livro, publicada sob os auspícios do Instituto Histórico e Geográfico Brasileiro, oferece, em nota de pé de página, a versão correta do episódio, aqui utilizada.

29 Em todo este capítulo, Colômbia significa a Grã-Colômbia (hoje Colômbia, Equador, Panamá e Venezuela), que se dissolveu em 1830.

30 Bolívar, S., op. cit., p. 1.109.

31 Idem, ibidem, p. 1.102-3. Carta de 28/5/1825.

32 Stapleton, A. G. *George Canning and his times*, p. 447. O texto é de carta a Granville, de 21/11/1825.

33 Bolívar, S., op. cit., v. 1, pp. 1.153-4. Carta ao general Tomás de Heres, 6/8/1825.

34 Idem, ibidem, p. 1.308.

35 Stapleton, A. G. *Political life of the Rt. Hon. George Canning*, v. 3, p. 181.

36 Bolívar, S., op. cit., v. 2, p. 184. Carta a M. de Ezeta, 14/10/1827.

37 Idem, ibidem, p. 399. Carta ao general Francisco Carabaño em 9/7/1828.

CAPÍTULO 8 – GRÃ-BRETANHA E ESTADOS UNIDOS NO CONGRESSO DO PANAMÁ

1 *Orders in Council* são decretos expedidos pelo Conselho com a presença do rei. Os de novembro e dezembro de 1807 reagiam à imposição do bloqueio instituído pelos decretos napoleônicos. As *Orders in Council* obrigavam os navios mercantes neutros vindos de, ou destinados a, um porto inimigo a entrar num porto britânico, desembarcar sua carga, pagar os direitos aduaneiros e comprar uma licença para comerciar; se isso não fosse feito, a carga e a tripulação do navio poderiam ser apreendidas em alto-mar. A severidade dessas medidas, que o próprio governo britânico reconhecia e apenas justificava pelo estado de guerra, levou a muitas dificuldades, entre as quais as guerras com os Estados Unidos e a Dinamarca.

2 Mahan, A. T. *Sea power in its relations to the war of 1812*, v. 1, pp. 2-4.

3 BILA, v. 1, reproduz três despachos com instruções às pp. 403-9.

4 Os Estados Unidos, sobre os quais Cuba exercia forte atração, propuseram à Espanha, nos meados do século XIX, a compra da ilha nos governos Polk, em 1848, quando foram oferecidos 100 milhões de dólares, e Pierce, em 1854, quando a oferta foi aumentada para 130 milhões. Pérez, L. A., Jr. *Cuba: between Reform and Revolution*, p. 110.

5 Bolívar, S., op. cit., v. 2, p. 24 passim.

6 John Sergeant (1779-1852), advogado muito reputado, recebeu e recusou ofertas de um assento na Corte Suprema, de um ministério no governo William Harrison e a embaixada em Londres. Richard Clough Anderson (1788-1826) serviu como deputado federal por dois mandatos. Em 1823, foi nomeado ministro na Colômbia. Fonte: *Appleton's Cyclopaedia of American Biography.*

7 O texto das instruções iniciais e das instruções suplementares se encontra no v. 4 da publicação do Senado dos Estados Unidos, *International American Conference, Historical Appendix. The Congress of 1826 at Panama*, pp. 113-53.

8 *AdamsM*, v. 7, p. 96. Anotação com data de 30/12/1825.

9 J. R. Poinsett (1779-1851) foi enviado à América do Sul espanhola em 1809 para investigar as possibilidades dos colonos na luta pela independência. Em 1825, foi nomeado ministro no México e mais tarde secretário da Guerra no governo Van Buren. Fonte: *Appleton's Cyclopaedia of American Biography.*

CAPÍTULO 9 – INDEPENDÊNCIA DAS COLÔNIAS ESPANHOLAS – 1

1 Stapleton, A. G. *George Canning and his times*, pp. 394-5.

2 *Napoléon*, v. 17, pp. 186-7.

3 Robertson, W. S. *France and Latin-American independence*, p. 57.

4 *MitreB*, v. 1, p. 188.

5 *MémoiresJoseph*, v. 5, pp. 420-4.

6 Idem, v. 6, pp. 34-5.

7 Idem, ibidem, p. 42.

8 Idem, pp. 60-1.

9 Idem, p. 89.

10 Idem, v. 7, p. 441.

11 Idem, v. 5, pp. 35-7.

12 Idem, v. 6, pp. 8-9.

13 Dos marechais ativos na Península Ibérica, os seguintes eram não menos que duques (com os respectivos títulos em francês): Augereau – Castiglione; Bessières – Istrie; Duroc

– Frioul; Junot – Abrantès; Lannes – Montebello; Lefèbvre – Dantzig; Marmont – Raguse; Massena – Rivoli e príncipe de Essling; Moncey – Conegliano; Mortier – Trevise; Ney – Elchingen e príncipe da Moskowa; Soult – Dalmatie; Suchet – Albufera; Victor – Bellune. Murat, grão-duque de Berg, esteve na Espanha brevemente, de onde saiu para substituir José no trono de Nápoles e Duas Sicílias (ver Apêndice 2).

14 Trata-se de François-Étienne de Kellermann, que esteve na Espanha de 1808 a 1810. Era filho do duque de Valmy (ver Apêndice 5).

15 Du Casse, A. *Les rois frères de Napoléon*, p. 30 (2/3/1810), 31 (24/4/1810) e 38 (16/7/1810), respectivamente.

16 *NapoléonCG*, publicada a partir de 2004.

17 Robertson, W. S. *France and Latin-American independence*, p. 73.

18 Artola, M. *La España de Fernando* VII, p. 415 passim. O decreto de 8/2 fora precedido por uma carta de Napoleão a Berthier, de 28/1, que talvez não tenha chegado ainda às mãos de Berthier em 8/2. Nela, Berthier era instruído a dizer ao rei que as finanças do imperador estavam em mau estado e que a Espanha deveria prover os fundos para pagamento das despesas do exército. Se isso não pudesse ser feito, o único recurso seria administrar as províncias em favor da França. Ver *MémoiresJoseph*, v. 7, pp. 239-40.

19 *Napoléon*, v. 20, p. 379.

20 Idem, v. 21, p. 316.

21 Idem, v. 22, p. 432.

22 Idem, p. 448. A piastra a que Napoleão se referia devia ser a *piastra forte*, também chamada *piastra inteira* ou *duro*, que equivalia a 5,2 francos. Fonte: EUEA, v. 44, p. 473.

23 Idem, v. 23, pp. 35-6

24 Robertson, W. S. *France and Latin-American independence*, pp. 101-2.

25 La Forest, conde de, op. cit., v. 2, p. 158.

26 Idem, ibidem, v. 4, p. 355 (nota de rodapé).

CAPÍTULO 10 – INDEPENDÊNCIA DAS COLÔNIAS ESPANHOLAS – 2

1 *The Oxford Dictionary of Quotations*, 3. ed., atribui a frase a Dumouriez: "Os cortesãos que o cercam nada esqueceram e nada aprenderam", ao comentar a declaração de Luís XVIII, em 1795, de que, quando no trono, pretendia restabelecer o absolutismo. Talleyrand e outros depois utilizaram a mesma imagem.

2 Vieites, M. C. P. *La política de Fernando* VII *entre 1814 y 1820*.

3 Idem, ibidem, p. 204.

4 *MitreB*, v. 4, pp. 88-9.

5 Larrazábal, F.; Blanco-Fombona, R. *Vida del Libertador Simón Bolívar*, pp. 21-2.

6 Ferrand, J.; De Lamarque, J. *Histoire de la Révolution Française*, v. 4, pp. 392 passim.

7 Larrazábal, F.; Blanco-Fombona, R., op. cit., p. 75.

8 WSDM, v. 8, p. 615.

9 Narrado em carta de Castlereagh a Bathurst, de 24/11/1818. BILA, v. 2, p. 70.

10 Idem, p. 69.

11 Gentz, F. von. *Dépêches inédites du chevalier de Gentz aux hospodars de Valachie... (1813 à 1828)*, v. 1, pp. 289-292 e 304-5.

12 Idem, ibidem, p. 304.

13 BILA, v. 2, p. 366. Despacho de 27/3/1818.

14 Idem, pp. 367-9.

15 WDCM, v. 1, p. 90. Carta de 14/12/1819.

16 Como veio a acontecer em Portugal poucos meses depois (ver capítulo 12).

17 EUEA, v. 15, p. 27.

18 O local do Congresso, geralmente referido por seu nome francês, é a cidade alemã de Aachen.

19 A rivalidade entre o partido do rei e o de *Monsieur* já se revelara na Inglaterra, onde os irmãos se tinham refugiado em 1807. A briga era tão feroz que em 1809 lorde Liverpool precisou recordar-lhes, por carta a *Monsieur*, que os dois partidos deveriam agir com moderação e respeito ao país de asilo. Ver Yonge, C. D. *The life and administration of Robert Banks, second earl of Liverpool*, pp. 277-8.

20 A linha dura dos Ultras complicou o trabalho de Richelieu, por medo de perder a "proteção" das tropas de ocupação. Uma "nota secreta" foi endereçada às potências ocupantes, não pedindo abertamente a permanência de suas tropas, mas referindo-se ao estado de decomposição social em que se achava a França, "onde o governo apenas se mantém pela presença dos exércitos estrangeiros". Ver Lamartine, A. de. *Histoire de la Restauration*, v. 5, pp. 114-5.

21 Cisternes, R. de. *Le duc de Richelieu: 1818-21*, pp. 26-7.

22 *AdamsM*, v. 6, p. 178, anotação com data de 7/11/1823: "O Presidente [Monroe], refere-se a instruções preparadas antes do Congresso de Aix-la-Chapelle que declaravam que, se convidados, não assistiríamos a nenhuma reunião relativa à América do Sul cujo objeto não fosse sua completa independência".

23 Lamartine, A. de, op. cit., v. 2, pp. 221-2. Lamartine não esclarece a fonte dessa informação.

24 WSDM, v. 12, p. 3.

25 Idem, pp. 805-9.

26 Idem, pp. 846-51.

27 *Monroe*, v. 6, pp. 4-7.

28 Brackenridge, H. M. *Voyage to South America*, v. 1, p. 100.

29 Rodney (1772-1824) foi ministro da Justiça no governo Madison; em 1823, foi nomeado ministro junto às Províncias Unidas do Rio da Prata, onde morreu no ano seguinte. Graham (1774-1820) serviu como diplomata e também seguiu uma carreira política. Bland (1776-1846) exerceu a advocacia, foi membro da legislatura do estado de Maryland e finalmente juiz federal.

30 *AdamsM*, v. 4, p. 119.

31 Idem, ibidem.

32 Clay (1777-1852) foi deputado, senador e duas vezes candidato à presidência do país.

33 *AdamsM*, v. 4, p. 67.

34 Idem, pp. 91 passim.

35 Idem, p. 118.

36 Israel, F. L. (org.). *The state of the Union messages of the presidents*. Todas as citações das mensagens de Monroe são tiradas do v. 1, pp. 149-218.

37 *BILA*, v. 2, p. 324.

38 Webster, C. K. *The foreign policy of Castlereagh*, p. 413.

39 O texto integral desse documento encontra-se, *inter alia*, em *English Historical Documents*, v. 11, (1783-1832), pp. 957-66.

40 Temperley, H.; Penson, L. M. *Foundations of British foreign policy*, p. 47.

41 Webster, C. K. *The foreign policy of Castlereagh*, p. 295. A declaração, redigida em francês, ficou conhecida como o *Protocole Préliminaire*.

42 Idem, ibidem, pp. 527-8.

43 Idem, ibidem, pp. 531-2. Tierney era representante do Partido Whig na Câmara dos Comuns; Décazes, membro do governo francês, gozava de muito prestígio junto a Luís XVIII.

44 Idem, ibidem, p. 223.

45 Em 1816, John Crome pintou várias cenas no leste da Inglaterra. O brilhante céu amarelo de sua tela *Windmill near Norwich* não resultou de licença artística; era realista, resultado da cinza sulfúrica expelida pelo Tambora.

46 Wood, G. d'A. *Tambora: the eruption that changed the world*, p. 39.

47 *WDCM*, v. 1, p. 127. O *Master-General of the Ordnance*, responsável pela artilharia, fortificações, engenheiros militares e suprimento de material militar, não era subordinado ao comandante em chefe do exército.

48 Idem, v. 1, pp. 131-2. Essa ordem tem data de 9/6/1820.

49 Na inexistência de polícia, só criada mais tarde, a ordem pública ficava a cargo do exército.

50 Webster, C. K. *The foreign policy of Castlereagh*, p. 321.

51 Idem, ibidem, p. 547.

52 Stapleton, E. J. (org.), op. cit., v. 1, p. 46.

53 Stapleton, A. G. *Political life of the Rt. Hon. George Canning*, v. 1, p. 127.

54 Webster, C. K. *The foreign policy of Castlereagh*, pp. 432-3.

55 Idem, ibidem, pp. 433-4.

56 Uma ação conjunta também não era do gosto da Áustria e da França, ambas desejosas de evitar a passagem de tropas russas por seus territórios.

57 Sédouy, J.-A. de. *Chateaubriand: un diplomate insolite*, p. 110.

58 Chateaubriand, F.-R. *Congrès de Verone*, p. 385.

59 Idem, ibidem, pp. 392-3.

60 *BILA*, v. 2, p. 13.

61 Mesmo assim, a França tomava iniciativas. *AdamsM*, v. 6, 183, 10/11/1823: "Mr. William Taylor, cônsul em Vera Cruz, recentemente retornado do México, visitou-me. Deu-me conta dos assuntos naquele país e particularmente do agente francês que esteve lá no inverno passado [1822-3] e que, diz ele, esteve intrigando lá para convencê-los a aceitar um príncipe da Casa de Bourbon".

62 *WDCM*, v. 1, pp. 616-7.

63 *BILA*, v. 2, pp. 80-3.

64 Bethell, L. *George Canning and the independence of Latin America*, p. 7.

65 Despacho 323, de 19/8/1823, NARA, M30, rolo 25.

66 Temperley, H. *Life of Canning*, p. 179.

67 Anexada ao despacho 326, de 20/8/1823, NARA, M30, rolo 25.

68 Idem.

69 Anexada ao despacho 330, de 8/9/1823, NARA, M30, rolo 25.

70 Despacho 331, 19/9/1823, NARA, M30, rolo 25.

71 Schwarz, M. "James Monroe and Thomas Jefferson: republican government and the British challenge to America, 1780-1826". In: Leibiger, S. (org.). *A companion to James Madison and James Monroe*, p. 502.

72 *AdamsM*, v. 6, p. 177.

73 *AdamsW*, v. 6, p. 141. William Plumer (1759-1850), senador por New Hampshire, deu a Adams o único voto contra Monroe por ocasião da reeleição deste, deixando Adams profundamente embaraçado.

74 *AdamsM*, v. 6, pp. 178-9.

75 Bethell, L. *George Canning and the independence of Latin America*, p. 7.

76 Schroeder, P. W., op. cit., p. 634.

77 Para o texto do memorando, ver Temperley, H.; Penson, L. M., op. cit., p. 70-6. BILA, v. 1, p. 19, chama a atenção para o fato de que foi Wellington quem sugeriu que a questão fosse tratada numa entrevista e não, como desejava Canning, por uma nota que intimasse a França a não usar força contra as colônias espanholas.

78 BILA, v. 2, p. 121.

79 NARA, M34, rolo 25.

80 Waddell, D. A. G., op. cit., p. 214.

81 Idem, ibidem, p. 215.

82 Therry, R. (org.), op. cit., v. 5, p. 293.

83 Idem, ibidem, v. 1, p. 134.

84 BILA, v. 2, pp. 429-31.

85 Aspinall, A.; Smith, E. (orgs.), op. cit., v. 11, pp. 966-8. Esse texto foi também citado no capítulo 2.

86 Idem, ibidem, pp. 968-9.

87 Stapleton, E. J. (org.), op. cit., v. 1, p. 310.

88 Robertson, W. S. *Rise of the Spanish-American republics*, p. 305.

89 Os dois parágrafos seguintes são baseados em informações da obra *La Logia "Lautaro" y la independencia de América*, de Antonio R. Zúñiga, Diretor da Maçonaria Argentina do Rito Escocês Antigo.

90 Robertson, W. S. *Rise of the Spanish-American republics*, p. 65.

91 Idem, ibidem, p. 176.

92 *MitreB*, v. 2, pp. 238 passim.

93 *MitreSM*, v. 2, p. 33.

CAPÍTULO 11 – O DILEMA DA AMÉRICA ESPANHOLA: REPÚBLICAS OU MONARQUIAS?

1 *MitreB*, v. 2, p. 254.

2 Idem, p. 254 passim.

3 Os Cem Dias (*Les Cent-Jours*): período entre 20 de março de 1815, quando Napoleão, depois de escapar de Elba, chegou a Paris, e 22 de junho, data de sua definitiva abdicação.

4 *MitreB*, v. 2, p. 269.

5 Idem, pp. 268-9.

6 Idem, capítulo 25.

7 Idem, p. 319.

8 Idem, v. 3, pp. 4-5.

9 Robertson, W. S. *Rise of the Spanish-American republics*, p. 183. Tomás Godoy Cruz era um político e militar argentino que participou do Exército dos Andes, do Congresso de Tucumán e do governo da província de Mendoza.

10 Idem, p. 190.

11 O'Higgins, B. *Epistolario de dom Bernardo O'Higgins, anotado por Ernesto de la Cruz*, v. 2, pp. 99-100. Carta datada de 18/10/1821.

12 *MitreSM*, v. 3, pp. 121-2.

13 Idem, pp. 146-7.

14 Webster, C. K. *The foreign policy of Castlereagh*, p. 425.

15 *MitreSM*, v. 3, p. 138.

16 Idem, p. 148.

17 Idem, p. 145.

18 BILA, v. 2, p. 424. Despacho datado de 15/10/1826.

CAPÍTULO 12 – A INDEPENDÊNCIA DO BRASIL – 1

1 *WSDM*, v. 7, pp. 206-7.

2 *WDCM*, v. 1, pp. 108-9.

3 Idem, p. 135-7. Carta datada de 30/7/1820.

4 *PalmelaM*, p. 162, esclarece que o decreto foi publicado a 26, dia da revolta, com data de 24. Assim se pretendia dizer que dom João não cedera às demandas das tropas portuguesas; ao contrário, antecipara-se a elas.

5 VPI, v. 2, p. 220, afirma existir uma minuta do decreto de 22/4 do punho de dom Pedro e uma cópia, escrita por outro, mas com emendas de Pedro. Note-se que esse decreto menciona 26 de fevereiro como a data do juramento à Constituição, quando teoricamente ele se dera a 24.

6 Idem, p. 221.

7 TPHB, v. 1, p. 360. O rei, praticamente prisioneiro das Cortes, comunicou-lhes a carta do filho, mas, com medo do efeito das palavras citadas por dom Pedro, negou sua autenticidade. É improvável que Pedro as tivesse inventado.

8 *CastlereaghCD*, v. 12, p. 393.

9 Despacho sem número de 7/10/1821, NARA, T172, rolo 1.

10 Um exemplo é o de Manoel Fernandes Thomaz, um dos líderes da Revolução, que se referiu ao Brasil como uma "terra de macacos, de pretinhos apanhados na costa da África e de bananas". Citado em Bethell, L. "The independence of Brazil". In: Bethell, L. (org.). *The independence of Latin America*, p. 181.

11 O texto do Manifesto encontra-se em TPHB, v. 1, pp. 378-85.

12 *PalmelaDC*, v. 1, p. 279. Nota datada de 18/10/1823.

13 Mendonça, M. C. de. *Dom João VI e o Império do Brasil*, pp. 41-2.

14 Varnhagen, F. A. de. *História da independência do Brasil*, p. 38. Como membro das Cortes, o marechal tinha mostrado pouco entusiasmo pela independência do Brasil, por isso suspeitava-se que tinha sido incluído na missão para agir como intermediário entre o rei e dom Pedro.

15 Proença, M. C. *A independência do Brasil: relações externas portuguesas, 1808/1822*, p. 76.

16 Hyde de Neuville, G.-J., op. cit., v. 3, p. 114.

17 NARA, T172, rolo 2, despacho sem número de 31/8/1822.

18 Norton, L. *A corte de Portugal no Brasil*, p. 331.

19 Octavio, R. *O reconhecimento da independência do Brasil pelos Estados Unidos*..., p. 8.

20 Calógeras, P. *A política exterior do Império*, v. 2, fala da nomeação de Antônio Gonçalves da Cruz como cônsul-geral nos Estados Unidos em 1823, o qual, segundo Calógeras, nada fez.

21 Citadas em Raffaelli, *A monarquia e a república*, pp. 23-5. O texto da instrução não é claro, mas está fielmente citado.

22 *AdamsM*, v. 6, pp. 281 passim.

23 NARA, T172, rolo 2.

24 Monteiro, T. R. *História do Brasil*, v. 1, pp. 145-6.

25 *PalmelaDC*, v. 1, p. 409.

26 Raffaelli, op. cit., p. 28. Despacho sem número de 26/5/1824.

27 BILA, v. 2, p. 29. Despacho de 12/5/1824.

28 O tratado não entrou em vigor por ter sido rejeitado pelo Senado norte-americano.

29 *PalmelaDC*, v. 1, pp. 252-3. Instruções datadas de 28/8/1823.

30 Idem, pp. 278-82.

31 Idem, p. 275.

32 Mendonça, M. C. de. *Dom João VI e o Império do Brasil*, v. 1, pp. 72-5.

33 Grifos meus. *PalmelaM*, p. 161, diz que dom Pedro "não teve a prudência de resistir às intrigas das associações secretas que ligavam os oficiais da guarnição do Rio de Janeiro

com o partido revolucionário de Portugal". E acrescenta: "Certo é que, senão com a conivência ao menos com o consentimento e aprovação do Senhor Dom Pedro, rebentou no Rio de Janeiro a mina que se achava disposta em fevereiro de 1821".

34 BILA, v. 1, p. 221. Despacho secreto de 15/2/1823.

35 *PalmelaDC*, v. 1, p. 302.

36 Idem, p. 388.

37 Idem, pp. 355-66.

38 Idem, p. 276.

39 BILA, v. 2, p. 250.

40 Idem, p. 264.

41 *PalmelaM*, p. 180.

42 Pereira, A., op. cit., v. 3, pp. 371-9.

43 Em suas memórias, Palmela diz que nos fins de 1824 um emissário secreto, Carlos Matias Pereira, foi enviado ao Brasil por conselho do conde de Subserra, sem ter sido dado conhecimento às potências mediadoras. Como Leal esteve, indubitavelmente, no Brasil, e tudo indica que só houve um emissário, parece ter havido um equívoco da parte do memorialista. *PalmelaM*, p. 181. Proença, M. C., op. cit., p. 91, dá Antônio Soares Leal como o nome do emissário.

44 *PalmelaDC*, v. 1, pp. 511-3.

45 *PalmelaDC*, v. 1, p. 531. Despacho de 15/1/1825.

46 Palmela, *Discursos parlamentares do duque de Palmela*, v. 1, p. 217. Discurso de 21/7/1840.

47 *PalmelaM*, pp. 179-80.

48 BILA, v. 2, p. 262.

49 Stapleton, A. G., *Political life of the Rt. Hon. George Canning*, v. 2, pp. 318-9.

50 BILA, v. 1, pp. 255-7.

51 VPI, v. 2, p. 193.

52 BILA, v. 1, pp. 284-5. Luís José de Carvalho e Melo era ministro dos Negócios Estrangeiros; Francisco Vilela Barbosa, marquês de Paranaguá, era ministro da Marinha; José Egídio Álvares de Almeida era o barão de Santo Amaro.

53 BILA, v. 1, p. 222.

54 Monteiro, T. R., op. cit., v. 1, pp. 416-7.

55 Tratado de Paz, Amizade e Aliança, assinado em 29/8/1825.

CAPÍTULO 13 – A INDEPENDÊNCIA DO BRASIL – 2

1 *TPHB*, v. 1, pp. 389-92.

2 *BILA*, v. 2, p. 236.

3 Idem, p. 74. Despacho de 27/9/1822.

4 Idem, v. 1, p. 221.

5 Carvalho, M.A.V. de, op. cit., v. 1, p. 536.

6 Temperley, H. *The foreign policy of Canning*, p. 219.

7 *BILA*, v. 2, pp. 12-3.

8 Oliveira Lima, *O reconhecimento do Império*, p. 284.

9 Metternich, C. W. L. *Mémoires, documents et écrits divers laissés par le prince de Metternich*, v. 4, p. 175.

10 Pozzo di Borgo, nascido na Córsega, era o embaixador da Rússia em Paris.

11 *Villèle*, v. 3, p. 70. Carta de 23/9/1822.

12 Idem, pp. 137-8.

13 Marcellus, conde de. *Politique de la restauration en 1822 et 1823*, p. 170.

14 Hyde de Neuville, G.-J., op. cit., v. 3, p. 80.

15 Robertson, W. S. *France and Latin-American independence*, p. 2. A instrução foi enviada em 1793, ao fim da Guerra da Sucessão da Espanha (ver capítulo 3).

16 Hyde de Neuville, G.-J., op. cit., v. 3, pp. 211-2.

17 Idem, ibidem, p. 129.

18 Idem, ibidem, p. 130.

19 Idem, ibidem, p. 131.

20 *PalmelaDC*, v. 1, p. 379. Nota de 10/4/1824.

21 Idem, pp. 382-3. Nota de 22/3/1824.

CAPÍTULO 14 – A RIVALIDADE FRANCO-BRITÂNICA NA PENÍNSULA IBÉRICA

1 Sorel, A., op. cit., v. 1, p. 533.

2 *WSDM*, v. 9, p. 526.

3 Praticamente o que aconteceu em 1919, pelo Tratado de Versalhes, a diferença sendo que naquele ano a Polônia era de novo independente e seu território superava o do Ducado de Varsóvia.

4 Thiers, A., op. cit., v. 18, pp. 579-84.

5 *WSDM*, v. 9, p. 626.

6 *Talleyrand*, v. 2, pp. 566-7.

7 Idem, p. 567.

8 *AdamsW*, v. 5, p. 163. Carta de 18/10/1814.

9 Malraux, A. *Vie de Napoléon par lui-même*, p. 211.

10 *Villèle*, v. 1, p. 270.

11 Idem, p. 342.

12 *Talleyrand*, v. 3, p. 194.

13 Os números citados são de Lamartine, A. de, op. cit., v. 2, p. 254.

14 Gentz, F. von, op. cit., v. 1, p. 187.

15 Motivo adicional para evitar a participação de outros países era o eterno medo de ter tropas russas passando pela França, sentimento compartilhado pela Áustria. Alexandre I desejava tomar parte na supressão de todo movimento "revolucionário"; quatro anos antes, em Aix-la-Chapelle, ele tinha declarado: "Eu considero meu exército o exército da Europa e apenas deste modo será empregado. Não admitirei que possa ser empregado de outra maneira que não seja com a Europa [...]" (Webster, C. K. *The foreign policy of Castlereagh*, p. 143). Cabia perguntar, porém, se era prudente acreditar no czar.

16 Hyde de Neuville, G.-J., op. cit., v. 3, p. 35.

17 Chateaubriand, F.-R. *Congrès de Verone*, p. 151.

18 Hyde de Neuville, G.-J., op. cit., v. 3, p. 45.

19 Essa política não durou além de 1826, como se verá adiante. Ver também Stapleton, A. G. *Intervention and non-intervention*, acerca da política inglesa com relação à Espanha e a assuntos internos de Portugal na década de 1830.

20 Marcellus, conde de. *Politique de la restauration en 1822 et 1823*, p. 163.

21 Idem, ibidem, p. 252.

22 Idem, ibidem, p. 38.

23 Idem, ibidem, pp. 13-4.

24 Louis-Antoine de Bourbon (1775-1844), sobrinho de Luís XVIII, tornou-se o delfim (herdeiro do trono) quando seu pai subiu ao trono como Carlos X. A revolução de 1830 pôs fim ao reinado de Carlos X e à possibilidade de Louis-Antoine substituí-lo. A duquesa de Angoulême era sua prima, única sobrevivente do casal Luís XVI e Maria Antonieta, com quem ela compartilhou a prisão no Templo.

25 *Villèle*, v. 4, p. 158.

26 Artola, M., op. cit., p. 670.

27 Bayo, *Historia de la vida y reinado de Fernando VII*, v. 3, pp. 168-70.

28 Stapleton, E. J. (org.), op. cit., v. 2, pp. 120-1.

29 Manuel da Silveira Pinto da Fonseca (1784-1830) participou da contrarrevolução de 1823 (a *Vilafrancada*). Antes do triunfo desta, Silveira, derrotado, teve de refugiar-se na Espanha. Em junho, com a vitória de Miguel, ele voltou a Portugal, onde continuou a ser inimigo de Constituições.

30 *Villèle*, v. 3, p. 356.

31 Idem, p. 367.

32 Citado em Carvalho, M. A. V. de, op. cit., v. 1, p. 437.

33 Stapleton, E. J. (org.), op. cit., v. 1, p. 154.

34 *PalmelaDC*, v. 1, p. 405, nota de rodapé. A proclamação "foi ditada pelo conde Subserra e pelo duque de Palmela".

35 Idem, pp. 510-1.

36 Hyde de Neuville, G.-J., op. cit., v. 3, p. 197: "A urgência das medidas a tomar era tão evidente que o marquês de Palmela nos reuniu [...]".

37 *PalmelaDC*, v. 1, pp. 405-6.

38 Stapleton, E. J. (org.), op. cit., v. 1, p. 178. João VI cogitou fazer Subserra embaixador em Londres.

39 Temperley, H. *Life of Canning*, p. 198.

40 Stapleton, A. G. *Political life of the Rt. Hon. George Canning*, v. 2, p. 228.

41 *PalmelaDC*, v. 1, pp. 441-5.

42 Stapleton, E. J. (org.), op. cit., v. 2, p. 146.

43 GEPB, v. 4, p. 558.

44 Teffeteller, G. L., ODNB, v. 5, pp. 340-1.

45 Hyde de Neuville, G.-J., op. cit., v. 3, p. 112.

46 Idem, p. 229.

47 Idem, pp. 229-32. (Grifo no original.)

48 Stapleton, E. J. (org.), op. cit., v. 1, p. 158.

49 WDCM, v. 1, pp. 112-3. Carta de 30/3/1820.

EPÍLOGO

1 Sorel, A., op. cit., v. 1, p. 10.

2 WSDC, v. 10, pp. 615-6.

3 Aspinall, A.; Smith, E. (orgs.), op. cit., v. 11, 1783-1832, p. 12.

4 WDCM, v. 1, pp. 128-9.

5 Idem, pp. 144-5.

6 Aspinall, A.; Smith, E. (orgs.), op. cit., v. 11, p. 966.

7 Trata-se de Charles Grey (1764-1845), 2º conde Grey, que deu o nome ao chá Earl Grey.

8 Trevelyan, G. M. *Lord Grey of the Reform Bill*, p. 312.

9 *Metternich*, v. 4, pp. 219-20. Carta datada de 7/8/1825.

10 Sorel, A., op. cit., v. 1, p. 443.

11 *Metternich-Richelieu*, pp. 13-5. A preocupação era prematura: Luís XVIII viveu até 1824.

12 Idem, pp. 17-8. De novo o temor de Metternich foi prematuro, pois Pio VII viveu outros seis anos.

13 Uma tabela intitulada "Estado dos empréstimos levantados na Inglaterra para o serviço das colônias hispano-americanas com cuja ajuda, concedida a elas quando de sua extrema necessidade, elas conseguiram sua independência" mostrava que a maioria nunca tinha conseguido pagar nem mesmo os juros devidos. Exclusão feita dos empréstimos ao México, que parecem ter sido feitos a uma data posterior, aqueles concedidos a Buenos Aires, Chile, Colômbia, Guatemala e Peru, totalizando um principal de 10.617.000 libras mais juros anuais de 637.900 libras, acumulavam em 1/7/1837 uma dívida total de 17.578.883 libras. BILA, v. 1, Apêndice 2, p. 560.

Apêndices

1. DRAMATIS PERSONAE, OU QUEM ERA QUEM

1 *PalmelaM*, p. 106.

2 *Napoléon*, v. 17, p. 50.

3 Idem, ibidem, p. 66.

4 BILA, v. 2, p. 266.

5 Carvalho, M. A. V. de, op. cit., v. 1, p. 418.

6 Manning, W. R. *Diplomatic correspondence of the United States*, v. 2, p. 697.

7 Stapleton, A. G. *Political life of the Rt. Hon. George Canning*, v. 2, p. 212. Stapleton faz um jogo de palavras com *famous* (famoso) e *infamous* (infame).

8 *CastlereaghCD*, v. 12, pp. 393-4.

9 BILA, v. 1, p. 205.

10 Idem, ibidem, p. 287.

11 *PalmelaDC*, Introdução, v. 1, p. XIII.

12 *PalmelaM*, p. 94.

13 *PalmelaM*, pp. 171-2.

14 TPHB, p. 229. A citação latina pode ser assim traduzida: "O verdadeiro amigo revela-se nas horas incertas".

15 *MitreB*, v. 3, capítulo 36.

16 Bolívar, S., op. cit., v. 1, p. 1.462.

17 EUEA, verbete Pueyrredón.

18 Mitre assim se refere a San Martín diversas vezes, tanto em *MitreB* como em *MitreSM*.

19 Despacho a Villa-Real de 25/8/1823. In: *PalmelaDC*, v. 1, p. 255.

20 Stapleton, A. G. *Political life of the Rt. Hon. George Canning*, v. 3, p. 483.

21 *Metternich*, v. 4, p. 380. Carta a Esterhazy datada de 19/8/1827.

22 Thomson, G. M., op. cit., p. 91.

23 Temperley, H. *Life of Canning*, p. 279.

24 Thomson, G. M., op. cit., p. 89.

25 John Derry. In: Cannon, J. (org.). *The Oxford Companion to British History*, p. 160.

26 Verdade é que, quando no governo e como líder na Câmara dos Comuns, ele se mostrou menos insistente em favor da abolição da escravatura nas colônias britânicas.

27 Chateaubriand, F.-R. *Mémoires d'outre-tombe*, v. 9, p. 912.

28 A falta de recursos de Canning era apenas relativa e mudaria muito no futuro, seja por seu casamento com uma rica herdeira, seja pelas heranças que recebeu de parentes.

29 Marcellus, comte de. *Chateaubriand et son temps*, p. 284.

30 ODNB, v. 9, p. 917.

31 Woodward, E. L. *The Age of Reform 1815-70*, p. 53.

32 Windham, W. *The Windham papers*, v. 2, p. 315.

33 *CastlereaghCD*, v. 10, pp. 252-3.

34 Pereira, A., op. cit., v. 3, p. 77.

35 Idem, v. 3, p. 74.

36 WSDM, v. 10, p. 750.

37 Lamartine, A. de, op. cit., v. 2, p. 208.

38 Du Casse, A., op. cit., p. 10. Carta de 13/12/1805.

39 Lamartine, A. de, op. cit., v. 2, p. 210.

40 *Jacobites* eram os partidários do rei James II da Inglaterra e VII da Escócia, destronado em 1688 por Guilherme de Orange e sua esposa, Mary, e dos seus descendentes da Casa de Stuart. Em vários levantes foram sempre derrotados pelas tropas inglesas; o último, em 1745, terminou com a derrota em Culloden no ano seguinte.

41 Marcellus, conde de. *Chateaubriand et son temps*, p. 40.

42 *AdamsM*, v. 4, p. 78.

43 O duque de Angoulême era filho de *Monsieur* e a duquesa era sua prima, filha de Luís XVI.

44 Idem, p. 303.

45 Idem, v. 5, pp. 137-8.

46 Lamartine, A. de, op. cit., v. 8, p. 297.

47 Sédouy, J.-A. de, op. cit., p. 100.

48 Lamartine, A. de, op. cit., v. 7, pp. 7-11.

49 Dixon, P. *Canning, politician and statesman*, p. 235.

50 Gentz, F. von, op. cit., v. 1, pp. 115-7.

51 Österreichisches Biographisches Lexikon 1815-1950, v. 6, p. 81.

52 Gentz, F. von, op. cit., v. 1, p. 219.

53 Idem, p. 214.

54 Idem, pp. 442-3. Despacho de 16 de novembro de 1819.

55 Las Cases, E. de. *Mémorial*, v. 1, p. 455. "Grego do Baixo Império" é expressão pejorativa que se refere aos imperadores gregos da decadência do Império Romano do Oriente.

56 *AdamsM*, v. 7, p. 112. Anotação datada de 5/2/1826.

57 Gentz, F. von, op. cit., v. 1, pp. 443-5. (Grifo no original.)

58 WSDM, v. 9, p. 521. Despacho de 2/1/1815.

2. HONRARIAS E FORTUNAS: INSTRUMENTOS DA POLÍTICA NAPOLEÔNICA

1 Chateaubriand, F.-R. *Mémoires d'outre-tombe*, v. 5, p. 460.

2 O território do reino da Itália correspondia a apenas parte da Itália de hoje.

3 Du Casse, A., op. cit., pp. 19-20.

4 Jorissen, T. *Napoléon Ier et le roi de Hollande*, p. 5.

5 Idem, p. 6.

6 Du Casse, A., op. cit., p. 26.

7 *Metternich*, v. 1, p. 307.

8 *Talleyrand*, v. 2, p. 24.

9 *Metternich*, v. 1, p. 311.

10 Malraux, A., op. cit., p. 154.

11 *Metternich*, v. 1, pp. 299-301.

12 Thoumas, C. A. *Le maréchal Lannes*, pp. 220-1.

13 *La Grande Encyclopédie*, verbete Soult.

14 *PalmelaM*, pp. 112-5.

3. O UNIFORME DE JUNOT DESLUMBRA O PRÍNCIPE REGENTE DE PORTUGAL

1 Junot, L. *Mémoires de Madame la duchesse d'Abrantès*, v. 8, pp. 195 e 200.

4. CARTA DE CARLOTA JOAQUINA AO IRMÃO FERNANDO

1 Pereira, A., op. cit., v. 3, pp. 229-30.

5. O EXÉRCITO FRANCÊS DECLARA FIDELIDADE A LUÍS XVIII

1 *CastlereaghCD*, v. 10, pp. 426-7.

2 Davout, duque de Auerstaedt e príncipe de Eckmühl, apoiou Napoleão durante os Cem Dias e participou da Batalha de Waterloo, mas foi mantido no serviço ativo por Luís XVIII.

3 Os signatários desse pleito de fidelidade eram: Étienne Gérard (1773-1852), general que tomou o partido de Napoleão e participou da Batalha de Waterloo; François-Christophe Kellermann, duque de Valmy (1735-1820), responsável pela vitória do Exército Revolucionário em Valmy (1792), considerada como salvadora da Revolução. Herói nacional, ele se reformou em 1800. Kellermann apoiou a restauração da dinastia Bourbon em 1814 e recusou-se a aderir a Napoleão durante os Cem Dias. A manutenção de Davout e Gérard no exército comprova a política de pacificação que Luís XVIII pretendia adotar.

6. CARTA DO PRÍNCIPE DAS ASTÚRIAS AO REI JOSÉ BONAPARTE

1 *MémoiresJoseph*, v. 7, pp. 106-7.

Bibliografia

Abreviaturas

AdamsM	Adams, John Quincy, *Memoirs*
AdamsW	Ford, *The Writings of John Quincy Adams*
BILA	Webster, *Britain and the Independence of Latin America, 1812-30*
CastlereaghCD	Vane, *Correspondence, despatches and other papers of Viscount Castlereagh*
CHLA	Bethell, *The Cambridge History of Latin America – Colonial Latin America*
CPDNB	Goldsmith, *Cours politique et diplomatique de Napoléon Bonaparte*
DSALVAT	*Dicionario Enciclopédico Salvat Universal*
EFRNW	*Encyclopedia of the French Revolutionary and Napoleonic Wars*
EUEA	*Enciclopedia Universal Ilustrada Europeo-Americana*
GEPB	*Grande Enciclopédia Portuguesa e Brasileira*
MémoiresJoseph	Joseph Bonaparte, *Mémoires et correspondance politique* etc.
Mémorial	Las Cases, Emmanuel de, *Mémorial de Sainte-Hélène*
Metternich	Metternich, *Mémoires, documents et écrits* etc.
Metternich-Richelieu	Bertier de Sauvigny, *France and the European Alliance, 1816-21; the private correspondence between Metternich and Richelieu*
MitreB	Mitre, *Historia de Belgrano y de la independencia argentina*
MitreSM	Mitre, *Historia de San Martín y de la emancipación sud-americana*
Monroe	Hamilton, *The Writings of James Monroe*
Napoléon	Napoleão Bonaparte, *Correspondance de Napoléon Ier*
NapoléonCG	Napoleão Bonaparte, *Correspondance générale*
NARA	National Archives and Records Administration
OCBH	Cannon, *The Oxford Companion to British History*
ODNB	*Oxford Dictionary of National Biography*
PalmelaDC	Palmela, *Despachos e correspondência do duque de Palmela*
PalmelaM	Idem, *Memórias do duque de Palmela*
Talleyrand	*Mémoires du Prince de Talleyrand*
TPHB	Bonavides and Amaral, *Textos políticos da História do Brasil*
Villèle	Villèle, *Mémoires et correspondance du comte de Villèle*
VPI	Tarquínio de Sousa, *A vida de dom Pedro I*

WDCM	Wellington, *Despatches, correspondence, and memoranda of Field Marshal Arthur, Duke of Wellington*
WSDM	Idem, *Supplementary despatches and memoranda of Field Marshal Arthur, Duke of Wellington*

°

ACADEMIA DAS CIÊNCIAS DE LISBOA. *Instruções inéditas de dom Luís da Cunha*. Coimbra: Imprensa da Universidade, 1929.

ADAMS, John Quincy. *Memoirs*. Filadélfia: J. P. Lippincott, 1874-77.

_____. *Writings*. Ver: FORD, Worthington Chauncey (org.).

ANÔNIMO. *An authentic narrative of the proceedings of the expedition under the command of Brigadier-Gen. Craufurd, until its arrival at Monte Video; with an account of the operations against Buenos Ayres under the command of Lieut.-Gen. Whitelocke – By an officer of the expedition*. Londres: G. E. Miles, 1808.

ANÔNIMO. *Authentic and complete trial of Lieut. Gen. Whitelocke, late commander of the attack on Buenos Ayres: by a court-martial assembled in the great hall, Chelsea College, from Thursday, January 28 to Tuesday March 15, 1808.../taken in short-hand by a barrister of the Inner Temple...*, 2. ed. [Autêntico e completo julgamento do general John Whitelocke, último comandante do ataque a Buenos Aires, por uma corte marcial reunida no grande salão, Chelsea College, de quinta-feira, 28 de janeiro, a terça-feira, 15 de março de 1808.../realizado em curto prazo por um advogado do Templo Interior]. Londres: Impresso por W. Day para Jones & Bumford, T. & R. Hughes, Mills & Filho, Blacklock, Dale, Cole & Alien, e Meggy & Chalk, [1808?].

ANÔNIMO. *Histoire de D. Jean VI, roi de Portugal, depuis sa naissance jusqu'à sa mort en 1826*. Paris: Ponthieu et Compagnie, Libraires, sem data.

Appleton's Cyclopaedia of American Biography. Nova York: D. Appleton and Company, 1888.

ARTOLA, Miguel. *La España de Fernando VII*. Madri: Editorial Espasa Calpe, S.A., 1999.

ASPINALL, A.; SMITH, E. Anthony (orgs.). *English Historical Documents*, v. XI 1783-1832. Nova York: Oxford University Press, 1959.

AZEVEDO, J. Lúcio de. Épocas de Portugal Económico, 4. ed. Lisboa: Livraria Clássica Editora, 1978.

BARROW, John. *The life and correspondence of Admiral sir William Sidney Smith*. Londres: Richard Bentley, 1848.

BAYO. *Historia de la vida y reinado de Fernando VII*. Madri: Imprenta de Repullés, 1842.

BERTIER DE SAUVIGNY, G. de. *France and the European Alliance, 1816-21; the private correspondence between Metternich and Richelieu, presented by G. de Bertier de Sauvigny*. Notre Dame, Indiana: University of Notre Dame Press, 1958.

BETHELL, Leslie. *George Canning and the independence of Latin America: a lecture delivered at Canning House... on 15th April 1970*. Londres: Hispanic and Luso Brazilian Councils. Distribuído por Grant and Cutter, 1970.

BETHELL, Leslie (org.). *The Cambridge History of Latin America: Colonial Latin America*. Cambridge: Cambridge University Press, 1984.

_____. *The independence of Latin America*. Cambridge: Cambridge University Press, 1987.

BOIS, Jean-Pierre. "Plaidoyer pour une histoire tactique de la guerre au XVIIIe siècle". In: GOUBIER-ROBERT, Geneviève (org.). *L'Armée au XVIIIe siècle (1715-89)*. Aix-en-Provence: Publications de l'Université de Provence, 1999.

BOLÍVAR, Simón. *Obras Completas*. Havana: Editorial Lex para el Ministerio de Educación Nacional de Venezuela, 1947.

BONAPARTE, Joseph. *Mémoires et correspondance politique et militaire du roi Joseph* (anotado e ordenado por Albert du Casse). Paris: Perrotin, 1854-5.

BONAPARTE, Napoleon. *Correspondance de Napoléon Ier: publiée par l'ordre de l'empereur Napoléon III*. Paris: H. Plon, J. Dumaine, 1858-70.

_____. *Correspondance générale* (organizada e publicada por conta da Fondation Napoléon). Paris: Fayard, 2004-14.

BONAVIDES, Paulo; AMARAL, Roberto. *Textos políticos da História do Brasil*. Brasília: Senado Federal, 1996.

BOURBON, Carlota Joaquina de. A *Voz d'América, Proclamação que circulava por toda a América Hespanhola, Que manifesta geralmente o voto de que seja eleita para Regente, e futura Sucessora da Hespanha, e suas Américas A Sereníssima Senhora Dona Carlota Joaquina de Bourbon*. Lisboa na Impressão Régia, 1810. (O texto dessa Proclamação foi obtido junto à Lilly Library da Universidade de Indiana, em Bloomington, Indiana.)

BOXER, C. R. *The golden age of Brazil*. Berkeley, Califórnia: University of California Press, 1969.

BRACKENRIDGE, Henry Marie. *Voyage to South America performed by order of the American Government in the years 1817 and 1818*. Baltimore: Publicado pelo autor, 1819.

CALÓGERAS, Pandiá. *A política exterior do Império*. Brasília: Senado Federal, 1998. (Coleção Biblioteca Básica Brasileira.)

CAMPBELL, Peter Robert. *Louis XIV, 1661-1715*. Harlow, Essex: Longman, 1993.

CANÉ, Miguel. *La diplomacia de la Revolución: El Director Pueyrredón y el emisario Le Moyne*. Buenos Aires: Editorial Devenir, 1960.

CANNON, John (org.). *The Oxford Companion to British History*. Oxford: Oxford University Press, 1997.

CARVALHO, Maria Amália Vaz de. *Vida do duque de Palmella, dom Pedro de Souza e Holstein*. Lisboa: Imprensa Nacional, 1898.

CHATEAUBRIAND, François-René. *Congrès de Vérone*. Ixelles lez Bruxelles: Delevingne et Callewaert, 1852.

_____. *Mémoires d'outre-tombe*. Paris: E. et V. Penaud Frères, 1849-50.

CHILDS, John Charles Roger. *Armies and warfare in Europe 1648-1789*. Nova York: Holmes and Meier Publishers, 1982.

CISTERNES, Raoul de. *Le duc de Richelieu: 1818-21*. Paris: Calmann Lévy, Editeur, 1898.

CORONADO, Juan (org.). *Invasiones inglesas al Río de la Plata, documentos inéditos para servir a la historia del Río de la Plata durante las invasiones de los generales ingleses Beresford y Whitelocke etc.* Buenos Aires: Imprenta Republicana, 1870. (Nota: vários textos estão englobados neste volume, todos relacionados ao tema principal, mas cada um com sua própria paginação.)

CUHAJ, George S. (org.). *Standard Catalog of World Coins*. Iola, Wisconsin: Krause Publications, 2011.

CUNNINGHAM, Jr., Noble E. *The Presidency of James Monroe*. Lawrence, Kansas: University Press of Kansas, 1996.

DAVIES, R. Trevor. *The golden century of Spain 1501-1621*. Westport, Connecticut: Greenwood Press Publishers, 1984.

DE PRADT, Dominique Georges Frédéric. *Mémoires historiques sur la révolution d'Espagne*. Paris: Rosa, Libraire, 1816.

DE ROSSI, Camillo Luiz. *Diário dos acontecimentos de Lisboa, na entrada das tropas de Junot – escrito por uma testemunha presencial, 1808*. Lisboa: Oficinas Gráficas da Casa Portuguesa, 1944.

Dicionario Enciclopédico Salvat Universal. Barcelona: Salvat Editores, S.A., 1969.

DIXON, Peter. *George Canning, politician and statesman*. Nova York: Mason/Charter, 1976.

DORNAS FILHO, João. *O ouro das Gerais e a civilização da Capitania.* São Paulo: Cia. Editora Nacional, 1957.

DU CASSE, Albert. *Les rois frères de Napoléon Ier.* Paris: Librairie Germer, Baillère et Cie., 1883.

DUARTE, Paulo de Queiroz. *Lecor e a Cisplatina 1816-28.* Rio de Janeiro: Biblioteca do Exército, 1984.

EGGERS, Eduardo R.; DE COLOMBÍ, Enrique Feune. *Francisco de Zea Bermúdez y su época: 1779-1850.* Madri: Consejo Superior de Investigaciones Científicas, Escuela de Historia Moderna, 1958.

ELLIOTT, John Huxtable. *Imperial Spain 1469-1716.* Nova York: St. Martin's Press, 1964.

ENCICLOPEDIA *Universal Ilustrada Europeo-Americana.* Barcelona: José Espasa e Hijos, Editores, sem data.

ENCYCLOPEDIA *of the French Revolutionary and Napoleonic Wars.* Santa Barbara, Califórnia: ABL-Clio, Inc., 2006.

FERGUSON, Niall. *The House of Rothschild: money's prophets 1798-1848.* Nova York: Penguin Books, 1998.

FERNS, Henry Stanley. *Britain and Argentina in the nineteenth century.* Oxford: Clarendon Press, 1960.

FERNYHOUGH, Robert. *Military memoirs of four brothers, by the survivor.* Londres: William Sams, 1829.

FERRAND, J.; DE LAMARQUE, J. *Histoire de la révolution française, du consulat, de l'empire, de la Restauration et de la révolution de juillet.* Paris: D. Cavaillés, Editeur, 1845.

FORD, Worthington Chauncey (org.). *The writings of John Quincy Adams.* Nova York: Greenwood Press Publishers, 1968.

FORTESCUE, J. W. *British Statesmen of the Great War 1793-1814.* Oxford: The Clarendon Press, 1911.

GALLO, Klaus. *De la invasión* al reconocimiento*: Gran Bretaña y el Río de la Plata, 1806--26.* Buenos Aires: A-Z Editora, 1994.

GARCÍA-BAQUERO, Antonio. *Comercio colonial y guerras revolucionarias.* Sevilha: Escuela de Estudios Hispano-Americanos de Sevilla, 1972.

GAXOTTE, Pierre. *La France de Louis XIV.* Paris: Hachette, 1946.

GENTZ, Friedrich von. *Dépêches inédites du chevalier de Gentz aux hospodars de Valachie... (1813 à 1828).* Paris: E. Plon et Cie., 1876-77.

GIRARDOT, baron de. *Correspondance diplomatique de Louis XIV avec M. Amelot, son ambassadeur en Espagne, 1705-09*. Paris: Aubry, Libraire, 1864.

GODOY Y ALVAREZ DE FARÍA, Manuel. *Memorias de Don Manuel Godoy, Príncipe de la Paz etc*. Gerona: V. Oliva, 1839-41.

GOLDSMITH, Lewis. *Cours politique et diplomatique de Napoléon Bonaparte comme général en chef des armées républicaines, comme premier consul... depuis mai, 1796, jusqu'à la seconde abdication de Bonaparte, en juin, 1815*. Londres: De l'imprimerie de R. Juigné, chez J. Booth, 1816.

GRANDE *Enciclopédia Portuguesa e Brasileira*. Lisboa: Editorial Enciclopédia, Ltda., 1935-?.

HAMILTON, Stanislaus Murray (org.). *The Writings of James Monroe*. Nova York: G. Putnam's Sons, 1898-1903.

HANDELMANN, Heinrich. *História do Brasil*. São Paulo: Edições Melhoramentos, 2. ed., 1978.

HARLOW, Vincent Todd. *The founding of the Second British Empire 1763-93*. Londres: Longmans, Green and Co. Ltd., 1952 e 1964.

HEARNSHAW, F. J. C. *Main currents of European History 1815-1915*. Londres: Macmillan and Co., Ltd., 1918.

HINDE, Wendy. *George Canning*. Oxford: Basil Blackwell, 1989.

HUGHES, Ben. *Conquer or die! Wellington's veterans and the liberation of the new world*. Botley, Oxford: Osprey Publishing, 2010.

HYDE DE NEUVILLE, Guillaume-Jean. *Mémoires et souvenirs du baron Hyde de Neuville*. Paris: E. Plon, Nourri et Cie., 1890-92.

ISRAEL, Fred L. (org.). *The state of the Union messages of the presidents, 1790-1966*. Nova York: Chelsea House – Robert Hector Publishers, 1966.

JORISSEN, Theodoor. *Napoléon Ier et le roi de Hollande, 1806-13*. Haia: Martinus Nijhoff, 1868.

JUNOT, Laure. *Mémoires de Madame la duchesse d'Abrantès*. Paris: Ladvocat, 1831-5.

KAMEN, Henry Arthur Francis. *The War of Succession in Spain 1700-15*. Londres: Weidenfeld and Nicolson, 1969.

KISSINGER, Henry. *A world restored: Metternich, Castlereagh and the problems of peace 1812-22*. Boston: Houghton Mifflin, 1973.

LA FOREST, conde de. *Correspondance du comte de La Forest*. Paris: A. Picard et Fils, 1905-13.

LA GRANDE *Encyclopédie*. Paris: H. Lamirault et Cie., Editeurs, sem data (provavelmente do fim do século XIX).

LA ROCHEFOUCAULD-LIANCOURT, Frédéric Gaëtan, marquis de. *Vie du duc de La Rochefoucauld Liancourt*. Paris: A. Henry, 1831.

LAMARTINE, Alphonse de. *Histoire de la Restauration*. Paris: Pagnerre, 1851-52.

LARRAZÁBAL, Felipe; BLANCO-FOMBONA, Rufino. *Vida del Libertador Simón Bolívar*. Madri: Editorial América, 1918.

LAS CASES, Emmanuel de. *Mémorial de Sainte-Hélène*. Paris: Éditions du Seuil, 1968.

LEIBIGER, Stuart (org.). *A Companion to James Madison and James Monroe*. Chichester: Wiley-Blackwell, 2012.

LORBLANCHÈS, Jean-Claude. *Soldats de Napoléon aux Amériques*. Paris: L'Harmattan, 2012.

LYNCH, John. *Bourbon Spain 1700-1808*. Oxford: Basil Blackwell Ltd., 1989.

_____. *The Spanish American Revolutions 1808-26*. Londres: Weidenfeld and Nicolson, 1973.

LYNCH, John (org.). *Latin American Revolutions, 1808-26: Old and New World Origins*. Norman, Oklahoma: University of Oklahoma Press, 1994.

MAHAN, A. T. *Sea power in its relations to the war of 1812*. Londres: Sampson Low, Marston & Company, Limited, 1905.

MALONE, Dumas. *The Sage of Monticello*. Boston: Little, Brown, 1981.

MALRAUX, André. *Vie de Napoléon par lui-même*. Paris: Gallimard, 1930.

MANNING, William R. *Diplomatic correspondence of the United States concerning the independence of the Latin-American nations*. Nova York: Oxford University Press, 1925-26.

MARBOT, Jean Baptiste Antoine Marcelin, baron de. *Mémoires du général baron de Marbot*. Paris: Librairie Plon, 1891.

MARCELLUS, Marie-Louis-Jean-André-Charles Dumartin du Tyrac, comte de. *Chateaubriand et son temps*. Paris: Michel Lévy Frères, Libraires-Editeurs, 1859.

_____. *Politique de la restauration en 1822 et 1823*. Paris: Jacques Lecoffre et Cie., 1853.

MAXWELL, Kenneth. *Conflicts & conspiracies*. Nova York: Routledge, 2004.

MCKAY, Derek; SCOTT, H. M. *The rise of the great powers 1648-1815*. Londres e Nova York: Longman Group Limited, 1983.

MENDONÇA, Marcos Carneiro de. *O Intendente Câmara*. São Paulo: Cia. Editora Nacional, 1958.

_____. *Dom João VI e o Império no Brasil. A independência e a missão Rio Maior*. Rio de Janeiro: Biblioteca Reprográfica Xerox, 1984.

METTERNICH, Clemens Wenzel Lothar, prince de. *Mémoires, documents et écrits divers laissés par le prince de Metternich*. 4. ed. Paris: Librairie Plon, 1886.

MICHEL DE GRÈCE (príncipe Michel da Grécia). *Louis XIV: L'envers du soleil?*. Paris: Olivier Orban, 1979.

MITRE, Bartolomé. *Historia de Belgrano y de la independencia argentina*. 6. ed. Buenos Aires: Biblioteca de la Nación, 1913.

_____. *Historia de San Martín y de la emancipación sud-americana*. 2. ed. Buenos Aires: Felix Lajouane, 1890.

MONTEIRO, Tobias do Rego. *História do Brasil. O Primeiro Reinado*. Rio de Janeiro: F. Briguiet e Cia. Editores, 1939.

_____. *História do Império: A elaboração da independência*. Rio de Janeiro: F. Briguiet e Cia. Editores, 1927.

NEVIS, Allan (org.). *The Diary of John Quincy Adams 1794-1854*. Nova York: Charles Scribner's Sons, 1951.

NEWMAN, Edgar Leon (org.). *Historical Dictionary of France from the 1815 Restoration to the Second Empire*. Westport, Connecticut: Greenwood Press, 1987.

NORTON, Luís. *A corte de Portugal no Brasil*. São Paulo: Cia. Editora Nacional, 1979. (Coleção Brasiliana, v. 124.)

NOVAIS, Fernando A. *Portugal e Brasil na crise do Antigo Sistema Colonial (1777-1808)*. São Paulo: Editora Hucitec Ltda., 1979.

OCTAVIO, Rodrigo. *O reconhecimento da Independência do Brasil pelos Estados Unidos*. Rio de Janeiro: Imprensa Nacional, 1924.

O'HIGGINS, Bernardo. *Epistolario de dom Bernardo O'Higgins, anotado por Ernesto de la Cruz*. Madri: Editorial América, 1920.

OLIVEIRA LIMA, *Dom João VI no Brasil 1808-21*. Lisboa: ACD Editores, 2008.

_____. *O reconhecimento do Império*, 2. ed. Paris: H. Garnier, 1902.

OLIVEIRA MARTINS, Joaquim Pedro de. *História de Portugal*. Lisboa: Imprensa Nacional – Casa da Moeda, 1988.

OPPENHEIMER, Clive. *Eruptions that shook the world*. Cambridge: Cambridge University Press, 2011.

ÖSTERREICHISCHES *Biographisches Lexikon 1815-1950*. Viena: Verlag der Österreichischen Akademie der Wissenschaften, 1975.

OXFORD *Dictionary of National Biography*. Oxford: Oxford University Press, 2004.

PALMELA. *Despachos e correspondência do duque de Palmela, coligidos e publicados por J. J. dos Reis e Vasconcellos*. Lisboa: Imprensa Nacional, 1851.

_____. *Discursos parlamentares do duque de Palmela*. Lisboa: Imprensa Nacional, 1844.

_____. *Memórias do duque de Palmela*. Editado por Maria de Fátima Bonifácio. Alfragide: Publicações Dom Quixote, 2010.

PARRY, Clive (org.). *The consolidated treaty series*. Dobbs Ferry, Nova York: Oceana Publications, Inc., 1969.

PEREIRA, Ângelo. *Dom João VI, príncipe e rei*, v. 1 e 3. Lisboa: Empresa Nacional de Publicidade, 1953.

PÉREZ, Louis A., Jr. *Cuba: between Reform and Revolution*. Nova York: Oxford University Press, 1995.

PETRIE, Charles. *George Canning*. Londres: Eyre & Spottiswoode, 1930.

PEUCH, Jacques. *Chateaubriand au congrès de Verone. Le principe de l'intervention au début du XIXe* siècle. Paris: E. de Boccard, 1939.

PIMENTEL, Alberto. *As amantes de dom João V*. Lisboa: Livraria Ferrin & Cia., 1892.

PIZARRO, José García de León y. *Memorias de la vida del Excmo. Señor D. José García de León y Pizarro*. Madri: Est. Tipográfico "Sucesores de Rivadeneyra", 1984.

POPHAM, Hugh. *A damned cunning fellow: the eventful life of Rear-Admiral sir Home Popham, KCB, KCH, KM, FRS, 1762-1820*. Tywardreath, Cornwall: Old Ferry Press, 1991.

PRICE, Martin Jessop (org.). *Coins: an illustrated survey 650 BC to the present day*. Londres: The Hamlyn Publishing Group Limited, 1980.

PROENÇA, Maria Cândida. *A independência do Brasil: relações externas portuguesas, 1808/1825*. Lisboa: Livros Horizonte, Lda., 1987.

RAFFAELLI, Marcelo. *A Monarquia e a República: aspectos das relações entre Brasil e Estados Unidos durante o Império*. Brasília: Fundação Alexandre de Gusmão, 2006.

RAMÍREZ, Ezekiel Stanley. *As relações entre a Áustria e o Brasil 1815-89*. Tradução para o português de Américo Jacobina Lacombe. São Paulo: Cia. Editora Nacional, 1968. (Coleção Brasiliana, v. 337.)

RIDGWAY, Robert Henderson; equipe da divisão de Metais Comuns, departamento de Comércio dos Estados Unidos. *Summarized data of gold production*. Washington: U.S. Government Printing Office, 1929.

ROBERTS, Carlos. *Las invasiones inglesas del Río de la Plata (1806-07) y la influencia inglesa en la independencia y organización de las provincias del Río de la Plata*. Buenos Aires: S.A. Jacobo Peuser Ltda., 1938.

ROBERTSON, William Spence. *The life of Miranda*. Nova York: Cooper Square Publishers, Inc., 1969.

_____. *France and Latin-American independence*. Nova York: Octagon Books, 1967.

_____. *Rise of the Spanish-American republics as told in the lives of their liberators*. Londres: D. Appleton and Company, 1928.

RODNEY, Caesar Augustus; GRAHAM, John. *The reports on the present state of the United Provinces of South America drawn up by Messrs. Rodney and Graham*. Nova York: Praeger, 1969.

RODRÍGUEZ, Moisés Enrique. *Freedom's Mercenaries: British volunteers in the Wars of Independence of Latin America*. Lanham, Maryland: Hamilton Books, 2006.

RUSSELL-WOOD, A. J. R. (org.). *From colony to nation: essays on the independence of Brazil*. Baltimore: Johns Hopkins University Press, 1975.

SCHROEDER, Paul W. *The transformation of European politics 1763-1848*. Oxford: Clarendon Press, 1994.

SECKINGER, Ron. *The Brazilian Monarchy and the South American Republics 1822-31*. Baton Rouge: Louisiana State University Press, 1984.

SÉDOUY, Jacques-Alain de. *Chateaubriand: un diplomate insolite*. Paris: Librairie Académique Perrin, 1992.

SEGRETI, Carlos S. A. *Un caos de intrigas*. Buenos Aires: Academia Nacional de la Historia, 1997.

SENADO DOS ESTADOS UNIDOS. *International American Conference, v. 4, Historical Appendix, The Congress of 1826 at Panamá*. Washington: Government Printing Office, 1890.

SMITH, Digby. *The Greenhill Napoleonic Wars Data Book*. Londres: Greenhill Books, 1998.

SOREL, Albert. *L'Europe et la Révolution Française*. Paris: Librairie Plon, 1885-1904.

STAËL, Madame de. *Correspondance: Mme. de Staël-dom Pedro de Souza*. Paris: Editions Gallimard, 1979.

STAPLETON, Augustus Granville. *George Canning and his times*. Londres: John W. Parker and Son, 1859.

_____. *Political life of the Rt. Hon. George Canning from… 1822… to 1827*. Londres: Longman, Rees, Orme, Brown and Green, 1831.

_____. *Intervention and non-intervention or The foreign policy of Great Britain from 1790 to 1865*. Londres: John Murray, 1866.

STAPLETON, Edward J. (org.). *Some official correspondence of George Canning [1821-27]*. Londres: Longmans, Green & Co., 1887.

TALLEYRAND-PÉRIGORD, Charles Maurice de, príncipe de Benevento. *Mémoires du prince de Talleyrand, publiés par le duc de Broglie*. Paris: Calman Lévy, Editeur, 1891.

TARQUÍNIO DE SOUSA, Octávio. *A vida de dom Pedro I*, v. 2 a 4 de *História dos Fundadores do Império do Brasil*. Rio de Janeiro: Livraria Editora José Olympio, 1972.

TEMPERLEY, Harold. *Life of Canning*. Nova York: Haskell House, 1968.

_____. *The foreign policy of Canning, 1822-7; England, the neo-Holy Alliance and the New World*. Londres: G. Bells and Sons, Ltd., 1925.

TEMPERLEY, Harold; PENSON, Lillian M. *A century of diplomatic Blue Books: 1814-1914*. Nova York: Barnes & Noble, Inc., 1966.

_____. *Foundations of British foreign policy: from Pitt (1792) to Salisbury (1902): Old and New Documents Selected and Edited by Harold Temperley and Lillian M. Penson*. Nova York: Barnes & Noble, Inc., 1966.

THERRY, Roger (org.). *The speeches of the Right Honourable George Canning*. Londres: James Ridgway, 1828.

THIERS, Adolphe. *Histoire du consulat et de l'empire*. Paris: Paulin, Libraire Editeur, 1845-74.

THOMSON, George Malcolm. *The Prime Ministers*. Nova York: William Morrow and Co., Inc., 1981.

THOUMAS, general Charles Antoine. *Le maréchal Lannes*. Paris: C. Lévy, 1891.

TREVELYAN, George Macaulay. *Lord Grey of the Reform Bill*. Nova York: Longmans, Green and Co., 1920.

TURQUAN, Joseph. *Les sœurs de Napoléon, les princesses Elisa, Pauline et Caroline*. Paris: La Librairie Illustrée, 1896.

VANE, Charles William, marquis of Londonderry (org.). *Correspondence, despatches, and other papers of Viscount Castlereagh*. Londres: William Shoberl, Publishers, 1851. Londres: H. Colburn, 1850-3. (Os quatro primeiros dos doze volumes dessa obra formam as *Memoirs and correspondence of Viscount Castlereagh, second Marquess of Londonderry*.)

VARNHAGEN, Francisco Adolfo de. *História da independência do Brasil*. Rio de Janeiro: Livraria J. Leite, 1940 (?).

VENTURA, António. *Planos espanhóis para a invasão de Portugal (1797-1801)*. Lisboa: Livros Horizonte, 2006.

VIEITES, María del Cármen Pintos. *La política de Fernando VII entre 1814 y 1820*. Pamplona: Colección Histórica del Estudio General de Navarra, 1958. (Série Siglo XIX.)

VILLÈLE, Joseph, comte de. *Mémoires et correspondance du comte de Villèle*, 2. ed. Paris: Perrin et Cie., Libraires-Editeurs, 1904.

WATSON, John Steven. *The reign of George III, 1760-1815*. Oxford: Clarendon Press, 1960.

WEBSTER, Charles Kingsley. *The foreign policy of Castlereagh, 1815-22. Britain and the European Alliance*. Londres: G. Bell and Sons, Ltd., 1925.

WEBSTER, Charles Kingsley (org.). *Britain and the independence of Latin America, 1812-30. Selected documents from the Foreign Office Archives*. Nova York: Octagon Books, 1970.

WELLINGTON, duque de, K. G. (org.). *Despatches, correspondence, and memoranda of Field Marshal Arthur, Duke of Wellington, K. G., editado por seu filho, janeiro de 1819-22*. Londres: John Murray, 1867.

_____. *Supplementary despatches, correspondence, and memoranda of Field Marshal Arthur, Duke of Wellington, K. G.* Londres: John Murray, 1858-72.

WILLIAMS, Judith Blow. *British commercial policy and trade expansion 1750-1850*. Oxford: Oxford University Press, 1972.

WILSON, Charles. *The transformation of Europe, 1558-1648*. Berkeley, Califórnia: University of California Press, 1976.

WINDHAM, William. *The Windham papers: the life and correspondence of the Rt. Hon. William Windham, 1750-1810*. Londres: Herbert Jenkins, Ltd., 1913.

WOOD, Gillen d'Arcy. *Tambora: the eruption that changed the world*. Princeton, Nova Jersey: Princeton University Press, 2014.

WOODWARD, Ernest Llewellyn. *The Age of Reform 1815-70*. Oxford: Oxford University Press, 1962.

YONGE, Charles Duke. *The life and administration of Robert Banks, second earl of Liverpool*. Londres: Macmillan and Co., 1868.

ZÚÑIGA, Antonio R. *La Logia "Lautaro" y la independencia de América*. Buenos Aires: Edición Oficial de la Masonería Argentina del Rito Escocés Antiguo, 1922.

Agradecimentos

Este livro é dedicado a uma linda nova-iorquina que, há mais de sessenta anos, aceitou casar-se comigo, dando-me amor, filhos, um lar, coragem quando eu estava desanimado, juízo quando eu estava a ponto de explodir, conselho quando eu estava indeciso. Sylvia, muito obrigado por ser minha esposa – e por continuar a aturar-me.

Meu primeiro agradecimento é ao meu amigo de longa data, o embaixador Jorio Dauster Magalhães e Silva, que indicou à editora Três Estrelas a existência de meu manuscrito, no pontapé inicial dos contatos que culminam com esta edição.

Meu segundo obrigado vai a Alcino Leite Neto, que considerou meu manuscrito meritório e foi, até abril de 2018, um editor sempre atencioso, cordial e paciente. Um agradecimento é também devido a Rita Palmeira e Rita Mattar, que levaram até o fim a tarefa iniciada por Alcino.

Finalmente, devo mencionar três instituições sem cuja colaboração este livro não poderia existir, duas delas dos Estados Unidos da América – a Biblioteca do Congresso e os Arquivos Nacionais –, e uma internacional, a HathiTrust, uma parceria internacional de instituições de pesquisa e acadêmicas. Esta última foi consultada em casa, pelo computador. Nas outras duas a pesquisa foi feita de corpo presente, contando sempre com a ajuda, que é de justiça ressaltar, de um pessoal qualificado e cordial.

Índice remissivo

C

D

E

F

N

O

Este livro foi composto na fonte Albertina
e impresso em outubro de 2018 pela RR Donnelley,
sobre papel pólen soft 80 g/m².